JN328309

満鉄と日仏文化交流誌『フランス・ジャポン』

FRANCE JAPON

和田桂子・松崎碩子・和田博文＝編

ゆまに書房

1re Année — N° 1　　15 Octobre 1934

FRANCE-JAPON

Bulletin mensuel d'Information

SOMMAIRE

Le Comité Médical Franco-Japonais

Fondation de la Société Internationale Bouddhiste

Informations Littéraires et Artistiques

Un dictionnaire bouddhique en français

136, Avenue des Champs-Elysées, 136

PARIS

Prix du numéro : **2 fr. 50**

『フランス・ジャポン』創刊号表紙。

『フランス・ジャポン』第６号表紙。
この号より、里見宗次によるレイアウトに変更。以下終号まで毎号配色を変更し同レイアウトを踏襲。

パリ・モンパルナス駅のテラスに立つ松尾邦之助。1930 年代と思われる。

松尾邦之助。おそらくパリに渡ってまもない 1920 年代のものと思われる。

パリ満鉄事務所の一角を借りて『フランス・ジャポン』の編集をしていた頃の松尾邦之助。1938 年。

林芙美子がパリを訪れた時、松尾がノートルダム寺院に案内した。右から松尾邦之助夫妻、大海忠助、林芙美子。1932 年 1 月。

パリ日本大使館官邸にアンドレ・ジッドを迎えた。右から宮崎参事官、アンドレ・ジッド、『ＮＲＦ』代表者ロベール・アロン、小松清、松尾邦之助。1938年10月19日

カジノ・ド・パリにアメリカの黒人ダンサー、ジョセフィン・ベーカーが出演した。右から松尾邦之助、ジョセフィン・ベーカーと当時の夫アバチノ氏。1933年。
（写真はすべて渡部春子氏提供）

「フランス・ジャポン」
主要記事
　　　執筆者
カタログ

松尾邦之助による『フランス・ジャポン』主要記事目録。帰国後に書かれたもので、第45号の内容右上に「小松（清）参加」とある。

（渡部春子氏提供）

※ 原稿は縦書きの手書きで、判読困難な箇所が多いため、確認できる項目のみ以下に記す。

右頁（第四五号より）：
・「独と不思議なるもの之事」……松尾邦之助
・「週刊雑誌『フランスの声』」……ジイド
・「三つの日本詩」クローデルの詩……P・バランジェ
・「日本の詩、クローデルの訳」……エリ・ジョエル
・「歌舞伎と東洋の演劇」……野上豊生
・「フジタ見る」……アンドレ・サルモン
・「明治維新以来、フランスと日本」……松尾
・「アジアにおける新欧米」ドリュ・ラ・ロシェル
・「フランス人と娘」

左頁：
・「ジイドの京都の発見」……小松清
・「後藤（新平）伝」……野村
・「日本のおどり」……P・ベルナール
・「ジイドと過去四十年（藤村書簡訳）」……アルフレド・クシ
・「九才の日本」を読んだあとで……オ・シュコレス
・「日本の女」……長谷川如是閑
・「波名の心」を読んだあとで……パスカル・ロー
・「アルベール・メイボンの死」……松尾
・「シモン・ガンチヨン氏にや日本と演劇」……伴孫譯

下段：
・俳諧（仏訳）スペイン訳等……松尾
・「文学と教養論」……ジャン・カッス―
・「レオン・ロッシュ 日本における先駆者」小松清
・「グラヴィエ神父大全集」……（日本の）
・「西欧回顧」……アンドレ・シアレス
・「昭和の日本像のフランス諸家」アルフレド・クシ
・「日仏交換教育家」（ジイド訳版序文）……小松清
・「フランソワ・ロゼへとの会見」

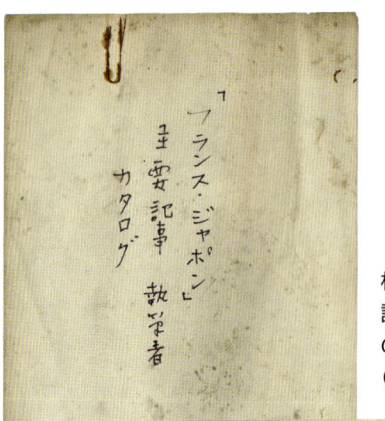

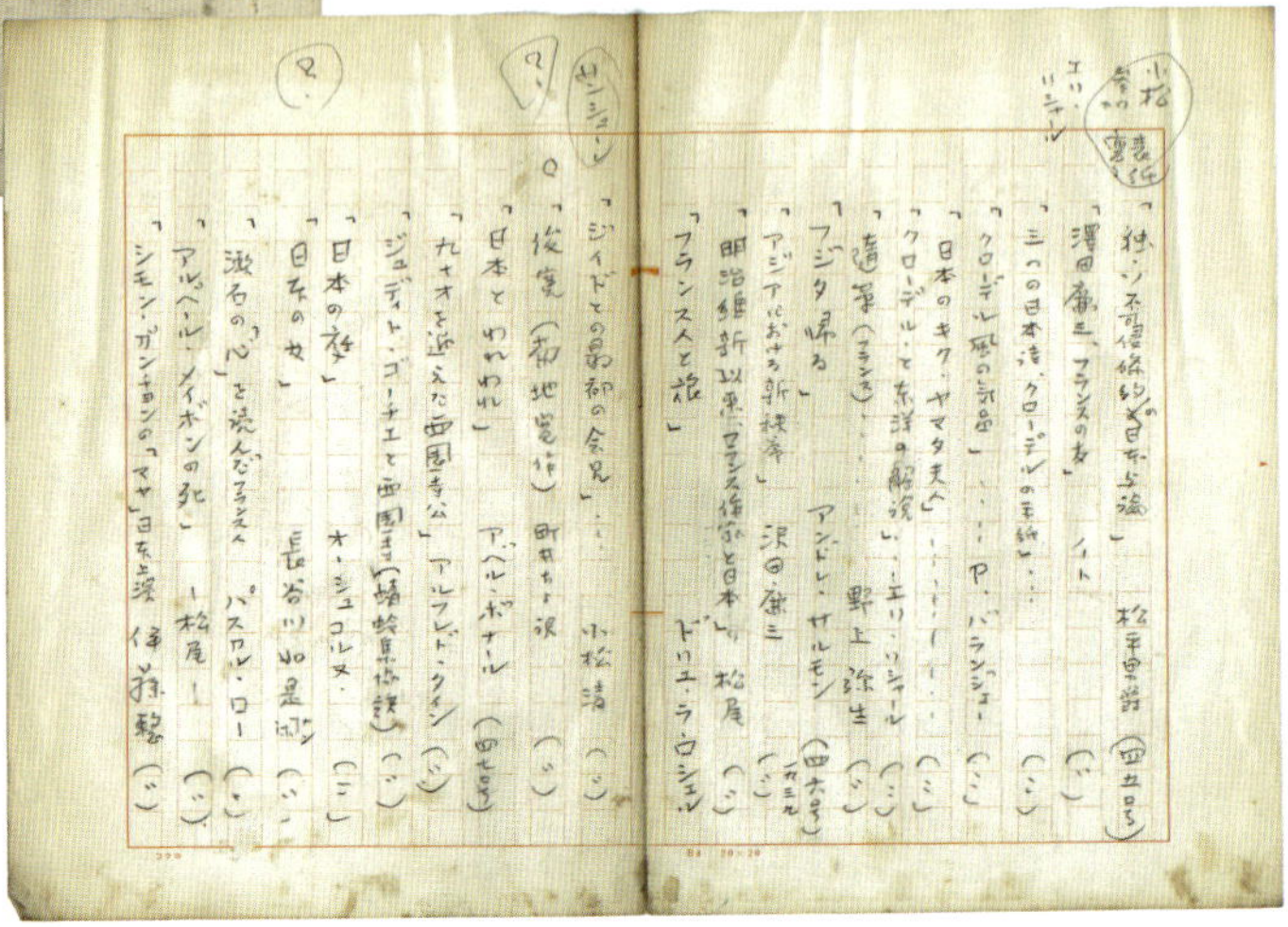

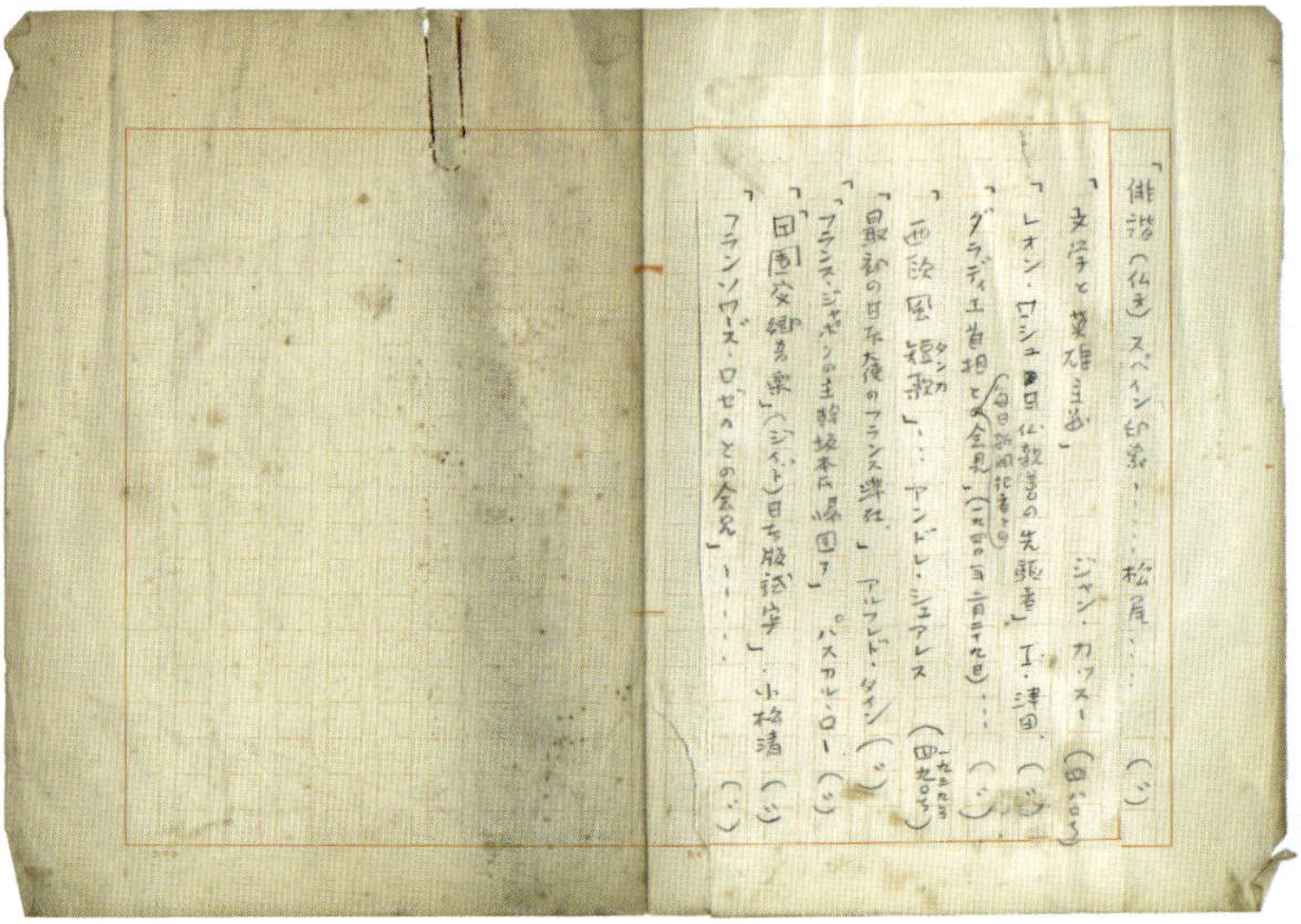

満鉄と日仏文化交流誌『フランス・ジャポン』

目　次

I　『フランス・ジャポン』──その誕生から終焉まで
　　満鉄と日仏文化交流誌『フランス・ジャポン』　和田桂子　3

II　満鉄──中国東北部からフランスへ 1906-1945
　　シベリア鉄道でヨーロッパに向かった日本人　和田博文　33
　　大連とパリ　小泉京美　50
　　満鉄と坂本直道　植村隆　66

III　『フランス・ジャポン』の政治学 1934-1940
　　対外宣伝誌としての『フランス・ジャポン』　渋谷豊　89
　　『フランス・ジャポン』と日本事情　畑浩一郎　105
　　『フランス・ジャポン』と満州事情　杉田千里　122
　　『フランス・ジャポン』の日本人執筆者　田口亜紀　142

『フランス・ジャポン』の外国人執筆者たち――国家プロパガンダと双方向的文化交流　朝比奈美知子　164

小松清とフランス人民戦線派――行動主義文学論の意義　石田仁志　181

小松清および「行動主義」「能動主義」に関する文献年表（一九三四～三七年）　石田仁志＝編　201

IV　二〇世紀前半のパリの日本イメージ 1901-1945

松尾邦之助と日仏文化交流　金子美都子　209

パリ大学日本学研究所　松崎碩子　226

「フランス・ハイカイ詩人の「日本」」――ポール＝ルイ・クーシューをめぐって　柴田依子　243

ギメ美術館と「日本文化」　長谷川＝ソケール・正子　267

一九三〇年代のフランス・メディアの「日本」　中村督　285

フランス語に翻訳された「日本文化」　南明日香　300

V　資料編

『パリ日仏協会会報』解題　フリドマン日出子　319

『パリ日仏協会会報』総目次　フリドマン日出子＝編　324
『フランス・ジャポン』関連年表　和田桂子＝編　371
日仏同志会臨時総会議事録　395
日仏同志会役員及会員姓名表　404
思いがけない発見――スタイニルベル＝オーベルランの晩年　松崎碩子　410

あとがき　413

『フランス・ジャポン』総目次　454
外国人名索引　461
日本人名索引　466
執筆者紹介　470

I

『フランス・ジャポン』——その誕生から終焉まで

満鉄と日仏文化交流誌『フランス・ジャポン』

和田桂子

日仏文化交流誌『フランス・ジャポン』*France-Japon*（＊以下、各論とも欧文表記を略す）が創刊されたのは一九三四年一〇月のことである。発行元は日仏同志会（Comité Franco-Japonais）、発行所はパリのシャンゼリゼ通り一三六番地（136, Avenue des Champs-Elysées）。満鉄（南満洲鉄道株式会社）のパリ事務所と同一の住所となっている。満鉄は一九〇六年に設立されて以来、国策会社として日本政府の期待を背負い、特に日本の満洲支配を文字どおり実行した。満鉄が単なる鉄道会社でないことは明らかである。『満洲日日新聞』、『満洲グラフ』、『マンチュリア・デイリー・ニュース』*Manchuria Daily News* などの新聞雑誌の発行をはじめ、ヤマトホテルの経営、公学堂などの教育施設や医学堂などの医療施設の設置、製鉄所、製鋼所、製油所に至るまで幅広い多角経営に乗り出し、成功した特殊会社であった。

その満鉄事務所から一九三〇年代に、フランス語で書かれた日仏文化交流誌が刊行された。その意味を探っていきたい。

1　グループ・フランコ・ジャポネの設立

話は一八九四年の日清戦争の頃に遡る。当時外務大臣であった陸奥宗光は、フランスの対日外交についてこのように回想している。

> 独、仏両公使は最初の頃は表向には日清両国の紛議速に妥協するを以て東洋の平和を維持する為めに得策なるべしと云ひたれども余と私見の時には清国古来の迷夢を覚醒せしむるには到底何人か之に一大打撃を加へざるべからずと云ひ暗に我国に傾意する如き風を顕し特に仏国公使「アルマン」は将来日、仏同盟以て東洋大局の平和を保持するの必要あるべしと説きたることあり（『蹇蹇録《けんけんろく》』一九三三年九月、岩波書店）

ここで「アルマン」と呼んでいるのは、当時のフランス公使ジュール・アルマンをさす。三国干渉の裏で、実はこのように日仏同盟の可能性についても探る動きがあったことがわかる。どの国と結び、どの国と敵対するか、本音と建前の渦巻く中で、アルマンは陸奥に対し、しばしば日本との同盟関係について言及してきたのだ。同盟は実現しなかったが、日露戦争での日本の勝利は、日仏同盟の必要性を感じる親日派の増大へとつながった。

日仏協力関係の構築については、その後何度となく話し合われた。曾《そ》我《が》祐邦《すけくに》子爵も一九二八年に、フランス労働大臣ルイ・ロシェールと、膝を突き合わせて日仏同盟関係の必要性を語り合ったと『フランス・ジャポン』一二・一三号（一九三五年一〇月）に書いている。

やがて一九三一年に満洲事変が勃発する。翌三二年には満洲国建国。そして三三年二月、国際連盟特別総会においてリットン報告書が採択されたことを不服とした松岡洋右全権が、国連脱退を表明する。この時フランスも対日勧告案に賛成票を投じたが、それは必ずしも日本に敵対する姿勢を表明したものではなかったという。『日本外交文書』（昭和期Ⅱ第二部第二巻　昭和八年対欧米・国際関係）には、佐藤尚武《さとうなおたけ》ジュネーヴ一般軍縮会議全権より広田弘毅外務大臣宛の電報（一九三三年一〇月七日）が収録されている。それによるとフランス外相は、国連においてフランスの取った態度を弁明し、日仏間の友好関係の継続を望んだようだ。実際の文面は次のとおりである。

> 仏外相ハ日支問題ニ付連盟ニ於テ仏ノ採リタル態度ハ当時屢々自分ヨリ貴大使ニ説明セル如ク決シテ日本ヲ目途トシタルモノニ非ス欧州ニ於テ他日同様ノ事件発生ヲ防止センカ為連盟規約ノ完全ナル適用ヲ主張シタルニ過キス従テ仏国ノ態度ニ拘ラス日仏間ノ国交ハ依然親善関係ヲ持続センコトヲ希望スルモノニシテ新ニ赴任スル駐日仏大使「ピラー」ニ対シ此ノ点ニ関シ日本側ニテ何等誤解無キ様説明スヘキ旨申含メ置キタル由語レリ

フランス外務省ばかりではない。この頃、フランスには日本に同情し、積極的に日本との関係を強化しようとするグループができていた。彼らは一九三三年四月、「グループ・フランコ・ジャポネ」（Groupe Franco-Japonais）をフランス下院内に組織する。その中心となったのは、アンドレ・タルデュー内閣の国務次官も務めたシャルル・ペシャンである。彼は早速『国際連盟対日本』*La Société des Nations contre le Japon* という冊子を発行して日本擁護の姿勢を鮮明にした。ペシャン率いる親日派はその数八〇名を超えた。在仏国沢田廉三《さわだれんぞう》臨時代理大使より広田弘毅外務大臣宛電報（一九三三年一〇月二〇日）には、「グループ・フランコ・ジャポネ」のペシャンが社会党及び社会急進党の動きに注意するよう助言したと報告している。

予テ議会内ニ成立セル日仏団（「グループ、フランコジヤポネイズ、ハルルマンテイル」）ノ中心トナリ居ル代議士「ペシヤン」氏ハ十八日本官ニ対シ右議員間ニ於ケル日露開戦及日独諜合ノ噂ハ矢張リ予テ日本ニ好意ヲ有セサル社会党及社会急進党一派カ流布シツツアル所ニシテ（略）社会党一派カ該情報ノ伝播ニ依リテ一方ニハ日本ヲ独逸ト同一視スヘシトシテ日本ニ対スル一般ノ反感ヲ増サシメ他方ニハ日蘇開戦近シトシテ益仏蘇ヲ接近セシムル素地ヲ固メ行カントスルモノナリ故ニ日本トシテハ彼等ニ乗セラルヘキ口実ヲ与ヘサル様努メラルコト肝要ナルヘキヲ語リタリ

つまり、親日グループが結成される一方で、フランス議会内の嫌日グループがソ連と接近しようとしていたということだ。疑心暗鬼の日本側は、数度にわたってフランス側の意図を探ろうとした。そのたびにフランス側は、ヨーロッパ情勢においてソ連と友好関係を保つことはあっても、それをアジア問題に拡大しない、と明言した。一九三三年一二月二一日、駐仏大使として赴任した佐藤尚武が着任挨拶のためにポール＝ボンクール外相を訪れたとき、外相は次のように語ったと広田外務大臣宛の電報（一二月二七日発）に記されている。

仏国政府カ最近「ソ」連邦トノ関係改善ニ努メヲル次第ハ夙ニ御承知ナルヘシト信スル処右ハ専ラ対独関係上勢力ノ均衡ヲ得ントスル趣旨ニ外ナラス厳ニ欧州問題ニノミ局限セントスルモノニシテ素ヨリ極東ニ於ケル日本ノ立場ニ塁ヲ及ホサシムルノ意図毫モナシ

このように国際情勢がどちらに転ぶか不確かな折に、フランスにおける親日グループをしっかりとつかんでおくに越したことはない。そのためには、フランス側に呼応するグループを、日本にも早急に確立する必要があった。

2　日仏同志会の結成

一九二九年に満鉄の鉄道部パリ派遣員として渡仏した坂本直道《さかもとなおみち》は、二年の任期を終えて帰国しようとしていた。その頃に満洲事変が勃発する。坂本はかねてよりフランス側に日本支持の動きがあることを察知しており、これを活用すべしとの意見書をまとめて、松岡洋右に送った。松岡は外務省を退官後、一九二七年には満鉄副総裁となったが、一九三〇年に退職して衆議院議員となっていた。そしてこの時国際連盟臨時総会に全権として出席したのだった。松岡は坂本に同意し、当時の満鉄総裁林《はやし》博《ひろ》太郎《たろう》にかけあって、坂本を中心に日仏関係の強化を図ることにした。日本の国連脱退を受けてますます日仏同盟関係の必要性を感じた坂本は一旦帰国し、徳川家達《いえさと》公爵を総裁、曾我祐邦子爵を会長として一九三四年七月、東京に日仏同志会を設立する。

日仏同志会評議員の一人に杉山直治郎がいる。彼が『日仏文化』（一九三四年一月）に寄せた論文「日仏文化関係」で示した見方は、おそらく多くの会員に共有されたものであろう。彼は日本の「不断の文化的宣揚努力」が何より重要であると述べ、「我文化の世界的宣伝の本拠としては巴里が世界に於ける何れの都よりも適当である」と書いた。また後藤末雄は、「国際文化振興事業とフランス」（『外交時報』一九三四年六月）にこのように書いて、フランスの重要性を指摘した。

> 日本は在来の関係上から英・米・独・露諸国に自国文化の宣伝を試みる必要のある事は言ふ迄もない。併し日仏関係が此等の諸国に比較すれば、稍々疎遠なりといふ理由から、仏国との関係を軽視し、日本文化の宣伝を後回しにするならば、決して妥当の策と認めることが出来ない。日本と仏国とが前述の諸国ほど密接な関係を持た

なければ持たないほど、日本は仏国に対して一層、文化宣伝の力瘤を容れるべき必要を感ずるのである。欧州に於ける仏国の勢力と仏語の分布状態とを考量し、且つ仏国が所謂小国を統率してゐることを絶対に閑却してはならない。仏国は仏国といふ大国と幾多の小国から成立する欧州最大の強国なりといふ定義を現代政治地理読本の中から発見しなければならない。殊にイザといふ時に、仏国の有する金力が如何なる魔力を発揮すべきか、識者は再考すべきであらう。

そして後藤は、今こそ日仏関係を強固にする時だと強調する。なぜならば「仏国下院議員、ペシヤン博士の『日仏同盟論』を読む人は、今や仏国政界の一部が我が国に対して握手は勿論、抱擁すらも求めつゝあることを知る」からである。

日仏同志会は稲畑《いなばた》勝太郎、松井慶四郎、結城豊太郎ら多くの知識人の同意を得て東京に結成された。その頃、パリにあって各方面に経緯を伝える役割を果たしたのは、鶴《つる》見《み》三三《みつぞう》である。鶴見医学博士は一九二四年四月より国際連盟保健委員、公衆衛生国際事務局委員として渡欧数回、パリには四年滞在したヨーロッパ通であった。鶴見は、一九三四年一二月二一日の日仏同志会臨時総会で、自らの活動を次のように報告している。

仏蘇接近ノ色彩ガ濃厚トナリ、排日宣伝ノ盛ナル頃、丁度瑞西公使ノ伊藤述史氏ガ休暇デ巴里ニ来ラレタ時、自分ハ楢橋渡、宮嶋幹之助博士、松尾邦之助等ノ諸君ト二回会合、伊藤氏ノ暗示ニ基イテ、先ヅ自分ト松尾君ト同行シテ衛生大臣ノルイ・マラン氏及ビ海軍大臣デパルトウ外相不在中ノ臨時外務大臣ピエトリ氏ヲ訪ネ、東京ニ於ケル日仏同志会成立ノ経過ヲ報告シ、併セテ、露仏接近ノ為メ、懸念セラル、ニ至タ日仏関係ニ就テ仏国側ノ底意ヲ探ツテ見タガ、彼等ハ、仏蘇ノ接近ハ純然タル欧羅巴政策、云ヒ換ヘレバ独逸牽制政策ヲ基調トシタルモノデ、之ニ依テ仏国ガ日本ニ対抗シヤウトスル様ナ意味ハ毛頭ナイノミナラズ、帝政露西亜ニ貸シタ十五億法ヲ失ツタ仏国民一般ノ輿論ハ、寧ロ反蘇親日デアルト強調シ、其他デバ紙ノ外報部長モーリス・ラシヤン、ル・タン紙ノ極東担任論説記者デユボスク、親日家マルヴイツチ男等ニ就テ、其ノ所見ヲ質シテ見テモ、孰レモルイ・マランヤピエトリーノ云フ処ト大同小異デアルコトヲ確メ得タ。

（『日仏同志会臨時総会議事録別添第二号』本書三九八頁の「日仏同志会資料」参照）

このように、仏ソ関係を憂慮してフランス側に真意をただすべく動いたのは、外交官ばかりではなかったのだ。鶴見は東京市の仏貨市債整理のためにフランスに来ていた弁護士の楢橋渡や、読売新聞社パリ特派員の松尾邦之助らと共に、こうした地固めの仕事をした。鶴見はこの時、日仏医学関係の深化のため、パリに日仏医学委員会を設置しようとしていた。『明日の日本』（一九三六年一〇月、岡倉書房）によると鶴見は、日仏医学委員会の設立によって学術上の利益を得ることのほかに、「亦忘れてならぬことは、之を介して日仏両国間の親善を促進することである。（中略）文化方面よりの親善は相互間に精神的結合を来し、両者の心理状態を知ることが出来る。之を大にしては国民性の理解を深くし、従つて国際関係に最も有害なる誤解を避くることの可能性がある」と考えていた。このため鶴見はパリ医科大学、パスツール研究所の教授らと会談を持つかたわら、楢橋や松尾と共に親日派のルイ・マランやアンドレ・デユボスクらと面会したのである。日仏医学委員会は一九三四年六月二八日パリに設立され、一〇月一七日の第二回会合において細目が決められた。医学と文化、両面での日仏連携がスタートしようとしていた。

3 満鉄パリ事務所と『フランス・ジャポン』

一九三四年七月に東京に創立されたはずの日仏同志会の正式通知は、なかなか鶴見らのもとに届かなかった。九月に坂本がフランスに戻ったあと、やっとパリで定款の仏語訳が完成し、フランス側のグループ首脳部にこれを手渡した。シャンゼリゼ通り一三六番地には、近代的な満鉄パリ事務所が設置されていた。ここが日仏同志会パリ支部を兼ねることになる。鶴見によると、「巴里ノ目抜キノ、非常ニ好イ場所ノ角屋敷ニ、比較的安イ借料デ、満鉄ノ事務所ヲ借入レ、ソコノ一室ヲ支部ノ事務所ニ宛テルコトヽナッタ」ようだ。ここからようやく念願の日仏文化交流雑誌『フランス・ジャポン』が、この年一〇月に刊行された。

『日仏同志会臨時総会議事録』にははっきりと、これが「日仏同志会巴里支部及満鉄共同ノ対外宣伝」のための「機関誌」と書かれている。鶴見はその発行方針を次のように述べている。「現在ノ国際情勢上露骨ナ政治的宣伝ハ却ッテ不利ナ為メ、コヽ当分ノ間文化的経済的方面ニ主力ヲ集注シ、漸次情勢ノ推移変化ヲ見タ上、必要ニ応ジ政治的宣伝ヲモ加味スルコトヽシ…」。つまり、当面は露骨なプロパガンダを避け、頃合を見計らって政治的な国家宣揚に切り換える、という方針である。

こうして、政治色をおさえて日本文化を前面に出したフランス語情報誌が船出した。創刊号は本文が四ページの貧弱なものである。編集者松尾邦之助は、「はじめ、最小の出費でわざと貧弱なものを出せば、大満鉄が、必ず『何だ、貧弱でみすぼらしすぎる。何とかしろ』というに違いないと思った。こちらの図星は当たったし、関東軍が経済的に満鉄に依存していたので、坂本さんの政治力によってこの雑誌の発刊に反対することは出来なくなった」(『風来の記——大統領から踊り子まで』一九七〇年七月、読売新聞社)と書いている。

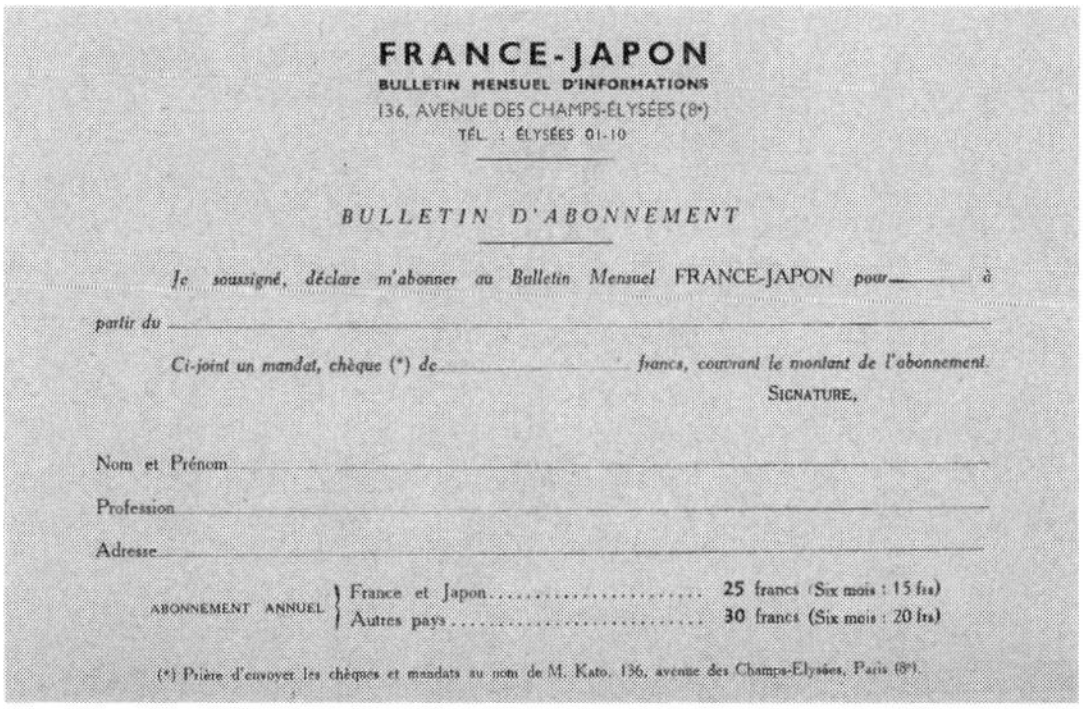

FRANCE-JAPON
BULLETIN MENSUEL D'INFORMATIONS
136, AVENUE DES CHAMPS-ÉLYSÉES (8e)
TÉL. : ÉLYSÉES 01-10

BULLETIN D'ABONNEMENT

Je soussigné, déclare m'abonner au Bulletin Mensuel FRANCE-JAPON pour ________ à partir du ________

Ci-joint un mandat, chèque (*) de ________ francs, couvrant le montant de l'abonnement.

SIGNATURE,

Nom et Prénom ________
Profession ________
Adresse ________

ABONNEMENT ANNUEL { France et Japon .... 25 francs (Six mois : 15 frs)
Autres pays .... 30 francs (Six mois : 20 frs)

(*) Prière d'envoyer les chèques et mandats au nom de M. Kato, 136, avenue des Champs-Elysées, Paris (8e).

『フランス・ジャポン』第２号（1934年11月15日）に挿入された定期購読申込書。氏名・職業・住所、何月から何カ月の購読を希望するかを記入の上、小切手を同封して郵送するようになっている。

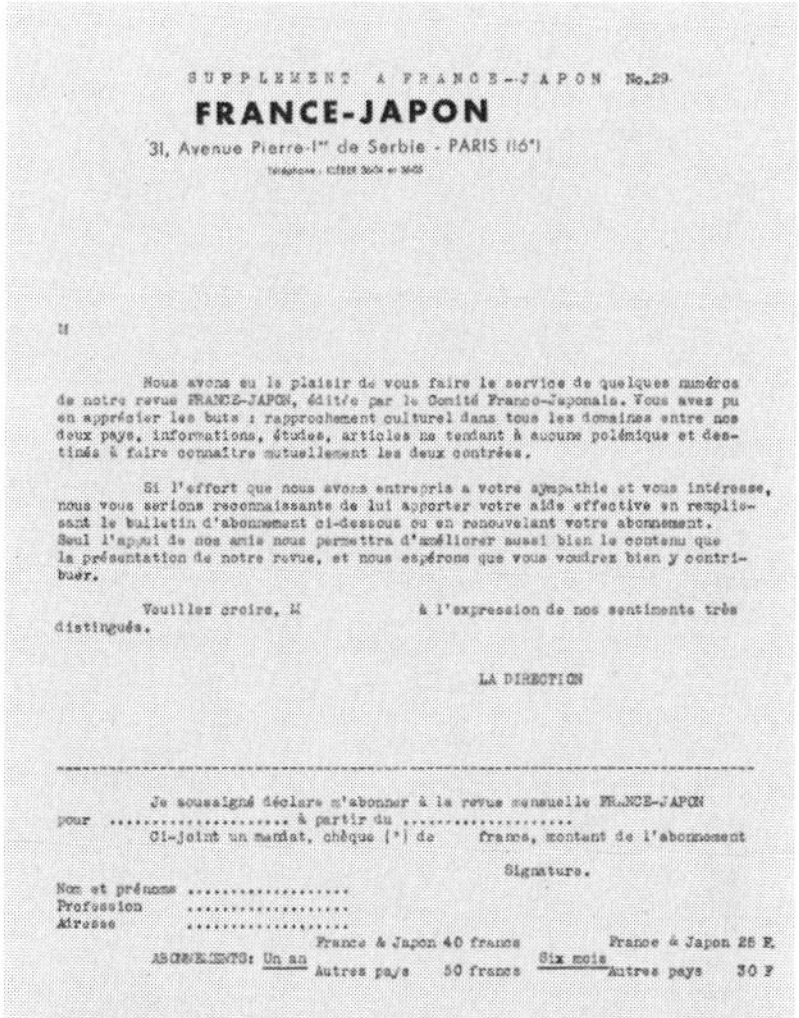

SUPPLEMENT A FRANCE-JAPON No.29
FRANCE-JAPON
31, Avenue Pierre-Ier de Serbie - PARIS (16e)

M

Nous avons eu le plaisir de vous faire le service de quelques numéros de notre revue FRANCE-JAPON, éditée par le Comité Franco-Japonais. Vous avez pu en apprécier les buts : rapprochement culturel dans tous les domaines entre nos deux pays, informations, études, articles ne tendant à aucune polémique et destinés à faire connaître mutuellement les deux contrées.

Si l'effort que nous avons entrepris a votre sympathie et vous intéresse, nous vous serions reconnaissants de lui apporter votre aide effective en remplissant le bulletin d'abonnement ci-dessous ou en renouvelant votre abonnement. Seul l'appui de nos amis nous permettra d'améliorer aussi bien le contenu que la présentation de notre revue, et nous espérons que vous voudrez bien y contribuer.

Vouillez croire, M　　　　à l'expression de nos sentiments très distingués.

LA DIRECTION

Je soussigné déclare m'abonner à la revue mensuelle FRANCE-JAPON pour .... à partir du ....
Ci-joint un mandat, chèque (*) de　　francs, montant de l'abonnement

Signature.

Nom et prénoms ....
Profession ....
Adresse ....

ABONNEMENTS: Un an　France & Japon 40 francs / Autres pays 50 francs　Six mois　France & Japon 25 F. / Autres pays 30 F

(*) Prière de libeller les chèques et mandats au nom de M. HORIMOTO, 31, Avenue Pierre-Ier de Serbie, Paris (16e).

『フランス・ジャポン』第29号（1938年５月15日）に挿入された定期購読申込書。氏名・職業・住所、何月から何カ月の購読を希望するかを記入の上、小切手を同封して郵送するようになっている。

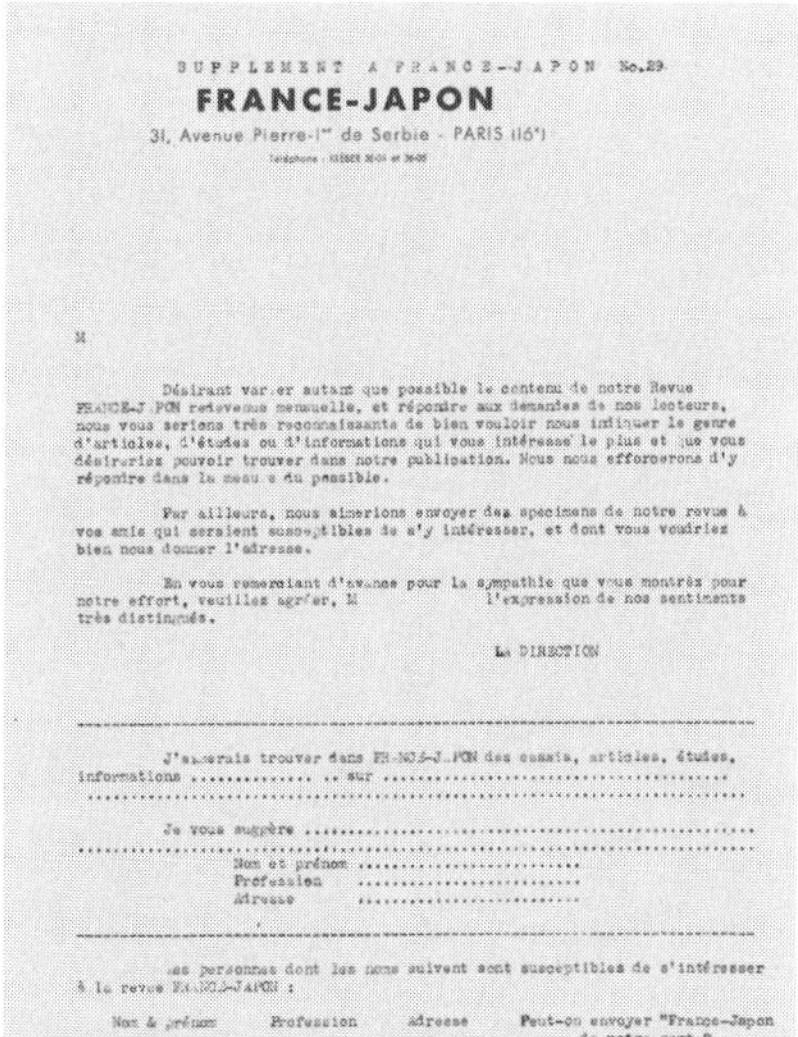

SUPPLEMENT A FRANCE-JAPON No.29
FRANCE-JAPON
31, Avenue Pierre-Ier de Serbie - PARIS (16e)

M

Désirant varier autant que possible le contenu de notre Revue FRANCE-JAPON redevenue mensuelle, et répondre aux demandes de nos lecteurs, nous vous serions très reconnaissants de bien vouloir nous indiquer le genre d'articles, d'études ou d'informations qui vous intéresse le plus et que vous désireriez pouvoir trouver dans notre publication. Nous nous efforcerons d'y répondre dans la mesure du possible.

Par ailleurs, nous aimerions envoyer des specimens de notre revue à vos amis qui seraient susceptibles de s'y intéresser, et dont vous voudriez bien nous donner l'adresse.

En vous remerciant d'avance pour la sympathie que vous montrez pour notre effort, veuillez agréer, M　　　　l'expression de nos sentiments très distingués.

La DIRECTION

J'aimerais trouver dans FRANCE-JAPON des essais, articles, études, informations .... sur ....
....

Je vous suggère ....
....
Nom et prénom ....
Profession ....
Adresse ....

Les personnes dont les noms suivent sont susceptibles de s'intéresser à la revue FRANCE-JAPON :

Nom & prénom	Profession	Adresse	Peut-on envoyer "France-Japon de votre part ?
....	....	....	....
....	....	....	....
....	....	....	....
....	....	....	....

『フランス・ジャポン』第29号（1938年５月15日）に挿入されたアンケート用紙。どのような記事を希望するかを記入し、氏名・職業・住所を明記するようになっている。さらに購読を希望する可能性のある知人の氏名、職業、住所を記入する欄もある。

満鉄が『フランス・ジャポン』を全面的に支援していることは、しかし、表立って発表されるべきことではなかった。日本による満洲占領を国連に糾弾された形になったあと、その実行犯ともいえる満鉄が、機関誌を出して日本と満洲の宣伝をおおっぴらに行うことは憚られたのだろう。一九三五年八月に満鉄総裁となった松岡洋右にあてて、楢橋渡がパリから送った電報（一九三六年二月一八日パリ発）が外交史料館に残っている。原文は次のとおりである。

一、貴下ト昨秋奉天ニテ打合セシ件着仏後当地出張所長ニ充分其ノ旨ヲ含メ余ノ許サルル範囲ニ於テ助力ヲ与ヘ其ノ結果ハ当地所長ヨリ往電報告セル如キ次第ナリ右ハ極秘ノ打診ニ止メ貴下ニ報告シタルモノニシテ此ノ点所長モ充分承知シ居ルニ付御了承ヲ請フ

二、一月二十二日貴下宛ニ具申セル「フランス、ジャポン」誌ノ件御了承ノ上総務部長ヨリ巴里出張所宛御返電賜ハリ度シ

楢橋が、「極秘事項」として満鉄パリ事務所と日仏同志会及び『フランス・ジャポン』の件を松岡に確認していたことがわかる。

ともあれ日仏親善を謳うこの月刊誌は、満鉄の潤沢な資金によって五〇ページを超える立派な雑誌へと成長した。松尾邦之助は、「このデラックスな満鉄パリ事務所で、金髪のパリ美女にタイプライターを打たせ、社用のデラックス黒塗りの大型車で、パリを駆けまわっていたわたしは、在パリの邦人から〈パリ・ボス〉だとまでいわれた」（『風来の記』）と回想している。

4　国際文化事業と予算

国家の宣伝が重要であるという認識が、日本政府になかったはずはない。殊に満洲事情に関して国連加盟国を説得することができず、ついに国連脱退を表明せざるを得なかった事実は、重いものとなっていた。一九三〇年代に多くの対外文化組織が創立されたのは、その認識を物語っている。国際観光協会が一九三一年、国際仏教協会が一九三三年、国際学友会が一九三四年に創設された。中でも最も有力な組織として国際文化振興会（のちの国際交流基金）が一九三四年に創立されている。対外文化組織は、文化交流と親善を目的としたが、国益の擁護のために力を尽くす団体でもあった。日本が日清・日露戦争で勝利した軍事強国であるばかりでなく、高度な文化を誇る文明国であること、ナショナリズムに凝り固まっているのでなく、十分にインターナショナルであること、したがって世界でその発言権が認められてしかるべき国であること――これらを宣伝する必要があったのだ。

国際文化振興会が設立された一九三四年四月一一日当日、柳沢健は「国際文化事業とは何ぞや」（『外交時報』一九三四年五月）を執筆していた。柳沢は外交官として各国の対外文化組織の現状を見てきた者である。彼は国際文化事業の必要性を日本政府がようやく認めたことを喜びつつ、各国の予算の比較をしている。それによると、一九三三年度のフランスの国際文化事業年間予算は、日本円に換算して七六七万円、ドイツが八六八万円、イタリアが八三〇万円、スペインが三〇〇万円、これに対し日本は二〇万円であった。つまり日本政府は文化交流という「不急の」事業に巨額の国費を投じる必要を、未だ身にしみては感じていなかったということだ。

柳沢はまた、「我国国際文化事業の展望」（『中央公論』一九三六年五月）において、日仏文化交流事情を詳細に語っている。まず東京の日仏会館である。これは日仏文化交換のための施設であると共に、フランス文化宣揚の機関と位置づけられ、フランス政府は年間一〇万円を超える経費を支出している。京都の関西日仏学館に対しても、年額約六万円、アテネ・フランセ等フランス語学校に対しても年額五万円、日本人のフランス留学制度のため年額七、八万円を負担しているという。しかし日本政府はこれらに対応する施設・制度を一向に実現しようとしない。「兎も角、日本は知られていない、——強い軍隊と廉い品物とゲーシャとフヂヤマとの外には。今日の日本ほどの強大な国際的立場を有して居りながら、無知と誤解と侮蔑と恐怖と不可解との的になつて居つて、その真の生活なり思想なりがまるで知られていない国といふものは、従来の世界史のうへにもないではないかと思はれる。それも、世界が日本の真の姿を知らうと思つてゐないといふなら別であるが、何とかして知りたいと焦つてゐながらそれを知る方法のないのを嘆じてゐるのが今日の状態なのであるから、我国の朝野はこの問題を対岸の火災視していゝ筈はないと、自分には考へられるのである」と柳沢は結んだ。

日本政府をあてにはできないというので、私企業や個人が骨を折ることになった。たとえば一九二九年五月、パリ国際大学都市に建設された「日本館」については、外務省が出資を拒否したため、薩摩治郎八が個人で全額出資して実現した。また東京の日仏会館に対応する施設としてパリ大学に設置された日本文化研究所については、三井合名会社が寄付金を出した。一九三三年一二月一日の三井理事会記録には、このように書かれている。「目下来朝中ノ仏国前文相巴里日仏協会々長アンドレ、オノラ氏ノ懇請ニ基キ日本文化研究並宣伝ノ目的ヲ以テ三井財団法人設立ニ付仏国巴里大学ニ対シ当社長殿名義ヲ以テ頭書金額ヲ寄付セントス」。このようにフランス文部大臣を務めたアンドレ・オノラ直々の要請を受け、一九三三年に金一万円、翌年より毎年五千円が三井合名会社により支払われることになったのである。

その点、『フランス・ジャポン』が満鉄という資金源を得たことは幸いであった。一九〇六年の創立当時、満鉄の資本金は二億円で、うち一億円は日本政府が出資していた。資本金は第一次、第二次、第三次の増資によりさらに膨れ上がる。一九二〇年には四億四千万円、『フランス・ジャポン』創刊前年の一九三三年には八億円、そして『フランス・ジャポン』が終刊を迎える一九四〇年には一四億円となった。

『フランス・ジャポン』の前に、同じようにフランス語で発行された『ルヴュ・フランコ・ニッポンヌ』*Revue Franco-Nipponne* という雑誌があった。一九二六年二月にパリで創刊され、一九三〇年一月まで継続した。編集長は『フランス・ジャポン』と同じく松尾邦之助。画家の藤田嗣治《つぐはる》も協力した。親日フランス人に評判のよかったこの雑誌が一二号までしか続かなかった理由は、なんといっても資金不足であった。『フランス・ジャポン』が当初から満鉄のバックアップのもとに発行されたのは、時代の恩恵といえるかもしれない。

5　満鉄の特殊性

『フランス・ジャポン』が「満鉄の」機関誌と認識されることは、先述のとおり得策ではなかった。あくまでも日仏同志会による文化交流雑誌でなければならないのだ。『フランス・ジャポン』第四六号（一九四〇年一月）に載った小松清のアンドレ・ジッド会見記に、その配慮が透けて見える。小松の「ジイド会見記」は『中央公論』（一九三九年一月）にまず掲載され、それが一年後にフランス語訳されて「アンドレ・ジッドとの初めての出会い」（“Mes Premières Rencontres avec André Gide”）として『フランス・ジャポン』に載った。

「ジイド会見記」によると、小松がはじめてジッド宅を訪れたのは一九三七年一〇月二二日のことだった。この時小松は、客間のテーブルの上に『フランス・ジャポン』を見つける。

《ほら、「ジャポン・フランス（日仏月報）」ってのが今ついたばかりだが》と云つて僕に見せてくれる。《君この雑誌を知つてゐる？》／「日仏月報」は満鉄の巴里支局から出してゐる小型の綺麗なパンフレットだ。内容についてはあまり知るところがないので批評の限りではない、読んではゐないが知つてゐることは知つてゐると肯くと、今度はふと想ひだしたやうに話題を変えて、…

ここで「ジャポン・フランス（日仏月報）」と書かれているのは、明らかに『フランス・ジャポン』のことである。ジッドが『フランス・ジャポン』を購読していたことがわかる会見記で、なかなか興味深い。また一九三七年一〇月のこの時点では『フランス・ジャポン』を読んでいなかった小松清が、のちに編集に加わることになるのも面白い。しかしそれよりも、同箇所が『フランス・ジャポン』に仏語訳されて掲載された時に、少し違った表現になっているのに驚かされる。原文は次のとおりである。

—En voilà une qui s’appelle «France-Japon» qui vient d’arriver. Il me la montre. —Connaissez-vous cette revue? «France-Japon» est un périodique luxueux publié par le Comité Franco-Japonais de Paris. Je fais «oui» de la tête. Récemment arrivé à Paris, je ne connais pourtant pas suffisamment le contenu de cette revue pour dire mes appréciations et aussitôt, il change le sujet de conversation, comme par hasard.

このように『中央公論』では「満鉄の巴里支局から出してゐる小型の綺麗なパンフレット」となっている箇所が、『フランス・ジャポン』では「パリの日仏同志会から出している豪奢な雑誌」（"un périodique luxueux publié par le Comité Franco-Japonais de Paris."）という表現に変わっているのだ。フランス語に訳したのは小松本人と津田逸夫である。満鉄が出している、という表現を自己規制したものと思われる。

一民間会社でありながら国策会社でもあった満鉄は、便利な機関として多方面に認識されていた。国際連盟の視察団に対しては、日本政府とは切り離された商事会社の形態を強調することができた。さらに満洲国への投資などの際には、カモフラージュ会社として使われた。『大阪朝日新聞』（一九三三年七月三〇日）の記事「仏国民間団体が満洲投資の機運」には、フランス経済海外発展協会の代表者来日の折、曾我祐邦、芦田均、小林順一郎ら（彼らはやがて日仏同志会メンバーとなる）と日仏共同対満投資調査会を設立した旨が書かれている。そしてフランスの満洲国に対する立場の難しさにも触れている。

> フランスは政府としては対連盟関係から進んで満洲国の違法なる存在を認め得ない立場にあるが民間財界においてその資力と工業力とを量する対満投資の機運著るしく濃厚となり、もし実現するならば資金および物資の形において投資を行うはずである。

つまり、国連で決議されたとおり、公には満洲国を国家として認めるわけにはいかないため、公的に投資することはできない。しかし民間としての投資ならば問題はないということである。このような場合に役立つのが、満鉄という特殊な組織であった。『外貨導入ノ可能性ト満鉄ノ地位』（一九四〇年、南満洲鉄道株式会社調査部特別調査班）の中で坂本直道は、満鉄の「カモフラージュ」策について明確に語っている。

> 外貨導入ノ可能性ハ決シテ絶無ト称スヘカラス而モ其ノ場合我カ満鉄会社ハ帝国政府、他ノ軍需工業会社或ハ三井三菱等ノ克ク為シ能ハサル特殊ノ役割ヲ演シ得ヘキコトヲ知ルヘシ、其ノ理由以下ノ如シ

（中略）

（四）他面満鉄ハ政府自体トハ異ルニ依リ現在ノ如ク国際関係機微ニシテ政府間ノ公式ノ折衝ニ種種困難アル折柄「カモフラージユ」ノ手段トシテ好個ノ機関ナリ

このように満鉄は、国を代表する国策遂行機関でありながら、あくまでも民間会社としての立場を取ることによって、他国との交渉を容易にするという利点があった。

この便利な機関とその潤沢な予算は、日仏同志会にとって心強い後ろ盾となった。あからさまな満鉄色、露骨な政治色さえ避ければ、満洲の写真や記事、さらには満洲旅行の広告が載ったところで、それは日仏文化交流の域を逸脱するものとはならなかったのである。

6　文化宣伝と世界平和

国際文化振興会では、少ない予算ながら、佐藤醇造《じゅんぞう》ら「海外連絡員」に日本文化の宣伝をさせたり、木村伊兵衛や土門拳ら写真家に海外に誇れる日本の風景写真を撮らせたりした。しかし国家の宣伝をいかにすべきかというノウハウに乏しかったため、ともすれば肩に力の入ったよそゆきの日本の顔を提示しがちであった。土門拳の「対外宣伝雑誌論」（『日本評論』一九四三年九月）によると、一九四三年の時点で、宣伝グラフ雑誌には以下のものがあったという。『ニッポン』*NIPPON*（国際報道株式会社、英語）、『サンライズ』*Sunrise*（国際観光協会、英語）、『太陽』（朝日新聞社、各国語）、『東光』（国際観光協会、中国語）、『サクラ』*Sakura*（毎日新聞社、英仏中国語）、『フジンアジア』（毎日新聞社、各国語）、『ヒカリ』（大東亜出版株式会社、各国語）、『ニッポン・フィリッピン』*Nippon-Philippines*（日本写真工芸社、英語）、『カーパープ』（国際報道株式会社、タイ語）、『フロント』*FRONT*（東方社、各国語）。いくつかはフランス語版もあるが、グラフ雑誌であるため記事自体は少ない。それでもこれだけの対外雑誌が発刊されたというのは、この頃日本政府がようやく国家宣揚に本腰を入れた証拠といえるかもしれない。だが土門の雑誌評は厳しいものであった。

> その無定見な欧米追随的文化主義を以てしては我が国独自の伝統なり文化なりの世界史的な新しい大きな意義と価値を宣揚するなど全く思ひもよらないことであつた。されば、誠に畏多いこと乍ら我が皇室の尊貴なる所以を厳正に宣明申上げ得た対外宣伝雑誌などは今までに遂に一冊もなかつたではないか。かくて我が対外宣伝においては見栄坊な外交辞令的綺麗事的甘さは対外宣伝なるが故に当然事として、いやむしろその資格的条件として要求されさへした。その傾向は今日でも各雑誌に支配的に残存しゐる。

この記事の載った『日本評論』は発禁となり、土門拳は国際文化振興会を脱退した。国家の宣伝は実に難しい。「欧米追随的」でもなく「外交辞令的甘さ」も持たぬプロパガンダを実現するのは至難の業である。

『フランス・ジャポン』は一九三四年一〇月に創刊され、一九四〇年四月に終刊を迎えたが、ほぼ同じ時期にソ連のグラフ雑誌『ソ連邦建設』*USSR in Construction*/*URSS en Construction* が発行されていた。一九三〇年から一九四一年まで続き、一九四九年にも短期間発行されたこの雑誌は、ロシア語はもちろん、英語、フランス語、ドイツ語に訳され、一九三八年からはスペイン語にも訳されて、世界に配布された。このグラフ誌が世界を驚かせたのは、その芸術センスによってであった。特にフォト・モンタージュの手法をふんだんに使った組写真は、ソ連という国の文

ソ連のグラフ雑誌『建設のソ連』フランス語版極東特集号（1935年３月・４月号）の表紙。

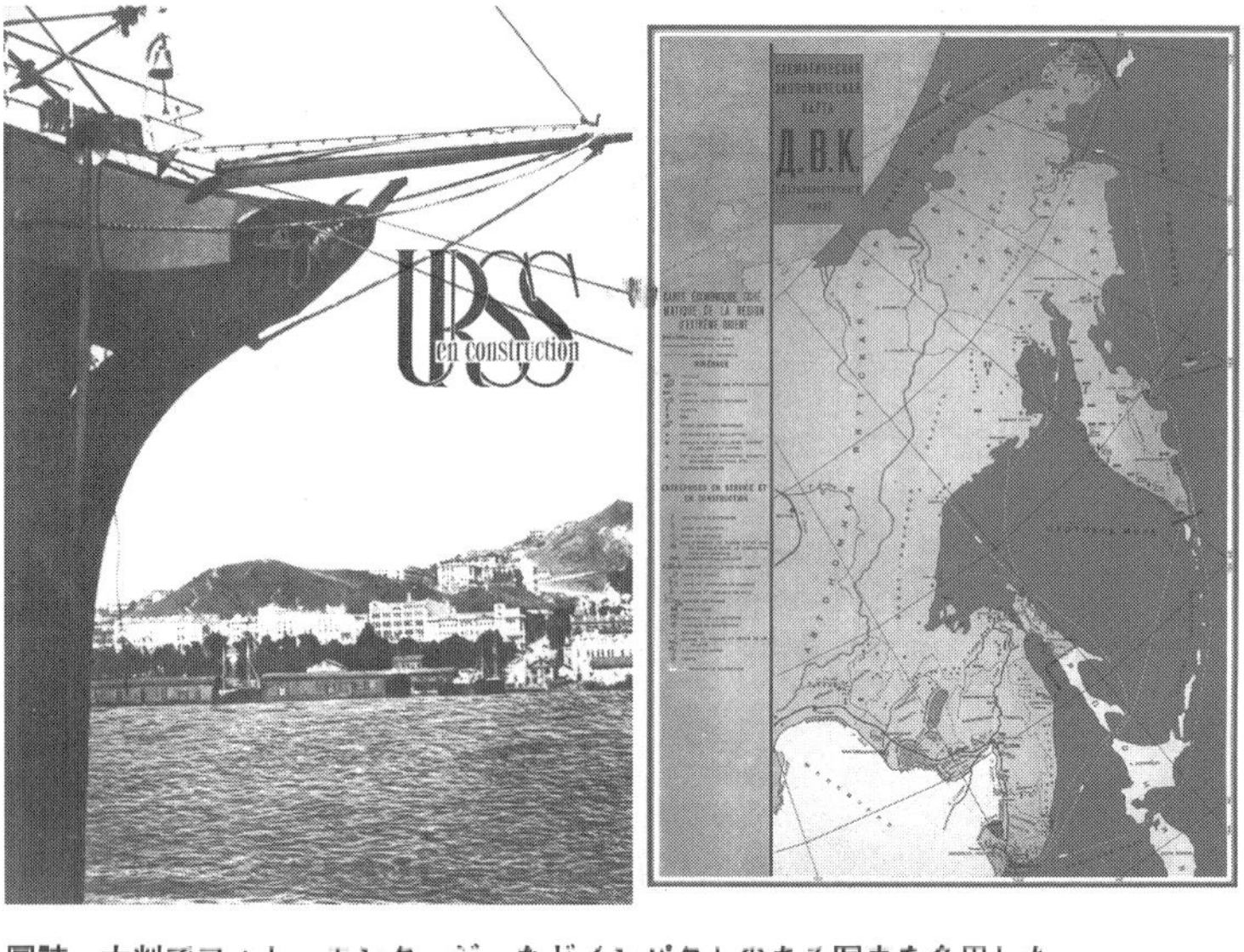

同誌。大判でフォト・モンタージュなどインパクトのある写真を多用した。

化的センスの高さ、力強さを示す恰好のプロパガンダとなった。

『フランス・ジャポン』は、このような強力なプロパガンダ誌が存在する中で、独自のカラーを打ち出す必要があった。グラフ誌のように目に訴える写真によってではなく、ていねいな日本文化の解説によって、この雑誌は国威発揚をめざした。

『フランス・ジャポン』創刊からちょうど一年後の一九三五年一〇月一五日に発行された第一二・一三号は、一周年特別号として各方面からの祝辞を載せた。祝辞の中で頻繁に使用されたのが、「世界平和のため」という言葉である。曾我祐邦は、かつて労働大臣ルイ・ロシェールと語り合った際、日仏の同盟関係が二国の親善のみならず、世界の平和のために（"non seulement pour leur propre cause, mais pour la paix du monde"）役立つ、という点で同意したと回想する。鶴見三三は、日仏友好関係は、世界平和に貢献する（"contribué à servir la paix mondiale"）と語った。ルイ・オールは、日仏友好関係が日独同盟などに取って代わられたりしたら、それはアジアにおける我々の影響力にとってのみならず、世界の平和にとって有害となる（"préjudiciable non seulement pour notre influence en Asie, mais encore pour la paix du monde"）と語った。エルネスト・ウトレも、日仏の協力関係がフランスにとっても世界の平和にとっても有益である（"utile pour la France et pour la paix du monde"）と書いた。

世界平和のための日仏親善、というと大げさに聞こえるかもしれないが、日本はやがて「大東亜共栄圏の確立」というスローガンを掲げ、日本と友好関係を結ぶことによってアジアの真の自由と平和が実現すると主張するのだから、こうした言葉はあながち大げさな社交辞令ばかりでもなかったのである。

日仏友好関係が好ましい理由として、松田道一は日本人とフランス人のメンタリティが、正義を愛し、平和を愛す、という点で似ている（"beaucoup de traits communs à la France et au Japon: entre autres, l'amour de la justice, l'amour de la paix"）ことを挙げた。杉山直治郎は、日本は東洋のドイツであるとしばしば言われるが、そうではない、日本は東洋のフランスである（"Le Japon est une France Orientale"）と宣言した。ジョルジュ・ユイスマンは、元禄時代がルイ一四世の時代に呼応する（"Le magnifique épanouissement de l'époque Genrokou correspond à l'apothéose intellectuelle du règne de Louis XIV"）と書き、クロード・ファレルは、織田信長がリシュリュー枢機卿に、ナポレオン・ボナパルトが豊臣秀吉に似ていると書いた（"Le Nabounaga japonais ressemble au Richelieu de France. Le Bonaparte français ressemble au Taïko-Sama du Japon."）。類似した国民性を持ち、平和を愛する二つの国が、強力な絆で結ばれるとき世界平和が実現する、というわけである。今日から見れば少々ナイーブに過ぎるようにも見えるこうした考えは、当時多くの知識人に共有された。実際には日本がフランスと結ぶことでヨーロッパへの足がかりを得、フランスが日本と結ぶことによってアジアへの足がかりとする、という相互補完的関係が求められていたのだが、それ以上に「文化による覇権」が理想として追い求められていたのだった。

7 多彩な編集者たち

フランス語月刊雑誌を発行するにあたって必要とされたのは、なんといっても日本語とフランス語の理解である。後藤末雄は「日本文化の宣伝とフランス語」（『外交時報』一九三五年五月）で、フランス語のできる人材が足りないことを嘆いた。

> 今日、日本文化世界宣伝の必要が痛感されるに至るや、この事業に参与すべき新しい義務が、在来の外国文学者や外国語学者の双肩に負担されるに至つた。彼等は此の義務を負担して、十分、その責任を果すことが出来る

であらうか。一言すれば外国文を書くといふことが外国語学者の仕事となつてきた。イギリス文にしろ、またフランス文にしろ、またドイツ文にしろ、相当に書けるといふ日本人は現在、どれだけあらうか。イギリス語、ドイツ語の方面は暫くおき、フランス語の方面に於いては殆ど皆無といつても憚らない。

柳沢健もまた、「我国国際文化事業の展望」（『中央公論』一九三六年五月）で、「我国際文化事業を進めるうえに少からず支障を感じることは、我国の学者に独逸語や英語やを解し語り得る人はあつても、仏蘭西語乃至西班牙語を語り得る人が極めて稀なることこれである」と慨嘆した。国際文化交流の発展において、予算の次に問題となるのが人材であったということだ。『フランス・ジャポン』が松尾邦之助とアルフレッド・スムラーという人材を得たことは幸いであった。

松尾は一九二二年からパリに暮らし、一九二六年には『フランス・ジャポン』の前誌とも位置づけられる仏文雑誌『ルヴュ・フランコ・ニッポンヌ』*Revue Franco-Nipponne* を創刊、一九二七年にはエミール・スタイニルベル＝オーベルランとの共訳『其角の俳諧』*Les Haïkaï de Kikakou* を出版している。松尾自身の語学力もさることながら、彼の人脈が大きな財産であった。スムラーに編集協力を依頼したのも松尾である。日本びいきで日本語ができるほかに、民族学や文化史にも通じており、若くフットワークの軽いスムラーは、日仏文化交流誌になくてはならない存在だった。

満鉄パリ事務所長坂本直道の名前が「パリ代表者」として編集欄に記されるのは第九号（一九三五年六月一五日）からである。坂本はこの時点ですでに五年以上パリに滞在しており、日仏両国に人脈を築いていた。

一九三七年七月七日の盧溝橋事件を皮切りに、日中間はいよいよ血なまぐさくなってきた。一一月にはブリュッセルにおいて九ヵ国条約会議が開かれ、日本非難の宣言が採択された。日本のプロパガンダ作戦は、ここでなんとして

リオネロ・フィウミと松尾邦之助による イタリア語訳『日本現代詩』の表紙。 1935年にミラノのカラッパ書店から刊行 された。日本の現代詩がまとまった形で ヨーロッパの言語に初めて翻訳されたと 話題になった。

『ルヴュ・フランコ・ニッポンヌ』 第４号（1926年11月）の表紙。松尾 邦之助が編集し、藤田嗣治が挿絵を 担当した。

松尾邦之助が川路柳虹、アルフレッド・スムラーの協力のもと出版したフランス語版『日本文学史』の表紙。1935年にパリのマルフェール書店より刊行された。

も力を発揮しなければならない。『フランス・ジャポン』第二三号（一九三七年一一月一五日）には、満鉄本社から秋吉勝広、渡辺耐三《わたなべたいぞう》も編集の助っ人に加わった。

　第二七号（一九三八年三月一五日）からは、クロード・ファレルが加わる。ファレルは日本海海戦を題材にした『戦闘』*La Bataille* の著者であり、よく知られた親日家であった。一九〇五年に『文明人』*Les Civilisés* でゴンクール賞を受賞し、一九三五年にはアカデミー・フランセーズ会員に選ばれている。ファレルは早い時期から日本と日本人に敬意を表していた。『ルヴュ・フランコ・ニッポンヌ』の創刊号（一九二六年二月）に、彼は既に「日本讃歌」の一文（«Quelques Mots»）を残している。ファレルは日本国内を広く旅しており、その間に日本人の「完璧な礼節」（“courtoisie parfait”）、「洗練されたエレガンス」（“élégance raffinée”）、「女性のはじらい」（“pudeur des femmes”）、「男性の信義」（“honneur des hommes”）に接して、美しく高貴な国日本を敬愛するようになったと語っている。ファレルは『フランス・ジャポン』に何度か執筆したあと、編集に携わった。

　第四五号（一九三九年一二月一五日）からは、ファレルの代わりに小松清と松平斉光《なりみつ》が編集に加わる。一九二一年にも渡仏経験のある小松は、一九三七年の秋に『報知新聞』の欧州特派員の肩書でフランスに来ており、その能力の高さと人脈の豊かさはよく知られていた。松平はパリ大学で博士号を取っており、日本の風習や習俗について、フランス語で精力的に執筆した。

　予算と人材――この二本柱が『フランス・ジャポン』にはそろっていた。

8　プロパガンダのあり方

小松清がこの時期パリに来たのは、日本の弾圧を避けるためであった。戦争が本格化する過程で、日本軍部による左翼陣営への弾圧は激しさを増し、人民戦線派や自由主義者らに対する締め付けが厳しくなってきた。小松が舟橋聖一らと創刊した『行動文学』などは、特高の干渉の的となった。やがて戸坂潤や中野重治に対する執筆禁止命令が出される。小松にとっては、海外特派員としてヨーロッパに行くことが、いくばくかの自由につながる手段だったのだ。報知新聞社会学部が消滅したことによって肩書を失った小松は、『フランス・ジャポン』の仕事を始める。彼はこの雑誌について、次のように述懐している。

> 予算は満鉄のパリ事務所から出てゐたが、しかし別に満鉄や満洲国の宣伝雑誌でもなく、外務省や大使館の御用をつとめるものでもなかつた。金を出してもらつてゐる関係から、時には多少プロパガンダ的な記事も掲げねばならぬことはあつたが、しかし文化雑誌の純粋性と権威をまもり通す精神は尊重されてゐた。（「開城にいる旧友A・スムラール」『明窓』一九五一年九月）

小松は、『フランス・ジャポン』の性質を、こうしたゆるやかなものと考えていたようだ。しかし実際には、この雑誌はいわば文化のカモフラージュをまとったプロパガンダ誌であり、それは海外でも認知されていた。一九三八年三月に書かれた清沢冽のエッセイ「欧米の対日人気」（『現代世界通信』一九三八年一二月、中央公論社）には、このように書かれている。

> 満鉄といへば、その巴里の出張所の活動は、欧州大陸全体を目がくるもので、特記して置いていゝ。その所長は坂本直道といふ人だが、見識もあり活動力もあり、目覚ましい働きをして居る。先頃英国のマンチェスター・ガーデアンに、英国の一議員が『パリに日本の宣伝本部があることを仏国政府は知つてゐるか』と書いていたが、日本の宣伝本部などは何処にもありはしない。満鉄の出張所がその副産物として活動してゐるのを、さう解したにすぎない。それほど兎に角認められて居る。

満鉄パリ事務所はヨーロッパで「宣伝本部」として認識されており、『フランス・ジャポン』はその機関誌として、まぎれもなくプロパガンダを展開していたのである。ただしその編集を担った者たちが、いかにもプロパガンダ誌らしい雑誌とは一線を画した雑誌をめざしていたことも事実であった。

坂本直道が自分を『フランス・ジャポン』の編集に引き入れたことについて、小松はこう書いている。

> 私は坂本氏の懇望によつて、この雑誌の編集責任者になつたのであるが、私が引受けたときの第一条件は、雑誌についての責任は私がとるから、編集も私の自由にして欲しいといふのだつた。太つ腹で勇気のある坂本氏は、私の条件をそのまま呑んでくれた。今日になつても私は、そのときの坂本氏の態度に感服もしてゐるし、私に対する開け放しの、人間的な信頼に感謝もしてゐる。流石に、維新の天才坂本竜馬の血をうけた人だけのことはある。（直道氏は竜馬の姉君の孫、坂本竜馬家の当主である）何せ、日本ファシズムが猖けつを極めてゐる当時、私のやうな札つきの反ファッショ・自由主義者に雑誌をまかせたり、また淡徳三郎君の如き嘗つての極左陣営にゐた人士を嘱託として起用して平然としてゐた坂本氏はただ者ではなかつた。（「開城にいる旧友A・スムラール」）

事実、『フランス・ジャポン』という特殊な雑誌の編集部には、極端な国粋主義者の影は見えなかった。同じ頃、満鉄の人事にも異変が見られた。小松と同様、日本を離れた国内の左翼分子が海外に流れ、その一部が満鉄調査部に入ったのである。尾崎秀実、中西功をはじめとする左翼インテリが、その調査能力の高さを買われて、軍国主義者に交じって調査部で仕事をした。戦況の変化とともに、満鉄内部の様相も錯綜した。

『フランス・ジャポン』の編集体制に戻ろう。小松は「太つ腹で勇気のある」坂本が自分を引き入れたと感じていたが、実のところ小松を引き入れる以前から、編集部の坂本、松尾、スムラーはいずれも、当局の意向に必ずしも適合した人材ではなかったのだ。松尾は、『フランス・ジャポン』第三七号（一九三九年一月一五日）で、自分たちは日本のあるがままの姿を提示することに努めたのであって、その活動はプロパガンダなどではなかった（“Nous nous sommes évertués à montrer, autant que possible le Japon tel qu'il est sans chercher, en aucune façon, à faire de la propagande, au sens péjoratif du mot, puisque le but que nous poursuivons est tout à fait désintéressé.” «Il n'y a qu'un seul Japon»）と語っている。

松尾がプロパガンダに関してどのような考え方をしていたかを示すエッセイ「フランス人のみた日本文学（一）」が、『世界文学』（一九四七年五月）に載っている。

> ここで特に云いたいことは、すべて文学と美術というものは観光事業なぞとは異つて決して宣伝であつてはいけないと云うことである。日本の文化振興会の最大な過誤はこうした微妙な心理的計算のなかつたお役人仕事であつたということである。パリあたりの出版所の求めに応じて、云いかえると相手国の打算と営利で自然にこちらから与えて行く場合、そこには何等宣伝の意味もなく、その反響も却つて大きい。

松尾は、宣伝くささを極力排することによって、かえって海外の反響を得ることができると信じていたのである。また坂本も終刊号（一九四〇年四月）で、『フランス・ジャポン』が日本のプロパガンダ誌だと思われているが、それは間違いだ（“Certaines personnes ont pu croire que le Japon avait fait paraître cette revue pour y manifester sa propagande. C'est une erreur!” «M. Sakamoto Directeur de “France-Japon” rentre à Tokio»）と語った。だが文化交流や親善を謳ったいくつかの雑誌が短命に終わっている中、この雑誌が比較的長く継続したのは、何より満鉄の後ろ盾のお陰である。そして満鉄が親善や友好のためだけに多額の予算を投入した、とはとても考えられない。日仏同志会のメンバーの、プロパガンダについての見解が、それぞれ異なっていたということだろう。

創刊当初から編集の手伝いをしていたスムラーについても同様である。彼は小松によれば「サルトルや『ペスト』をかいたカミュなどといつしよに、レジスタンスの全国評議会に属する『コンバ（闘争）班』と呼ばれた一つのグループのメンバー」（「開城にゐる旧友A・スムラール」）だった。彼を『フランス・ジャポン』に引き入れたのは松尾だが、スムラーが抵抗運動の闘士であることを、満鉄はおそらくまったく関知していなかっただろう。むしろ人材不足の折から、スムラーのような人物は大いに重宝したはずである。小松清のような自由主義者が後半から編集に関わったのは、この点から考えればそれほど無節操な人事ではなかったのだ。

結局、松尾や坂本らのお陰で、『フランス・ジャポン』は、日本政府のお仕着せの宣伝雑誌にはならなかった。松尾はフランス側の依頼を受ける形で、さまざまな日本文学作品を仏訳したと述懐している。オーベルランとの共訳で倉田百三の『出家とその弟子』の仏訳を刊行したのは一九三二年のことだったが、これはロマン・ロランからの依頼であった。そして、『フランス・ジャポン』に芥川龍之介の『南京の基督』や『袈裟と盛遠』、『舞踏会』を仏訳掲載したり、樋口一葉の『にごりえ』を仏訳紹介したりしたのも、パリの『ビフュール』*Bifur*という雑誌から頼まれたからだと松尾は書いている（「フランス人のみた日本文学（一）」）。こうして『フランス・ジャポン』は、満鉄の、ひいては日本政府の思い描くプロパガンダとは異なる形で、パリに受け入れられていったのだ。

『フランス・ジャポン』第四九号（一九四〇年四月）は終刊号となったが、ここには「次号の予告」が載っている。アカデミー・フランセーズ会員のポール・アザールをはじめ、マルセル・アルランや今日出海も執筆者として名を連ねている。すでに一部の原稿は入っていたのだろう。パリにナチス・ドイツが無血入城するのが一九四〇年六月一四日。その直前まで編集の仕事は続き、雑誌発行は継続の予定であったようだ。しかし、戦争の勢いはそうした思惑を吹き飛ばしてしまった。満鉄欧州事務所がパリからベルリンに移転するのが一九四〇年一一月二五日のことである。日仏友好などとはもはや言っていられない状況で、満鉄ベルリン事務所から『フランス・ジャポン』を出すことは到底考えられなかった。

戦争が本格化するにつれ、満鉄は調査機構を強化した。一九四二年に満鉄調査部の人員は二〇〇〇人に達し、日本最大の調査機関となった。組織が巨大化するとともに、危険分子も増える。一九四二年九月二一日には、満鉄左翼調査員が関東軍憲兵司令部に検挙される第一回調査部事件がおこった。一九四三年七月一七日には第二回調査部事件がおこり、一連の満鉄事件で四〇名を超える逮捕者が出た。軍の締め付けは厳しくなり、プロパガンダは絶叫調になってゆく。転がるように一九四五年八月一五日の終戦を迎えたあと、連合国最高司令部が満鉄の解散を指令するのが同年九月三〇日のことである。思えば一九三〇年代に咲いた『フランス・ジャポン』は、たおやかで、どこか理想主義の香を放つ美しい花であった。

II

満鉄——中国東北部からフランスへ　1906–1945

シベリア鉄道でヨーロッパに向かった日本人

和田博文

1　シベリア鉄道の歴史と経路

帝政ロシアがシベリア横断鉄道工事に着工したのは一八九一年である。シベリアへの植民と、極東の開発、軍事力の増強が主な目的だった。一八九六年の露清協定によってロシアは、東清鉄道敷設権を獲得する。これは満洲里から清国内に入り、ハルビン経由でウスリースクに至る路線である。シベリア鉄道の全線が開通するのは、日露戦争中の一九〇四年九月のことになる。日露戦争の火蓋は同年二月に切られたが、約半年後にバイカル湖迂回線の難工事が終わり、極東に軍事力を送りこむことが可能になった。終戦後の一九〇五年九月に日露講和条約（ポーツマス条約）が締結されて、長春以南の東清鉄道線の権利は日本に譲渡されることになる。日本は翌年の一一月に南満洲鉄道株式会社（以下、満鉄と略す）を設立して、満洲侵略の大動脈を手に入れた。

日本からヨーロッパまでの切符を通しで購入できる欧亜連絡運輸の開始は、一九一〇年四月である。万国寝台急行列車会社がヨーロッパ各国の政府・鉄道会社と契約を結び、急行寝台列車を運転して連絡切符を発売した。大橋省三編『西比利亜鉄道案内』（一九一〇年五月、万国寝台急行列車会社東京代理店）によれば、ロシア当局は「列車ノ改良旅客ノ安全手荷物ノ税関手続ヲ簡易ニスル」などの便をはかっている。「満洲ノ平原西比利亜ノ奇観「バイカル」ノ絶景「ウラル」ノ高原等土地風俗人種ノ推移ハ時々刻々耳目ヲ新ニスルヲ以テ十有余日ノ列車生活モ飽ク事ナク嘗テ旅客倦怠ノ声ヲ聞カズ」と、このガイドブックは宣伝している。車窓風景の評価は乗車してみないと分からないが、ヨーロッパ旅行のプランを立てる人々にとって、シベリア鉄道は最速のコースだった。

　だがシベリア鉄道の利用は、継続的に行われたわけではない。一九一〇年代〜二〇年代の国際情勢の悪化は、人々の足をシベリア鉄道から遠ざける。ヨーロッパが主戦場となる一九一四年〜一八年の第一次世界大戦と重なるように、一九一七年二月にロシア革命が起きて、ロマノフ王朝は滅亡した。同年一一月には、ソビエト政権樹立の宣言が行われている。一九一八年五月になるとチェコ軍団がチェリアビンスクで、ソビエトへの反乱を起こしシベリア鉄道を占拠した。八月にはアメリカ軍とイギリス軍がウラジオストクに上陸し、二ヵ月後にイルクーツクでチェコ軍団と連絡する。日本も八月にシベリア出兵を宣言した。これ以降一九二二年六月にシベリア撤兵を表明するまで、対ソ干渉戦争が続くのである。欧亜連絡運輸も中断を余儀なくされた。

　シベリア鉄道の欧亜連絡運輸の再開は、シベリア撤兵から五年後のことになる。鉄道省運輸局『西伯利経由欧州旅行案内』（一九二九年七月、鉄道省運輸局）の「序説」には、「西伯利鉄道経由極東西欧間の交通は漸次改善の域に向ひ欧亜連絡運輸も既に昭和二年八月一日より復活し、欧亜間急行列車の連絡も円滑となり旅客はこれに依り何等の不便不安なく旅行し得るに至つた」と記されている。ただしシベリア鉄道に接続する満洲の情勢は、その後も緊迫が続いた。一九三一年九月には関東軍が柳条湖付近で満鉄線路を爆破して、満洲事変が始まる。翌年二月に関東軍はハルビンを占領、三月には満洲国建国宣言が出された。ソビエトの東支鉄道（北満鉄道）を満洲国が買い取る交渉がまとまり、日満ソ三国間で調印を行うのは一九三五年三月である。

　シベリア鉄道でヨーロッパに向かう旅行のアウトラインを、『西伯利経由欧州旅行案内』で確認しておこう。まず日程と費用。ヨーロッパに向かうルートは、①アメリカ経由、②欧州航路、③シベリア鉄道の三つがある。このうち③のシベリア鉄道を利用すると、「内地より西欧主要都市まで所要日数十四、五日、一等賃金六百円前後」がかかった。①のアメリカ経由で行くと三週間以上の日数と、二倍以上の経費が必要である。②の欧州航路の場合でも、約四〇日の日数と一〇〇〇円以上の船賃がかかった。このガイドブックは約二〇年前の『西比利亜鉄道案内』と同じように、「旅情を慰むるに足る」景観・風俗・動植物などをアピールしている。しかし「西伯利旅行は甚だ索莫たる如く伝へらるゝも」という前置きの言葉は、シベリア鉄道旅行の一般的なイメージがどのようなものだったのかを伝えているだろう。

日本の「内地」からシベリア鉄道に乗り継ぐには、四つのルートがあった。『西伯利経由欧州旅行案内』の巻末に収録された、「西伯利経由欧亜交通路畧図」を見ながら確認しておこう。①一つ目は船で下関から釜山に渡り、鉄道で朝鮮半島の京城・平壌を経由して、奉天・長春・ハルビンから、国境の満洲里に向かうルートである。②二つ目は船で下関から大連に渡り、鉄道で奉天を経由して満洲里に向かうルートである。③三つ目は船で敦賀からウラジオストクに渡り、鉄道でハルビンを経由して満洲里に向かうルートである。④四つ目は船で敦賀からウラジオストクに渡り、鉄道でハバロフスクを経由してヨーロッパを目指すルートだった。これ以外に船で長崎から上海に渡り、鉄道で南京・天津を経由して奉天に向かうルートもあるが、かなり遠回りになる。

ルートを決めたら、旅行前の準備をすることになる。海外旅行だから旅券の携帯が必要だが、それ以外に日本駐在ソビエト領事館発行の査証を申請しなければならなかった。入国でなく通過の場合は、査証の有効期間が国境に入って一四日間で、一ヵ所に二四時間以上滞在する場合は、官憲への届け出が義務付けられている。欧亜連絡乗車券の通用期間は六〇日間で、長春やウラジオストクまでの「日本側の区間」だけ、等級を変えることも可能だった。乗車券の他に、寝台券の予約も必要である。旅装で注意しなければならないのは、備え付けてあるとは限らない石鹸・手拭・

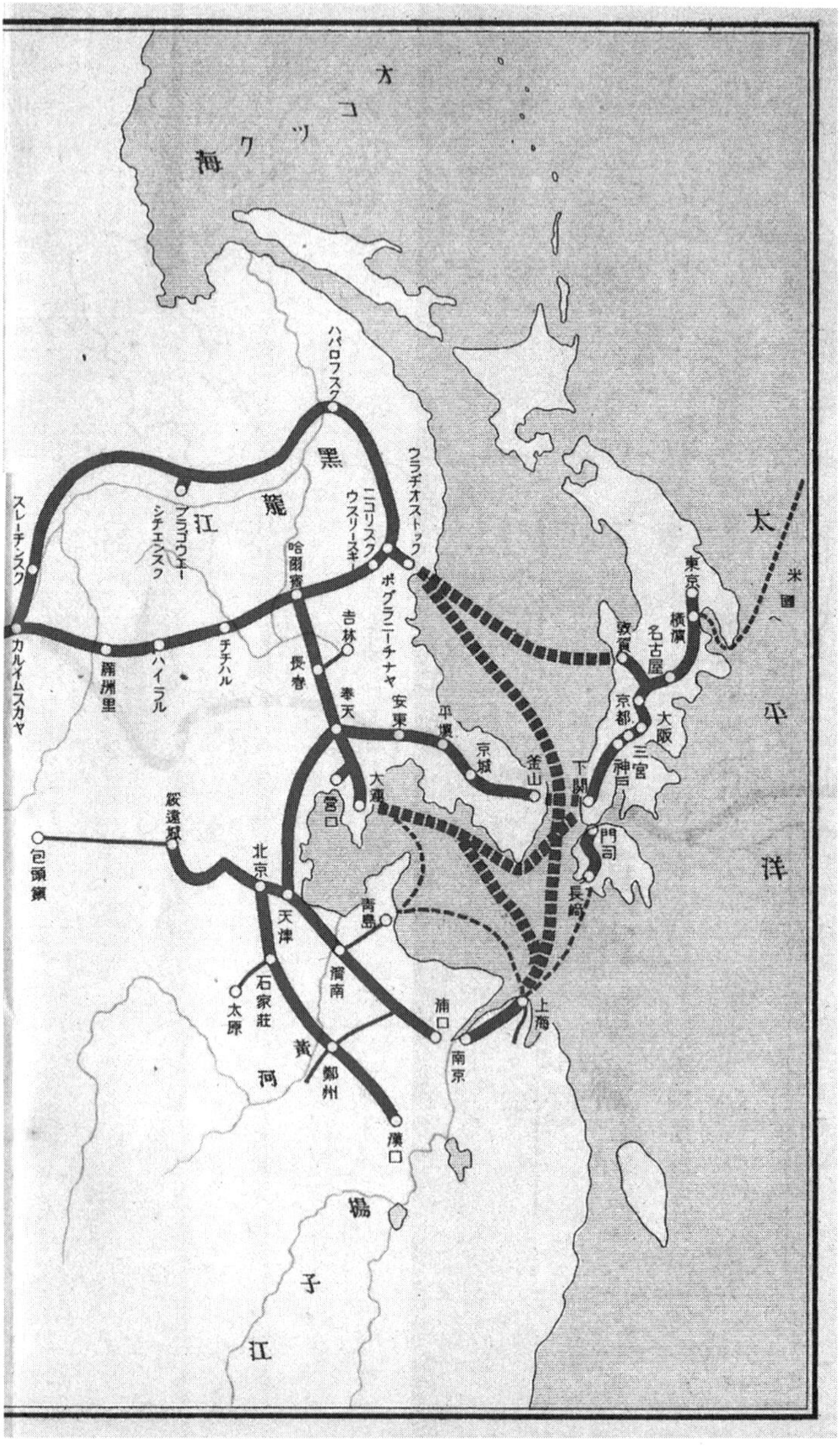

鉄道省運輸局『西伯利経由欧州旅行案内』（1929年７月、鉄道省運輸局）に収録された「西伯利経由欧亜交通路畧図」（部分）。

トイレットペーパー。急行列車には食堂車を連結しているが、座席での飲食用に、薬缶・スプーン・コップ・ナイフ・小皿・砂糖を用意しておくと便利だった。

東京～パリ間の運賃の概算は、一等で六三〇円、二等で四三〇円、三等で二四〇円である。シベリア鉄道急行列車の一等・二等・三等は、それぞれ優良軟床車・通常軟床車・硬床車と呼ばれている。優良軟床車は、かつての万国寝台急行列車会社の車両を使用していたが、コンパートメント式の二人室である。通常軟床車になると四人室で、硬床車の場合は座席が板張りになる。シベリア鉄道の食堂車は、定食は「低廉」だったが、アラカルトになると「比較的」高かった。その他に、主要駅には構内食堂があり、食堂車よりもかなり安く食べられる。列車が駅に到着すると、新鮮で安価な鶏卵・蒸肉・牛乳・パンなどを売りにくる。構内には「湯壺」の設備もあり、湯を無料でもらうことができた。果物だけは値段が高いので、奉天か長春で調達するようにアドヴァイスしている。

国境を通過するときには税関の検査がある。駅では旅客自身が検査に立ち会わなければならない。ソビエトとイギリスの検査は厳重で、「箱物、缶入類」まで開かされることが多かった。ロシア語の携帯品目録を作成しておくと、検査は比較的簡単に済む。「写真機、タイプライター、ラヂオ機等も一箇だけなら差支ない」と、『西伯利経由欧州旅行案内』には記してある。ただしソビエトでの撮影は、官憲の許可が必要だった。書籍・文書・印刷物は、一九一七年以降のソビエトでの出版物がないかどうか、検閲が行われることもある。またソビエト貨幣の携入と携出は許可されていなかった。国境では「国立銀行の公定相場」に基づいて、旅行に必要な分をソビエト貨幣に両替し、通過後に再び他国の貨幣に両替する必要があった。

ガイドブックの記載に従って、シベリア鉄道の旅行者は準備を整えただろう。しかし実際の旅行がどのようなものになるかは、時期によって異なる。シベリア鉄道は国際情勢に大きく左右されるルートだったのである。

2　国文学者の異文化体験——斎藤清衛

　満鉄のヨーロッパ事務所から『フランス・ジャポン』が発行されていたのは、一九三四年一〇月から一九四〇年四月までの五年半である。満洲国が東支鉄道を買い取ったのは一九三五年三月だから、シベリア鉄道に乗り継ぐ満洲旅行に限定すれば、日本人にとって旅行しやすい時代だったと言えるだろう。

　国文学者の斎藤清衛《さいとうきよえ》がヨーロッパに向けて東京を出発したのは、一九三六年四月一七日である。シベリア鉄道への乗り継ぎルートとして、下関から釜山に渡り、京城・奉天・ハルビンを経て、満洲里に向かう旅を斎藤は選んだ。『欧羅巴紀行東洋人の旅』（一九三七年五月、春陽堂書店）を読むと、斎藤が植民地支配下の日本人の姿に、違和感を抱いていたことが分かる。軽装を心掛け、手提鞄一つ下げての旅だったが、関釜連絡船では「移動警察」から、「主義者の国外脱走」でないかと疑われた。満洲の日本人は、「畳の上に大膝を組んで居り、刺身に熱燗といふ姿でのさばつてゐる」ように思える。大陸にいるのに、異文化を尊重する姿勢が見られない。「君たちが、かう征服者の態度を続ける以上、満洲は遂に日本の味方から離れてゆくよ」と、斎藤は友人に忠告した。

　日本からの距離を感じたのはハルビンである。『哈爾浜』（一九三七年六月、満鉄鉄道総局営業局旅客課）によれば、同年一月の人口は四六万四八一三人。このうち「満洲国人」は三八万五〇〇〇人（約八三％）、「白系露人」は三万一六三〇人（約七％）、「朝鮮人」は六六七九人（約一％）で、「蘇連人」は六五八一人（約一％）である。満洲事変後に「内地人」の数は急増するが、三万二四七二人と約七％に過ぎない。「今日の哈爾浜は最早や「東洋の巴里」でもなく、又「東洋のモスコー」でもあり得ない。その「哈爾浜夜話」時代を遠く過去に葬り去つて、今や新興満洲国の一心臓として躍動しつゝある」と説明されているが、異郷の地であることに変わりはない。ハルビン駅のプラットホームで斎藤が最初に想起したのは、一九〇九年一〇月に伊藤博文が韓国人に射殺されたことだった。改札口を出るときに斎藤は、「故国を離れたといふ寂しい感じが、ふつと私の襟元を流れて」いくのを感じている。

　ハルビンを案内してくれた知人に勧められ、斎藤清衛はシベリア鉄道の車中用に、毛布とパン・腸詰・缶詰・バタ・紅茶・角砂糖を購入した。日本から持参した「道明寺」（＝乾飯）などと合わせれば、一週間以上の自炊の材料が整う。アルコールランプ・カップ・皿・ナイフ・フォークはすでに入手している。国境の満洲里が近付くと、国際情勢の厳しさを実感させられた。ハイラル駅に着く一時間前から、車室の窓は密閉されて、トンネル内と同じ状態になる。「軍備工作を旅客に秘する」ためだった。重い空気の満洲里では、出発まで三〜四時間の余裕がある。斎藤は日本旅館に入って風呂につかり、粗末な畳の部屋で食事を済ませて、旅館に車中用の果物籠を整えてもらった。

　シベリア横断の国際列車は、満洲里駅を出発してしばらくすると、八十六待避駅に到着する。この駅には税関検査場があり、斎藤清衛も鞄一つと、食料品を入れた風呂敷包みを持参した。ソビエト税関吏の検査は厳重で、ドイツ人らしい男性が「不平と抗議」の声をあげている。アメリカ人らしい男性は、大きい箱に書物を入れてあったので、取り出せないように封をされた。斎藤も書籍を持っていたが、会話本と辞書なので問題ない。税関吏が関心を示したのは、風呂敷包みの中の「道明寺」である。不審げに袋を眺め、斎藤の方を見る。列車専属の通訳が乾飯の説明をすると、ようやく笑いが生まれた。ピストルの有無も聞かれたが、もちろん斎藤は所持していない。

　シベリア鉄道の各駅で斎藤が驚いたのは、スターリンの肖像である。特にチタ駅のペンキ画は大きいものだった。ソビエトは「宣伝政策国」であることを、斎藤は旅行中に痛感している。ガイドブックに記載された通り、駅構内の「キペアトーク」という表記のある場所では、熱湯を利用できた。乗客は停車時間になると、薬缶類を手に湯を取りに行く。列車の洗面所は、水は出てくるが湯が出てこない。だからお茶や洗面のために、湯の補給が必要となる。もっとも一〇人〜二〇人が列を作ると、発車時間までに補給できない乗客も出てきた。『欧羅巴紀行東洋人の旅』に収

斎藤清衛が描いたモグソン駅の女性たちのスケッチ（斎藤清衛『欧羅巴紀行東洋人の旅』1937年5月、春陽堂書店）。

録された図版は、モグソン駅でパン・ミルク・腸詰を売っていた女性たちのスケッチである。ただし「どれも不潔に見える」と斎藤は記している。

一等車に乗った斎藤清衛のコンパートメントは二人室。廊下から室内に入ると、右手に洗面棚がある。取っ手を引くと盥が出てきて、水が落ちる仕組みになっている。左右の両側には一人ずつの座席があり、夜は寝台になった。窓際の小さな机には、皿などをおくことができる。斎藤の夕食の定番メニューは粥。まずアルコールランプで湯を沸かし、「道明寺」の上に注ぐと、五分で粥が完成する。おかずは缶詰や腸詰で、食後にデザートとして果物を食べた。ヨーロッパ側からシベリア鉄道を利用する人は、バイカル湖まで来るとほっとするという。しかし極東から旅行した斎藤は、その感覚が「ぴんと胸に響いて」こなかった。四月のバイカル湖は氷結している。紅茶とネジパンとソーセージの朝食を楽しみながら、斎藤は越後の海岸を思い出していた。

極東側からの旅行でなければ、目にすることができない光景もある。それは逆方向に向かう列車である。ヨーロッパからシベリアに向かう列車を、斎藤清衛は一時間に二列車の割合で目撃している。そのほとんどは機械類・自動車・武器を満載した貨物列車で、まるで「隣国人を威嚇」するように見えた。「反革命党の手で粉砕」されたのか、倒壊した列車が雨ざらしになっている。イルクーツク駅の引込線では、「移民列車」と思しき列車が停まっていた。それは小さい窓が一つ付いただけの貨物列車で、老若男女がその中に詰め込まれている。「豚箱同然」の設備で移送される人々と出会い、斎藤は付近にアレクサンドルフスクの「大監獄」があることを思い出した。

モスクワのアレキサンドロ停車場に到着したとき、斎藤清衛は「駅付近の雑駁さと不潔さ」に驚く。停車場のあちこちで、「襤衣をさげた浮浪」が目立っていた。「モスクヴアを見ない者は美しさを知らぬ者だ」という言葉にふさわしい、美観を構成する建築物がないわけではない。宗教を排斥する国家にとっては皮肉なことだが、その多くは教会の塔のように見えた。街頭は「労働服の洪水」で、人々は「憂鬱」な表情をしている。「明朗と健康美とを示す」「モダーンの表情」の女性も見当たらない。商店街に足を運ぶと、かなり大きい「個人経営の商店」があった。しかし店内には商品が不足していて、日本なら「閉店間際の有様」である。

車窓から眺めるモスクワ〜南ロシアの農村風景は、魅力的に感じられる。斎藤清衛はトルストイの民話を思い出し、この田園風景こそ民話の源泉だと考えた。しかしポーランドとの国境が近付くにつれ、ソビエトを離れる「欣び」が湧いてくるのを、斎藤は押さえることができない。ポーランド側の税関検査を行うストルチェの駅を発車して間もなく、アイスクリームの売り子が回ってきた。アイスクリームは、シベリアとは異なる「西欧の雰囲気」を予感させる。続いてハイヒール姿の若い女性が、新聞・雑誌を売りにきた。それはモスクワ駅にはなかった、英語の出版物である。乗客の会話にもドイツ語が交じるようになり、斎藤はヨーロッパに着く期待感に胸を膨らませていたのである。

3　新聞社主宰の団体旅行——吉田辰秋

一九二八年七月にアムステルダムで、第九回オリンピック大会が開かれた。このときに大阪毎日新聞社・東京日日新聞社は、日本選手の応援を兼ねて、欧州視察団の企画を立てている。これ以降同社は、毎年のように海外旅行団を主宰した。それから一〇年、ロンドンでジョージ六世の戴冠式が行われ、パリでは万国博覧会が開かれた一九三七年に、吉《よし》田《だ》辰《たつ》秋《あき》は「英帝戴冠式拝観欧州一周旅行団」の一員となる。吉田の『外遊漫筆』（一九三九年二月、明治図書）はこのときの記録である。旅行団の三〇人は、シベリア鉄道を利用する第二のルートでヨーロッパに向かった。四月一日に大連港に到着した一行は、「最新式流線型」を誇る「あじあ号」に乗車して、大陸横断のスタートを切る。興安嶺付近に来るまでは、まだ日本の延長線上の気分の旅行である。食堂車の朝食も、海苔・大根おろし・玉子焼・野菜の小鉢・味噌汁で、スタッフも日本語が通じる。

国境駅の満洲里に着くと、シベリア鉄道を利用する際の注意点を駅員が説明した。一行は一等車に乗り込んで出発したが、しばらくするとオトポール駅で停車する。いよいよ「油断がならぬ」と噂に聞いた、税関の手荷物検査である。吉田辰秋は「俄かに緊張して下腹にうんと力を」入れたらしい。検査は厳格なもので、「日本貨、満洲貨、シベリヤ車中使用の米貨、信用状、クック社の英貨券、独貨券に至つては一々その番号金額」をチェックしている。金製品は時計・眼鏡・カフスボタンなどすべてを申告しなければならない。カメラや望遠鏡は厳封され、国境を出るまで開くことができない。書籍・印刷物の検査も綿密に行われ、吉田は少しいらいらした。「日本字なんか判りもしない癖に何を愚図々々してやがるんだ」と怒鳴ったメンバーがいたらしい。団体旅行故の強気だろう。

一週間の列車の旅は、普段の生活に近いほど快適に過ごすことができる。吉田辰秋は和服を持参して、ホテルでも車中でも胡坐でくつろいでいた。食堂車に行くときも、羽織と足袋の着物姿である。食卓のテーブルカバーは裾が長い。コーナーの席を確保して、椅子の上でそっと胡坐になると、気分良く過ごすことができた。さすがに停車時間中の駅構内では、着物姿は衆目を集めすぎるので、洋服に着替えている。もう一つ、外遊経験者からアドヴァイスをもらい持ってきたのはスリッパ。靴を脱ぐことで吉田は、心身ともにリラックスしている。

「あじあ号」と「英帝戴冠式拝観欧州一周旅行団」の一行（吉田辰秋『外遊漫筆』1939年2月、明治図書）。

食生活は快適な旅の条件である。準備打合せ会のときに大阪毎日新聞社は、シベリア鉄道では食べ物に不自由すると説明した。一等車に乗り込んだツアー一行の場合は、食堂車での全食事が契約に含まれている。朝食はパンにバターに卵料理。そこに一行が持ち込んだ各種缶詰類が、次々と回ってくる。昼食と夕食に出てくるスープは、量も多くて評判が良かった。明治屋に勤務するメンバーが、全員に味の素を進呈して、料理に振りかける「美味求真」に耽っていたという。肉料理のメニューは毎日変わるので飽きることはない。野菜はたっぷりあり、果物も缶詰とはいえ豊富である。各自が持参した菓子類は、自分一人で食べきれず、毎日各室に分配されてきた。吉田辰秋は甘党だが、満腹時に回ってくる羊羹には音を上げている。不満があるとすれば飲物。値段が高い上に、ビールの不味さは格別だった。

予想外の快適をもたらしたのは風呂である。シベリア旅行中の一週間は入浴できないと聞いていた。旅行記にもそう記されている。だから乗車時に車内設備を確認して、就寝前に洗面所で、頭・胸・背中などを湯で摩擦する「身体清潔法」を実行していた。列車は震動するから、身体は壁にぶつかり、湯はこぼれて服やスリッパを濡らす。そんな苦労をしていたある日、列車のボーイが来て英単語を並べ、「水よい、バス、三留、石鹸一留、タオル一留」と言った。値段は高いが風呂があるならと、吉田は即座に申し込む。準備が整って案内されると、列車従業員が睡眠をとる後部車に、ホテル並みの風呂があった。たっぷりしたお湯の量で、ちょうどいい湯加減である。肩までつかって「あゝ極楽境」と喜んだ吉田は、レールをきしる音に合わせて淡海節を口にした。

　モスクワに到着したのは五月二日である。メーデーの次の日の祝祭日で、主要な道路や建物にはスターリンの肖像が、「人口よりも多い」と思えるほど溢れかえっている。観光バスで市内見物に出ると、まるで浅草のように賑っていた。しかし群衆の表情に微笑は見られず、「笑ひを忘れてゐる国民だ」と吉田辰秋は感じる。意外だったのは劇場が多いことである。どの劇場かは忘れたが、舞台監督の名前に「ヨシ・ヒジカタ」と書かれていた。土方与志夫妻はモスクワに住み、演劇活動に従事していたのである。日本人名といえば、クレムリン城壁に刻まれた革命功労者の名前に、「セン・カタヤマ」が含まれていると吉田は聞いたが、確かめる時間はなかった。

　ツアーの一行がメトロポール・ホテルで夕食をとったとき、吉田辰秋は旧知の西春彦大使館参事官から官邸に招待される。そのときに吉田は、ソ連の厳しい現実を目の当たりにした。牛肉のすき焼きを振る舞ってくれた西夫人は、「これだけのお肉を集めるのに四軒動員したのですよ」と語る。ソ連では食料品を自由に得られず、各家庭での一日の分量が制限されていたのである。食後に吉田は、西夫妻に連れられてモスクワの夜景見物に出かける。数百台が並ぶ交叉点に来たとき、乗っている車だけが列から抜け出した。後ろからは護衛の車がついてくる。ソ連が護衛をつけるのは大使・公使だけだが、日本・ドイツ・イタリアだけは例外で、参事官クラスでも護衛していた。護衛が監視の別名であることは言うまでもない。

　シベリア鉄道の満洲国国境〜ポーランド国境間では、インツーリストのガイド二人が添乗して、旅行の便宜をはかってくれた。しかしガイドの仕事の範囲外の事件が起きることもある。ポーランドへの国境駅ニイエゴレロイに到着すると、税関検査が待っていた。三人の検査官のやりかたには凹凸がある。吉田辰秋の前にいた日本人は、「此奴はあきませんぞ」と別の検査官の列に移動したが、吉田はそのまま並んでいた。順番が来ると、検査官は鉛筆書きの小型手帳を三冊取り出し没収すると言う。「没収すべき理由を言ひ給へ」と吉田は怒鳴り、見物人が集まってきた。三冊のうちの二冊は川柳・都々逸の覚書で、もう一冊は旅行中に世話になった人たちの名簿である。応援の日本人も駆け付けて大騒動。事務所に行って上級検査官が審議した結果、調査後に三冊をモスクワ大使館に送るという処置になった。ペン書きの手帳や、大型の帳面は問題なかったので、鉛筆書きが疑惑を招いたのだろう。吉田のソビエト観は決定的に悪くなり、「軽蔑の念」を抱くようになったと書いている。

　ポーランド国内の最初の駅で、一行はポーランドの国際列車に乗り換えた。オールスチールで最新式の一等車は、各室に洗面所を備えていた。車窓から目にする農家は「郊外住宅」のような外観で、住民の服装も美しく、ロシアとは「文化の程度」が違っているように見える。食堂車に行くと、黒パンの味が悪くない。ライス入りのスープも美味しい。ビールやコーヒーもなかなかで、ソビエトの味と比べると「格段上等」に思えた。ソビエトとヨーロッパの違いを、一行は実感したのである。

4　第二次世界大戦下のドイツへ――田辺平学

　建築学者で東京工業大学教授の田辺平学《たなべへいがく》が、戦時下のヨーロッパ各国の防空施設を調査するために東京を出発したのは、一九四一年四月一七日のことである。すでに二年前の一九三九年九月一日に、ドイツ軍がポーランドに進撃を開始し、第二次世界大戦が始まっていた。一九四〇年に入るとドイツ軍は、四月にノルウェーとデンマークに侵攻、五月にベルギー・オランダ・ルクセンブルクを急襲、六月にはパリに無血入城している。一九四一年になってもドイツ軍の勢いは止まらず、三月にはブルガリアに進駐、田辺が出発した四月にはギリシアとユーゴに侵入を開始している。建築防空の研究者としては、千載一遇のチャンスの到来と思えただろう。同時に大戦中のヨーロッパ行は、困難と危険に満ちた旅になることが予想された。

旅行前の最大の困難は、査証の取得である。田辺平学『空と国』（一九四三年一月、相模書房）によれば、目的国ドイツの査証は短期間で取れたが、一回限りの入国で、国境到達までの有効期限は四ヵ月という条件だった。田辺が一番気がかりだったのは、通過国ソ連の査証取得である。申請してもいつ下付されるのか分からない。半年待った末に断念して、アメリカ経由で渡欧した人もいた。申請して三ヵ月後に外務省欧亜局に出向くと、外交交渉の結果、申請者三〇人中、二四人への下付が決まったという情報が入る。だが田辺はそこに含まれていなかった。外務省は残りの申請者の分の交渉を、電報で進める。申請から四ヵ月後、田辺にもようやく査証下付の通知が届いた。さっそくシベリア鉄道の切符を申し込むと、五月一杯まで満席である。ところがキャンセルが一件出て、二週間後に出発することが決まった。

幸運はさらにいくつか重なる。四月六日にはバルカン半島に戦火が広がり、ユーゴは一七日にドイツに降伏、ギリシアは二三日にドイツに降伏した。その間の四月一三日に、日ソ中立条約がモスクワで調印されている。出発四日前の調印を、田辺平学は「自分個人として」「幸運」と喜んだ。調印に伴ってソビエトは、極東軍を西方に移動させることを決定する。そのためにシベリア鉄道では一〇日間ほど、外交官以外のシベリア通過を制限することになった。ただし切符をすでに購入した者は除くという措置が取られる。田辺も無事に通過することができた。

オトポールの税関検査の際に、田辺平学は同室の秦正宜と別々に検査を受ける。満洲国外交官補の秦は外交旅券を持っているので列車に残り、公用旅券で旅をする田辺だけが検査場に連れていかれたのである。書籍を多く入れたスーツケースは「ボンド」（＝ソ連領内封印）となるが、検査官は「極めて親切」に見えた。実は列車内に残った秦や、ドイツ人外交伝書使、イタリア人副領事の方が、厳しい検査を受けている。特に新京で勤務していたイタリア人副領事は、「チッキで預けた大荷物を一々開かせられた」と嘆いていた。同じ列車に二人の子供を連れたドイツ人女性が乗っている。彼女は旅券に不備があるという理由で、国境に残されたという。

シベリア鉄道の食堂車は田辺平学を満足させた。『空と国』には食事のメニューと感想がよく出てくる。クーポンで食べた最初の定食は、チキン・腸詰・パン・バターで、「バター等豊富で美味い」と記されている。列車内は、チタ近辺のラジオ放送のロシア音楽が流れていた。翌々日のランチは、「肉と生瓜と馬鈴薯の前菜、鶏とスパゲッテイのスープ、炙鶏に焼馬鈴薯、果物の砂糖煮」という「御馳走」で、バターの豊富さに田辺は改めて驚いている。食事は、そのエリアの経済状態を推測するバロメーターである。次の日の朝食には、美味しいチーズがたくさん出された。ハムエッグも、大きいハムに三個の卵を使っている。「農産物が豊富と見えてケチ〳〵してゐない」というのが、田辺の推測である。洋食好きの田辺は食堂車を堪能した。

ただ第二次世界大戦下の緊迫した雰囲気は、各地で伝わってくる。チタでは、モスクワのメーデーの観兵式に参加する将校が乗り込んできて、軍用列車のような観を呈した。ウランウデでは、兵隊を満載した貨車を見かける。ソビエトは極東軍を、独ソ国境方面に移動させているらしい。ウラル山中を走る列車内で、日本人とドイツ人が天長節（＝天皇誕生日）の祝杯を挙げたとき、インツーリストから聞いたという驚くべきニュースを、ドイツ人がもたらした。「天長の佳節を期し、日本が英国に対して宣戦を布告した」と。これは後に誤報と判明するが、田辺平学の心には「愈々やつたナ！」「愉快な報を耳にするもの哉」という感想が湧き上ってくる。日英開戦のニュースが荒唐無稽とは思えないほどに、国際情勢は緊迫の度を増していた。

田辺平学はモスクワに好印象を抱いている。メーデー前日のモスクワは飾り立てられていた。黄昏の時間帯の「北欧特有の薄明の中に、鮮かな旗の赤と、白地に黒く描き出された肖像の黒とが、クッキリと浮上」がっている。「こんな綺麗な、而も思ひ切つたデザインの、街の装飾」を見るのは、生れて初めてだと田辺は思った。建築学者の田辺を感嘆させたものがもう一つある。それはメトロだった。大理石貼りの停車場に、地下四〇メートルまで伸びる幅広いエスカレーター、そして乗り心地のいい車体は、「世界一」という折紙を付けられる地下鉄だった。より専門性に引き付けるなら、「都市空襲時の公共用防護室」として、素晴らしい施設であると、田辺は考えている。

一九四一年の時点でポーランドはすでに消滅していた。車窓から眺める旧ポーランドの野は緑に覆われていて、田辺平学は「国敗れて山河あり」の感を深くする。ソ連側の国境駅チジヨフも、ドイツ側の国境駅マルキニヤも、旧ポーランド領だった。マルキニヤ駅では旅券検査の際に、二日分の食料切符を渡される。光を洩らさないように窓にカーテンを下ろした列車は、燈火管制下の闇をベルリンに向けて走っていった。ボーゼン駅では食堂車が連結される。朝食を食べに行くと、ドイツ特有の黒パンではなく白パンが用意されていた。「今次の大戦では、パンばかりはヨーロッパ中でドイツが一番上等で美味い」と、田辺は記している。パンの味は、ドイツの支配地域拡張の反映である。ベルリンに到着すると、空襲への警戒は怠りないが、「警察時間」の午前〇時まで、カフェもダンスホールも賑っている。

田辺平学は往路だけでなく復路も、シベリア鉄道を利用するつもりでいた。しかしドイツ滞在中の一九四一年六月二二日に独ソ戦が勃発する。ラジオ放送で田辺は、バルト海から黒海までの全線で、ドイツ軍の進撃がスタートしたことを知った。シベリア鉄道は途絶して、日本の新聞や郵便物は届かなくなる。独伊軍事視察団の山下泰文中将一行は、開戦直前に国境を越えた。しかし切符の購入者で、帰国できなくなった人もいる。ベルリンの日本人は集まるたびに、帰国方法について話し合っていた。シベリア鉄道が再開するという楽観論もあったが、独ソ戦のニュース映画を見ると、鉄道や鉄橋の破壊はすさまじいものだった。日本郵船のアメリカ航路は、八月から休止というニュースが入ってくる。アメリカ船は春から、日本人の乗船を許可していない。わずかに残るポルトガル船に乗り、アメリカ経由で田辺が帰国できたのは一〇月のことである。「大東亜戦争」の開戦は、その二ヵ月後に迫っていた。

大連とパリ

小泉京美

「二十歳ごろの私は、この広場にロシアを、そしてフランスを透視し、そこに隠されているヨーロッパの匂いを感じるのが好きであった」（清岡卓行「パリと大連」『群像』一九八九年一月）。戦後、清岡卓行《きよおかたかゆき》が繰り返し描いたこの都市は、一九〇七年に南満洲鉄道株式会社（以下満鉄）が本社を置いた都市大連である。創業時の資本金約二億円、社員数一万一〇〇〇人（満史会編『満洲開発四十年史』一九六四年一月、満州開発四十年史刊行会）。このアジア屈指の巨大企業に就職し、渡満した若者たちの多くは「内地」で高等教育を受けたエリートだった。彼らにとってそこは社会的な自己実現の場であったはずだが、とりわけ表現芸術に関心を抱く者にとっては、「内地」とは異なる環境で、新しい表現の可能性を模索する舞台でもあった。

　自由港を有し、シベリア鉄道を経由してヨーロッパへと接続する満鉄線路の発着点であった大連は、一九四五年の終戦にいたるまで日本の北進政策の拠点、大陸開発の玄関口として重視された。満鉄が建設と経営の大部分を担った大連という都市の地政学的な意味は、この都市で試みられた言語表現の地盤ともなっている。満鉄の土木技師として大連築港長を勤めた清岡己九思《きくし》の四男卓行は、一九二二年六月二九日に大連に生まれた。己九思はすでに関東都督府民政部の工事主任として、占領直後の大連のインフラ整備に従事した業績があった。卓行が生まれた二年後、同地で変わった名前の詩の同人誌が創刊されている。「自分には思い出すこともできないその頃のこの都会の、あるいはその周辺の、太陽の光や風のすがすがしい匂いなどが、あの連中の詩の中には封じ込められているのではないか」。芥川賞受賞作『アカシヤの大連』（『群像』一九六九年一二月）で知られる清岡卓行の大連イメージには、四年間同地で発行されていた詩の雑誌『亜』が影を落としている。

1　ロシアが残した青写真

大連が遼東半島の南端に姿を現すのは一九世紀末のことである。不凍港を求めて南下政策を進める帝政ロシアは、一八九八年に清から遼東半島南端を租借し、ハルビンと旅順を結ぶ鉄道敷設権を獲得する。このとき、ニコライ二世の勅令書の前文には以下のように記されたという。「我が帝国は、ヨーロッパとアジアという広大な空間を捉えながら、神意から西洋と東洋を平和的に融合するよう命ぜられた。（中略）我々は、大連とポート・アーサー及びその隣接地域を租借地として与え、シベリア鉄道の黄海への出口を開くことについて清国側の協力を得られた。この清国の賢明な措置により、西洋と東洋という旧世界の二大大陸の境界線は近いうちに一本のレールでつながるようになる」（N・A・サモイロフ著、伊藤友恵訳「ロシアの大連市統治計画――ロシア国立歴史文書館の資料から――」『環日本海研究年報』二〇〇五年五月）。

遼東半島をシベリア鉄道の「黄海への出口」として位置付け、欧亜間の交通を一手に支配しようとする帝政ロシアの壮大な世界政策が示されている。翌年から帝政ロシアは東清鉄道南部線の建設に着手し、さらに国際的商港とその根拠地となる都市の建設に乗り出すことになる。「遠い」を意味するダーリニー（дальний）と名付けられたこの都市の建設を指揮したのは、東清鉄道技師長ウラジーミル・ワシリエヴィチ・サハロフだった。当時、建築課の材料主任

「大連大広場」（『南満洲写真帖』満洲日日新聞社、1917年８月）

として港湾の建設に参加したイワン・グメニュークは、日露戦争後にサハロフの都市計画について「彼は大連市の模範を仏都巴里に取り、只幾其規模を縮小したるもので、即ち市の中央に数個の大広場を作り、是より大街を八方に放射せしめ、而して此の大街を連ねて広場を中心に、円形を描く輪の如き大中小街を作る積りであつた」（小林九郎訳「大連港建設の思出」『読書会雑誌』一九二二年七月）と回想している。

　帝政ロシアは大連の都市建設にあたってナポレオン三世が指揮したパリの都市改造計画に範をとった。市街地の中心にエトワール広場を模したニコライエフスカヤ広場を設け、広場を起点に放射状に街路を配し、その延長線上に公共建築を置くバロック都市計画である。都市の建設と経営に帝政ロシアは巨額の資金を投じた。しかし、この都市計画は四年ほどで頓挫することになる。日露戦争に従軍した田山花袋は、一九〇四年六月三日に占領直後の大連に入っている。『第二軍従征日記』（一九〇五年一月、博文館）は、建築半ばとはいえ、すでに大規模な埠頭と鉄道の連絡設備や発電所、そして市街地が造成されつつあった大連の様子を伝えている。

市街地を逍遥し、洋館の焼け跡やロシア人の生活の跡を見た花袋は「ゆくりなくかのドオデヱが『画家日記』の一節が思ひ出されるのであつた。普軍の侵入した後の巴里の近郊、セイネの河の畔の洋館に、額に懸けられたる女の肖像に深く見入つて、戦争の恐ろしさを思つたといふかの美しい筆、実際この市街にも嘸ぞ美しい少女も多くあつたであらうに」と、フランスの作家アルフォンス・ドーデが描いた普仏戦争後のパリと、占領直後の大連を重ね合わせている。半ば形をなしつつあった占領直後の大連の市街地に、すでにパリの面影が宿っていた。

2　満鉄王国の首都

ポーツマス条約に基づいて、遼東半島南端と長春以南の東清鉄道線および鉄道附属地の行政権を獲得した日本は、ダーリニーを大連と改名する。一九〇五年に大連軍政署は「大連は戦後我国満洲経営の根拠地たるべき地なるを以て、市街の計画たるや規模壮大にして且つ現代的たるを要し、将来発展の日ありては世界に恥しからざる都市たらしめざるべからず」（関東局文書課編『関東局施政三十年業績調査資料』一九三七年九月、満洲日日新聞社）と方針を固め、帝政ロシアの都市計画を引き継いで建設を急いだ。その後、日本政府は鉄道附属地の経営を満鉄に委託し、満鉄は上下水道・電気・ガス・道路・港湾の整備から図書館・学校・病院の経営まで附属地の行政事業を一手に担うことになる。

「満鉄王国の首都」（与謝野寛・与謝野晶子『満蒙遊記』一九三〇年五月、大阪屋号書店）と呼ばれた大連で、『亜』が創刊するのは一九二四年一一月のことだ。創刊同人の北川冬彦・富田《とみた》充《みつる》・城所《きどころ》英一《えいいち》の三人は旅順中学の同級生。それぞれ東京帝国大学・早稲田大学に進学した彼らは、一九二四年八月、夏休みを利用して大連に帰省し、大連在住のある詩人を訪ねる。同年、満鉄本社に入社した安西冬衛《あんざいふゆえ》は、右膝関節疾患のためにわずか半年足らずで退社、満鉄経営の大連医院で右脚の切断手術を受け、大連の高台にある瀟洒な住宅街で中国人の「ボーイ」と二人で暮らしていた。大連市桜花台六四。『亜』の発行所Ａ－ＳＨＡ・ＤＡＩＲＥＮ、そして安西冬衛が暮らした家だ。

月がアスファルトの道路に網を張った
鮮やかな街路樹の投影である

すゐすゐと網の中に私——冬枯れのプロムナアド
微温の恋情はまたも甦り
女人の捧げる淡い命を背後にかんじる

微苦笑の陰影が擽つたかつたあひびき

月に拡がった街路樹の投網のなかを
口笛ふいた勇敢な道化役者がいま帰つてゆく
私——冬枯れのプロムナアド

城所英一が『亜』の創刊号に寄せた「媾曳」は、「アスファルトの道路」に落ちる街路樹の影を「網」に喩え、恋人との「あひびき」を縁語的に導いた詩である。この詩の舞台となっているのは、おそらく大広場と名前を変えたニコライエフスカヤ広場から、放射状に延びる街路の一つであろう。帝政ロシアから接収された市街設計図の日本語訳『大連市築港及市街設計図』（一九〇五年七月、関東州民政署）には、広場から一直線に埠頭に延びる一際広幅員の街路に「サムソニエフスキ遊歩地」と記されている。日本によって敷島町と名前を変えたこの通りは、大連湾を挟んで延長線上に見える大和尚山（マウント・サムソン）の眺望を取り入れて区画された公園道路だった。街路樹として植樹された落葉高木のニセアカシアや白楊が、アスファルトで舗装された街路に、冬枯れた細長い枝の影を落としている景観がこの詩からは浮かび上がってくる。

　一九二七年に満鉄が発行したパンフレット「大連地方案内」には「市街はアカシヤの街とも呼びたい程、通りの並木にアカシヤが多く、初夏は白い花の群りに風さへかほる。さらでだに雨の少い上に常に手入れのよいタール、マカダム道路の清爽さは一たびこの街を訪れた人達に好い感じを与へずには措かない。広場は（中略）ところどころの中心となり又植樹して都市に美観を添たる」とある。富田充「遠く明るい海」（『亜』第一一号、一九二五年九月）もこのような開港都市の明るさを反映しているといえるだろう。

遠く明るい空
高い空
地にゆらぐ並樹の影
蹄の音ゆるやかに馬車はゆく

幌のかげに若い男女

馬車からすべり落ちた花
道をよこぎる鶏

遠く明るい海
高い空

『亜』を創刊してから城所英一は東京へ帰り、その年に早稲田大学を卒業すると、大連にある満洲水産株式会社に就職する。のちに満鉄本社広報課に入り、満鉄社員会の編集部に勤めた。一九二五年に早稲田大学を卒業した富田充もその後大連に戻り、満鉄社員会発行の雑誌『協和』の編集に携わることになる。この二人が満鉄社員会編集部での人脈をもとに『満洲短歌』を創刊するのはもう少し先の話だ。国際的な商港をもつ「外地」の都市で育まれた若い彼らの関心は、「満洲」に独自の風土よりも、日本の伝統的な短詩型よりも、日夜大連から発する満鉄線路の最果てにあるヨーロッパへと向けられていた。

とりわけフランスの文学や美術への関心は『亜』のいたるところに見いだせる。例えば創刊号の扉に引かれたエピグラムは「わたくしは生きた尨犬の背中でペンを拭ふ。」というフランスの作家ジュール・ルナールの詩の一節である。これは *LE VIGNERON DANS SA VIGNE* の同年四月に刊行されたばかりの岸田国士による邦訳『葡萄畑の葡萄作り』（春陽堂書店）に拠っている。北川冬彦「シャルル・ボオドレエルのことども」はアナトール・フランスの評論集 *La Vie littéraire* の抄訳である。編集後記には「外電はアナトオル・フランス（1844-1924）の訃を伝へた。曩にピエール・ロティを喪ひいままたフランスの訃をきくは、巴里街頭マロニヱの黄落するとき一入寂寥の感がふかい」と記されている。フランスへの同時代的な関心が『亜』に満ちていた。

3　東洋から西洋へそして東洋へ

富田充は「複雑な内容を単純化して表現するに最も役立つものは象徴をおいて他にない」と述べ、自身の試みを「新しい象徴詩」と位置づけた（『亜』第一号、一九二四年一一月）。『亜』の詩人たちはフランスの文学や美術から受け取ったインスピレーションを方法化していく。安西冬衛「稚拙感と詩の原始復帰に就いて」（『亜』第三号、一九二五年一月）はそのマニュフェストといえるだろう。

> 私は今ジユウル・ルナアルの稚拙な詩を愛してゐる。この詩人の審美観念は寧ろ東洋風である。芸術は東洋の単純さから西洋の複雑さへ、軈てそれは復、元の東洋の単純さに還つてくるものと考へてゐる自分は、茲にも、原始復帰の相を見るのである。ルナアルの感覚は原始復帰を暗示して、独立派《アンデパンダン》の芸術とその手法を「稚拙」に於て一にしてゐる彼の「ニースの旅」の中の「ラ・コルニシユにて」の一章は、まさしく第十回二科美術展覧会が将来したラウール・デユフヰの「海」と同一の審美観念の所産である。（中略）仏蘭士に於ては、既に、かくの如く詩と絵画が相接近して原始復帰の傾向をとつてゐる、今日以後われらの詩も亦この「稚拙」のうちに美意識を見出して、原始復帰に進展すべきものではあるまいか、私はさう考へてゐる。

安西冬衛のいう「稚拙」は富田充の「単純化」と重なる。詩表現の側面から見れば、それは極端な省略を伴う短詩として結実することになるのだが、切り詰められた言葉によって構成されるイメージは、詩と絵画との境界を無効化していく。

一方で、「ジユウル・ルナアルの稚拙な詩」を「東洋風」であるとする安西冬衛の鑑賞は、その典拠である岸田国士もまた、親しみをもってルナールに語りかけているところのものだ。「あなたの芸術を東洋画の或るものに比較した人がある。ロオトレックが直接浮世絵の影響を受けた、それとはまた異なつた意味で、少くともあなたは東洋芸術のわかる人だ。「暗示《シユグジエスチヨン》」と「想念喚起《エヴオカシヨン》」が、あなたの制作の手法だとすれば、且つまた、自然の吐息に耳を傾けることがあなたの無二の歓びであつたとすれば、僕は寧ろ、あなたの芸術的心境が、わが俳人のそれと一味相通ずる審美観念の上に置かれてあると云ひたい」（「訳者より著者へ」『葡萄畑の葡萄作り』）。ルナールに、「東洋芸術」との共通性を見出す視点は、同時代のルナール受容と共有されている。しかし、他ならぬ大連という場所で、俳句から詩へと表現を発展させていった安西冬衛にとって、この類縁性が特別示唆的であったことは想像に難くない。

「雨によごれた停車場」（『亜』第四号、一九二五年二月）は「陸橋と不幸《ふしあわせ》な少女」と「雨によごれた停車場」の二篇からなっている。

私はあすこを渡るとき、ゴオグの「跨線橋《バーン・ユーバー・ガング》」（1888/89）のことを考へます。（しかし、まだ一ぺんも、毛絲の肩掛に纏《くるま》つた家鴨のやうな老婦人《おばあさん》をみかけたことはありません）すると、きまつて黒い洋装の少女に出遭ひます。けれども不思議にそのお嬢さんは、いつも馬車にばかり乗つてゐるのです。ああ、それからさきの褪紅色のプロセスは——纏めたくありません。ことわつておきますが私はこの燻んだ衢裏に、もう永年住まつてゐる其日暮しの極貧しい陶器工なのです。ただ、今でもあすこは私の蔵つてゐる、たいへん好きな構図の一枚です。

Fin al,

夙うからあすこは、私の不幸（ふしあわせ）な紋章になつて了ひました。

安西冬衛が『亜』で好んで描いた大連の停車場と跨線橋は、帝政ロシアが残した遺物でもある。そのうち行政市街とヨーロッパ市街を結ぶ鉄道跨線橋は、木造橋であったものを一九〇七年から一九〇八年にかけて鉄筋コンクリート造に架け替えられたバロック様式の橋だった。「雨によごれた停車場」も見てみよう。

大時計を見上げてゐる男の濡れた蝙蝠傘を嗅ざかしてゆく何処からか紛れ込んだ風呂敷のやうな犬
火の消えたマントル・ピースに凭れて蒼褪めた顔をしてゐる雨具を羽織つた洋装の少女
テーブルに取散らした広告雑誌のよれよれになつた綴込
階上のレストランから下りてくる角帽の学生
泥濘を疾駆してくる俥、又俥
赤帽・駅夫・それに靴磨人
構内の鉛色
都会のよごれた午後である。

安西冬衛「陸橋のある風景」（『亜』第10号、1925年8月）

「都会」を構成する「停車場」「大時計を見上げてゐる男」「風呂敷のやうな犬」「洋装の少女」「広告雑誌のよれよれになつた綴込」「角帽の学生」「疾駆してくる俥」「赤帽」「駅夫」「靴磨人」「構内の鉛色」などの断片をコラージュした「雨によごれた停車場」と、「黒い洋装の少女」をめぐる一連の詩群の情緒的な序章の対比的な取り合わせになっている。大連を代表する洋風建造物である日本橋のモチーフは、フランスで活動した晩年のゴッホの作「跨線橋（1888/89）」を媒介して、「黒い洋装の少女」の物語へと展開する。

さらにこのモチーフは「蒸暑い蝙蝠傘《こーもりがさ》を纏つた老婦人・その風変りな裳裾《スカート》から拡がった歪な街／人力車／／あすこは煤煙《けむ》をたやしたことがない。」（「陸橋のある道」『亜』第一〇号、一九二五年八月）という短詩に転じ、「陸橋のある風景」というカット画へと姿を変える。安西冬衛は大連の都市の相貌に、フランスの思潮を切り結んでいこうとしていた。そしてまたその「原始復帰」の「進展」によって取り出されるエッセンスを「東洋の単純さ」ととらえた点に、安西冬衛の詩の変相が、大連という都市にその必然性をもっていたことを示している。東洋から西洋へそしてまた東洋へ、そのジャンクションであったという意味において、安西冬衛の詩の独自性は大連という都市がもつ地政学的根拠に支えられている。

安西冬衛は「稚拙感に就ての雑藁」（『亜』第八号、一九二五年六月）において、「「不折俳画」序の中の以下の如き一章を藉りて、私の奉ずる稚拙の説の一消息を伝へて置きたいと思ふ」と述べ、夏目漱石が「中村不折画「不折俳画」序」（『漱石全集』第九巻、一九一八年八月、漱石全集刊行会）において、俳画の単純さに懐かしみを感じると述べたことに触れる。漱石はこの序の中で「俳画はあらゆる画のうちで尤も省略法に富んだものである。だから其特長は無理がなく無雑作に省略された所にある」と述べている。俳句の極端に短い句型と俳画の略筆、それらが同一面で展開される様式と、フランスの現代思潮が交わる地点に、安西冬衛の「稚拙感」は成立する。その試みが「西洋と東洋を平和的に融合する」という帝政ロシアの夢を発端とする都市でなされたことは偶然ではない。フランスでは一九世紀後半から二〇世紀初頭にジャポニスムが流行し、俳句や浮世絵が注目されている。安西冬衛のいう「東洋の単純さ」が単に俳句・俳画に見出されたものであるならば、その関心はむしろ伝統的な俳句へと向かうはずだ。しかし、安西冬衛が目指したのは口語自由詩だった。安西冬衛はフランスの文学と美術に「東洋の単純さ」をみることでその「審美観念」を再発見したのである。

4　パリの色彩と光

『亜』の第三号（一九二五年一月）から参加し、終刊までの大部分を安西冬衛と二人で支えた詩人滝口《たきぐち》武士《たけし》は、一九二四年四月に旅順師範学堂に入学し、九月に卒業すると、翌年の一九二五年一〇月に大連市朝日小学校の訓導として着任している。清岡卓行はこのとき朝日小学校に通う児童の一人だった。安西冬衛の「審美観念」に共鳴しながら、滝口武士が大連という都市に見出したのは、野獣派《フォーヴィスム》の画家たちの色彩と光だった。「旅順は三日月がある。なぜか非常に稚拙な街です。あの風光で風邪をひいて了った。／枯木の下に緑色のパノラマがある。空馬車が居る。氷塊が搬ばれて行く。シャガールを想はせる道」（「旅順」『亜』一九二六年三月）と、マルク・シャガールのイメージで旅順を描いた滝口武士の短詩の多くは、絵画的な完結性と印象的な色彩感覚を特徴としている。

　　雨
金魚を入れて賑やかなれど
一匹は天を見てたんぽぽのやうに
一匹はぞろぞろぞろと南を向き
一匹は風見の方へ絹を広げ
一匹は窓の方から旗をふり
それらの皮膚はまことに発光し
その側に小さな鏡が置いてあつた

「小さな鏡」（『亜』第九号、一九二五年六月）は、アンリ・マティスが、一九一〇年代に追っていた金魚鉢のある室内風景を想起させる。「それらの皮膚はまことに発光し」という表現は、安西冬衛が強い影響を受けたラウル・デュフィらとともに野獣《フォーヴ》と呼ばれたマティスの鮮烈な色彩を詩によってとらえたものではないだろうか。安西冬衛「アンリ・マチス風の室内に配《アランジュ》せる或る姉弟の肖像とその背面にカムフラージユされたる自像　或は地球儀と愛国婦人会をモチーフとせる姉弟の Assemblage.」（『亜』第一二号、一九二五年一〇月）や「オダリスク」（『亜』第一九号、一九二六年五月）などに見いだされる『亜』の詩人たちのマティスへの関心を考え合わせるならば、中国を原産とする金魚のモチーフが、マティスの描いた「東洋《オリエント》」を下敷きにしていたととらえることもできるだろう。そこには安西冬衛の俳句のように、パリのまなざしを経由した「東洋」が織り込まれている。

『亜』が終刊したのち、一九二八年五月九日、与謝野寛・晶子夫婦が満鉄の招致で大連を訪れた。寛はすでに一九一一年に海路で渡欧、半年後には晶子がシベリア鉄道でパリへ向かっている。晶子はウラジオストクからシベリア鉄道へ乗っているから、二人とも大連は初めてだったはずだ。「「大連へ行くと欧羅巴へ行つた気がする」とは、ヨーロッパへ行つた経験の無い人のよく云ふ言葉だ」と嗤いながらも、近郊のリゾート地星ヶ浦の欧風住宅とアカシアの明緑に触れるや「さながら南欧の一角」のようだと伝えてもいる（前掲『満蒙遊記』）。「空も海気も桔梗色」の風光を「大連の港の上の草山に桔梗の色の初夏を嗅ぐ」と詠んだ。

このとき二人を案内した加藤郁哉は、当時鉄道部営業課に勤務する満鉄マンだった。『亜』にもたびたび寄稿し、安西冬衛や滝口武士と交流を深めた詩人（歌人）でもある。その詩集『逃水』（一九二九年八月、素人社）に収められた「大連風景」は次のような詩だ。

風景は
空・山・海・街と四段に構図をとつて
いづれも一刷毛に
上から灰・紫・紺と極あつさり
最後に街の屋根屋根は
これはくつきりと白く
雪を残して貰ひたい

総体を木版画の暗さに

それに——
妙に鍛へられる
寒さの感情が
溢れて　匂はなくては
いけないぜ、君！

大連を訪れた日本人の心をとらえずにはおかなかった、大陸の気候がもたらす色鮮やかな風光に、滝口武士はパリに集った画家たちの色彩と光を投影している。

帝政ロシアと日本のパリへの憧憬が二重写しになった都市大連は、脱亜入欧から大東亜共栄圏の構想にいたるまでの帝国主義の欲望を体現している。その意味において大連はモダン都市と呼ぶにふさわしく、また、その都市の相貌と地政学的根拠を基盤に、表現の独自性を獲得していった『亜』の詩人たちの軌跡は都市モダニズム詩の発端でもあった。陸路と海路によってヨーロッパ‐アジア‐日本を結ぶ拠点。満鉄が生み出した巨大な交通網とその根拠地となった大連は、異文化の交差する場所であっただけでなく、ポイントの切り替え地点でもあった。大連在住の詩人たちは、ヨーロッパ‐アジア‐日本といくつかのまなざしを切り替えながら、都市からその想像力をくみ取っていたのである。

満鉄による大連の建設と並行して『亜』という詩雑誌が発行され、ある都市イメージを生成し、それは戦後に夢見られることになる。『亜』の時代に大連でパリの匂いを呼吸していた少年は、後年そのありようを次のように意味づけている。「安西冬衛こそは、詩的独自性をその地盤から祝福されて、他の誰にも劣らないくらい大連の町を切なく愛した日本の詩人であったのだ」（前掲「アカシヤの大連」傍点引用者）。彼がその詩に封じ込められていた匂いを思い出すとき、すでにその都市は意味を変え「遠い」歴史の彼方に失われていた。

満鉄と坂本直道

植村　隆

1　龍馬の「ひ孫」坂本直道

半袖半ズボンの夏服に縞のネクタイを締めた男が、京都・円山公園にあった幕末の志士・坂本龍馬と中岡慎太郎の銅像の前に立っている。戦前、パリの満鉄欧州事務所長を務め、日仏文化交流雑誌『フランス・ジャポン』を創刊した坂本直道《さかもとなおみち》（一八九二〜一九七二）である。この写真は直道の長女で一九二一年生まれの坂本寿美子さんが保存していた。

この銅像は一九三四年に建立されたが、戦時中の金属類回収で撤去された。いま円山公園には、同じような龍馬と中岡の像があるが、それは戦後に再建された二代目である。

平和的に徳川幕府を倒そうとした龍馬は一八六七年一一月、同志の中岡と共に京都で暗殺された。二人の墓は、銅像からほど近い京都霊山護国神社の墓地にある。

直道のルーツについてまず説明しておきたい。直道の父・坂本直寛《なおひろ》（一八五三〜一九一一）は、坂本龍馬の長姉・千鶴と高松順蔵の次男として高知で生まれた。少年時代に龍馬の兄・権平の養子となり、のちに坂本直寛と名前を変えた。直道にとって、龍馬は「おばあちゃんの弟」ということになる。

龍馬の長姉・千鶴の長男は、龍馬と共に海援隊で活躍した高松太郎（一八四二～九八）である。太郎は明治維新後、箱館府の権判事などを務めた。一八七一年八月、朝廷の命で実子のいなかった龍馬の家督を相続することになり、名前を坂本直と改めた。龍馬の長姉・千鶴の長男が龍馬家を継ぎ、千鶴の次男が坂本家を継いだわけである。

坂本家を継いだ坂本直寛は土佐の自由民権家だった。キリスト教徒でもあった直寛は一八八七年、「地租の軽減」「言

坂本龍馬と中岡慎太郎像の前に立つ坂本直道（写真左）＝坂本寿美子さん提供

論集会の自由」「対等条約の締結」を求める三大事件建白運動で、同志と共に上京した。政府は「保安条例」を発布して、民権派を東京から追放しようとしたが、直寛や片岡健吉らは退去を拒否し、同年一二月に投獄された。直寛らは大日本帝国憲法（明治憲法）発布の一八八九年二月の大赦まで獄中生活を送った。獄中で直寛は聖書を読み、開拓事業を志す。一八九六年二月に直寛は、自由民権運動の先輩である片岡健吉に「潔き義に生る神の国を作り度

存候」という手紙を書き、北海道開拓を目指す。

直寛の叔父の龍馬は、生前、蝦夷地（北海道）開拓の夢を抱き、北海道行きの計画を何度か立てた。しかし、その夢は暗殺でついえた。龍馬研究で有名な作家の宮地佐一郎は『坂本龍馬　幕末風雲の夢』（一九八七年六月、大和書房）の中で、佐幕や勤王など日本人同士の内戦を避け、人材を北方開拓に送り込みたいとの考えがあった、と指摘している。その龍馬の夢が、甥の直寛に引き継がれることになる。直寛は一八九七年、キリスト教を基盤にした合資会社「北光社」の農場を北海道・北見に開いた。翌年には、まだ小さかった長男の直道ら家族を引き連れて北海道・浦臼に移住した。牧師となった直寛は晩年は道内でキリスト教の伝道につくした。

一方、龍馬家を継いだ坂本直は弟の直寛が北海道・浦臼に移住した一八九八年に高知で死亡した。直の妻の留は息子の直衛と共に翌一八九九年に義弟の直寛を頼って、浦臼へ移住する。これで、坂本家と龍馬家が、高知から北海道に移ったことになる。龍馬家の跡継ぎだった直衛は船員だった。北米航路の船に乗り組んでいた一九一七年に不慮の死を遂げ、三四歳で死亡。龍馬家は一時、断絶した。

この坂本家を直道が再興し、龍馬の「ひ孫」になったのは、一九四一年四月のことである。直道はこの年の一月、外相の松岡洋右に対米開戦を避けるように意見書を提出している。龍馬は幕末、内戦を避けて平和的な倒幕を目指したが、直道は、日米戦争を避けようと動いていた。

直道は一九四一年四月三〇日、北海道の浦臼村役場に、直衛の家督相続を届けた。月刊機関誌『土佐人』（一九四二年二月）が、龍馬家再興をめぐる直道の書信を掲載した。土居晴夫『坂本直寛の生涯』（二〇〇七年一月、リーブル出版）が紹介している。

「龍馬家再興の問題は小生大学在学中より話がありましたが一昨年欧州より帰朝後再燃いたし、小生としては洵《まこと》に後学非才衷心その器でないことを充分に知って居るものでありますが、色々の事情から到々家系を継ぐことになりました」。

直道は欧州から帰国後、満鉄参与になっている。しかし、一九四一年七月に辞任した。当時、四九歳だった。なぜ満鉄を辞めたのかは不明だ。直道の書信には「考ふる所ありて」とあるだけだ。直道は戦争中も和平工作を続けた。しかし、こうした活動や自らの人生についての記録をほとんど残していない。関係者の証言や記述などから、その軌跡をたどって行くしかない。

2　『フランス・ジャポン』創刊

坂本直道は「不良少年」だった。

「小学校高学年の時からたばこを吸っていたと聞きました」。直道の長女の寿美子さんが回想する。継母との折り合いも悪かった。父・直寛も心を痛めたことだろう。旧制上川中（現・旭川東高）に入学したが、転校。弟・勝清《かつきよ》の養子先に預けられ、愛媛県の旧制宇和島中（現・宇和島東高）を三歳下の勝清と同時期に卒業した。

旧制六高を経て、東京帝国大学法学部を一九二〇年に卒業し、南満洲鉄道（満鉄）に入社した。大連、ハルビンなどを経て、パリで勤務した。満鉄は、日露戦争で勝利した日本が、ロシアから旧満洲（現在の中国東北部）南部の鉄道などを得て、一九〇六年に設立した国策会社だ。

「直道さんは満鉄に入った理由を『ソ連や中国のことを勉強したかった』と話していた」。東京の会社役員、竹内繁夫さんが言う。竹内さんの父親も満鉄で働いていた。竹内さんは、高校時代に父親の紹介で当時、東京の田園調布に住んでいた直道を知り、学生時代にはしばしば、直道の家へ出入りした。

松岡洋右（前列中央）とその斜めうしろで指を組む坂本直道（写真左端）＝坂本寿美子さん提供

満洲での勤務を経て、直道は一九二九年から二年間の予定でパリに駐在した。天野博之『満鉄を知るための十二章』（二〇〇九年三月、吉川弘文館）によると、ヴェルサイユ体制後の一九二〇年代は連絡運輸関連の国際会議が多く、満鉄では一九二九年五月に鉄道部運輸課所属の坂本直道を巴里派遣員として送った。一九三四年六月に総裁室直属のパリ事務所が置かれると、所長になった。

一九三一年九月に満洲事変が発生した。世界の対日世論の硬化を憂慮した直道は、翌一九三二年六月、日仏の関係強化を訴える意見書を満鉄副総裁から国会議員になっていた松岡洋右に出した。

ジュネーブでの国際連盟臨時総会に全権代表として出席するため訪欧した松岡は一九三二年一一月、ベルリンで直道と初めて会った。その時の様子が松岡洋右伝記刊行会編『松岡洋右——その人と生涯』（一九七四年一〇月、講談社）に直道の話として出ている。

「松岡さんがジュネーブへの途中、私はベルリンまで出迎え、欧洲情勢の私見を述べたが、この時が初対面です。その折に松岡さんが、『君は長岡大使とケンカをしたというが何故か』ときかれた。松岡さんは私の意見書を見て、私をgeneral secretaryにするつもりで内田外相に話したところ、外相は『実は長岡大使から坂本は国益を害するから、よろしく満鉄総裁に更迭方を申し入れてほしい、という電報が来ているから、それはまずい』ときかされて来たという内輪の話をされた」。

駐仏の長岡春一大使が、直道をパリから追い出そうと、内田康哉外相に働きかけた、というのである。それについて、直道はこう説明している。

「『私は別にケンカをしたわけではないのです。ただ今事変について大使館は何の手もうたないから、私は独自の判断で対外工作をして、共和党の首相タルヂュー氏の配下で土木次官をしたペシャン博士とか香水王のコッティ氏、彼はフィガロの外いくつかの大新聞を経営している、等々との接触から日仏提携運動の具体化をすすめたのです。それが大使館員らを刺激し、大使への進言、大使から本省に申達したのでしょう。しかし既に私と大使の間は話し合いの結果サッパリしています』とその経緯を話した」。

松岡は行動力のある直道に、信頼を寄せたようだ。

一九三三年二月の国際連盟臨時総会で日本の満洲国承認撤回を求める勧告案が採択され、松岡らは退場した。松岡は帰路にパリで直道に再び会った。松岡はその場で満鉄総裁の林博太郎に電報を打った。伝記の中で、直道はその内容について、こう証言する。

「『日本の孤立は一日として許されない、満鉄を背景として、坂本をして各国への理解運動をさせたいから然るべく御手配乞う』という内容のものでした」。

直道はいったん一九三四年正月に日本に帰国し、組織工作を進め、同年七月九日に「日仏同志会」の発起人会と初総会を開いた。

東京の日仏同志会事務所には、関東大震災直後、憲兵隊に虐殺されたアナキスト・大杉栄と伊藤野枝の遺児・魔子

（真子と改名）が一時働いていた。作家の松下竜一の著書『ルイズ——父に貰いし名は』（一九八二年三月、講談社）に出ている。

松岡洋右から対外工作を指示された直道は、当時読売新聞パリ支局長だった松尾邦之助の力を借りることにした。松尾は著書『巴里物語』（一九六〇年八月、論争社）で書いている。

「親友坂本直道は、坂本竜馬の血をもった愛国の志士で、つねに日本軍部の横暴に憤怒し、世界の反目感情を慎めるため、何か手を打たねばならない」といっていた。

同書によれば、松尾は直道にパリで仏文の文化宣伝雑誌を創刊することを提案した。松尾が編集の責任者となって同年一〇月に『フランス・ジャポン』の創刊号が出た。雑誌の発行元は日仏同志会。発行所はシャンゼリゼ通り一三六番地の満鉄欧州事務所内だった。同誌の発行資金はすべて満鉄がまかなった。

松尾の著書『風来の記——大統領から踊り子まで』（一九七〇年七月、読売新聞社）には、同誌の主な記事の題名や筆者などが紹介されている。

「日本仏教」（鈴木大拙）、「日本の俳句」（高浜虚子）、「夏目漱石について」（谷川徹三）など。作家の野上弥生子や伊藤整の名もあり、「ピカソに宛てたフジタ（藤田嗣治）の手紙」という記事もある。フランス側の筆者には、「友情論」で知られる詩人・随筆家のアベル・ボナール、小説家のクロード・ファレルなどの人びとがいた。

第二次大戦が始まってからはフランス文学者の小松清が編集責任者として参加した。林俊、クロード・ピショワによる伝記『小松清　ヒューマニストの肖像』（一九九九年八月、白亜書房）で、小松のこんな内容の回想文を紹介している。

「太っ腹で勇気のある坂本氏は、私の条件をそのまま呑んでくれた。（中略）流石に、維新の天才坂本龍馬の血をう

坂本直道（前列右から２人目）とパリの友人たち、前列左は松尾邦之助＝坂本寿美子さん提供

けた人だけのことはある。（中略）何せ、日本ファシズムが猖《しょう》けつを極めている当時、私のような札付きの反ファッショ・自由主義者に雑誌をまかせたり、また淡徳三郎君の如き嘗て極左陣営にいた人士を嘱託として起用して平然としていた坂本氏はただ者でなかった」。

小松は一九四九年六月号の『文藝』（河出書房）に当時のことを書いている。それによると、小松が編集責任者の時には、編集嘱託として左翼夕刊紙『パリ・ソワール』*Paris Soir* の元編集長のエリ・リシャールを編集嘱託に起用したり、クララ・マルロー夫人を編集スタッフにしたりしていた。小松はこう書いている。

「私たちの底意は日本の外交を少しでも独伊から切りはなすところにあった。英仏との橋を切り落とさないように努力を傾けるところにあった。『日仏文化』（執筆者注、『フランス・ジャポン』のこと）は、そうした意味での文化工作の一つであった」。

3　日本の「宣伝本部」

「日本を救うためには、日・独・伊三国の接近を妨げ、軍の独善を抑えるため、日本はアメリカと組まないまでも、すくなくとも、イギリスに接近しなくてはならない。（中略）フランスとは文化同盟を結び、日本に真の民主主義を育てなくてはならないと確信している」。

松尾は戦後の著書『風来の記』の中で、こんな直道の言葉を紹介し、一九三〇年代にパリで直道と共に活動した日々を記録している。

「熱気を帯び、諄々と語る坂本さんの顔を見ていると、幕末の志士といった感じがした」。

直道は、満洲に外国資本を導入し、関係強化を図ろうと活発に動いた。

「仏国の対満投資　香水王も乗り出す　24日坂本代表と会見」。こんな内容の見出しの松尾の記事が一九三三年八月二一日の『読売新聞』朝刊に出ている。

香水の製造で成功を収め、日刊紙『フィガロ』*Le Figaro* を買収したフランソワ・コティが対満洲投資問題で直道と会談するとの内容である。松尾は同年四月六日付夕刊で、直道の努力によってフランスの議員らが「日仏親善同盟」を結成するという内容の記事を書いている。『満洲日報』も同年一一月三日付で、直道がフランス資本誘致のため、満鉄幹部や軍部などと協議する動きを伝えている。

長女の寿美子さんによると、直道はこんな話をしていた。

「世界の国は満洲をよく知らない。いろんな世界の会社に進出してもらい、工場を建てる。そうして発展し、みんなが豊かになるのがいい。外国資本が入っていると、戦争を避けられる」。

一九三〇年代後半、駐英大使だったのは吉田茂である。吉田は日独防共協定に反対し、英米との関係を重視していた。その吉田と直道は交流があったという。吉田の実父・竹内綱と直道の父・直寛は共に土佐の自由民権家だった。その息子同士は、欧州で日本の取るべき進路について語り合っていたのではないか。

『暗黒日記』（一九五四年六月、東洋経済新報社）で知られる自由主義者の外交評論家、清沢洌《きよさわきよし》（一八九〇〜一九四五）は三八年一二月、著書『現代世界通信』（一九三八年一二月、中央公論社）を出版した。

その中で、清沢はパリの直道について「見識もあり活動力もあり、目覚ましい働きをしている」と書いている。

さらに清沢はこうしたエピソードを紹介している。

「先頃英国のマンチェスター・ガーディアンに、英国の一議員が『パリに日本の宣伝本部があることを仏国政府は知っているか』と書いていたが、日本の宣伝本部などは何処にもありはしない。満鉄の出張所がその副産物として活動しているのを、そう解したにすぎない。それほどとにかく認められている」。

東京で発行されていた雑誌『あみ・ど・ぱり』の編集者・武藤叟《むとうそう》が直道のことを同誌の三八年六月号に書いている（西村将洋編『ライブラリー・日本人のフランス体験　第五巻』二〇〇九年七月、柏書房に復刻・収録）。

「坂本氏に対していると満鉄の茫洋とした大きいところがよくわかり人間がいつの間にか暗さを棄てさせられ（中略）志士・坂本直道、そう言う文字で巴里の一角に不断の光芒を放っていた」。

武藤も直道の人間的な幅の広さに魅了されたようだ。

4 満鉄欧州事務所で

満鉄には嶋野三郎（一八九三～一九八二）というロシア問題の第一人者がいた。石川県の出身である。ペトログラード（現・サンクトペテルブルク）大学に留学し、在学中の一九一七年にロシア革命を目の当たりにした。その後、満鉄でロシア問題の調査に従事した。

米重文樹・東大名誉教授は嶋野に詳しい。一九九〇年代後半、雑誌『窓』に嶋野の評伝「精神の旅人」を連載した。米重名誉教授によると、嶋野は一九三一～一九三三年、一九三七～一九三九年の二度にわたりパリに滞在した。満鉄欧州事務所を拠点に欧州各地で情報収集を行った。直道と同世代で親しかった。

北海道大学付属図書館に直道の満鉄欧州事務所が作成した文書一四点が保存されている。同事務所が各方面に配布したものの一部と見られる。すべてガリ版刷りで、いずれも第二次大戦開戦の前年である一九三八年に作成されている。

「ソ連の外国貿易」「ソ連経済の最近の動向」「ソビエト国家予算の研究」「ソビエト農業の現状」など経済関係をテーマにしたものが多い。それ以外には「ソ連諸民族共和国内における動揺」など民族問題を扱ったものや「ソ連共産党首脳部間の軋轢」など内政に関する文書などもある。

米重名誉教授は「文書のテーマは嶋野の最初のパリ滞在以後の論文テーマとほぼ重なっている。嶋野が欧州で得た情報と彼の分析力が生かされていると推定される」と話す。

一九四〇年春、ドイツ軍は西ヨーロッパ各国を次々に破り、フランスに迫っていた。

当時の『フランス・ジャポン』編集責任者の小松清はその様子を著書『沈黙の戦士』（一九四〇年一二月、改造社）

に記録している。

一九四〇年六月一〇日、パリの街からタクシーが姿を消した。走るのは避難の車で、地下鉄は大混雑。市民はパリを逃れようと必死だった。小松は同誌の編集所があった満鉄欧州事務所へ行った。スタッフはほとんどいなかった。所長だった坂本直道はすでに日本に帰国し、後任所長が部屋にいた。

小松は後任所長にたずねた。「どうしますか。「日仏文化（フランス・ジャポン）」の方は？　休刊にしますか、廃刊にしますか、それとも前から話があったように、東京から出すようにでもするんですか」。

後任所長は答えず、自分たちは翌朝、避難のために南西部のボルドーへ車で出発することを告げた。小松の席は用意されていなかった。

その時の落胆した気持ちを小松は同書に書き連ね、直道のことを思い出す。

「前の所長のＳ（坂本）氏は僕の心境をよくしってくれていた。いつでも僕をはげましてくれた」。

同書には第二次大戦が始まった一九三九年九月、満鉄事務所が小松の妻子の避難のため車を回してくれ、小松が直道に感謝するくだりもある。

『フランス・ジャポン』四九号（一九四〇年四月）には、直道のインタビューが出ている。こんな内容である。

「この雑誌（フランス・ジャポン）は日本がプロパガンダのために発行したという人がいます。それは間違いです。私達はたった一つの目的のために発行したのです。それはフランスに日本の本当の姿を見せるということです。第二の故郷として愛した美しいフランスを去ります。仏日の友情が必要だという私の感情は、帰国しても変わりません。日本か満洲で、この精神的な結びつきを維持する努力を続けます。フランスを去るにあたり、雑誌の発刊のために貴重な支援をしてくれたフランス人に感謝し、彼らを決して忘れません」。

しかし、ドイツは一九四〇年六月一四日、パリに無血入城し、『フランス・ジャポン』も発行が中止される。その後、満鉄欧州事務所もベルリンに移った。

5　日本での和平工作

　直道は一九四〇年六月に日本に戻った。翌月、満鉄調査部が直道の話を聞いた。マル秘印のあるその記録文書「外資導入の可能性と満鉄の地位」がアジア経済研究所のデジタルアーカイブで閲覧できる。

　直道はパリ在任中の様々な対外工作について話した上で、政府間交渉が難しくても満鉄をカムフラージュにできることを強調し、満鉄のこの特殊的使命がまず発揮されるべきは「対米関係」と指摘する。米国は巨額の資金があり、民間財閥には、対日妥協の可能性もあるからだと直道は言っている。

「秘」印のある直道作成の報告書も同所で閲覧できる。「欧州動乱とソ連の役割」と題した一九四〇年六月一七日付の文書である。欧州から日本に戻ったばかりの直道が松岡洋右にあてたものの写しだ。松岡は同年七月二二日に第二次近衛内閣の外務大臣となったので、その約一ヵ月前の日付である。

　日中戦争は泥沼化しており、米英は中国を支援していた。直道は「(日本が)アメリカとも妥協せず、ソ連とも和解せずして東亜新秩序建設を意図するにおいては、失う方が遥かに大」とし、米ソとの関係改善の必要を指摘。「日本の最大急務は速やかに支那事変の処理にあたり、鋭意国力の充実発展を計ることにある」と日中戦争の解決を求めている。

　ひと言で言えば「和平を」ということだ。それが直道の一〇年を超える欧州での情報収集活動の総括だったと言える。

一九四〇年七月、第二次近衛文麿内閣成立に先だって、首相になる近衛と、松岡洋右、東条英機、吉田善吾の外相・陸相・海相予定者の会議が開かれた。前月、フランスはドイツに降伏していた。この会談ではドイツ、イタリア、ソ連との提携強化や南方への進出方針などを決めた。九月には日独伊三国同盟を結んだ。この同盟は米国を仮想敵とする軍事同盟で、米国の強い反発を招いた。

六月にフランスから帰国した坂本直道は、こうした状況に危機感を強めた。直道は一九四一年一月、外相の松岡に意見書「日米国交調整の急務と其の対策私見」を提出し、対米開戦回避を求めた。著書『激動するアジアの中の日本』（一九六六年五月、新生新社）にその内容がある。

この中で、直道は「日米戦争でもし米国が勝利したら、中国大陸が共産化し、ソ連支配下に置かれる」と大胆に予想している。日本は大陸共産化の防御者だという点で、日米間に交渉の余地があると主張した。「米国が資源供給を保障するなら武力による南方進出をしないと約束する」などの譲歩を求め、そして両国のプライドを傷つけないために、米国系の輸入会社を上海につくって米国からの物資を日本に入れるなどの具体案を示した。

直道はこう説明している。

「私は松岡外相のほか意見書の写しをパンフレットの形式で、軍部の実力者と若干の関係者に送って、かれらの賛同と自重を求めた。この措置は、私が戦時中、特高と憲兵隊から注意人物として監視を受ける遠因となった」。

この意見書を出した翌月の二月二七日には皇族で陸軍の有力者、東久邇宮稔彦に面会する。パリ時代からの仲間の弁護士・楢橋渡が一緒だった。『東久邇日記』（一九六八年三月、徳間書店）に出ている。

直道らは東久邇宮に対しても、日米開戦回避を訴えた。さらに「今年の末までは、ドイツは大丈夫だろうが、年末までに戦争が片付かないと、窮迫の極、内部崩壊するにちがいない」などと強調した。

しかし、直道らの思いは通じなかった。同年一〇月には開戦を主張する東条英機が首相になり、同一二月の対米開戦へとなだれ込んでいく。

「一九四一年の秋から、ぼくは、坂本（直道）をはじめとする自由主義者たちとともに、東条内閣打倒のための非合法組織に参加していた」。

小松清が戦後、こんな内容の文章を書いている。伝記『小松清』（前掲書）が伝える。しかし、小松は対米戦争勃発直後に官憲に逮捕され、妻が組織に関する資料を焼却したという。このため、直道らの東条内閣打倒運動の内容は不明だ。

一九四二年六月のミッドウェー海戦で日本軍は大敗北し、戦局が大きく転換した。その翌年の一九四三年にも直道は和平工作を進めていた、という証言が残っている。北海道の民衆史研究家の小池喜孝が「三代の系譜」（自由民権百年北見実行委員会編『坂本直寛と北光社』一九八一年一〇月、自由民権百年北見実行委員会）という文章で紹介している。小池は一九七一年四月に当時、東京・田園調布に住んでいた直道と面会し、直道の過去について話を聞いた。

「彼（直道）は、軽井沢に鳩山一郎を訪ね、「日本はこのままでは必ず負けますよ。すると満洲にソ連が入ってくるのは必定です。だからその前に、満洲国を解体し、蔣介石政府と日本と英・米の四ヵ国で分割統治するという妥協案以外、日本を救う道はない」と進言した、という」。

直道は、満洲の牡丹江にいた高知県出身の山下奉文大将に会い、山下の斡旋でこの妥協案を軍部に呑ませようと考えた。太平洋戦争緒戦のマレー作戦で大きな戦績を上げた山下だが、この工作はうまくいかなかった。小池はこう続けている。

「山下は行動の自由がないほど、東条の手先に囲まれていた、という。その後、さらに、牧野伸顕内大臣《ママ》と面談したが、「天聴に達することは困難だ」といわれた、という」。

牧野は大久保利通の次男。外相や宮内大臣を経て、一九二五年から十年間にわたり天皇を補佐する内大臣をつとめた。直道の友人・吉田茂の岳父であり、直道とも交流があった。鳩山一郎は東条英機内閣が戦争翼賛体制確立を目指して一九四二年四月に実施した翼賛選挙で政府の支援を受けず、非推薦で当選。その後は東条英機内閣を批判し、軽井沢に引きこもっていた。直道はフランスからの帰国後は一時、横浜に暮らしたが、太平洋戦争が始まってからは、軽井沢に山荘を買い、そこで暮らしていた。軽井沢で鳩山と親しく交流していた。だが、こうした人脈を通じた和平工作は結局、実を結ばなかった。

6　『暗黒日記』の清沢との交友

二歳年上の友人・外交評論家の清沢洌の有名な『暗黒日記』（ちくま学芸文庫、評論社復初文庫など）にも直道の名前が出てくる。

戦時戦争末期の一九四五年五月二日。清沢は直道の山荘を訪ねた。清沢家も軽井沢に疎開していた。三月には東京に大空襲があり、四月には米軍が沖縄本島に上陸していた。直道の家には近所の政治家・鳩山一郎も来ていた。清沢は「ティータイムに御馳走になりながら、ここでは極めて愉快に話す」と日記に書いている。

小磯国昭首相の後継に鈴木貫太郎の推薦を決めた重臣会議で、東条英機が戦争継続を強く訴えたことや戦争終結のためにソ連をどう利用するかなどが話題になった。清沢は米国の無差別爆撃に対し、日本のキリスト教徒が世界の世論に訴えるべきだと述べ、第三国の人に調査発表してもらうのもいいと主張した。直道はそんなことは軍部が反対だろうと答えている。

清沢は続けて書く。「談話は極めて愉快だった。イグノランスがいかに罪悪であるかが、三人の一致した意見である。

国民を賢明にする必要がある。それには、まず言論自由を許すのが先決問題だ」。

東京に住む清沢の次女で一九三〇年生まれの池田まり子さんは「あの時代、心を許しあって政治の話をできる人は少なかったと思います。父は坂本さんの所でそういう話が出来て楽しかったと思います」と話す。

『暗黒日記』に直道の名が出てくるところは計一〇日分ある。

「坂本君は昨年、支那（中国）に赴いて有力人に会見した。その時の話しでは、誰もかれも日本が戦争に敗れるであろうことを語っていた」（四四年八月三日）。

「坂本君が東京に行くと、数人の知人が集った。その中に海軍大将がいたが、「こうなれば国民玉砕の外はない」といった。坂本君は日本民族の前途をどうするかと反駁した」（同年九月七日）。

戦争に一貫して反対する直道の姿が、清沢の日記から、浮かび上がる。

7　戦後の日本を構想

一九四五年八月一一日の夜のことである。軽井沢のブリヂストン創業者、石橋正二郎（当時五六）の別荘に、三人の男が集まっていた。外交官出身で政治家の芦田均（当時五七）、石橋の娘婿の父親でもある政治家の鳩山一郎（同六二）、元満鉄欧州事務所長の坂本直道（同五三）である。芦田は、富山で罹災した義弟を見舞うために東京から富山へ向かう途中だった。旧知の仲間たちに東京の情報を伝えるために軽井沢で下車したのだった。

進藤栄一、下河辺元春編『芦田均日記　第一巻』（一九八六年一月、岩波書店）では、この夜のことを簡単に記録している。「鳩山氏と石橋邸で夕食をした。食後に坂本君も来訪していろいろの話を交換した」。

鳩山の戦後の著書『ある代議士の生活と意見』（一九五二年一一月、東京出版）では、芦田が話した内容が書かれている。「芦田氏は――日本もいよいよ、ポツダム宣言を受諾することにきまった。戦争は近く終結する。という話を、私に報告にきてくれたのだった」。「私は芦田氏と平和国家としての日本を、どのように再建するかということを話しあった」。

芦田と鳩山の話し合いには、石橋や直道も加わっていたと見られる。

軽井沢で会合をもった四人の男たちは、それぞれの戦後を生きることになる。

無条件降伏と共に鈴木貫太郎内閣は総辞職し、皇族の東久邇宮稔彦が組閣した。東久邇宮内閣は同年一〇月まで続いた。この頃、天皇制をめぐって直道が東久邇宮に対して大胆な提案をしたようだ。小池喜孝の「三代の系譜」（『坂本直寛と北光社』前掲書）に出ている。直道は小池にこう語ったという。

「敗戦直後、天皇制が廃止されそうな危機を感じていたので、天皇をマッカーサーに会見させた上、さらに国民と外国に謝罪してもらって退位させ、皇太子はアメリカ合衆国のデモクラシー教育を受けた上で即位させる方法を、当時の東久邇首相に進言した。この考えが実現していたら、戦争責任もはっきりして天皇制も再評価され、岸信介が首相になることもなかったろう。『東久邇日記』は、この点を削除している」。

天皇はマッカーサーに会見し、その後、「人間宣言」を行った。少年時代の皇太子（現在の天皇）は米国人のヴァイニング夫人を家庭教師にした。直道の提案は実現しなかったが、先見の明のある提案だったと言える。

軽井沢で直道らと語り合った芦田均は、一九四八年三月、社会・民主・国民協同の三党連立政権の首相となった。しかし、昭和電工疑獄で七ヵ月の短命内閣に終わった。

鳩山は戦後、自由党を結成して総裁になり、四六年の総選挙で第一党となるが、公職追放となった。宿願の首相の座に就いたのは五四年だった。鳩山は五六年に日ソ復交を実現し、退陣した。

直道は戦中・戦後にわたり、鳩山とは交流があった。『鳩山一郎・薫日記　上巻　鳩山一郎篇』（一九九九年四月、中央公論新社）の中で一九四五～五一年を記録した四〇五ページのうち、計一三五ページに「直道」の名が出てくる。

鳩山は新党結成を目指す。同年九月一日の日記には、直道のアドバイスが書かれている。

「坂本君が宣言政綱は外人記者団にも発表すべしと言う。また政党の名称に国民と言う文字を冠するのは疑問なりと芦田（均）君と同様の事を言う」。

直道は鳩山の新党・日本自由党を熱心に応援した。党の資金づくりのためにパリで買い集めたコレクションの絵画の一部を処分したという。しかし、途中で支援をやめている。新政党が古い政治体質となったと感じ、失望したらしい。

吉田茂からも政界進出の誘いがあったようだ。東京の会社役員の竹内繁夫さんによれば、晩年の直道は学生だった竹内さんにこう話したことがあったという。

「吉田茂さんから「議員にならないか」と言われたことがあったが、断ったよ」。

パリ時代からの盟友・楢橋渡は政治家となり、運輸大臣などを歴任した。だが、直道自身は政治の道には進まなかった。寿美子さんによると、大使ポストを提示されたこともあったようだが、それも断ったという。

政治家転身や大使就任の誘いを断ったとされる坂本直道が戦後、引き受けた公職がある。

放送の民主化と政府からの中立性を保障するため、一九五〇年六月に設立された独立行政委員会「電波監理委員会」の委員だ。直道はここで、官僚と闘い、民放テレビ放送の誕生に力を貸した。その後は、公職につかず、在野で国際問題について書き続け、七二年七月三〇日に八〇歳で死去した。生前、『激動するアジアの中の日本』（前掲書）、『中ソ国境紛争の背景』（一九七〇年一二月、鹿島研究所出版会）の二冊の本を出版した。没後には、長女の寿美子さんが直道の遺稿をまとめて、『アフリカ』（一九七八年二月、坂本すみ子）を出した。都合三冊の著書が残っている。

このうち、最初の著書である『激動するアジアの中の日本』は共産主義中国の対外膨張政策をテーマにしたものである。その序文を元首相の吉田茂と読売新聞の社主だった正力松太郎が書いている。

正力は直道の欧州での活動や鳩山の自由党を助けたことなどに触れながら、「その業績はまことに大きいのに、彼自身一度も表面に出たことがない」と指摘している。

直道は日米戦争回避のために活発に動いたが、それを戦後の「勲章」にしなかった。戦後、三人の友人（吉田茂、芦田均、鳩山一郎）が首相になったにも関わらず、直道は猟官活動などしなかった。名誉、地位、財産などにこだわらず、信念に生きた。スケールの大きな発想をもち、時代を切り開こうとした。それは龍馬の生き方を彷彿させる。

（注）本稿は『朝日新聞北海道版』（朝刊）連載「北の龍馬たち　坂本家の人びと」（二〇一〇年一月一日～一四日）、「同　坂本直道物語」（二〇一〇年一一月八日～一一月二七日）、「同　坂本直行物語」（二〇一一年二月三日～三月三日）、「同　坂本直寛物語」（二〇一一年三月二一日～四月六日付）での取材を基に執筆した。

Ⅲ　『フランス・ジャポン』の政治学　1934-1940

対外宣伝誌としての『フランス・ジャポン』

渋谷　豊

開国以来、西洋の文物を摂取することに躍起だった日本人は、ともすれば自国の理念や文化を海外に発信するのを疎かにしがちだったが、それでも一九三〇年代に入ると、対外的な国家宣伝の必要を唱える者が続々と現れるようになった。例えば詩人で外交官でもあった柳沢健は「国際文化事業とは何か」（『外交時報』一九三四年四月一日号、五月一日号）において、欧米諸国が特に第一次大戦後、精力的に対外文化工作を推進していることを指摘し、日本も早くその方面に力を注ぐべきだと説いている。言うまでもなく、こうした主張の背景には、日本が満洲事変後、国際舞台で孤立を深めていることへの危機感があった。

柳沢健の論文の発表された一九三四年は、この時代の日本の対外宣伝を考える上で一つのメルクマールとなる年である。この年の四月一一日に、財団法人国際文化振興会が発足したのである。初代会長の近衛文麿以下、多数の国際派華族を擁した同会は、一五年戦争中の日本の対外文化工作の中枢となる機関である。また、写真家の名取洋之助率いる日本工房が『ニッポン』*NIPPON*を創刊するのもこの年の一〇月である。この雑誌はじきに国際文化振興会の支援も得て、日本を代表する対外宣伝誌になるだろう。そして、その『ニッポン』と時を同じくしてパリで誕生したのが、『フランス・ジャポン』だったのである。

『フランス・ジャポン』はいろんな顔を持った雑誌だが、本稿では特に対外宣伝誌という顔に着目することにして、まずは二点ほど基本的な確認をしておきたい。

簡単に言えば、対外宣伝誌とは、政府の刊行物であれ民間のそれであれ、とにかく国益のために対外的な啓発活動を行う国家宣伝のメディアだ、となるだろう。そしてそう考えた場合、『フランス・ジャポン』を対外宣伝誌と呼ぶことには何の問題もないように思われる。実際、この雑誌が日本の国情を外国の読者に紹介し、併せて日本の悪いイメージを払拭しようとするものであったことは、各号の目次を見るだけで明らかなのだ。編集委員の松尾邦之助は同誌創刊以前から既に「パリの外国人記者協会での満洲事変討論会」で「日本の立場を懸命に弁護」(『巴里物語』一九六〇年八月、論争社)していたというが、国を思うこの種の情熱が『フランス・ジャポン』を支えていたのだろう。まさに愛国の士の手になる雑誌なのである。ただし、だからといって『フランス・ジャポン』編集部はただ日本の国策に追従してばかりいたわけではない。この雑誌の刊行元である日仏同志会の坂本直道は、かねてから日仏提携の必要を唱えていたというが、第四五号から同誌編集委員に加わった小松清も後にこう語っている(引用文中の「日仏文化」は『フランス・ジャポン』のこと。)。

> 私たちの底意は日本の外交を少しでも独伊から切りはなすところにあった。英仏との橋を切り落とさないように努力を傾けるところにあった。「日仏文化」は、そうした意味での文化工作の一つであった。(「シュアレスの像」『文藝』一九四六年六月号)

詰まるところ、『フランス・ジャポン』の使命は日本についてフランス人を啓発し、親日的な世論を醸成すること、それによって日仏提携への流れを作ることだったと言えるだろう。それはまた、日独伊三国の接近を妨げることでもあった。そんな使命を帯びた雑誌の歩みは、時代の流れに逆らう絶望的な歩みにならざるを得ない。実際、満洲事変直後こそフランスの新聞論調は日本に好意的だったものの、『フランス・ジャポン』創刊の翌年五月には、フランスは日本にとって最大の脅威であるソ連と相互援助条約を結んでいるし、日本は日本で一九三六年一一月に日独防共協定を締結している。一九三七年の外務省情報部「宣伝啓発根本要綱」にははっきりと「対独、対伊関係増進」が謳われている（『外務省執務報告　情報部』一九九五年八月、クレス出版）。もっとも、その要綱には「ソ仏ノ離間」も挙がっていて、ソ連とフランスを引き離すためにもフランスに対する情報部の働きかけは続けられていたのだが、それでも外務省の思惑と『フランス・ジャポン』編集部のそれがおよそかけ離れたものだったことに変わりはない。要するに、この雑誌は国のために、国の方針とは別の道を切り開こうとするものだったのである。これが一つ目の確認点である。

　当時、対外宣伝はしばしば政治経済の宣伝と、文化（学問、芸術、教育など）の宣伝の二つに分けて論じられた。国際文化振興会の在外連絡員だった稲垣守克は、この二つの他にさらに一般国情宣伝（歴史、風土など）の項目を立てているが（『日本を世界に知らせよ――対外文化宣伝の方法論』一九三九年六月、外務省文化事業部）、これは稲垣自身も言うように、文化宣伝の内に含めてよいだろう。二つ目の確認はこの区別に関することである。松尾邦之助は後に『フランス・ジャポン』のことを「日仏文化交流雑誌」（『風来の記――大統領から踊り子まで』一九七〇年七月、読売新聞社）とか「仏文の文化宣伝誌」（『巴里物語』）と呼んでいる。「交流」と「宣伝」ではニュアンスが異なるだろうが、ここで注目したいのはそれよりむしろ「文化」の一語である。松尾は回想記の中でしきりにこの雑誌の文化的側面を強調していて、「文化中心主義」（『風来の記』）といった表現も用いているが、これは誤解を招きかねない。実際の『フランス・ジャポン』は決して文化だけを扱う雑誌ではなかったのだ。確かに太平洋戦争中に刊行されたハードな対外宣伝誌（東方社の『フロント』*FRONT* など）と比べれば文化的色彩が強いとは言えるが、それでもこの

UNE EXPOSITION DE PHOTOGRAPHIES D'ART

EXÉCUTÉES AU MANDCHOUKOUO

En collaboration avec l'*Intransigeant*, le COMITÉ FRANCO-JAPONAIS a organisé, du 27 novembre au 5 décembre, à la Galerie des Champs-Élysées de l'*Intransigeant*, une exposition de photographies d'art exécutées au Mandchoukouo par plusieurs artistes photographes japonais. Quatre-vingts photographies de grand format, suivant toutes les techniques de cet art, montraient les divers aspects de la « Mandchourie, terre d'hier et de demain », d'après le titre sous lequel était placée l'exposition. Paysages, scènes de la vie quotidienne, monuments côtoyaient les aspects de la construction industrielle du nouvel état, usines et travaux d'entreprise.

De nombreuses personnalités visitèrent cette exposition qui, pour la première fois, donnait une vision esthétique du Mandchoukouo tel qu'il est à présent. Elle fut inaugurée par M. MITANI, Conseiller de l'Ambassade du Japon et M. NISHIMURA, Secrétaire de l'Ambassade, entourés du Colonel KOMODA, attaché militaire, du Capitaine YAMADA, attaché naval, de MM. DUPONT, administrateur de l'*Intransigeant* ; LE DANTEC et PETIT, secrétaire général et chef du service de propagande de l'*Intransigeant*, Jean MASSON, des représentants du COMITÉ FRANCO-JAPONAIS, et du SUD-MANDCHOURIEN, qui avait prêté les œuvres. Les photographies du Mandchoukouo reproduites dans ce numéro de *France-Japon* sont des reproductions de photographies exposées.

— 96 —

1936年11～12月にシャンゼリゼで開催された写真展（『フランス・ジャポン』第17号掲載）。

雑誌には政治経済の宣伝記事もふんだんに載っている。松尾もそれはよく分かっていて、だから後にこう述べている。

「満洲国建設」のことや、満鉄の「アジア」号の宣伝や、「半世紀にわたる日本経済の奇跡的伸展」とか、いやはや、露骨なコマーシャルであり、（中略）こうした一方的な下手な日本の政治産業宣伝は、全く独善的でフランス側の心ある人たちから忠告され、これではせっかくの宣伝も逆効果になるとまでいわれた。素人編集長のわたしも、反省して、その後は、思いきって国際的視野に立った、文化的なものを全誌の六、七〇パーセントにする方針に踏みきった。（『風来の記』）

つまり、この雑誌は途中で性格が変わったのだ、というのが彼の説明なのだが、ただ、一体いつ彼が新たな方針に「踏みきった」のかは全号を読み返してみてもよく分からないし、それに「全誌の六、七〇パーセント」であれば、どのみち「文化的なもの」以外の要素も相当残ったわけだ。このことは確認しておきたい。

付言すると、そもそも文化宣伝と政治経済宣伝は対立するというよりむしろ補完的なものだとも言えるわけだが、当時の宣伝論においては、特に戦略的ないし技術的な観点からそのことが指摘されていた。例えば陸軍情報部の清水盛明は、「戦時事変」などの場合、政治宣伝はいかにも宣伝といった感じがして他国に受け入れられにくいから、まずは文化工作によって「我国に親しみを生ぜしめ同情を起させる」作戦をとるべきだと述べている（「対外宣伝と日本人」『ニッポン（日本版）』第一巻二号）。また、稲垣守克は前出の著作の中で「政治宣伝ハ文化宣伝網ニ於テ容易ニ行ハレ得ル」ことを強調している。稲垣は日本から送られてくる対外宣伝誌を啓発資料に用いるなどして、ジュネーブの各界要人に対する工作活動を行った経験の持ち主であるが、その彼に言わせれば、「平常カラ文化宣伝及一般国情宣伝ノ畑ヲ多ク持ツテヰルナラバ重要ナル政治問題マタハ貿易問題ガ起ツタ場合ニ此等ノ文化宣伝網ヲ利用シ得ル」のである。ちなみに彼が啓発資料に用いていたのは『ニッポン』や所謂『アサヒグラフ海外版』だったとのことで、『フランス・ジャパン』の名は挙がっていないのだが、ただ「巴里ニテ日本側支持ノ下ニ発行スル小雑誌」も「良好ナル宣伝資料」だったという一文がある。ひょっとするとこの「小雑誌」は『フランス・ジャパン』を指すのかもしれない。創刊後しばらくの間、同誌は比較的頁数が少なかったから、「小雑誌」と呼ばれてもおかしくないはずだ。もしそうであれば、『フランス・ジャパン』の文化記事を用いて開拓した宣伝網が、有事の際に政治宣伝を行うのに役立った可能性もあるだろう。

さて、改めて断るまでもないだろうが、『フランス・ジャパン』以外にも一五年戦争中に刊行された対外宣伝誌は数多い。日本工房（一九三九年に国際報道工芸株式会社となり、その翌年、新京支社を設立する）は『ニッポン』創刊後も、反蒋介石の旗印も鮮明な『シャンハイ』*SHANGHAI*、満鉄の依頼で主にアメリカ向けに作った『イースタン・エシア』*Eastern Asia*、貿易組合中央会と組んだ『コマース・ジャパン』*Commerce Japan* 等、次々と新たな対外宣伝誌を生み出していったし（詳しくは白山眞理・堀宜雄編『名取洋之助と日本工房［1931-45］』二〇〇六年二月、岩波書店を参照のこと）、また朝日新聞社が所謂『アサヒグラフ海外版』を出せば、毎日新聞社も『ホーム・ライフ海外版』を出す、といった具合である。もちろん、『フランス・ジャポン』誌上で何度も紹介された日本文化連盟の季刊誌『カルチュラル・ニッポン』*Cultural Nippon* や、写真とグラフィックデザインの卓抜さで知られる『フロント』などもあった。さらに一企業のＰＲ誌であっても、海外向けのものの多くは日本の国情紹介を含むから（例えば日本郵船の『トラベル・ブレティン』*Travel Bulletin*）、そういったものまで含めれば、まさに枚挙に暇がないのである。

　では、『フランス・ジャポン』を数多ある他の対外宣伝誌と比べた場合、その特色はどこにあるかと言えば、やはり数少ないフランスのスペシャリストであったというところだろう。『フランス・ジャポン』はフランス一国にターゲットを絞り、フランス語だけを使用した雑誌、また現地に編集部を構え、地の利をフルに活かして作った雑誌なのだ。そこで、本稿では以下、まずは地の利の活用の実態について、ついでフランス語という一言語使用の意味について、できるだけ具体的に説明していこうと思う。と同時に、どうやらこの対外宣伝誌の周囲には日仏両国のいろんな人と組織が蠢き、様々な思惑が錯綜していたようなのだが、その複雑な相関図のせめて一部分なりと示したいとも思う。この雑誌をいわばその生態系の中に置き戻すための手掛かりを提供したい、ということである。『フランス・ジャポン』とフランス言論界との関わりに――また日本の対外工作機関との関わりにも――幾らか言葉を費やすのはそのためだ。なお、この雑誌の比較対象として何度か『ニッポン』に言及することがあるが、それは『ニッポン』が当時の代表的な対外宣伝誌だからということに加えて、多少とも文化志向が強く、読者に西洋の知識人層を想定している等、『フランス・ジャポン』と共通する点が多いからである。『ニッポン』に載った記事が『フランス・ジャポン』に転載されたり、名取洋之助の動向が『フランス・ジャポン』誌上で再三紹介されたりしているところを見ても、同誌編集部が『ニッポン』に仲間意識ないしライバル意識を持っていたのはまず間違いない。『フランス・ジャポン』終刊後に日本に帰国した小松清が、一時期、国際報道工芸に務めることになるという後日談もある。

まずはパリを本拠地としたこの雑誌の「地の利」についてだが、もちろん、編集部を外国に置くことが常に有利に働くとは限らない。例えば、東京を本拠地としていた『ニッポン』の名取洋之助は、印刷を「一国の文化を示すバロメーター」と考え、印刷の出来栄えによって日本文化を海外に宣揚しようと目論んでいたというが（「日本工房の会」編集委員会編『先駆の青春——名取洋之助とそのスタッフたちの記録』一九八〇年一月、日本工房の会を参照のこと）、こうした発想はそもそも日本国内の印刷所を使って雑誌作りをしているのでなければ抱きようがなかっただろう。一方、日本の立場を外国の読者に認めさせようと思えば、一般に日本人があれこれ訴えるより、その国のしかるべき人物に代弁させた方が効果的なのだが、その点、『フランス・ジャポン』はなかなか優秀な雑誌で、『ニッポン』などと比べて遥かに外国人執筆者の割合が高かった。これはやはり現地で作った雑誌ならではのことだろう。もともとフランスに豊富な人脈を持つパリ在住者で編集部を組織し（そこにはアルフレッド・スムラーのようなフランス人も含まれている）、その彼らがさらに現地の言論界にネットワークを広げ、いろんな作家、政治家に原稿を依頼していたのだ。ついては、ここでそのネットワークの一端を見てみることにしたい。どうせなら大物を、ということで、親日派グループの中心にいた二人の人物にスポットを当てよう。一人はアンドレ・タルデュー首相の下で土木次官も務めたシャルル・ペシャンである。

　満洲事変直後、ソ連を警戒するフランスの一部の国会議員の間に、日本を支持しようとする動きが見られた。日本が極東でソ連を牽制する役割を果たしていることが、フランスの国益にプラスに働いていると考えられていたのだ。こうして結成されたのが親日派の議員グループ「親日会」である（松尾邦之助『風来の記』による）。この会には在仏沢田廉三臨時代理大使が内田康哉外務大臣に宛てた一九三三年二月二五日の電報にも言及があって、それによれば、今は「五十名程ノ賛成者」だが、ゆくゆくは「百五十名位ノ団体」にするつもりだと「共和民主連合党首ルイ・マラン」が語ったという（外務省外交史料館「日本外交文書デジタルアーカイブ（満洲事変・第三巻）」）。この電報では「親

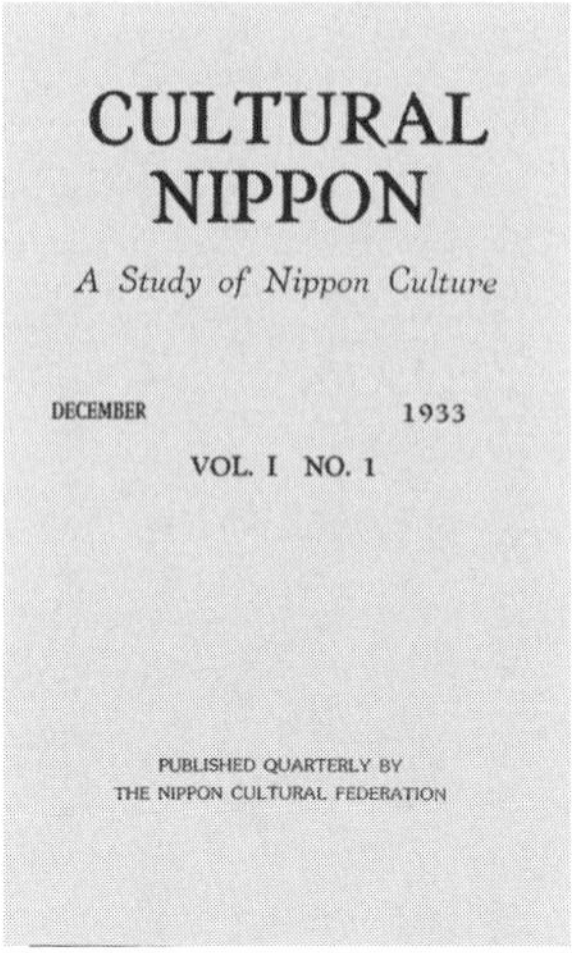

『カルチュラル・ニッポン』表紙

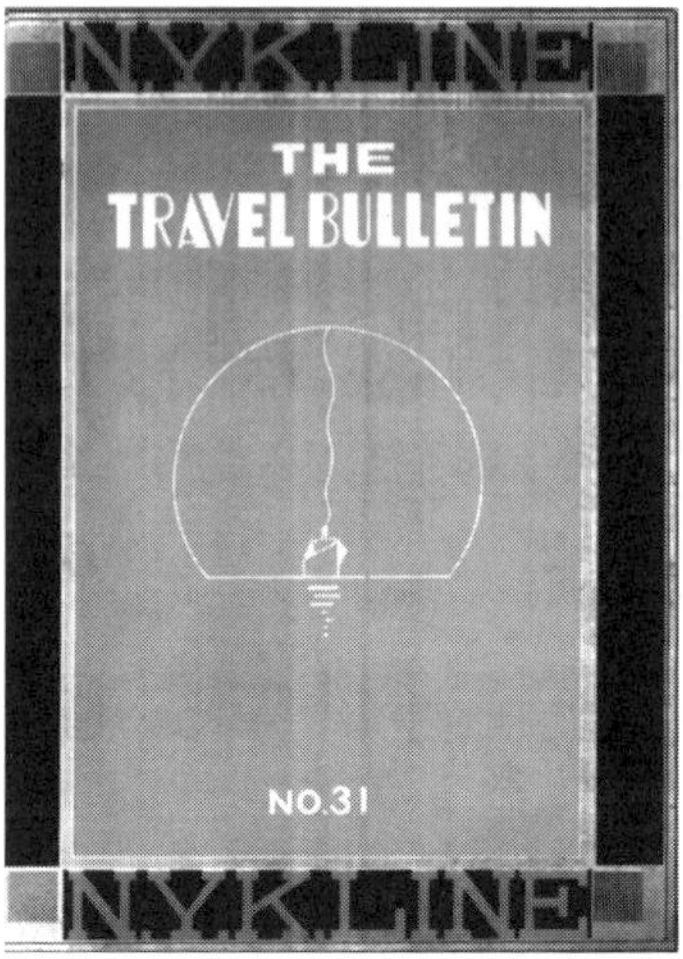

『トラベル・ブレティン』表紙

日会」はGroupe franco-japonaisと呼ばれている）。ところで、坂本直道や松尾邦之助は親日会のメンバーと早くから接触を持っていたから、『フランス・ジャポン』を創刊するにあたって、当然、この会の協力を当てにしていただろうが、実際にその期待に応えて同誌に寄稿したのが、親日会の中心人物であるシャルル・ペシャンだった。ペシャンは既に一九三三年に*La Société des Nations contre le Japon*（『日本対国際連盟』）と題する八〇頁程の冊子を上梓して、満洲事変における日本の立場を全面的に支持し、かつ、フランスにとってソ連がいかに脅威であるかを強調しながら（ソ連がドイツと結ぶ可能性や仏印に食指を伸ばす可能性を指摘している）、一刻も早くフランスは日本と連帯すべきであると説いていた。『フランス・ジャポン』誌上でも、彼は«Le Rôle du Japon en Extrême-Orient»（「極東における日本の役割」、第五号掲載）と«Le Japon Représente en Extrême-Orient La Civilisation Occidentale»（「極東における西洋文明の体現者日本」、第七号掲載）において堂々と持論を展開している。創刊当初、満洲問題についてフランス人を啓発することを焦眉の課題としていた『フランス・ジャポン』編集部の目には、さぞ頼もしい助っ人と映ったことだろう。彼の文章がいずれも巻頭を飾っているのは、同誌編集部の期待の現れに他なるまい。また、ペシャンは「日本は極東における西洋文明」では満洲問題のみならず、日本に対する欧米諸国のダンピング批判をも取り上げ、反論を試みている。ダンピング批判に対処することもまた創刊当初の『フランス・ジャポン』の重要な課題であり、そのために同誌編集部は第四号から日本国際協会刊行の *The Secret of Japan's Trade Expansion* の仏訳を連載したり、或いは第二号以来、日本に同情的な見解を示す国際労働機関（ＢＩＴ）のフェルナン・モレットの言葉を何度も紹介したりしていたのだが、ペシャンの発言はその努力への援護射撃の意味を持っていた。

　ペシャンの名前は第二四号（一九三七年一二月）を最後に『フランス・ジャポン』の誌面からは消えるが、ただし彼は一九三八年にも *Pourquoi le Japon bombarde-t-il Canton?*（『日本はなぜ広州を爆撃するのか』）と題する日本軍擁護の冊子を上梓している。ところで、その冊子の奥付には出版元として「日本の友の会」Les Amis du Japon の名が記されている。日本の友の会とはその年の夏に親日派フランス人が新たに結成した会のことで、フィリップ・ペタン元帥などもそのメンバーだったという（『あみ・ど・ぱり』一九三九年二月一日号の川路柳虹の文章による）。本部はモンパルナスのメーヌ通り一二番地で、会長は出版人のリュドヴィック・バルテレミー。このバルテレミーが我々の注目する二人目の人物である。一九三七年末からしばらくの間、バルテレミーの名は『フランス・ジャポン』誌上に頻繁に登場する。例えば、第三一号には彼の«Public Français et Drame Asiatique»（「フランス大衆とアジアの事変」）と題する反ボルシェビキ的言辞の混じった一文が載っているし、第三三号には日本の友の会の機関誌 *Bulletin d'information de la Société «les Amis du Japon»* が誕生したことなどが報告されている。そして次号の『フランス・ジャポン』にはさっそくその機関誌に載ったバルテレミーの文章が転載されるのだが、逆に日本の友の会の機関誌に『フランス・ジャポン』が紹介されることもあって、両誌がタッグを組んでいたことは明らかである。なお、一九三七年にバルテレミーは *Le Japon et nous*（『日本と我々』）と題する冊子を発表している。残念ながら筆者はこの冊子を入手することができずにいるのだが、『フランス・ジャポン』第二四号に載った書評によれば、日中間の紛争の原因をもっぱら「中国側の政治的、経済的な無政府状態」に帰し、併せて極東の混乱に付け入ろうとする西洋諸国を批判するものだという。彼はまたこの「日本と我々」というタイトルで遊説も行っていて、地方紙『ルエスト・エクレール』*L'Ouest Eclair*（メーヌ・エ・ロワール版、一九三八年三月一七日）にそれが好意的に報じられている。所詮、ペシャンやバルテレミーの存在は、『フランス・ジャポン』がフランスに張り巡らしていたネットワークのごく一部を占めるに過ぎないが、ともあれ、フランスの世論に一定の影響力を持つ彼らのような人物と、同誌編集部は緊密な連携を図っていた、ということである。

ところで、現地に編集部を置くことの利点は、むろん外国人執筆者の割合が増すといったことに限られはしない。展覧会やコンクールなど、国家宣伝上有効なイベントをその地で催す機会もまた格段に増えるのである。『フランス・ジャポン』編集部はこの点でもしっかり地の利を活かしていて、日本と満洲国をフランス人に紹介する様々なイベントを主催し（或いは「主催」ではなくてもそれに積極的に関わり）、その模様を次々に誌面に再現している。イベント自体が重要な宣伝工作であるのは当然として、当日の会場の和気藹々とした雰囲気を伝える記事もまた、日本に対する読者の警戒心を解くのに多少とも貢献したにちがいない。コンクールの審査員の講評の載った記事や、展示会の図録となっている頁などは、イベントの不可欠な構成要素であると言うべきだろう。試しに『フランス・ジャポン』編集部ないし日仏同志会の関わったイベントを同誌から幾つか拾ってみると、一九三五年には日本の絹絵の展覧会を主催しているし、翌年の一一月二七日から一二月五日まではシャンゼリゼ大通りのギャラリーで写真展を開いている。この写真展は「満洲の風物の素晴らしい写真一五〇点」（一一月二七日の『アントランスィジャン』*L'Intransigeant* 紙の評）を展示したもので、そのうちの一部は『フランス・ジャポン』第一七号にも載っている。また、一九三七年には満洲観光ポスターを募った懸賞つきコンクールを開催していて、同誌第一九号にはそのコンクールの結果と審査員（ポール・コラン以下三名）の講評、および受賞パーティーの和やかな様子が、入賞作の色刷りの複写とともに紹介されている。その他にも、日本映画の上映会などは頻繁に催されていたらしい。要するに、各種イベントが目白押しだった、というわけだが、その中でも特に注目したいのは、一九三九年五月二六日から六月二五日までパリの国際舞踊資料館で開催された日本舞踊博覧会である。それが『フランス・ジャポン』と国際文化振興会の結びつきを端的に示す事例だからだ。

　この日本舞踊博覧会はロルフ・ド・マレの日本滞在中に企画されたものだった。バレエ・シュエドワの主催者として知られるロルフ・ド・マレは、一九三二年に世界各国の舞踊に関する資料を収集、展示するアーカイブ、国際舞踊資料館（ＡＩＤ）を設立し、その館長を務めていた。その彼が日本を訪れた際に国際文化振興会（ＫＢＳ）と接触し、そこでＡＩＤとＫＢＳによる博覧会共催の話が持ち上がったのである（『フランス・ジャポン』第三八号の関連記事を参照のこと）。この企画に、『フランス・ジャポン』編集部はもっぱら誌上でのＰＲおよび博覧会の図録の制作という形で加わった。事実、特別号「日本の舞踊」と銘打たれた同誌第四一号はほぼ一冊丸ごと博覧会の図録になっている。それはなかなか充実した図録であって、展示品（日本から持ってきた能面、衣装、歌舞伎の舞台のミニチュア、楽器など）の説明のみならず、舞踊の歴史の概説なども載っている。実は、この図録の制作がいつ、どんな経緯で『フランス・ジャポン』編集部に依頼されたのか、その詳細は不明なのだが、いずれにせよ、この仕事を引き受けるのは同誌編集部にとってごく自然

『フランス・ジャポン』第41号表紙。特別号「日本の舞踊」とある。

なことだったはずだ。というのも、『フランス・ジャポン』とＫＢＳは旧知の間柄だったからである。実際、創刊号にＫＢＳパリ連絡員の佐藤醇造《じゅんぞう》の横顔紹介が載ったのを皮切りに、『フランス・ジャポン』には頻繁にＫＢＳ関連の記事が掲載されている（佐藤醇造は第七号を始めとして三度寄稿している）。同誌第二二号には、ＫＢＳから寄贈を受けた英語や仏語の本のリストが載ってもいる。要するに、『フランス・ジャポン』はフランスの言論界にネットワークを広げる一方で、日本の対外文化工作の中枢機関とも緊密な関係を保っていたのである。日本舞踊博覧会はこの両者の最大の共同事業だったと言えるだろう。なお、当時、日本の国家宣伝に携わっていた者の目に、この手の文化的イベントがどう映っていたのかと言えば、ことフランスに対しては政治経済宣伝以上に効力を持つはずのものと映っていたらしい。例えば陸軍の清水盛明は、「我が盟邦たる独伊両国」なら「政治経済上よりする直接宣伝も率直に之を受け入れて呉れる」だろうが、「その他の諸国」に対しては「文化宣伝」を用いるのが上策だ、と主張している（『ニッポン（日本版）』の前掲論文）。清水の言う「その他の諸国」には、当然、フランスが含まれるはずだ。また、ＫＢＳの佐藤醇造は特にフランス向けの宣伝方法を論じた一文で、フランスとソ連の結びつきを憂いながらこう述べている。

> 尤も此際豊富なる資金を有し、且宣伝にかけては一種の天才を有する蘇連邦を向ふに廻して政治的宣伝をなすは徒らに彼らの後塵を拝するに止まり効果の期待すべきもの少し、此際は寧ろ別個の方面、即ち文化協力事業を通じ、間接に蘇連邦を牽制するを以て策を得たるものとなす。（『財団法人国際文化振興会設立経過及昭和九年度事業報告書』一九三五年七月、国際文化振興会）

こうした観点からすれば、『フランス・ジャポン』編集部が精力的に文化的イベントを催したのは、誠に当を得たことだった、ということになる。そして実際、フランス側の反応は概ね良好だった。日本舞踊博覧会の場合であれば、開催の三日前、即ち五月二三日の『フィガロ』*Le Figaro* 紙に「日本舞踊とサムライ精神」と題する記事が載っている。これはオープニングパーティーで剣術のデモンストレーションを行うことになっていた早川雪洲自身の文章なのだが、文章のみならず彼の顔写真と直筆サインまで載っていて、なかなか大きな扱いなのである。また二六日の『ル・マタン』*Le Matin* 紙には、日本のダンスものとしては「かつて例がないほど充実した」展覧会だと称賛する記事が載ったし、舞踏専門誌『ラ・トリビューヌ・ド・ラ・ダンス』*La Tribune de la danse* は五月号から同博覧会の紹介記事を三号続けて掲載している。ちなみにその紹介記事は、『フランス・ジャポン』特別号の図録を下敷きにして書いたのではないかと思わせる体のものである。

さて、ここで話題を変えよう。『フランス・ジャポン』はフランス語だけを使用しているわけだが、この一言語使用というのは対外宣伝誌にとって当たり前のことではない。二つないし三つの言語を併用するのはざらで、『ニッポン』なら四つの言語を用いている。各記事が英仏独西の四ヵ国語のいずれかで書かれ、それ以外の言語による抄訳が巻末に載る、というのが『ニッポン』の基本スタイルだった（ただしこのスタイルは常に遵守されていたわけではないし、太平洋戦争開戦後には大きく変化する。）。複数の言語を併用すれば、当然、それだけ多くの国の読者を獲得できるし、一方、一つの国にターゲットを絞り込めば、相手国の事情や立場に即した日本の国情紹介を行いやすい。後者の例を一つだけ挙げよう。『フランス・ジャポン』第四五号には松平斉光《なりみつ》の «Réactions de la conclusion du pacte de non-agression germano-soviétique sur l'opinion publique au Japon»（「日本の世論に与えた独ソ不可侵条約の影響」）と題する文章が載っている。周知のとおり、一九三九年八月に締結された独ソ不可侵条約は日仏両国に強い衝撃を与えた。日本は盟邦ドイツに裏切られた格好となり、フランスにとっては、もともと警戒していたドイツの危険度がさらに増したのである。結局、ヨーロッパはドイツのポーランド侵入によって戦争に突入するが、まだしばらくは「奇妙な戦争」と呼ばれる状態にあって、独仏両軍が本格的に戦火を交えるには至っていない――そんな状況下に発表された松平の文章は、ドイツに対する日本の辛辣な新聞論調を紹介し、併せて日本に残された二つの選択肢（独ソ間の条約に加わるか、あるいは英仏と組むか）を提示するものだった。松平自身の語り口は淡々としたものなのだが、何分にも引用されている朝日、毎日などの記事の調子が激越で、それがフランスのメディアの目を引いたのだろう、すぐに新聞、雑誌に反響が現れた。例えば、『タン・プレザン』*Temps présent* 誌一九三九年一二月二九日号にはダニエル・ロップスのコメントが載っている。慎重な物言いをしてはいるが、どうやらこの作家は日仏の歩み寄りに期待をかけていたらしい。また一二月二八日の『ル・マタン』*Le Matin* 紙の第一面には「ドイツにうんざりした日本」の見出しが躍っている。こちらの主張は至って明快である。記事を執筆したのはステファン・ローザンヌなる人物で、彼は松平の文章を顔写真入りで紹介した後、「この状況においては、日仏の友好的な関係が回復することも十分に期待できる」と述べ、さらにフランス通と評判の沢田廉三が駐仏大使に着任したことに言及しながら、こう締めくくっている。

> 新大使がフランスにいる間に、我々は極東の平和を再建しなければならない。とりわけ日仏両国の伝統的な友好関係に影を落としかねなかった暗雲をすべて払いのけなければならない。それをしないのは大きな過ちを犯すことだ。

要するに、日本との提携を読者に呼びかけた記事なのである。それにしても、『ル・マタン』紙は発行部数五〇万を超える大新聞である。そこにこれだけ親日的な記事が現れたのは、やはり松平の文章が的を射たものだったからだろう。この時期のフランス人の興味、関心に即した主題（日本はドイツをどう考えているのか）を正面から扱い、彼らに喜んでもらえそうなデータ（ドイツを非難する新聞記事）をたっぷり引用したのが功を奏したのだ。もちろん、『ニッポン』のようにドイツ語圏でも読まれる雑誌であれば、このような文章を掲載するのは躊躇せざるを得なかっただろう。フランス一国に特化した対外宣伝誌『フランス・ジャポン』の面目躍如といったところか。ただし、断っておくと、ステファン・ローザンヌという記者は日本の外務省の息のかかった人物で、同省は満洲事変直後には叙勲までして彼を取り込もうとしていたという（熱田見子「満洲事変とフランス新聞操縦工作——「親日論調」の背景」『法学政治学論究』第三八号による）。とすると、この一件は外務省の新聞操縦の賜物だったと言えなくもない。実は、『フランス・ジャポン』の周辺ないし背後に外務省の影がちらつくことはときおりあって、例えば、同誌に何度か寄稿しているジャーナリスト、ルイ・オールが、訪日の際に外務省情報部から「或る程度の補助」（『外務省執務報告　情報部』）を受けている、といった具合である。『フランス・ジャポン』はその使命——日仏提携への流れをつくること——においては孤立した存在だったが、それでも多くの場合、外務省やＫＢＳの活動圏内にあったのである。手駒としてうまく使われていたところもあったかもしれない。

　一九三四年、即ち日本の対外宣伝史の重要な指標となる年に産声をあげた『フランス・ジャポン』は、フランスの親日派と積極的に連携し、ときには日本の対外工作機関のパリ派遣員のような役も演じながら、国家宣伝のために多彩な活動を展開した。本稿で紹介したのはそのごく一部に過ぎない。だが、稀少なフランスのスペシャリストだったこの対外宣伝誌も、結局、一九四〇年四月に第四九号をもって廃刊となる。独ソ不可侵条約締結後、日仏提携の道を模索する者たちに一瞬、希望の光が差したかにも見えたが、両国が歩み寄ることはついになく、『フランス・ジャポン』もその使命を果たすことのないまま消えたのである。廃刊の詳しい事情は分からないが、坂本直道が日本に帰国することになったのが理由の一つだろう。そもそも、もはやフランスに向けて——或いは欧州の国々に向けて——対外宣伝誌を出し続ける時代ではなかった。既に一九三九年九月、ドイツがポーランドに侵入した時点で、日本の対外宣伝の方針は大きく変わり始めていたのである。実際、同年九月六日の『東京朝日新聞』には「東洋と中南米へ進路を転換　国際文化振興会が声明」の見出しの下に、「今次の事態に鑑み今迄欧州に向けた力を東洋及び中南米に振向ける事になり」云々というＫＢＳの声明が載っている。やがて日本の対外宣伝機関はその努力を東亜新秩序建設の一点に集中することになるだろう。当然、そうなればアジア諸国に対する宣撫工作のための雑誌が続々と生まれることになる。既に何度か名前を挙げた『フロント』はその代表例だ。『ニッポン』も大東亜共栄圏向けにスタイルを変えることを余儀なくされる。そして『フランス・ジャポン』は、『ニッポン』のように転身する代わりに、一足先に姿を消したのである。ちなみに、同誌第四五号には谷川徹三の論文「東洋と西洋」（『中央公論』一九三八年一一月号）の仏訳が載っている。訳者は小松清である。谷川徹三は論文の最後で文化工作の重要性を説いているのだが、ただしその工作とは既に西洋に対する工作ではなく、もっぱらアジア諸国に対するそれだった。その文章に『フランス・ジャポン』編集委員の小松清が興味を抱いたという事実は、やがて彼が対仏印工作のスペシャリストとして活躍することのみならず、『フランス・ジャポン』に終わりが迫っていることをも、何やら暗示しているように思われるのである。

『フランス・ジャポン』と日本事情

畑浩一郎

一九四〇年四月、パリ。日仏文化交流誌『フランス・ジャポン』はここに、七年にわたるその歴史に終止符を打つ。時局は緊迫しており、一月後にはドイツ軍の電撃戦が開始され、翌六月には早くもフランスの首都は陥落することになるであろう。最終号となる第四九号には、編集長坂本直道のインタビューが掲載されている。数日後に帰国の途につくと言う坂本は、凱旋門にほど近い十六区のオッシュ大通りに構えた南満洲鉄道株式会社のヨーロッパ支部事務所で、慌ただしく取材に応じている。彼の口から出てくるのはひたすら無念の思いである。「帰国にあたって私は悲しみと心残りで一杯である。」日仏両国の友好を目指してこれまで積み上げてきた努力は、今こうして道半ばにして「潰えん」としているのである。

坂本龍馬の曾孫に当たる坂本直道（一八九二〜一九七二）は、東京帝国大学法学部を卒業後、南満洲鉄道株式会社に入社した。一九二九年よりフランス駐在を命じられ、四年後に日本が国際連盟を脱退する際には、代表松岡洋右を補佐する形でジュネーヴの国際会議にも随行している（ちなみに松岡は一九二一年より満鉄の理事を務め、二七年には副総裁に就任している。）。一九三四年に南満洲鉄道株式会社ヨーロッパ支部事務所が設立されると、坂本はその所長に任命され、以降七年にわたり日仏間の折衝と情報収集にあたることになる。

しばしこの坂本が語る述懐を聞いてみよう。『フランス・ジャポン』が創刊された発端は、一九三四年、彼が一時

M. SAKAMOTO
Directeur de " France-Japon "
rentre à Tokio

NOTRE directeur, M. Sakamoto, va nous quitter. Dans quelques jours, cet homme aimable, ce chef aimé de tous ses collaborateurs, embarquera pour sa lointaine patrie.

C'est à lui que nous devons cette revue qui a tant fait pour le rapprochement des deux pays. Le Japon n'aurait pas tant d'amis en France, si *France-Japon* n'avait chaque fois qu'il le fallait mis sous les yeux des hommes impartiaux les documents qui révélaient sa vraie figure.

Les hommes politiques, en vérité, les écrivains, les artistes, les journalistes n'auraient pas connu les éléments qui dépassent l'actualité, si ce fascicule n'avait pas paru à son heure.

Avant que l'animateur de cette œuvre précieuse pour la paix : le rapprochement des élites française et japonaise, ait quitté Paris, j'ai voulu lui demander de nous dire son sentiment, j'ai voulu pour ainsi dire, recevoir son adieu à la

M. SAKAMOTO
(V. n° 74.671.)

『フランス・ジャポン』第49号に掲載された坂本直道のインタビュー

的に日本に帰国していた際に遡るという。この時期、国際社会での日本の孤立は日々深刻さを増しており、それを少しでも緩和しようという動きが各地で見られていた。坂本が何人かの賛同者と共に、「日仏同志会」（Comité franco-japonais）を東京に設立したのもこうした事情による。徳川家達《いえさと》公、曾我祐邦子爵を代表に戴くこの協会は、日仏両国の架け橋となることを目的とし、その会員数は瞬く間に七〇名を数えることになる。会員の中には松岡洋右・元満鉄副総裁の他、戦後に内閣総理大臣となる芦田均や、小林順一郎・陸軍大佐などの名前も見える。日仏同志会の設立を見届けると、坂本は直ちにフランスに戻り、同会の事務所をシャンゼリゼ大通り一三六番地に開くことになる。そしてこの事務所を基点として『フランス・ジャポン』は産声を上げたのである。時に一九三四年一〇月のことであった。

『フランス・ジャポン』の創刊当時に掲げられた目的は、日本についてできる限り正確な情報を提供することであった。大多数のフランス人にとって、開国からわずか半世紀の間に目の覚めるような勢いで国力を伸ばしてきたこの極東の小国は、なおも神秘に包まれた存在として映っていた。ピエール・ロチやラフカディオ・ハーンによって伝えられたイメージは、曖昧であるどころか恣意的ですらあり、到底それによってこの国を理解することは期待できない。何しろ大日本帝国は今や世界第三位の海軍力を有し、中国大陸において破竹の勢いで軍事展開を行っているのである。この国家の真の狙いは何なのか。またこれからの複雑な国際情勢の中で、フランスはどのようにこの国とつきあっていけばよいのか。『フランス・ジャポン』が答えねばならなかった疑問はまさにこのようなものである。日本という国についてまずあらゆる情報を伝えること、そしてその上で日仏両国の友好関係を築く礎石となること、それこそが坂本や、また彼とともに創刊に立ち会った読売新聞パリ支局長・松尾邦之助らの願いであったのである。

実際、その内容の充実ぶりには目を見張るものがある。そこでは当時の日本の政治、経済、外交にまつわる諸問題が取り上げられ、独自の観点から詳細な解説が加えられている。また日本の歴史や文化の紹介についてはとりわけ力が入れられているが、これについてはまた後で触れよう。日本国内で出版される新刊図書の内容も紹介され、『中央公論』をはじめとする文芸雑誌の記事の数々が要約されるなど、出版刊行物についての目配りもぬかりない。また東京を中心に開催される数々の文化行事の報告などについても大きく誌面が割かれている。まさにフランスにいながらにして日本の最新の文化シーンが手に取るように分かるようになっているのである。また各号の巻末には、多数の写真が掲載されていることは特記しておきたい。そこでは当時の日本人の生活や、また建国されたばかりの満洲国の風景がさまざまな角度から切り取られており、貴重な歴史資料となっている。

このように配慮の行き届いた誌面を通じて、フランス人に日本を紹介しようとした『フランス・ジャポン』だが、その道筋は必ずしも平坦なものではなかった。編集者のたぐいまれなる努力と熱意、また日仏双方からなる錚々たる執筆陣の尽力にもかかわらず、この刊行物はしばしば創刊者たちが当初願った方向からそれていく。その原因は、ひとえに特殊な時代背景にあったと言わざるを得ない。冒頭のインタビューの中で、『フランス・ジャポン』がいかに多くの困難と無理解にさらされたかということに話が及ぶと、坂本は語気を強めてこう答えている。「その通りです！この試みは必ずしもたやすくはありませんでした。ご存じのように困難は政治の領域で発生したのです。」確かにこの雑誌が刊行されていた七年間は、ヨーロッパにおいても、また極東においても、歴史上まれに見る激動に見舞われた時代だったのである。

1 孤立する日本と『フランス・ジャポン』

一九三五年一月に発行された『フランス・ジャポン』第四号の巻頭には、在フランス特命全権大使・佐藤尚武（一八八二～一九七一）による声明文が置かれている。ちなみに佐藤はこの後、任期を終えると帰国して、林銑十郎内閣で外務大臣を務めることになる。この文章の中で佐藤は、日仏友好のために創刊された『フランス・ジャポン』の理念に賛辞を送るとともに、国際舞台で現在日本が置かれている状況について次のように述べている。「ジュネーヴ国際会議［注：国際連盟特別総会を指す］から日本が脱退した際には、さまざまな意味で日本民族は深い衝撃を受けました。国際協調の礎に生じたこのひび割れ、外交上の孤立、またそこから生まれる懸念は日本民族の決意の結果であったのです。しかし国際連盟からの脱退以降、全日本人の魂に国民意識が目覚めたことははっきりと感じられます。」このわずかな数行に、当時の日本が直面していた抜き差しならない状況が見て取れる。

一九三一年に柳条湖にて起こった南満洲鉄道爆破事件を契機に、日本軍は中国東北部を武力制圧し、満洲国として独立させた。これに対し国際連盟は満洲国からの撤兵を勧告したが、日本はこれを拒否、三三年に国際連盟より脱退する。四二対一という決議の採択が示すように、当時の日本の国際社会での孤立は明らかであった。前述の記事で佐藤大使は、『フランス・ジャポン』が日本について正確で偏りのない情報を伝えることを繰り返し要請し、とりわけこの刊行物が単なる日本政府の「プロパガンダ」にならないよう警告している。それはこのような時代背景にあって、客観的な判断と冷静な分析の持つ重要性について彼が十全に意識していたからに他ならない。しかし編集者の細心の配慮にもかかわらず、『フランス・ジャポン』はしばしば日本の外交政策の「提灯持ち」であるという批判を浴びせられることになる。

フランスの読者に対して日本の立場を擁護するためには、日本人自身によるよりも、むしろフランス人の筆に頼る方が効果的となる場合がある。『フランス・ジャポン』の誌面に、定期的にフランス人執筆者による熱烈な日本賛美の記事が現れるのはそのためである。第五号に掲載された、ポロニウスという筆名のある記事はこの点でまさに典型的である。「日本発展の奇跡」と題されたこの文章は、開国以来、数々の不平等条約を西洋諸国に押しつけられた日本が、いかにしてこの軛《くびき》から逃れようと努力してきたか、そしてわずか五〇年の間でいかに中世的な封建制度から脱し、驚くべき近代化を遂げるに至ったかを、いささか興奮気味の口調で述べている。何度か日本を訪れたことがあるという筆者は、最初の滞在でドイツ軍人メッケル大佐に会ったときの思い出について語っている。そのとき大佐は彼にこう予言したと言う。「若者よ、この民族はどこまでも伸びていくだろう。やがて、あらゆる点で世界でも一流の民族の一つになるだろう。」その言葉は今や現実のものとなったのだ、とポロニウスは言う。「日本が成し遂げた、途方もない、私は奇跡的と呼びたいが、進歩と発展は明白な事実であり、外国人は今日、日本軍を信頼する必要があることを完璧に理解している。」見たとおり、論調は今日の目からすれば、あまりに無邪気と言わざるを得ない。

　また第五号と第七号に載った、パリ選出の下院議員シャルル・ペシャンの文章は、日本と協調路線を取ることの利益をフランス人の立場から説いているという点で着目に値する。ポロニウス同様、ペシャンもまた明治維新以来の日本の驚異的な近代化について賞賛を送った後、そこでフランス人が果たした役割について注意を促している。たとえば明治政府が招聘したお雇い外国人ルイ＝エミール・ベルタンのおかげで、日本海軍は高度な技術力と装備を手に入れることができた。日露戦争中の日本海海戦においてロシア・バルチック艦隊をわずか数時間で粉砕することができたのはそのためである。それ以外にも日本は多くの点でフランスから近代の精神と技術を学び、そのことによってフランス人に大きな親近感を抱いている。「われわれは極東に真の友人を持っている」とペシャンは主張する。「彼らはわれわれに誠実な愛着を抱いているが、それは利己心によるものではなく（中略）彼らがフランス文化を高く評価することができ、他のいかなる西洋国家のものよりもフランスの文化を好んでいるからなのである。」このように日本人のフランスびいきを強調した上で、ペシャンは、現在孤立を深めている日本をフランスは擁護しなければならないと説く。なぜなら両国はまず反共という点で協力しなければならないからである。ヨーロッパと同様、極東においてもソ連の共産主義は脅威となっているが、中国大陸においてそれを阻止できるのは日本しかいないのである。また日本が満洲国で行っていることは決して利己的な拡張政策ではなく、フランスがモロッコで行っていることと同様、その国に文明をもたらす行為に他ならない。それをどうして非難することができよう。ゆえにフランスは日本の側に立たなければならない。

　こうした日本の対外政策を擁護する記事は、とりわけ初期の『フランス・ジャポン』に多く見ることができる。後世の目から見れば、日仏両国の友好関係を謳うことを隠れ蓑に、当時の日本の国策を弁護しようという意図が透けて見える。しかしここで興味深いのは、『フランス・ジャポン』が号数を重ねていくうちに、こうした論調に微妙な変化が現れてくるという事実である。第二次世界大戦へ向け時局が緊迫して行くにつれ、今見たような威勢のよい文体は影を潜め、代わって日仏関係の微妙さに言及する記事が増えてくる。

　そのひとつの表れは、たとえば第二一号に掲載された、松尾邦之助によるリュシアン・ロミエのインタビューに見て取れる。フィリップ・ペタン元帥に近い右派のジャーナリストであるロミエは、極東への視察旅行を終えた印象を語りつつこう主張する。「フランスはおそらく、いかなる形においても日本の発展を妨げることのない唯一の大国でしょう。」一見するとこれまでの他の記事と大差ないように見える。しかし彼の主張には実はいくつかの留保がつけられているのである。ロミエによれば、日本が極東の発展を牽引するためには、まず他の西洋列強諸国と衝突してはならず、また実利主義を追求するあまり自分の信念を見失ってはならないというのである。これらの言葉は一種の警告として受け取らねばならない。なぜなら現実の日本はロミエの願いとは真逆の方向に進んでいるように見えるからである。彼のインタビューはそれゆえ、次のような微妙な言葉で結ばれている。「もし日本とフランスの間にいくつかの誤解があるのであれば、それらは物事の本質や、両国民の性向から生じているのではなく、自らの利益を保全しようとしている人々の一時的な愚かさから来ているのです。」ここには日仏間に生じたある種のきしみの音が聞こえる。

　こうした不協和音は次第に頻繁に、また音量を上げて聞こえてくるようになる。第三六号の巻頭には、ルネ・ラ・ブリュイエールによる「フランスと日本、我ら両国民は互いに理解しなければならない」と題された記事が掲げられているが、その冒頭は次のような言葉で始まっている。「日本では、フランスの世論は日本に対して好意的でないと考えられている。このような誤謬は望みうる限りの公平さと誠実性をもって正さねばならない。」同様の見解は日本人執筆者の側からも表明されている。翌第三七号には松尾邦之助による「日本はひとつ」という論考が掲載され、日仏両国間の関係の悪化が嘆かれている。

　ラ・ブリュイエールは先述の記事で、中国大陸を支配下に治めつつある日本が今後、南下してフランス領インドシナにまで食指を伸ばすのではないかという懸念を表明している。言うまでもなくインドシナはアジアにおけるフランスの最重要の植民地であり、隣接する地域で拡大を続ける日本との間で火種になる可能性は十分予見できた。また日仏間の緊張は、二国間の問題に加えて、第三国であるドイツとの関連でも理解されなければならない。日本に続いて国際連盟を脱退したドイツは、一九三五年にヴェルサイユ条約を破棄して再軍備宣言を行なうと、翌三六年にはライ

Une Interview de M. Lucien ROMIER

à son retour de l'Extrême-Orient

M. Lucien Romier, qui vient d'accomplir une grande enquête en Extrême-Orient, que l'on a pu lire dans les colonnes du *Figaro* dont il préside maintenant les destinées, a bien voulu nous accorder une interview.

Dans cette charmante rotonde, ornée de meubles massifs, qui est son bureau, M. L. Romier nous a entretenu brièvement de son voyage en Chine, au Japon et au Mandchoukouo. Après nous avoir parlé de ses liens d'amitié avec M. Naotaké Sato, ambassadeur du Japon à Paris, puis Ministre des Affaires Etrangères, M. L. Romier a bien voulu nous faire la déclaration suivante :

« J'ai été frappé par l'extraordinaire modernisme du Japon qui ne lui a rien fait oublier ou renier des traditions d'où viennent sa force. Je crois que si le Japon ne gaspille pas ses chances et ne commet pas d'imprudences il présidera au développement d'une grande civilisation extrême-orientale, qui sera probablement d'ici un quart de siècle aussi importante que celles de l'Europe ou de l'Amérique pour l'évolution de l'humanité.

Le danger pour le Japon, dans l'ordre matériel, serait de se heurter à des puissances à l'égard desquelles leur seul développement naturel suffit à assurer une position privilégiée ; et dans l'ordre moral, que leur enthousiasme pour le machinisme et l'américanisation ne les fasse verser dans le matérialisme et ne leur fasse accorder moins d'attention aux principes essentiels, à ce qui a permis à ce peuple d'Extrême-Orient de garder intact son dessin profond, c'est-à-dire sa foi.

La France est, sans doute, le seul grand pays au monde qui ne puisse gêner en aucune façon les progrès du Japon : la France est aussi le pays qui a le plus d'intérêt à ce que la paix règne en Extrême-Orient. Enfin, elle est de tous les états occidentaux celui où le goût pour la culture et les arts japonais constitue une preuve de perfectionnement intellectuel plutôt que de propagande.

Je crois donc que s'il existait des malentendus entre le Japon et la France, ces malentendus résulteraient non de la nature des choses ou de l'inclination des deux peuples mais bien de la sottise éphémère de ceux qui sont chargés de sauvegarder leurs intérêts ».

M. Lucien Romier.

Kuni Matsuo.

— 131 —

『フランス・ジャポン』第21号に掲載されたリュシアン・ロミエのインタビュー

ンラントに進駐する。フランスは当然態度を硬化させるが、最終的にはこれを既成事実として黙認することになる。台頭するファシズムに対し、フランスではレオン・ブルムを首班とする人民戦線内閣が結成されるが、スペイン内乱や財政問題等、多くの懸案を抱えて行き詰まる。他方でヒトラー総統率いるナチス・ドイツは、一九三六年に日独防共協定を結び、日本と接近していく。反ソ・反共という意味では、この協定はフランスにとって必ずしも厭うべきものではないはずであるが、全体主義の席捲する両国の接近はやはり要注意とされたのである。

『フランス・ジャポン』は変質しつつある日仏関係の修復を呼びかける。それは創刊当初より、両国の友好を育むことを目指したこの刊行物にとって必然の選択であった。先に触れた「日本はひとつ」という記事の中で松尾は言っている。「政治は変わっても、精神的、また文化的な理解はフランスと日本の間に残るし、また残させなければなりません。これらふたつの国にはいずれも長く洗練された伝統を持つ過去があり、思想やある種の芸術表現では共通性が見られるのです」。またフランス人の側からも同様の宣言が出される。第四六号ではクロード・ファレルが、第四七号ではアベル・ボナールが日仏友好の重要性を説く文章を寄稿している。両名ともアカデミー・フランセーズの会員であり、当時のフランスを代表する第一級の知識人であった。『フランス・ジャポン』編集部とその執筆陣によるこうした努力はしかし、必ずしも狙い通りの効果をもたらさない。むしろそれは裏目に出ることのほうが多く、この刊行物が日仏両国の友好を主張すればするほど、それは日本政府によるプロパガンダであるという嫌疑をかけられることになるのである。それは時代状況ゆえの抜け出しがたいジレンマであり、『フランス・ジャポン』は何度となくそれを乗り越えようと努力するが、最後までこの問題を解消することはできなかった。

2　日本人を理解しようという試み

『フランス・ジャポン』が創刊された目的は、フランス人に対して日本と日本人についての正しい情報を伝えることにあった。それは翻って考えれば、当時のフランス人にとって、この極東の国と民族はそれほどよく知られていなかったことを意味する。その状況は現代においてもそう改善されているとは必ずしも言えないが、この当時は今以上にフランス人の目には日本は遠い存在と映っていたのである。「今日なお、どれだけ多くのフランス人が中国人と日本人を混同していることだろう。しかしそれは事実なのだ」といったシャルル・ペシャンの文章が『フランス・ジャポン』第五号に読むことができる（「極東における日本の役割」）。フランス人の目から見た日本人論、あるいは日本人の国民性を分析する記事が、『フランス・ジャポン』誌上を定期的に賑わすことになるのはまさにこうした事情による。これらの記事を読むと、当時の両国が置かれた状況がより明瞭に見えてくる。

　いまだヴェールに包まれた国民である日本人を理解するためにしばしば用いられる方策は、日本人を西洋の他の国民になぞらえることである。とりわけドイツ人との比較は頻繁に行われた。両国民とも規律を重んじる性格で、また強力な軍隊を持っている。国土はいずれも人口が稠密しており、そのため対外進出を画策している。こうした比較は確かに分かりやすい。しかしドイツの脅威が日に日に高まるフランスにおいては、それはまた日本のイメージ悪化につながるおそれもある。こうした問題を前にして、マルセル・ドニという人物がある興味深い記事を『フランス・ジャポン』第三三号に寄稿している。彼はドイツ人と日本人を比較する考え方にまず強く異論を唱えている。ドニによれば、日本人は活発で、陽気で、あけすけな性格をしており、フランスの文学や音楽をこよなく好んでいる。またその国土には、まるでフランスやイタリアのように、花や果物があふれている。このような国民をドイツ人と比較するのは馬鹿げており、したがって「もし日本人を西洋諸国になぞらえたいのであれば、日本人はアジアのラテン人であると言うべきなのだ」とされるのである。いかにも我田引水の感があるが、これこそまさに当時『フランス・ジャポン』が置かれていた特殊な状況でしか現れてくることのない主張であると言えるだろう。

それよりははるかに冷静な論考も見受けられる。第三〇号に掲載されたレオン・ヴィクトロヴィッチ・ド・オワイエによる「日本人の精神性の矛盾」と題された記事がそれである。筆者はここでまず日本人を同じ島国である英国人と比較する。しかし両国民の性格はあまりにかけ離れており、このような方法ではこのアジアの民族は理解できないと直ちにそれは退けられる。彼によれば、日本人の魂は「解読できない神秘」であり、日本人が浮かべる微笑みや物静かな態度は、底を見通すことのできない深淵のようだと言う。

ド・オワイエの論考で着目されるのは、日本人に二律背反する性格を見る点である。美しい風土を持ち、人々も穏やかなこの国で、なぜ自殺率が他国の二倍を超えるのか。日本人はそもそも平和好きな国民なのか、それとも戦闘的な民族なのか。論者は、日本を知る多くの西洋人が抱くこうした疑問から出発し、一面的な解釈では日本人を理解することができないと主張する。「日本はいかなる論理的な考察にも適さない。本質的にパラドックスの国なのである。」日本人の性格に潜むこうした逆説の起源を、ド・オワイエはたとえば信仰の問題に見ている。古来からの神道と、大陸から入ってきた仏教とが日本人の中で奇妙な形で共存しており、それが折々に異なった形で姿を現すことがこの複雑な国民性の原因だというのである。ド・オワイエはまた理論的な分析だけにとどまらず、たとえば愛する子供を亡くした親が、自分の不幸を人に告げる際に微笑みを浮かべるのはなぜか、などという具体的な例の考察にも向かっている。西洋人の目から見れば、明かな偽善の印に思えるこの微笑みは、実は相手に対し悪い知らせをもたらしてしまったことへの詫びであり、またそこで生じる不快な雰囲気を和らげるためのものであるのだと論者は推察している。ド・オワイエの論考は、死をめぐる考え方にまつわる問題や、神道における荒魂と和魂との関係などへと踏み込んでいき、現在日本の読者から見ても非常に読み応えがあるものになっている。

3　『フランス・ジャポン』における日本文化の紹介

日本文化の紹介は『フランス・ジャポン』にとって重要な使命のひとつであった。創刊号の巻頭に掲げられた「読者へ」という文章において、刊行の目的は次のような文句で表明されている。「片やヨーロッパ、片やアジアにおいてきわめて重要な位置を占める両国民がお互いをよりよく理解するために、二国間の文化的絆を結ぶこと」。実際、日本文化に関連する記事の充実度はめざましいものがある。ほぼ毎号、日本人の生活や風習にまつわるテーマがひとつ取り上げられ、写真や挿絵とともに詳細な解説が施されている。そこで扱われる題材はたとえば、和食、日本庭園、能、そろばん、武士道、華道、日本人形、浮世絵、盆栽、柔道、琵琶法師、花札、こけし、都々逸、ときわめて多岐にわたっている。中には女性の髷に関する紹介まである。編集部の熱意が伝わってこようというものである。

とりわけ力を入れられたのが、日本文学の紹介である。古典はもちろん、同時代の小説、詩についても詳細な内容紹介が行われている。日本の現代詩については定期的に特集が組まれ、北原白秋、萩原朔太郎、三木露風、室生犀星、西條八十といった詩人がその作品とともに紹介されている。原文は多く自由詩であるが、フランス語に翻訳される際には、フランス詩法に則って、見事な脚韻が踏まれていることも指摘しておかねばならない。小説については、作者や作品の紹介に加えて、いくつかの短編が実際にフランス語に翻訳されて、連載小説として掲載されている。『フランス・ジャポン』誌上で取り上げられた小説家は、菊池寛、川端康成、樋口一葉、芥川龍之介、火野葦平、永井荷風といったまさに当代を代表する文学者たちである。また俳諧はとりわけフランス人に好まれたようである。日本の俳

SPORTS

La préparation des Jeux Olympiques de Tokio 1940

Une subvention globale de 12.130.000 yens a été votée par le Conseil Municipal de Tokio pour les Jeux Olympiques de 1940. Le chapitre des subventions a été adopté à l'unanimité par les Comités financiers et des travaux publics de l'Assemblée. Ce sujet a été discuté au cours d'une cession de sept heures.

Sur ce montant, 664.000 yens seront affectés aux dépenses administratives et 11.466.000 yens aux frais de projets divers, tels que le stade principal à Komazawa : 5 millions 670.000 yens ; la piscine : 1.357.735 yens ; le Village Olympique : 1.222.075 yens. Aménagement des terrains pour le Marathon : 854.036 yens ; gymnase : 1.887.152 yens ; piste de bicyclettes : 475.000 yens.

Les frais d'installation seront couverts par les subventions du Gouvernement, des donations publiques et les entrées que l'on estime devoir s'élever à 6.130.000 yens. Entre temps, une émission d'obligations municipales de 6 millions de yens sera lancée.

La construction de diverses installations est prévue pour l'automne. Un arrêté joint à la loi oblige les autorités municipales à fournir toutes les facilités municipales de trafic d'électricité pendant la période de construction.

Les plans pour la piste cycliste sont achevés et ceux des autres projets sont inscrits pour exécution en août. En attendant, les autorités de la ville ont l'intention d'accélérer l'acquisition des terrains du stade et de célébrer bientôt la pose de la première pierre, ainsi que les rites de purification usuels au Japon.

Dès qu'elle aura reçu l'autorisation gouvernementale pour l'émission de ses obligations, la municipalité commencera en octobre la construction du gymnase qui sera terminé en juillet 1940. La construction du stade principal commencera en même temps.

Près de cent ingénieurs des ponts et chaussées seront engagés, et cent autres seront demandés pour l'électricité, le chauffage, les installations sanitaires, les jardins et l'urbanisme. On estime que plus d'un million d'heures de travail seront nécessaires pour tout le programme.

Environ 12.400 tonnes de fer et d'acier pour les constructions et 17.000 tonnes de ciment seront nécessaires. Environ 33 hectares devront être travaillés et transformés, y compris les excavations et les remblais.

Un budget séparé pour de nouvelles voies et l'élargissement des rues conduisant au stade principal a été voté. Les allocations pour ce travail s'élèvent à 10.800.000 yens et sont distinctes des fonds destinés aux Jeux Olympiques.

Le Comité Olympique d'Organisation a décidé de faire porter, par relai, le feu sacré d'Olympie à Tokio, pour l'ouverture des Jeux Olympiques de 1940. Le parcours sera établi ultérieurement.

« Une Générale » des Jeux Olympiques

Des négociations officielles ont été entamées avec l'Allemagne et l'Italie, par l'intermédiaire du Ministère des Affaires Étrangères du Japon, à la suite des arrangements faits par le Comité Olympique d'Organisation pour qu'une rencontre d'athlétisme entre représentants des trois pays ait lieu à Tokio, Osaka et Nagoya, pendant un mois, à partir du 3 novembre. Cent athlètes allemands et italiens seront invités ; leurs frais de voyage et de séjour au Japon seront supportés par le Japon. Le projet d'une telle rencontre d'athlétisme a reçu l'appui de l'opinion publique qui espère qu'elle aura lieu. Cette « répétition » des Jeux Olympiques de 1940 a été proposée par les quatorze organisations d'athlétisme affiliées à l'Association d'Athlétisme Amateur du Japon et sera patronnée par cette Association, par les Ministères de la Santé Publique, de l'Éducation, des Affaires Étrangères, de la Guerre et de la Marine et par la Municipalité de Tokio. Le Président du Comité d'organisation est le Baron Ryutaro Fukao. Le programme de la rencontre projetée comprend quatorze compétitions : football, hockey, boxe, gymnastique, basketball, lutte, cyclisme, tir, escrime, handball, poids, canoë et yachting. L'Allemagne participe à dix épreuves et l'Italie à neuf d'entre elles. Il a été décidé que le navire *Fushimi-maru*, suivi du *Miyazaki-maru* quitteraient Naples les 12 et 25 septembre respectivement, pour transporter les athlètes italiens et allemands au Japon et arriveraient à Yokohama les 19 et 28 octobre. Le Comité d'organisation espère que les chefs des bureaux d'éducation physique d'Allemagne et d'Italie accompagneront les athlètes qu'ils auront choisis, et qu'un journaliste allemand et un journaliste italien se joindront aux délégations.

1940年に開催予定であった東京オリンピックに関する記事(『フランス・ジャポン』第31号)。

人による有名な句がフランス語に翻訳されて紹介されるだけにとどまらず、フランス人自身が作った俳句がしばしば誌上に掲載されているのは興味深い。なお一九三七年四月二八日には、在パリ日本大使館員の臨席のもと、「俳諧に敬意を表する晩餐会」(Un dîner en l'honneur du Haïkaï)なる集いが開催されたとのニュースが、写真入りで伝えられている。

また現在ではほとんど忘れ去られているが、一九四〇年に東京で開催予定であったオリンピック大会についての情報もしばしば誌面で取り上げられている。アジアで初の開催となるはずであったこの大会は、一九三六年に招致に成功し、日本の威信をかけて着々と準備が進められた。『フランス・ジャポン』第三一号によれば、東京市はこのために千二百万円の予算を計上し、駒沢にメイン・スタジアム、選手村、水泳プールなどを建築する案が進んでいるという。だが時局の悪化により、日本は残念ながら東京大会の開催を断念し、一九三八年七月、開催権返上を正式に国際オリンピック委員会に伝えることになる。こうして一九四〇年東京大会は幻のオリンピックに終わるのだが、このときにまとめられた世田谷・駒沢を中心にオリンピック村を作る案が、戦後の一九六四年の東京オリンピック開催時に生かされることになることは今ではあまり知られていない。

4　アンドレ・ジッドと小松清

戦争による時局が悪化し、『フランス・ジャポン』も遠からぬ休刊が視野に入ってきた頃、ある興味深い記事が掲載されることになる。フランス文学者小松清による作家アンドレ・ジッドの単独インタビューである。小松はこの時代を代表する日本へのフランス文学の紹介者であり、ジッドやアンドレ・マルローを中心に数多くの翻訳を上梓していた。一九三七年に報知新聞の特派員としてフランスに渡り、その後『フランス・ジャポン』の編集執筆にも加わることになる。

「アンドレ・ジッドとの初めての出会い」と題されたこの記事では、一九三七年一〇月に小松が初めて作家の家を訪れた際の模様が克明に描かれている。もともとは日本の『中央公論』に掲載されたものだが、小松自身と津田逸夫によってフランス語に翻訳されて『フランス・ジャポン』の誌面を飾ることになる。ジッドは当時の日本の知識人に多大な影響を与える存在であった。『狭き門』や『贋金づくり』といった小説は日本人の読者に広く読まれており、またその翻訳全集もこの時点ですでに二種類刊行されている。とりわけこの時期のジッドは政治に積極的な関わりを持っていた。小松が出会った前年の一九三六年にはソ連を訪問して共産主義に傾倒するものの、翌年には再転向してスターリン批判を行い、国内外の左派から激しい攻撃にさらされることになる。彼のこうした動きは、日本でもまた大きな関心を持って受けとめられていた。当代きってのフランス知識人と、日本におけるその紹介者との会談は、日仏両国の読者にとって、さまざまな意味で興味深いものとなっている。

しかしこの記事は単なるインタビューという枠組みには収まりきれないものがある。小松はこれを執筆するのに自分の日記を元にしたと言っているが、そこに見いだされるのは一種の私小説のような装いをまとった文章である。冒頭、数日前に日本からパリに到着したばかりの小松が、ジッドに直接電話をかけて、面会の約束を取り付けるところから記事は始まる。タクシーに乗り込んだ筆者は、ヴァノー街にあるジッド邸を目指しながら車窓の風景に目をこらす。脳裏に甦ってくるのは、一五年ほど前の最初の渡仏の際の思い出である。こうした前置きによって読者の期待を高めながら、小松はジッドとの最初の出会いを効果的に演出する。以下がその出会いのシーンである。

> 私はおそらく二、三分ほど待つ。扉が開く。彼だ。アンドレ・ジッドだ！
> 「ボンジュール、ムッシュウ・コマツ」
> 気取ることなく彼が私に差し出す手は毛深く、また力強い。私が強く握りしめるその手は、しなやかで温かい。誠実で友情のこもった態度。真心の中に何とも言えない重々しさと計り知れなさがこめられた顔。頭には毛髪はない。大変元気そうで、血色もよい。

小松の筆が描き出すジッドは、このように生き生きとしたひとりの人間として現れる。世に膾炙している「厳格な知の巨人」といった恐ろしげなイメージはそこにはない。

　小松の丹念な描写のおかげで、この記事を読む者もまた、まるでジッドとの会見に立ち会っているかのような親密な空間の中に自らを見いだすことになる。たとえば次の一節などはその好例である。

> 　ジッドはテーブルの上にある英国煙草のパッケージを私に差し出す。彼もまた煙草を一本手にすると、テーブルの上に散らばっている雑誌類のページをぼんやりとめくる。
> 「ああ、ここに『フランス・ジャポン』というのがありますね。手元に届いたばかりのものです。」

彼はそれを私に見せてくれる。
「この雑誌を知っていますか？　『フランス・ジャポン』はパリ仏日同志会が刊行している豪華定期刊行物ですよ。」
私は頭を下げて「知っている」と答えた。実は最近パリに到着したばかりで、雑誌の内容についてはよく知らず、すぐにはコメントを述べることはできないのだ。するとすぐに彼は、まるで偶然かのように話題を変えてくれる（訳は執筆者による）。

そして話題はこの後、ジッドの日本訪問の可能性へと移る。小松は熱心にジッドに日本を訪れて欲しいと懇願する。日本は今や西洋国家と同じような文明を有しているが、将来たどっていく道筋は異なるであろう。ぜひ日本に来てその現状をつぶさに見、また西洋の最も美しい光を日本人にもたらして欲しい。小松はこのように説得を試み、ジッドがいかに日本人にとって大きな存在であるかを強調する。

一〇ページにわたるこのインタビュー記事では、さまざまな同時代の話題が取り上げられている。日中戦争、ソ連と共産主義、スペイン内乱、ジッドとマルローの微妙な関係等々。時折「検閲による削除」（censuré）という文字が現れ、ばっさりと内容が消されている。それもまたこの文章が二人の間の親密な会話をいかに忠実に採録したかということの証となろう。最後に記事は、小松が日本から持参した土産――ジッド夫人には友禅織りの風呂敷、ジッド本人には備前焼の茶器一式と日本茶――を渡す場面で終わる。「日本人の生活と伝統芸術の間にある調和の取れた和合は、このようにシンプルで簡素な美の中にこそ本当に求めることができるのですね」という言葉でジッドは感謝の気持ちを表している。『フランス・ジャポン』休刊三ヵ月前に現れた日仏文化交流の鮮やかな一例である。

5　結語

再び『フランス・ジャポン』最終号の坂本直道のインタビュー記事に戻ろう。インタビュアーのパスカル・ローは、坂本と『フランス・ジャポン』が果たした功績について、次のような言葉でオマージュを送っている。「両国の接近にこれほど多くのことを成し遂げたこの雑誌は、まさに彼の尽力のたまものである。もし『フランス・ジャポン』が常に必要に応じて、公平な人間の眼前にその真の素顔を明らかにする文章を差し出さなかったならば、日本は今日、フランスにこれほど多くの友人を持つことはなかったであろう」。七年間、のべ四九号にわたって繰り広げられてきた努力は、確かにある種の実りをもたらしたと言えよう。

少なくとも編集者たちにとっては、『フランス・ジャポン』の理念は一貫していた。フランスに日本の真の姿を示すこと、これこそが創刊以来、彼らがさまざまな工夫を凝らしながら追い求めてきたことである。そこに「ジャポニザン」と呼ばれるフランス人の日本研究者たちが加わることで、内容の客観性が増し、また取り上げるトピックにも多様性が生まれた。『フランス・ジャポン』が、現在の我々の目から見てもきわめて質の高い記事によって構成されているのはそのためである。

しかしこうした試みは、圧倒的な時代の流れの中に押しつぶされていく。『フランス・ジャポン』が休刊に追い込まれてから五ヵ月後、日本軍はフランス領インドシナ（北部仏印）に進駐する。親独ヴィシー政権との取り決めの中で行われた進駐ではあるが、これにより南進の意図を明確にした日本はますます国際社会から孤立していく。そして第二次世界大戦が勃発、シャルル・ド・ゴール率いる自由フランス政府は日本に宣戦布告を行い、両国は戦争状態に入る。

前述のインタビューの最後で坂本は言っている。「私は第二の故郷として愛したこの美しい国フランスを去ります。日仏間の友情が必要であるという私の深い感情は、私が去っても生き残り続けるということを覚えておいてください。私は、これまで作り上げようとあれほど努力してきたこの精神的絆を維持するために、これから日本、あるいは満洲国で努力を続けるつもりです」。『フランス・ジャポン』が消滅しても、日仏友好に対する坂本の願いは生き続ける。

『フランス・ジャポン』と満洲事情

杉田千里

1　満洲の歴史的背景

古くは遼東と呼ばれ、今日の中国東北部にあたる満洲は、この地に住居していたツングース系女真（女直）のいくつかの部族のなかで建州女真族に属する太祖ヌルハチによって統一、民族名を満洲族と改名した。西欧ではマンチュリア（Manchuria）と呼ばれるこの満洲という名は、「仏教の知恵をつかさどり東方を鎮護したといわれる文殊菩薩に由来する」（京大東洋史辞典編纂会『新編東洋史辞典』一九八〇年三月、東京創元社）という説が多くいわれている。民族統一後は、モンゴルを併合し中国全土を支配する清朝へと発展するが、近代に入りロシアの侵略を受け、愛琿条約（一八五八年）、北京条約（一八六〇年）の不平等条約で満洲の黒竜江以北及びウスリー川以東の外満洲（Outer Manchuria）はロシアに割譲される。その次には日本による軍事侵略を受け、傀儡国家満洲国が誕生、日本が無条件降伏をする一九四五年まで続いていくことになる。

2　一九〇五年以降の満洲

日露戦争

朝鮮半島の支配権をめぐって一九〇四年に始まった日露戦争は、アメリカ大統領ルーズベルトの斡旋で、日本が戦争賠償金をロシアに要求しないという条件のもと、一九〇五年九月五日に全一五条からなる日露講和条約（ポーツマス条約）調印により終結した。条約の主な内容は、①朝鮮における日本の優越権、②日露両軍の満洲からの撤兵、③東清（支）鉄道のうちで長春から旅順までの南満洲支線と附属地の炭鉱の日本への譲渡、④ロシアは清の承諾を得て旅順・大連を含む南部遼東半島（その後関東州と名称）租借地を日本へ譲渡、⑤樺太の北緯五〇度以南は永遠に日本へ譲渡、⑥沿海州沿岸の漁業権を日本人に認可するなどというものであった（外務省編『日本外交文書第三七巻、第一八巻別冊』一九六〇年八月、日本国際連合協会）。さらに日本政府は日露講和条約で得た満洲での利権を確実なものにするため、一九〇五年一二月二二日に日本国特派全権大使小村壽太郎、特命全権公使内田康哉と清国欽差全権大使慶親王、瞿《く》鴻《こう》禨《き》、袁世凱の間で満洲に関する日清条約全三条および附属協定全一二条に調印、これによって先の講和条約第五条（南部遼東半島租借地譲渡）及び第六条（南満洲支線譲渡）の租借利権を承認させただけではなく、日本軍の鉄道付属地内の常駐権、安東から奉天間の鉄道の使用権、長春から旅順間の鉄道に並行する鉄道建設の禁止、鴨緑江右岸の森林伐採権、満洲一六都市の開市と開港、日本人居留地の設置許可などが附属協定として加えられた（外務省編『日本外交文書第三八巻第一冊』一九五八年九月、日本国際連合協会）。

大韓帝国

朝鮮半島においては、日露戦争開戦時に日韓議定書（一九〇四年二月二三日）を締結するが、その内容は大韓帝国の独立を保障するが、日本が軍略上必要の地点を臨機収用することも含んでおり、実際軍用地と称して多くの地を強制的に取り上げたことから、国内の反発が徐々に高まっていった。その最中、第一次日韓協約（一九〇四年八月）、第二次日韓協定（日韓保護条約、一九〇五年一一月一七日）が続いて締結され、これによって日本は大韓帝国の外交管理指揮を行うため京城に統監を設置、一九〇五年一二月に大日本帝国憲法の制定に尽くし、初代総理大臣を務めた伊藤博文が初代統監に就任した。朝鮮民衆の対日抵抗運動と植民地化を強行しようとする日本政府の狭間で韓国併合への過程を前進させるが、結果を見る前に統監の職を辞任する。そして日露関係調整のためハルビン出張中の一九〇九年一〇月二六日、独立運動家の安重根に暗殺された。第一次、第二次協定に続いて第三次日韓協定（一九〇七年七月二四日）が結ばれるが、この協定では韓国陸軍は教育不完全であるとして韓国軍を解散、日本軍による民衆抗争弾圧を正規化した。そして大韓帝国は完全に日本の管轄下に入っていくことになる。しかしながら、度重なる日本軍の軍事的行為による植民地化は、朝鮮民衆の反日思想を強めていき、反日運動が武装化した義兵部隊として各地に広がり、日本軍と衝突を繰り返すが、韓国併合条約（一九一〇年八月二二日）が日本側の寺内正毅総監と大韓帝国側の李完用内閣総理大臣によって調印された。「韓国皇帝は韓国全てに関する一切の統治権を完全且つ永久に日本国天皇陛下に譲与する」（外務省編『日本外交文書第四三第一冊』一九六二年一月、日本国際連合協会）という内容のもので、これにより大韓帝国は消滅した。土地の所有権申告で申告が認められなかった土地の回収、農民の土地の買収、旧皇室領有地を国有化するなど、総督府の経済政策によって、多くの零細農民は土地を失うなど小農民は没落していくことになる。しかしながら、民衆の愛国啓蒙運動は消えることはなく、残存兵士や運動家達は満洲やシベリアに渡るなどし、長期抗戦の姿勢を保持していくことになる。

南満洲鉄道株式会社

講和条約締結後、桂太郎首相のもとに、アメリカの鉄道王エドワード・ヘンリー・ハリマンが講和条約で譲渡された東清（支）鉄道南部支線の共同経営案を提示、桂・ハリマン協定を結んだが、講和会議から帰国した外務大臣小村壽太郎は、自ら外交交渉によって得た権益を他国と共有することを認めず、小村の強い反対により協定は解消される。そして一九〇六年六月七日に、南満洲鉄道株式会社（満鉄）設立について規定した勅令（勅令第一四二号）が公布され、八月一日には南満洲鉄道会社設立委員会に対し、通信・大蔵・外務三大臣連名による命令書（秘鉄第一四号、外務省編『日本外交文書第三九第一冊』一九五九年一〇月、日本国際連合協会）が交付された。その命令書によると、満鉄は鉄道運輸業だけではなく、炭鉱採掘業、水運業、電気業、鉄道貨物の委託販売業、倉庫業、鉄道附属地の土地家屋経営の他に、鉄道附属地内の土木・教育・衛生に関する業務も行い、そのための必要費用を住民から徴収することができるとされた。同時に満鉄は、事業計画・収支予算決算を政府に報告しなければならない他、社債の発行・運賃の引き下げ・鉄道及び附属地事業の新設や変更について政府の許可を得る必要があり、政府が全権限を持つことが明確にされている。そして一一月には台湾での植民地行政の実績がかわれ、台湾総督府民政長官であった後藤新平が初代満鉄総裁に就任し、満鉄が誕生したのである。満鉄誕生の舞台裏では、先に述べたアメリカ資本との満鉄共同経営協定を拒否し、資金構成は政府による支出と政府保証による外資調達でまかなうという日本の単独経営とし、国際的圧力に対して表向きは会社組織として民間資本参加を認めるが、実際には日本政府命令下の国家機関という満鉄を設立することで、満鉄を基盤に日本の満洲植民地化の枠組みが作られたことになる。関東州に統括機関の関東都督府を設置し、満鉄の業務監督権と満鉄附属地の警備を取り仕切らせた。関東都督府の最高責任者は、陸海軍から任命されるという武官制を取り、この統括機関を通じて陸軍は満洲の植民地政策に影響を持つことになるだけではなく、この関東都督府が、その後関東軍の源流として満洲支配へと続いていくことになるのである。満鉄設立以前から、清国と清国領土であった満洲に領事館を置き外交政策を行ってきた外務省と満鉄管理を担う関東都督府を指揮する陸海軍との縄張り争いが始まることになり、日本政府の後の満洲経営を複雑化することになる。

張作霖爆殺事件

中国・ロシア政策に関して度重なる政府と軍の対立のため、原敬内閣は、一九二一年五月一六日から二二日にかけて東方会議を開催した。この会議の目的は、満洲、朝鮮、シベリア情勢の報告と方針をまとめるためで、管轄区の外務省・陸軍等関係機関首脳と政府閣僚が出席し、①シベリアからの撤兵に関する極東共和国との交渉条件、②東支鉄道財政援助に関する件、③山東からの撤兵と山東鉄道合併協定案、などの決定を行い、この会議に先立って「満蒙に対する政策」（一九二一年五月一三日）および「張作霖に対する態度に関する件」（一九二一年五月一七日）についても閣議決定していた（守島事務官参考資料『大正末期に於ける支那に関する諸問題』一九二一年五月）。先に決定されたこれら二点では、満蒙は日本にとって防衛・経済上きわめて重要、不可欠であり、その満蒙の権益を保持するため、張作霖の支援を引き続き行うが、張の中央政権への野心に対しては支援しないという方針が明確にされている。中国の軍閥政治家の張作霖は、日露戦争中日本軍について活躍し、辛亥革命（一九一一年から一九一二年）で奉天を権力下に入れたあと、黒竜江、吉林両省も収め、東三省全域に君臨する奉天派の総帥となった。その後北京に進出して華北や華東などを勢力下に収めるが、一九二八年、蒋介石率いる国民軍に破れ、東北へ撤退することになる。それまでロシアや国民党軍から共産党主義が広く浸透しないよう張勢力を支持していた欧米は、次第に蒋介石率いる国民革命軍につくようになる。日本政府は、満鉄総裁に張と鉄道権利確保のための交渉を進めさせ、張を外交交渉相手とみなしていたが、満洲国建国を目指していた関東軍は、張による満洲の権益阻害を警戒し、張を疎遠するようになる。そして、関東軍恒久参謀河本《こうもと》大作《だいさく》大佐の陰謀で、一九二八年六月四日早朝、張作霖が乗車する北京から奉天に近づく特別列車を爆破し、張を爆殺したのである。事の真相は中国側にも日本政府にも知るところとなり、当時の内閣は総辞職となる。父張作霖のあとを継いだ息子の張学良は、父親と一戦をまじえた蔣介石率いる国民政府に接近、東三省への政治への干渉をしないという了解を取り付け、一九二八年末に北洋政府の五色旗に替わり青天白日旗を掲げ、国民政府による中国統一を認めた（松本記録「南北妥協問題経過概要二　東三省政況」、『支那内乱関係一件・国民軍の北伐関係・張学良対南方妥協問題』、自昭和三年六月至九月初旬　昭和三年一二月一五日から昭和四年三月二日）。張学良は、日本の満洲政策に対抗するため、葫蘆島の築港や満鉄平行線の建設などを進め、東三省の近代化を推進していくことになる。

しかしながら、対ソ政策による軍事支出に加え、銀暴落による銀本位制の中国での経済悪化の影響などの世界恐慌の波が東三省にも押し寄せ、経済不況が深刻化していく。世界経済と大豆輸出によって強く結びついていた満洲においても、日本やドイツなど輸出国の金融恐慌によって農産物価下落を引き起こし、たちまち大豆輸送を一手に扱っていた満鉄にも影響を与えることになる。張学良によって建設された中国側鉄道路線の影響も加わり、満鉄の経常収入は記録的下落を見る。

3　一九三一年以降の満洲

移民政策

日露戦争後、満鉄設立にあわせて満洲移民政策が唱えられたが、実際はあまり成果が見られず、満洲事変前の在満日本人数は、関東州、満鉄附属地、商埠地に約二三万人であった。そのうちの大半は満鉄職員とその家族であり、他には関東庁役人や民間会社職員であったが、農民移民はごく僅かしかいなかった。一方朝鮮人入植者は、同じ頃六〇万人以上いたと言われ、水田耕作に従事していた。しかし、その後の昭和恐慌による日本国内の貧農救出やアメリカ大陸での日本人移民制限などの対策の必要性から、国策として満洲への移民対策を推進強化するため、関東軍は、新京で移民関係機関の代表者による第一回移民会議（一九三四年一一月）を開催する。そこでの移民方針案によって満洲移住協会や満洲拓殖会社が相次ぎ設立され、満洲移民が本格的に行われるようになる。また、満鉄経済調査会に移民地の調査をさせ、「日本人移民対策案（一九三二年）」を作成させ、満鉄子会社の東亜勧業株式会社に土地買収を行わせ、中国人耕地を強制的に買収させるなど移民政策を進める。その後、第二回移民会議（一九三六年）を開催、農民移民を二〇年間で約一〇〇万戸を目指しこの目標達成によって満洲人口の約一割を日本人で占めることをめざした。そのような中で、満洲移民の父と呼ばれる東宮鉄男陸軍大尉、石原莞爾関東軍参謀、農民指導者の加藤完治によって農民移民から武装移民団方針に変え、農作業に従事するだけではなく、出発前に軍事訓練を受けた武装移民団を送出することで、開拓と治安維持対策に役立てようという計画に変更していくこととなる。一九三七年以降からは、一五歳以上の少年を訓練して満洲に送る満蒙開拓少年義勇軍を発足、対ソ準備として、入植先はソ連国境近くの北満地方や窮乏地であり、関東軍が地元農民から強制的に安価で買収した土地も多く含まれていたため、地元住民との衝突や抗日抵抗が多発することになる。その例が、一九三一年七月に起きた吉林省長春近郊での朝鮮人農民と中国人農民の間の武力衝突である。事の起こりには、日本の朝鮮半島の植民地化により土地を失った朝鮮人農民が大量に万宝山付近に移住し、中国人地主から土地を賃借し水田開発を行おうとしたところ、中国人農民が反発し水利施設を破壊したことによる。このため日本は領事警察官を出動させ、中国人農民と衝突した。また同じ頃、興安嶺地方の立ち入り禁止区域を調査していた陸軍参謀が殺害される中村大尉事件が発生、朝鮮半島でも中国人排斥運動が起こるなど、日中関係は悪化をたどることになり、日本人移民は反満抗日ゲリラの標的となり、繰り返し攻撃を受けることになる。太平洋戦争に入ってからは、移民希望者の確保や送出手段が困難となり、満洲移民数は、当初の計画よりはるかに少ない三二万人ほどにしか至らなかった。そして一九四五年八月のソ連軍の参戦により満洲に侵入、軍事用地の移民団や関東軍に置き去りにされた開拓民の多くが犠牲となったのである。

満洲事変

対ソ防衛と対中政策のためには、満蒙地方を領有する必要があり、そのためには武力解決しかないと唱える石原莞爾関東軍参謀と板垣征四郎関東軍高級参謀は、占領地統治案を作成、満蒙問題武力解決問題の準備を始める。一方陸軍においても、「満蒙問題解決方策大綱（一九三一年六月）」が策定されたが、両者の意見は大きく分かれたものになっていた。関東軍は、武力解決を直ちに実行すべきであると主張しているのに対して、陸軍は武力解決には内外の理解を得る事が先決で実行に時間を要するとしている。しかし、関東軍は、一九三一年九月一八日に奉天郊外の柳条湖の満鉄線路を爆破する軍事行動にでる。その上、関東軍は、満鉄路線爆破行為を張学良らの仕業と見なし、中国軍の拠点である北大営と奉天城を攻撃したあと、朝鮮軍をも独断越境させ、長春、吉林、錦州などを占領し、南満洲全体を占領する。奉天総領事林久治郎より外務大臣幣原喜重郎に宛てた何通もの電報には、日本軍の行動に対し中国側からの無抵抗主義を維持する旨の連絡があったことを報じており（外務省編『日本外交文書満洲事変第一巻第一冊』一九七七年三月、外務省）、政府や陸軍中央部との意見の一致を得ずに起こした行動であり、陸軍、政府ともこの関東軍の軍事行為を追認するだけで、押さえることはできなかった。中国では、この関東軍の武力行為に抗日世論が一気に沸き、各地で抗日運動が起こるが、日本との衝突を回避するため、中国政府宋子文行政院副院長は、在上海公使重光葵に日中共同委員会組織の設置を提案したとの電報を幣原外務大臣に送り（九月二一日）、幣原外務大臣も委員会組織案を承諾すると回訓した（外務省編『日本外交文書満洲事変第一巻第二冊』一九七七年一一月、外務省）。しかしながら、中国政府はこの事件を国際連盟に提訴した。これに対して、アメリカは日本に対する警告を発出するが、連盟理事会では日本軍撤退案は採択されずに終わった。一方関東軍は戦線を拡大し、錦州爆撃（一九三一年一〇月）、北満進出を図りチチハル、ハルビンも占領（一九三二年二月）する。この行為によって、国際連盟は日本への調査委員派遣を決議するのである。

　さらに関東軍は、一九三二年一月二八日、上海へも戦闘を広げ、日中関係は発火点に達する。この原因もやはり公使館付陸軍少佐の工作による日蓮僧侶殺傷事件が発端となったというが、これは満洲建国工作から他国の目を逸らす目的で仕掛けられた謀略であった。この事件は、国際都市での戦闘であったことから、在留日本人以外に諸外国の権益をも脅かすこととなり列国を刺激することになる。国際連盟は、三月の臨時総会で日中両国の戦闘中止と日本軍の撤退交渉の開始を決議、また中国の要請によって国際連盟は、一九人委員会を開催する。その間、イギリスを中心に英米仏伊の公使が出席のもと上海停戦協定（五月五日）が締結した。しかしながら、中国政府は、自国内にもかかわらず、軍の行動を制限する協定を不服とし、その後の対日関係の懸案となる。この上海事変を境に、アメリカとの関係は悪化していくことになるが、この事件を伝えるフランスの新聞では、「欧米人とその住居等は全く被害を免れる

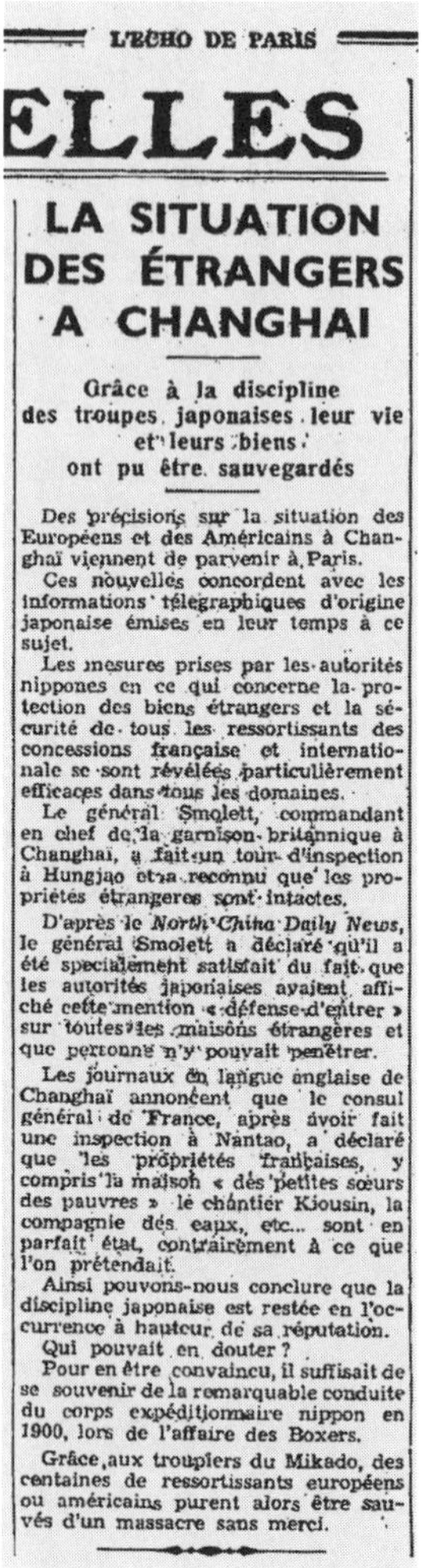

L'ECHO DE PARIS

ELLES

LA SITUATION DES ÉTRANGERS A CHANGHAI

Grâce à la discipline des troupes japonaises leur vie et leurs biens ont pu être sauvegardés

Des précisions sur la situation des Européens et des Américains à Changhaï viennent de parvenir à Paris.

Ces nouvelles concordent avec les informations télégraphiques d'origine japonaise émises en leur temps à ce sujet.

Les mesures prises par les autorités nippones en ce qui concerne la protection des biens étrangers et la sécurité de tous les ressortissants des concessions française et internationale se sont révélées particulièrement efficaces dans tous les domaines.

Le général Smolett, commandant en chef de la garnison britannique à Changhaï, a fait un tour d'inspection à Hungjao et a reconnu que les propriétés étrangeres sont intactes.

D'après le *North China Daily News*, le général Smolett a déclaré qu'il a été spécialement satisfait du fait que les autorités japonaises avaient affiché cette mention « défense d'entrer » sur toutes les maisons étrangères et que personne n'y pouvait penétrer.

Les journaux en langue anglaise de Changhaï annoncent que le consul général de France, après avoir fait une inspection à Nantao, a déclaré que les propriétés françaises, y compris la maison « des petites sœurs des pauvres » le chantier Kiousin, la compagnie des eaux, etc... sont en parfait état, contrairement à ce que l'on prétendait.

Ainsi pouvons-nous conclure que la discipline japonaise est restée en l'occurrence à hauteur de sa réputation.

Qui pouvait en douter ?

Pour en être convaincu, il suffisait de se souvenir de la remarquable conduite du corps expéditionnaire nippon en 1900, lors de l'affaire des Boxers.

Grâce aux troupiers du Mikado, des centaines de ressortissants européens ou américains purent alors être sauvés d'un massacre sans merci.

L'Echo de Paris に掲載された上海事変についての記事

ことができたという在上海フランス領事の証言と、ミカドの軍によって欧米人は無差別虐殺から救われた」（「La situation des étrangers à Changhai」*L'Echo de Paris*, 7/12/1937）という記事が載せられたように、アメリカのような反日感情や対日感情が広がっていなかったことが想像できる。

満洲国建国

当初は軍事占領による満蒙領有計画であったが、関東軍幕僚会議で計画は実現困難という結論が出たため、新たな計画として傀儡国家樹立に方針を変更する。一九三二年一月に国民外交協会発行の国民外交協会書記長高木翔之助による『満蒙独立建国論』では、「所詮統制力なき支那から分離独立して適切妥当の新国家を建設し、政治経済的に社会に、将来又文化的に最も利害関係密接な国家民族、即ち日本及日本民族と提携してその指導と支援の下に新生活の第一歩を踏み出すべき運命におかれているのだ」として、中国からの断絶を進め満洲国建国と日本政府の関与を正当化しているが、まさに日本政府の考えを代弁しているようである。そして清朝最後の皇帝であった宣統帝・愛新覚羅溥儀を新国家元首にするため、監督軍内部では「満蒙共和国統治大網」を起案する。奉天派軍人であり、張作霖爆殺時に随行、自らも重傷を負った張景恵を委員長とした東北行政委員会によって、一九三二年三月一日に満洲国の建国が宣言された。いうまでもなく、東北委員会も関東軍によって組織されたもので、中国人によって建国宣言をさせることによって、対外工作を行ったのである。政体は民主共和制、国旗は新五色旗、年号は大同、首都は新京（旧長春）とされ、日本・朝鮮・中国・満洲・蒙古の「五族協和」による「王道楽土」をイデオロギーとした執政であったが、実際は各行政管理職位には関東軍によって任免された日本人官吏が就き監督や指導を行うという関東軍の指揮管理体制によって成り立っていた。この満洲国の領域は、現在の中国東北三省である遼寧、吉林、黒竜江にあたり、当時は奉天省、吉林省、黒龍江省、熱河省といわれ、面積は約一二〇万平方キロメートル、人口は約三四〇〇万人であった。

日本政府は、議会で正式に満洲を承認するとともに、満洲国と日満議定書を締結し、これによって満洲国の行政や国防など実質的権限は日本が持つことになった。そして満洲国承認とともに、建国後には、三井・三菱両財閥共同で二〇〇〇万円の借款供与をはじめとする民間資本の満洲国投資が頻繁となる。民間資本の満洲進出は、公共公益事業、鉄鋼業、産業以外にも満洲事変後軍備拡張によって重要性が急激に増してきた軍需産業にも及んだ。関東軍は、これまで複数の金融機関がそれぞれ銀行券を発行していたものを一九三二年に満洲中央銀行を設立し、銀本位制と不換中央銀行券の満洲元に統一させた。また、一九三三年には「満洲国経済建設綱要」を定め、鉄鋼、石炭、石油などの重工業の開発を政府監視下で行う独占的特権を持つ特殊会社を設立する。その代表的なものは、満洲石油、満洲採金、満洲炭鉱、満洲航空などで、これらの会社の中には外国資本が参入しているものもあり、ドイツやイタリアなどは積極的に航空産業への投資を行っていたことが『フランス・ジャポン』に記されている。そして、一九三六年六月には、「満洲国治外法権撤廃に関する日満条約」に調印、これまで満鉄が請け負ってきた満鉄附属地の土木・衛生に関する業務は満洲国が引き継ぎ、教育・神社・兵事に関しては日本政府に移譲、満鉄附属地行政に当たっていた職員は、満洲国に転出することとなった。これによって、満鉄設立時から続いていた満鉄附属地の行政委譲が完了した。経済開発においては、一九三七年から「満洲産業開発五カ年計画」を実施し、満洲国の経済基盤を固めるため鉱工業、農畜産業、交通通信での開発投資を行うことを計画するが、日中戦争が始まり資金繰りが難しくなったことから、新興財閥の日本産業株式会社（日産コンツェルン）社長の鮎川義介が参入し、資本金四億五〇〇〇万円を日産と満洲国が折半出資の満洲重工業株式会社を新京に移駐、昭和製鋼所などの満鉄系企業と、満鉄重工業部門に勤務する職員を満洲重工業株式会社の傘下に入れることとなった。

国際連盟脱退

さて、満洲問題に関して中国の提訴を受けていた国際連盟は、イギリス人のリットン卿を団長に満蒙調査団を日本に派遣することを決定する。実際に調査団が東京に到着したのは一九三二年二月二九日で、その調査についての報告書が公表されたのは一〇月二日であったが、すでに満洲国建国宣言も日本政府による満洲国承認も済み、日本政府は既成事実を作ったことで国際社会に宣戦布告した。リットン調査団報告書には、柳条湖事件の軍事行動の不正等性と満洲国建国過程の日本の関与について述べられている一方で、日支両国の利益の両立のもと東三省自治的地方政府の設置を提案したものとなっていたが、すでに満洲国を承認していた日本政府はこれを不服とし、この報告書に反対する意見書を用意、国際連盟臨時総会に代表団を送った。リットン報告書の採択と満洲国の不承認に関する十九人委員会の報告書が、一九三三年二月の総会で四二対一、棄権一という結果で採択されたことに対し、三月二七日、日本は国際連盟に脱退通告を提出する。日本代表として派遣された松岡洋右に代表随員として同行した土橋勇逸陸軍中佐の『国際連盟脱退管見』（一九五七年一月）によると、日本代表団は、総会参加時には日本の連盟脱退ということは念頭になく、また日本政府が連盟の立場を認識せず満洲事変を認めさせようということ事態、不覚であると著者は言い切っている。そして唯一棄権したシャム国（現タイ王国）については、政府の訓令が間に合わずに代表団が独断で棄権したということで、シャム国の棄権を褒め称える日本の新聞報道に皮肉が述べられ、また連盟事務局においてもほぼ全員が日本の連盟脱退はないと考えていたなど、興味深いことが述べられている。

一九四二年から実施される予定になっていた第二次五ヵ年計画も、太平洋戦争開戦によって発足不能となる。そして日本への食糧と鉱工業原料生産の拡大を迫られることになる。同時に治安維持を行っていた関東軍も南方戦線に転用され、一九四五年八月九日にソ連軍が満洲国に進入して来たときには即座に占領される。そして、日本の敗戦とともに皇帝溥儀も中国政府に拘束され、満洲国は崩壊したのである。

4　国際関係の中の満洲

四ヵ国借款団

清朝は鉄道の国有化政策を打ち出し、その資金調達のためすでに中国進出していた英・仏・独に借款を依頼するが、そこにアメリカが加わり四ヵ国と湖広鉄道借款契約（一九一一年五月）を結ぶが、四川省を中心に鉄道国営化に反対する運動が広がり、続いて辛亥革命が起きたため借款は実現されなかった。また清朝政府は、この四ヵ国借款団と外貨導入による幣制改革と満洲開発のための借款契約（一九一一年四月）にも調印、この借款の前資金を受け取ったが、やはり辛亥革命のため、起債までには至らなかった。その後、第一次世界大戦によって借款団は中国市場から手を引かざるを得ない状況になったが、日本は独自に中国政府と借款契約を結び独占投資を始める。日本の中国市場独占を牽制するため、新四ヵ国借款団の結成が提案されるのだが、日本は、中国に現有する借款優先権は新借款団に譲渡することは認めるが、満蒙既得権益については除外することを要求する。その了承を得たことから、一九二〇年一〇月に新四ヵ国借款団契約に調印したものの、機能しないまま自然消滅することとなった。

東支鉄道

日露戦争後のロシアは、財政・経済状態悪化から、極東における和解を望み、日本と一九〇七年七月に日露協約を調印する。これによって朝鮮半島における日本の支配権と外蒙古におけるロシアの利権をそれぞれ承認し合い、同時に秘密協定の下で、満洲の北はロシア、南は日本の植民地という南北満洲の勢力範囲の設定の確認をするに至る。ロシア革命勃発後（一九一七年）、東支鉄道は、一時的に連合国（日・英・米・仏・伊・中・露・チェコスロバキア）

共同委員会による共同監理となったものの、連合国のシベリアからの撤退によって、この委員会も消滅となり、ソ連が鉄道権限を回収する。北京政府がソ連と国交回復のための「中ソ協定（一九二四年五月）」に調印すると、奉天の張作霖は、それを不満として「奉ソ協定（一九二四年一〇月）」を結び、ソ連は行政権などの特権を放棄し、東支鉄道の中ソ共同管理が取り決められたが、その後も鉄道をめぐって対立が続くことになる。そして、蔣介石の国民政府や張学良率いる東北軍と紛争に入るのだが、中国側はソ連軍に敗北したため、鉄道問題も中ソ共同管理のままとなる。満洲事変後、満鉄は、張学良の行った抗日政策と同じように、東支鉄道の包囲線を建設することで、同鉄道の経営を圧迫し、自発的に売却させる策をとった。そして、満洲国成立後、日本は仲介の立場を取り、満洲国とソ連の間で東支鉄道の売却交渉を行わせ、一九三五年三月二三日に「北満鉄路譲渡協定」の調印に至る。これにより、旧東支鉄道は、満洲国有鉄道となり、満鉄が経営を受託していくことになる。

対華二一ヵ条要求

すでに清朝のときから欧米の権益争奪が始まっていたが、辛亥革命によって共和制国家中華民国が樹立し袁世凱が大統領に就任すると、債務整理や軍事費調達などのために四ヵ国借款団に外貨借款を依頼し、その代償に権益認許を行ったことで、日本の中華民国における権益を揺るがすことになった。そこで、日本は第一世界大戦でドイツに宣戦布告し、ドイツの租借地であった山東半島南海岸膠州湾を占領する。その領土権益を確かなものにするため、日本政府は一九一五年一月に「対華二一ヵ条要求」を提示したのである。その要求の中で満蒙関係についての第一号、ドイツ租借地であった山東州の租借権、膠州湾より済南に至る鉄道の敷地権、第二号、関東州と満鉄・安奉両鉄道の租借期限を九九年に延長、南満洲・東部内蒙古の自由な住居往来と商業業務や建物の建設、耕作のための土地貸借または所有権などを日本に与えるなどのほか合計二一ヵ条にわたる要求であった。中華民国側の反対によって一部修正を行ったあと、五月二五日に調印された。そのため、中華民国での反日感情は一気に高まり、日本製品の不買運動や反日デモが各地で起こることになる。一九一九年に開かれたパリ講和会議で、中華民国は不平等条約を敗退する抗議・非難を行うが、結局講和会議の首脳陣は山東州のドイツ権益を日本に譲渡することを了承、そのことがヴェルサイユ条約に明記されたため、中国は条約調印を拒否し、講和会議から脱退する。しかしながら、日本が行った対華二一ヵ条要求は、列国の対日不信をあおり、特にアメリカは、中華民国の門戸開放を要求し、この要求の不承認を日本政府へ通告したが、それは中国領土を日本の植民地化することに対してであり、南満洲及び内蒙古の植民地化には否定的な態度を取らなかった。このあとも日中韓の衝突は続き、満洲事変終結となる「塘沽停戦協定」（一九三三年五月）を結ぶことで、中華民国と日本の植民地である満洲国国境が明確化し、地理的にも経済的にも戦略的地域と見なされていた熱河省は満洲国領土として黙認されることになる。しかしながら、この停戦後も日中軍の衝突や抗日勢力拡大の恐れから、日本軍は反満抗日ゲリラ活動が活発な満洲国境沿いで、資源の豊かな中国華北五省（河北、山東、山西、察哈爾、綏遠）を中国国民政府から切り離し、日本支配による傀儡政権を立てようと企てる華北分離工作を図る。そのため日本軍は「梅津・何応欽協定」と「土肥原・秦徳純協定」を中国側に強制し、河北省と察哈爾（チャハル）省から撤退させたが、国内安定を優先政策としていた蒋介石が、抗日運動支援の張学良に監禁された一九三六年の西安事件後、中国共産党の呼びかけによる抗日民族統一戦線の結成へと至り、華北分離工作を失態させる。そして盧溝橋事件によって日中戦争へと発展、続いて第二次世界大戦へと向かっていくことになる。

満洲国承認

国際連盟で否認されたものの、実際に満洲国を承認した国は、一九四一年外交資料『大東亜戦争関係一件開戦関係重要事項集』によると日本を含め一七ヵ国とあり、サルバドル、伊太利（イタリア）、西班牙（スペイン）、独乙（ドイツ）、波蘭（ポーランド）、スロバキア、ルーマニア、中華民国、ブルガリア、芬蘭（フィンランド）、クロアチア、泰国（タイ）、丁抹（デンマーク）、ソビエト連邦、ローマ教皇庁であった。同時に、フランス、アメリカ、イギリスは、満洲国の承認はしていないものの、領事館を設置していたことがわかる。実際、満洲国承認を行ったのは、大半が枢軸国であり、内政・経済状況や枢軸国相互間の歩調合せの要素も加わって、満洲国の承認を行った痕跡が見てとれる。イタリアの場合は、日独防共協定（一九三六年）締結の影響から、日本に対して同様の協定を求めた代わりに満洲国を承認する（一九三七年一一月）に至ったが、同時期にドイツとも交渉を進めていたのだが、ドイツは中国との関係悪化の懸念から、承認に消極的であった。しかし、満洲国にとって、建国以来日本に次いで重要な貿易相手国であり、「満洲国の輸出は従来大豆の他に見るべきものはなかったが、今後はドイツ向け輸出に際し同国が必要とし且つ同国経済に寄与すべき性質の物質を求め、これの生産、輸出を奨励すべく積極的努力が払われるべき」（『満洲日日新聞』一九三八年九月一五日）とあるように、既存の独満貿易協定（一九三六年四月）から対独貿易の拡大を求め、一九三八年九月新貿易協定を締結している。そして、ヒトラーによって一九三八年二月に満洲国承認が国会で宣言された。またスペインのフランコ政権の満洲国承認（一九三七年一二月）の過程を見ると、日本がフランコ政権承認を行う代償としてスペインが受け入れた処置であり、陸軍・外務省が間に入っての外交処置によって進められたもので、スペインが自発的に行った承認ではなかった（「フランコ政権承認国」、『条約ノ調印、批准、実施其他ノ先例雑件　第一巻先例集（四二）』、一九三九年三月）。

その他ヨーロッパ満洲未承認国

イギリスと満洲との関係は清王朝からで重要な貿易相手国であった。アロー戦争後の北京条約（一八六〇年）の締結によって、九龍半島南端の割譲が認められたことで、清朝経済に大きな影響力を持ち、また北京から奉天までの運

（二）（市内版）　昭和八年十一月三日

準備工作着々進み
ウエルカム
フランス資本
各關係方面へ諒解運動
坂本滿鐵參事奔走

ド氏の資格限定は
國際關係への遠慮
横山日佛對滿投資會幹事の談

『満洲日報』1933年11月３日。満鉄パリ駐在員坂本直道の奔走が記されている。

炭路線となる京奉線を建設するなど清朝の最恵国となる。イギリスは、日露戦争やその後の満洲事変まで特に介入せず、民間レベルの経済関係を続けてきたが、満洲事変後は徐々に対日関係が崩れ、リース＝ロス経済使節団の中国への派遣と幣制改革支援などによって対日関係の悪化が徐々に見られるようになる。

フランスと日本は、日仏協約（一九〇七年）で、清国内領土の両国勢力範囲の承認、相互の最恵国待遇を認める政治協約を結んでいた。これは、極東における対ドイツ政策を目的にしていることもあり、日本とロシアの仲介に入り、日露協約（一九〇七年）を締結させる。そのフランスは、満洲国建国に対して承認は行わず、民間人による対満投資を積極的に進めていくことになる。一九三三年からは、フランス下院議員、前東京総領事などを含む対満投資調査団を派遣し、満洲国の実態調査を行わせるが、国際関係への配慮から「投資が具体化した場合は国際政治に関係を誘発するのでフランス外務省よりはド・リヴイエ氏は私的企業団体のため派遣されたものでその行動は産業調査の性質を帯びてゐるに過ぎない」（「ウエルカムフランス資本」、『満洲日報』一九三三年一一月三日）という日仏対満投資会幹事の談話があるように、フランス国内外の反日的政策を考慮しながらも、満洲市場への投資に期待がもたれていたことが理解できる。そして、一九三三年一一月一〇日フランスの実業家が満洲に投資する場合の仲介となるための「日仏対満事業組合」の設立（『満洲日報』一九三三年一一月一一日）、一九三四年五月三日満鉄とフランス経済発展協会による投資会社「日仏対満投資会社」が設立された（『満洲日報』一九三四年三月五日）。この会社は、双方が五万円を支出し、主に満洲国内の都市計画、土木水利事業開発に当てることとなった。こうして仏満関係は、経済関係として進んでいくのである。

5　『フランス・ジャポン』と満洲

第一次世界大戦後のパリ講和会議（ヴェルサイユ会議）で、戦勝五大国のひとつに日本が名を刻んだころに、フランスで出版された『満洲と日本』*La Mandchourie et le Japon* という書籍をフランス国立ギメ東洋美術館附属図書館で閲覧する機会があった。そこには、ロシア領外満洲（北満洲）と日本が譲渡を受けた内満洲（南満洲）について、「北の地方は肥沃で膨大な森を所有し、南の地方は極めて立地条件がよく、人口が集中しているだけではなく、非常に教養の高い住人が多く暮らしている上に、なによりも海の玄関がある」、という魅力的なイメージが紹介され、またアメリカ人ジャーナリストのジョージ・ブロンソン・レーによって上海で発行されていた『極東レビュー』*The Far Eastern Review* 掲載記事の翻訳もあり、そこには、「人口密集問題を抱える日本が北米、ニュージーランド、南アフリカから締め出されたため、アジアに植民地を持つことで、入植地を確保する必要に迫られている。植民地化するためには戦争はやむを得ないことであり、米・英は、極東の平和維持を求めても避けられない事実である。同時に日本にとって、原料や資源が豊富で且つ物流において隣国という好条件の貿易相手国として中国は必要不可欠であるため、いずれにせよ友好関係を保たざるを得ないであろう」という、日本のおかれている状況を冷静に分析している。このような内容の書籍が一九二〇年代にフランスで出版されていたという事実に興味を持つとともに、先に紹介した上海事変時のフランスの新聞記事でも、フランスの日本に対するイメージは英・米とは違っており、国際連盟脱退後の国際世論に対して、英語ではなくあえてフランス語による日本・満洲国を紹介する『フランス・ジャポン』が誕生するのは、そのことを理解した上での挑戦ではなかったのだろうか。とりわけ日満両国の経済情報は非常に明確詳細で、フランスの満洲投資家には十分興味深い内容の情報を提供していたのではないかと思う。『フランス・ジャポン』が創刊された一九三四年は、フランスによる満洲投資の基盤が作られ、対満関係の飛躍の時期であったことは偶然ではないであろう。

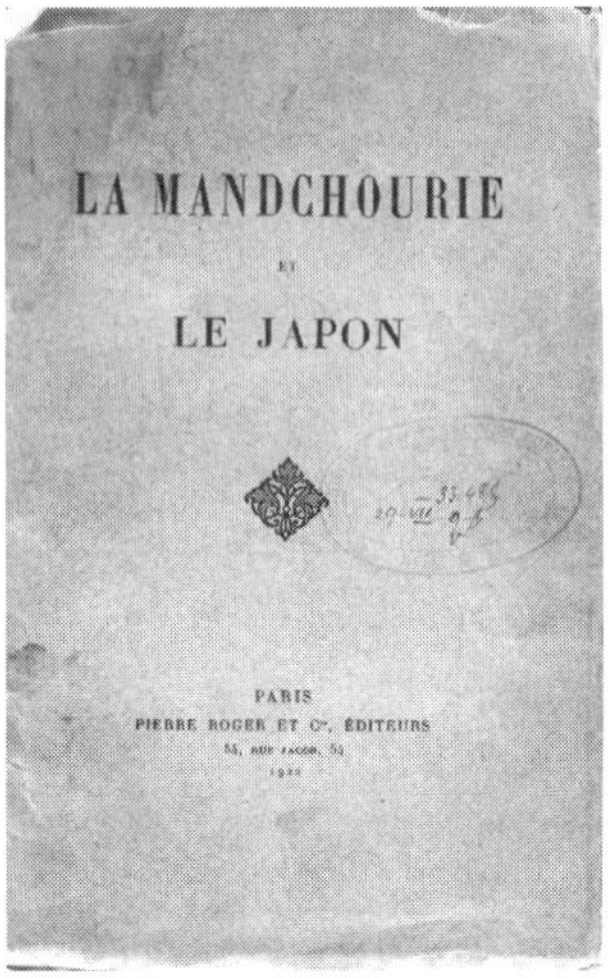

『満洲と日本』書影

　また、イギリス産業組合の一九三四年に行った日本と満洲の経済視察報告書が付録で載せられているものを見ると、一〇年以上前に出版された『満洲と日本』でも同様の分析がされているのだが、「日本国内の人口増加問題は、毎年前年度数字の八万から一〇万人増の出生率であるため、その増加に伴う生活空間の確保が必要であるだけでなく、これ以上の移民を受け入れる状況にない。また、農業の限界からも、国民の働く場を作ることと国の産業化を進めていくことが不可欠である」としている。一方満洲事情については、満洲は農業国であり、その豊富な資源から、日本にとって重要な存在と位置づけ、日本の満洲開発投資と満鉄の果たす役割についても注目している。イギリスの満洲参入については、「消費者にとって、イギリスからの一般生活雑貨などの輸入製品は、割高なため購入できないが、産業用機械類の輸出は期待できる」とし、アメリカ企業名を挙げながらも、「日本企業との協力無しには満洲市場で成功できない」というように、満洲投資における日本の存在を明記している。

また一九三六年の輸出入統計によると、日本がもっとも重要な貿易相手国ということがよくわかり、全体の四〇％を占めている。続いて中国、アメリカと並ぶが、その中でもフランスは第一一番にあたり、全体の一割にも満たない数字となっている。このことからも、『フランス・ジャポン』によって、フランスの対満投資の拡大を期待していたであろうことが理解できる。

しかしながら、一九三八年以降の発行号をみると、北満洲への満蒙開拓少年義勇軍を推奨する記事の記載や関東軍等の写真の記載などが見られるようになり、やはり時代の流れに逆らえない様子が伺える。一九四〇年の最終号で、満鉄パリ駐在員でこの雑誌の生みの親でもある坂本直道の最後のインタビュー記事で、『フランス・ジャポン』の目的は本当の日本をフランスに知らせることであり、プロパガンダを目的としたものではないと断言しているが、まさに苦しい満鉄や『フランス・ジャポン』編集部の立場が感じられる記事であるように思う。そして、この雑誌の廃刊とともに、日・仏両国も第二次世界大戦の波に飲み込まれ、枢軸国と連合国という道に分かれていくのである。

『フランス・ジャポン』の日本人執筆者

田口亜紀

一九三一年満洲事変勃発、三二年満洲国建国、三三年二月にリットン調査団の報告書が採択されると日本はついに国際連盟を脱退する。日本外交は孤立への道を歩んでいた。

南満洲鉄道会社（満鉄）社員の坂本直道は日本の孤立を避けるために、日仏文化外交の道を模索する。坂本はパリで開催される国際鉄道連盟会議にあわせて満鉄から鉄道部巴里派遣員に任命され、二九年秋から二年間の任期でパリに到着したが、柳条湖事件、そして満洲事変勃発という事態の急変に伴い、情報収集のためにパリに留まっていた。そして三二年六月に元満鉄副総裁で当時の衆院議員の松岡洋右に意見書を送り、日仏提携論の必要性を訴えた。すなわち、満洲事変の後、日本は欧州で負のイメージを背負うことになったが、フランス国内には日本に同情的な論陣を張る勢力がある。この勢力はソ連を牽制する役割を極東日本に見いだしている。このフランスの勢力をさらに助成し、仏国民の対日認識を深める必要があると坂本は力説した。松岡はこれに賛同の意を表明する。三三年、国際連盟臨時総会で満洲問題が否決され、松岡全権大使は退席する。会議後、パリで今後の対応を話し合うべく松岡は坂本と再会した（坂本直道『激動するアジアの中の日本』一九六六年五月、新生新社）。この二人を取材したのが、当時読売新聞パリ特派員の職にあった松尾邦之助で、後に『フランス・ジャポン』の編集長になる人物である。坂本は三四年に満鉄巴里事務所所長に就任し、三七年に欧州事務所と改められた後も四〇年四月に日本に帰国するまで、パリを拠点に活動する。

「仏国は内心日本と提携し満洲の経済的進展に尽くしたい腹である。日本は今後どう出るかが問題」であった（松尾邦之助『風来の記――大統領から踊り子まで』一九七〇年七月、読売新聞社）。実際、対満投資の呼びかけに『フィガロ』*Le Figaro* などの新聞社を経営するフランスの香水王フランソワ・コティが関心を示していた。同時期の三三年七月、フランス大統領を名誉総裁とする「経済海外発展協会」の代表ド・リヴィエが来日し、フランスと関係の深い財界人と会談して、日仏共同対満投資調査委員会を設立している。この延長上に誕生したのが日仏同志会で、パリでの拠点となったのが坂本のパリ満鉄事務所だった。そして坂本は日仏文化交流のための実質的な活動に着手する。坂本は松尾を編集者に任命し、フランスでの対日理解を深める目的で『フランス・ジャポン』を発刊させたのだった。このように表向きは「日仏同志会」の機関誌であったが、雑誌発行には満鉄が出資した。

創刊当時、時事問題の解説や大日本帝国の宣伝が多く、政府の広報誌の性格が強い。たとえば四号に「ワシントン条約破棄に関する一九三四年一二月二九日付外務省公式スポークスマンによる宣言」が掲載されている。ところが次第に文化に関連する記事が増え、質量ともに充実してくる。これは編集者松尾がフランス側読者の反応を察し、文化記事を雑誌の中心に据える決断を下した結果だった。松尾によると、「一方的な下手な日本の政治産業喧伝は、全く独善的でフランス側の心ある人たちから忠告され、これではせっかくの宣伝も逆効果になるとまでいわれた。素人編集長のわたしも、反省して、その後は、思いきって国際的視野に立った、文化的なものを全誌の六、七〇パーセントにする方針に踏みきった」のであった（松尾前掲書）。このように『フランス・ジャポン』はスポンサーの満鉄と政府関係者に配慮しながら、文化関連記事をフランス語で掲載することになる。本稿では、『フランス・ジャポン』の日本人執筆者を、1.日仏同志会メンバー、2.編集者・編集協力者、3.駐仏大使、4.民間の日仏関係貢献者、5.国際社会と日本に関する執筆者、6.満鉄・満洲国関連記事の執筆者、7.文学者、8.画家・デザイナー、

9．文化行事・芸術紹介の執筆者、10．文化以外の執筆者、に分けて論じる。

1　日仏同志会メンバー

日仏同志会はフランス政府の土木次官シャルル・ペシャン博士と坂本直道が協調したことに始まるもので、三四年七月九日に東京の華族会館で設立発起人会が開かれている。当日の「日本同志会発起人及びに総会議事録」によれば、パリからは坂本が駆けつけ、松岡洋右の他に、政治家徳川家達《いえさと》、外交官石井菊次郎、貴族院議員井上匡四郎《ただしろう》、民法学者富井政章《まさあき》、曾我祐邦、小林順一郎、芦田均、町田梓楼《しろう》など三四名が出席した。日仏共同対満投資委員会の出席者が、会長や理事といった職で再登場している。『フランス・ジャポン』には松岡洋右の満鉄総裁就任ニュース（一二・一三号）と松岡による満鉄の活動についての記事（三二号）、日仏同志会理事の小林順一郎大佐による「日本から見た国際親善」（七号）、同じく理事で仏協会顧問、日仏会館顧問で朝日新聞外報部長の町田梓楼のインタビュー（二五号）が掲載される。外交官から政治家に転向した芦田均は「日本第一の銀行家　結城豊太郎（日本銀行総裁）」（三五号）を紹介する。結城は日華事変勃発後の国家統制色の強い社会情勢の中にあって、政治の圧力に抗して金融の中立性確保のために大いに努力した。二七号には同理事の大倉喜七郎男爵のパリ訪問のニュースも掲載される。大倉財閥の設立者である父喜八郎は公共事業や教育事業に私財を投じたが、息子の喜七郎は文化事業に功績があり、特に近代日本絵画のパトロンとして、三〇年にはローマ開催日本美術展を後援して、横山大観などの画家を支援し、海外に紹介した。

一二・一三号は日仏関係特集であり、寄稿者は同志会メンバーを中心とした多彩な顔ぶれである。姉崎正治《あねさきまさはる》（後述）、日仏医学協会を提唱した鶴見三三《つるみみつぞう》（創刊号に日仏医学協会での挨拶、一七号「予防接種に関する質疑応答」、二〇号に挨拶）、二二号「日本における衛生局の創設について」）、仏文学者後藤末雄（二二号「日本におけるフランスの影響」）。松田道一元駐仏大使、松井慶四郎元駐仏大使、国民新聞の志岐守二大将（三七号に「日本の甲冑と侍」）、東大法学部教授で東京日仏会館の理事の杉山直治郎（二六号に「カピタン教授の思い出」）、物理学者で国際平和会議にも多く出席した田中舘愛橘《たなかだてあいきつ》、通信大臣の床次竹二郎《とこなみたけじろう》、詩人で美術評論家の川路柳虹が日仏の絆を強調する文章を寄稿する。島崎藤村も文章を寄せるが、島崎は文壇での地位を確立し、三五年から初代日本ペンクラブ会長に就任した。日本ペンクラブは国際的孤立に向かう日本の状況を憂う文学者たちの働きで、ロンドンの国際ペンクラブの要請を受けて設立された。

2　編集者・編集協力者

日本側編集長の松尾邦之助は二二年に東京外国語学校フランス語文科を卒業し、逓信省嘱託になるが無給嘱託の辞令をもらい、渡仏する。二五年にパリ大学高等社会学院を卒業し、仏語で日本文化を紹介する雑誌『ルヴュ・フランコ・ニッポンヌ』*Revue Franco-Nipponne* を創刊する。川路柳虹の尽力もあって、辻潤の後をうけ、三〇年に読売新聞社の文芸特置員になる。その後同紙海外特派員に、翌年パリ支局長になる。ドイツ軍によるパリ占領にともない、読売新聞パリ支局閉鎖、ベルリンに移るまで戦前のパリにおける日本の顔であった。編集者として、さらに仏語を自由に操るエッセイスト、翻訳家、通訳、評論家、文芸愛好家、日仏のコーディネーターとしても手腕を振るった。『フランス・ジャポン』には時事的内容（二〇、二一、三七、三三号）の寄稿が多いが、「「よみ」に方向してから…「文学青年記者」の僕の陰が薄くなりかけて来」（『あみ・ど・ぱり』〈第四巻第四号〉三七年四月一日号の「便り」欄）たので文化関係の記事も発表する。「文楽」（六号）、「禅宗とその影響」（三〇号）、ピエール・ロチを訪問した際のエピソード（三三号）、「日本の俗謡」（三五号）、「パリの日本美術家展」（三六号）共作の俳句（四三・四四号）、「明治維新以降の日本におけるフランス人作家たち」（四六〜四七号）「同　ゾラの影響」（四八号）である。

小松清は松尾の後、四五号から『フランス・ジャポン』の編集を引き受け、同誌のために翻訳も精力的にこなした。小松は三一年までの一〇年間の滞欧生活を終えて一旦帰国していたが、三七年九月『報知新聞』欧州特派員としてパリに到着した。アンドレ・マルローとアンドレ・ジッドとの交流を深め、日仏交流に尽力した。小松清はジッドとの会見を四六号に掲載するが、検閲により一部削除された。四九号では日本映画『田園交響曲』が紹介される。原作者ジッドに無断で東宝が映画化したのでジッドは不快感を示していたが、小松の説得で和解が成立し、三九年四月、公開試写会がパリで行われたのである。

松平斉光は寄稿と翻訳で大きな貢献をした。松平は祭の研究によりソルボンヌ大学で学位を取得し、『フランス・ジャポン』に祭関係の記事（二五、四一号）を発表した。その他、「琵琶法師」（二八号）、「杖」（エッセー）（三〇号）、「日本における農民の恋愛」（三二号）、古典の「幽霊」（三五号）、「新年」（三七号）、「古代日本における神権の研究」（三九号）、「塙保己一編『群書類従』概要」（四〇、四二号）を寄稿した。時事問題に「日本の世論に見る独ソ不可侵条約締結への反応」（四五号）がある。また、書簡体小説「『ブーガンヴィル航海記補遺』の作者ドゥニ・ディドロへの手紙」（二六号）と戯曲「愚者」（四九号）を発表する。ほかにもインタビュアーやイラストレーターの手腕も発揮した。

キク・ヤマタ（山田菊）は松尾邦之助同様、パリでの日本の顔であった。フランスで日仏家庭に生まれ、少女期を東京で過ごした後、母と渡仏し、小説家としてデビューした。パリでは着物を着て、日本関係の催しの司会や通訳をこなし、日本文化の紹介に努めた。「日本における仏語出版物」（仏語表現の外国人作家会議での講演、二一号）、「日本の竹細工」（二八号）、「日仏の詩」（三二号）、「パリにおける生け花」（三六号）の寄稿がある。三五号はサロン・ドートンヌでキクが日本風の生け花を展示したことを伝える。三九年八月に国際文化振興会の招待で、スイス人の夫で画家のコンラッド・メイリと日本に赴く。その際、反日の疑いで拘留されるが、戦後はスイスで余生を送った（矢島翠『ラ・ジャポネーズ――キク・ヤマタの一生』一九九〇年一二月、筑摩書房）。

3　駐仏大使

松尾が述べる通り、「各号の記事には、一時的興味でしかない経済記事や政治記事も混じっているが、太平洋戦争に敗れた今日、これらを読んでも、空しい過去の夢でしかない」（松尾前掲書）。だがいずれの記事も歴史的資料として貴重であり、時事的内容は時代の空気を写している。

一九三四年六月、パリにて日仏医学協会第一回総会が駐仏大使であった佐藤尚武会長のもとで開催され、この報告が『フランス・ジャポン』創刊号の第一頁を飾った。また、三井合名会社の寄付によりパリ大学に日本学研究所ができ、第一回理事会が開催され、四号には名誉会長となった佐藤の挨拶が載る。その際、『フランス・ジャポン』の文化的役割を紹介した後、日本の国連脱退に言及し、満洲国が傀儡国家ではなく独立国であるという日本の立場を主張している。佐藤は三七年に帰国し、その後は巴里会の理事に就任する。ほかに「今日の日本」の講演内容が七号に、また、関西日仏学館で出版された『フランスの印象』が四三・四四号に紹介される。最終号となる四九号には、南京に日本の傀儡政権を樹立した汪兆銘について、「汪精衛（汪兆銘）は何処へ行くのか――日中関係の将来」を寄稿した。このように佐藤尚武は創刊号から最終号まで長きにわたって登場し、日本の立場が海外で理解されるように努めた。

石井菊次郎（「シドニー号事件」二七号）は二〇年から駐仏大使で外務大臣、国際連盟の日本代表にもなった。親英仏・親米としても知られ、日独伊三国軍事同盟には反対していた。ジュネーヴ総領事横山又次郎の講演「日本と国際連盟」は二〇号に載る。また、内山岩太郎（在仏臨時代理大使）のアルゼンチンへの赴任の挨拶は二七号に載るが、内山はパリで松尾の力添えを得て平和外交を推進した。

杉村陽太郎は二七年に国際連盟日本事務局事務次長兼政務部長となり、三一年の満洲事変の勃発に際して英国のドラモンド事務総長と共に事態の収集に尽力した。また、駐伊大使の後、三七年に駐仏大使に就任した。杉村の死去に際しては特集号（四二号）が組まれた。「なぜフランスは私にとって第二の祖国なのか」（二二号）、「日仏協会理事会の挨拶」（二六号）、三七年九月のアンリ・カピタンの死に際して弔辞（二五号）を寄稿した。大学時代から水泳、陸上、柔道などの万能選手で、「柔道と柔術」（二七号）を書いている。三三年にはＩＯＣ委員となり、伊首相ムッソリーニに働きかけて有力な開催候補地であったローマを辞退させるなどして、オリンピック東京招致に尽力した。折しも国連大使・スイス大使を歴任した鶴岡千仭《つるおかせんじん》が「東京オリンピック」（二八号）を発表する。四〇年の東京オリンピック開催は日本政府の悲願だったが、国外で日本での開催に反対する動きが高まり、日本でも物心両面で国の総力を挙げて戦局に対処すべきであるとして、三八年に政府は東京開催の取り止めを決定した。

駐仏大使の沢田廉三《れんぞう》は「フランスの友」（四五号）で日仏の友好関係を強調している。四六号では、松平斉光のインタビューに答えて「アジアの新秩序」を説き、四九号では日本で行われるフランス医学展覧会への挨拶を述べ、医学界での日仏協力の必要性を説いている。

4　民間の日仏関係貢献者

東京で発行されていた雑誌『あみ・ど・ぱり』の編集者武藤叟《むとうそう》は三七年五月に渡仏し、二七号に寄稿する。『あみ・ど・ぱり』は三四年に創刊した「巴里会」の機関誌である。巴里会とはパリに滞在経験を持つ人々で構成される会であり、フランスから帰国した武藤が二九年に美術評論家黒田鵬心に滞仏経験者の集まりを提案し結成された。やがて巴里会は公遊から日仏親善を目的にするようになり、『フランス・ジャポン』二七号にも報告があるように、三五年には仏大使館員ボンマルシャン氏帰国に際して「訪仏人形使節」の派遣を決定した。

親日家のフランス人を紹介する記事としては、マルセル・グラネやマルセル・モースに師事した合気道家で文筆家の津田逸夫「日仏友好の先駆者、レオン・ロッシュ」（四八号）がある。また、稲畑《いなばた》勝太郎が行った関西日仏協会でのクロード・ファレル歓迎の講演内容が掲載される（二九号）。稲畑は、大正・昭和期の染料・染色業界の中心人物で、一八七七～八五年に京都府よりフランスに派遣されて以来、親仏家で、二六年に日仏文化協会を設立した。

薩摩治郎八は国内有数の木綿織物商の家に生まれ、私財を投じてパリの日本人や日本文化関連事業を財政面で支援したことで知られる（村上紀史郎『バロン・サツマと呼ばれた男　薩摩治郎八とその時代』二〇〇九年二月、藤原書房。小林茂『薩摩治郎八　パリ日本館こそわがいのち』二〇一〇年一〇月、ミネルヴァ書房）。二六年九月、薩摩は妻の千代を伴ってパリを再訪していたが、翌年二月にはパリ大学評議委員会とパリ国際大学都市日本館（薩摩館・日本学生会館）設立の契約を結んだ。五月頃には藤田嗣治に依頼していた壁画の件でトラブルがあったものの、一〇月の定礎式を経て二九年に開館する。このように薩摩の寄付で開館した日本館は、仏留学中の日本人学生に対する宿舎の提供を主たる任務とし、また、構内に日本関係の図書を蒐集して日本研究に便宜を与えている。一一号には、薩摩治郎八がプラハの東洋学会日本協会で行った講演「国際都市」が掲載された。その後薩摩は美術コレクションをチェコスロバキア政府に寄付した。

5 国際社会と日本に関する執筆者

有事に世界の共感を得るためには、不断の対外宣伝が必要だという認識で政府と民間は一致していた。その証拠に『フランス・ジャポン』発刊は、日本が国際文化交流の政策を進める時期と重なっている。三三年に外務省は「世界各国との文化の交歓に依り強調外交の実を挙げること」を決定し、「海外文化事業部」を新設し、「明治維新以来急激に輸入された西洋文化に対する日本固有の文化の再認識、及びその対外宣揚を目的として」(『国際文化振興会事業報告 国際文化事業の七ヶ年』一九四〇年一二月、国際文化振興会)国際文化振興会を創設した。国際文化振興会派遣員で海外文化振興会創立の任を得た佐藤醇造《じゅんぞう》は三四年(七号)に「国際文化関係の発展と日本」を寄稿している(佐藤には一四号「日本における図書館の現状」、二八号「日仏知的協力体制」の寄稿もある)。五号に「東洋と西洋」を寄稿した姉崎正治は評論家、宗教学者であり文人としても活躍したが、三四~三八年まで国際連盟学術協力委員会日本代表として、毎年ジュネーヴ、パリに赴いていた。国際連盟学術協力委員会とは、第一次大戦後に疲弊した欧州諸国の知的生活の救援を目的としてヨーロッパ各国で自発的に設立された連合会である。この連合会が日本にもさまざまな勧告や要請を発し、協力を求めてきたことから日本国内委員会が設立された。姉崎は「今後の国際関係を考えるに、今からはある種の教育団体や学術の団体が国際間の交際の主体、国際上一種の entity となることがあり得ると思う。(中略)文化的勢力を有する団体が国際上の勢力を得るという事は、今日の形勢に現れている。」と語っている

（「文化問題としてのヴァチカン」『国際知識』第三巻第四号、一九二三年、日本国際協会）。また、菅波称事《すがなみしょうじ》によるパリ万博日本館開会の辞「一九三七年万博における日本」（二二号）では日本館の紹介に数ページが割かれる。菅波は商工省鉄鋼局の役人で、法令関係の著書がある。

『フランス・ジャポン』には、日本の役割や立場を明らかにする記事も多く掲載された。柳沢健が「東洋と西洋の仲介役としての日本」（七号）を発表する。柳沢は詩人として知られるが、外交官でもあった。二四～二七年に在仏大使館三等書記官。三六年に柳沢健文、藤田嗣治絵『世界図絵』（一九三六年三月、岡倉書房）が出版された。加納久朗《ひさあきら》（「日中紛争　日本と英・米国の関係についての考察」四八号 *Empire Review* 紙一九四〇年二月掲載よりの再録）は横浜正金銀行ロンドン支店支配人となって国際決済銀行理事会副会長にも就任、そして取締役として同行北支最高責任者として経済情報分析などにあたった。

川島信太郎は国際連盟経済委員会のメンバーで、東京商業大学助教授。後に在ギリシャ全権大使になる。「日本の対外通商と日中紛争に直面したその状況」（三四～三六号）と「日米通

LE JAPON
à l'Exposition 1937

FRANCE-JAPON *consacre une section de ce numéro à la participation du Japon à l'Exposition Internationale de Paris* 1937. *On trouvera en outre quelques notes dans les numéros précédents de* FRANCE-JAPON.

DÉCLARATION DU COMMISSAIRE GÉNÉRAL DU JAPON A L'EXPOSITION INTERNATIONALE DE PARIS 1937.

JE suis heureux de pouvoir déclarer que c'est avec un vif plaisir que le Gouvernement du Japon a répondu à l'aimable invitation du Gouvernement français, car il a estimé que sa participation à l'Exposition Internationale de Paris 1937 était non seulement un devoir destiné à resserrer les bonnes et déjà anciennes relations qui existent entre les deux pays, mais une occasion propice de montrer au monde les progrès accomplis par le Japon d'aujourd'hui en matière d'art et de technique dans la vie moderne.

Dès que le Gouvernement du Japon eut déclaré sa participation officielle, le Ministre du Commerce et de l'Industrie a obtenu les crédits nécessaires. Les départements des Chemins de fer et de l'Instruction Publique, ainsi que d'autres autorités intéressées, n'ont pas manqué d'apporter leur concours à la réalisation de cette participation. Par ailleurs, la Chambre de Commerce et de l'Industrie du Japon, l'Association Industrielle du Japon, la Société japonaise pour le Développement des Relations Culturelles Internationales, la Maison Franco-Japonaise se réunirent en un groupement dit « Association pour la Participation japonaise à l'Exposition Internationale de Paris 1937 » en vue d'élaborer, un plan et de provoquer et réunir toutes initiatives d'ordre privé. Nous avons reçu également des dons importants de divers côtés.

Ce que je souhaite, c'est que le public français puisse saisir, par la collection que nous nous sommes efforcés de réunir, malgré le crédit limité que nous disposions, le véritable aspect du Japon d'aujourd'hui ; les objets destinés à être exposés dans notre Pavillon représenteront pour ainsi dire l'essence de la culture japonaise moderne.

Le Japon est la seule puissance extrême-orientale qui ait participé officiellement à l'Exposition Internationale de Paris. Nous sommes venus de si loin. Je serais heureux si le public français voulait bien comprendre quels efforts ont été les nôtres pour surmonter toutes les difficultés de distance, de conditions, de climat et autres qui nous ont été imposées.

Je me permets de formuler les vœux les plus sincères pour le succès complet de l'heureuse initiative que le Gouvernement français a bien voulu prendre en nous invitant à cette Exposition.

Shoji SUGANAMI.

Inauguration du Pavillon Japonais
Discours de M. Shoji SUGANAMI

菅波称事「1937年万博の日本」（『フランス・ジャポン』第22号）

商航海条約の撤廃―Ⅰ　日本側の視点」（四九号）を寄稿している。社会学者で政治家の森戸辰男は「極東問題に直面した日本の知識人たち」（四〇号）を寄稿する。

また、日本の対外宣伝だけではなく、政治的見解も散見される。満鉄の渡辺耐三と小松清の記事は仏政府の検閲を受けたが、松尾によれば、「最後の最後までフランス当局はわれわれの努力を尊重し、フランス人やわれわれの執筆、ときには、支那紛争や対英米関係にふれた政治記事さえその公表を黙認してくれた」とのことである（松尾前掲書）。次に、日本における言論弾圧の空気を感じさせない、リベラルな評論を見ていこう。

長谷川如是閑の「経済的および文化的ナショナリズム」（「Revue de Presse」内二七号、*The Oriental Economist* 一九三七年一二月よりの仏訳）がある（他に四七号「日本女性」も寄稿）。長谷川は新聞記者を経て評論家となる。大正デモクラシー運動を先導し、政界、各国を最前線で見て養った広い視野と行動力で皇国主義と軍国主義を批判した。

二六号に清沢洌《きよし》との出会いを仏側編集長のアルフレッド・スムラーが書いている。清沢は社会経済政治問題の著作を多数出し、外交問題、特に日米関係のリベラルな評論で知られる。三七～八年にはロンドン開催の国際ペンクラブ世界会議の日本代表として再び欧米を訪問し、各所で精力的な講演活動を行い、日本の立場の擁護・正当化を行った。国際緊張が高まる情勢でも合理主義的国際協調と国力相応主義の対外観を一貫して堅持し、軍事主義に同調しなかった。

津田左右吉は「中国の思想と日本」（四六号）で、インド、中国、日本などの文化はそれぞれ独立していて、一個の東洋文化というものは成立していないと述べた。津田は日本史と中国思想史研究を行ったが、記紀などの文献批判に立脚して国家成立の由来を疑問視したため、四〇年に右翼思想家から大逆思想として非難され、著書が発禁処分、不敬罪の有罪判決を受けた。

6　満鉄・満洲国関連記事の執筆者

全号を通して『フランス・ジャポン』のスポンサーである満鉄の宣伝には事欠かない。坂本は満洲における我々の鉄道開発事業は文化事業と重なるものであると語り、「特急あじあ号の横顔」（六号）、「満洲国の誕生と組織化」（六号）、「北満鉄路譲渡の交渉」（八～九号）では満洲の紹介に努めている。坂本の帰国に際しての挨拶が四九号に載る。その中で坂本は後任者を紹介するが、この号で『フランス・ジャポン』は終刊となる。

L'Aspect de "l'Asia"

le super-express profilé

La Compagnie du Chemin de fer Sud-Mandchourien a récemment mis en service un nouveau train super-express profilé nommé « Asia », dont le premier parcours a eu lieu le 1er Novembre 1934.

Ce nouveau train a une apparence extrêmement élégante et majestueuse, aussi bien en raison du fait qu'il est entièrement profilé de la tête au dernier wagon, que par suite de l'heureuse combinaison des couleurs, la locomotive étant indigo foncé et les voitures d'un ton olive pâle, traversé par une ligne blanche qui court des deux côtés tout du long du train.

Il faut surtout noter que les plans aussi bien que la construction de cette merveille ont été pa-

— 52 —

「特急あじあ号の横顔」（『フランス・ジャポン』第6号）

その他には、ジャーナリスト安達金之助による「満洲の実像　三都～大連」（五号）、「同、三都～奉天」（六号）、「同、三都～新京」（七号）、軍人で軍事評論家の林三郎による満洲国の「人口」（一九号）、「諸宗教」（二七号）、「教育」（二九号）、「祭日」（三二号）がある。仏留学経験を持つ満鉄図書館員の田口稔は「満洲国における巨大石遺跡の地理的分布」（二〇号）、「満洲の大豆」（二九号）を記した。

また、満鉄本社から赴任した秋吉勝広「満洲鉄道発展小史」（四六号）がある。同じく満鉄の渡辺耐三の「日本の中国における政策と列強」は検閲で一部が削除された（四七号）。

7　文学者

満鉄の宣伝と文化紹介を同じ誌面に載せる役目を負った編集長松尾邦之助はこう述べる。「『フランス・ジャポン』には「満洲国建設」のことや、満鉄の「アジア」号の宣伝や、「半世紀にわたる日本経済の奇蹟的伸展」とか。いやはや、露骨なコマーシャルであり、その間に、わたしの「日本の文学」とか、与謝野晶子や、野口米次郎の詩が近代技術大工場の機械の中の可憐な花のように挿入されていた。」（松尾前掲書）。

三五年にミラノで刊行されたリオネロ・フィウミと松尾編『日本現代詩人』の仏訳が『フランス・ジャポン』にも掲載された。これらは、三九年に松尾、エミール・スタイニルベル＝オーベルラン訳でメルキュール・ド・フランス書店刊行のアンソロジーにまとめられることになる。七号には野口米次郎、与謝野晶子、北原白秋、川路柳虹、萩原朔太郎、三木露風、室生犀星、西條八十、堀口大学、佐藤春夫、尾崎喜八、百田宗治、深尾須磨子、大木惇夫の詩が、一六号には与謝野晶子、室生犀星、深尾須磨子、北原白秋、川路柳虹の詩が紹介された。その後も三木露風（一七、一九号）、北原白秋「陰影」（二一号）、日夏耿之介（一九号）、高村光太郎（一七、二〇号）、堀口大学「記憶の女」（二一号）と「虹」（三三号）、そして有島生馬の「海」（二二号）と「猫」（二三号）（娘暁子による翻訳）が載る。同号には三七年七月にパリ大学で「書・画の関係」と題した有島の連続講演への言及がある。深尾須磨子（三三号）は「現代女流詩人」として紹介されている。

四三・四四号には、松尾の協力者で日本仏教研究者のスタイニルベル＝オーベルランによる川路柳虹、萩原朔太郎、日夏耿之介、西條八十論が掲載された。八号ではポール・クローデルの言葉が掲載されていたが、四五号では詩歌特集が組まれ、万葉集から三編の詩歌とポール・クローデルの詩が紹介された。

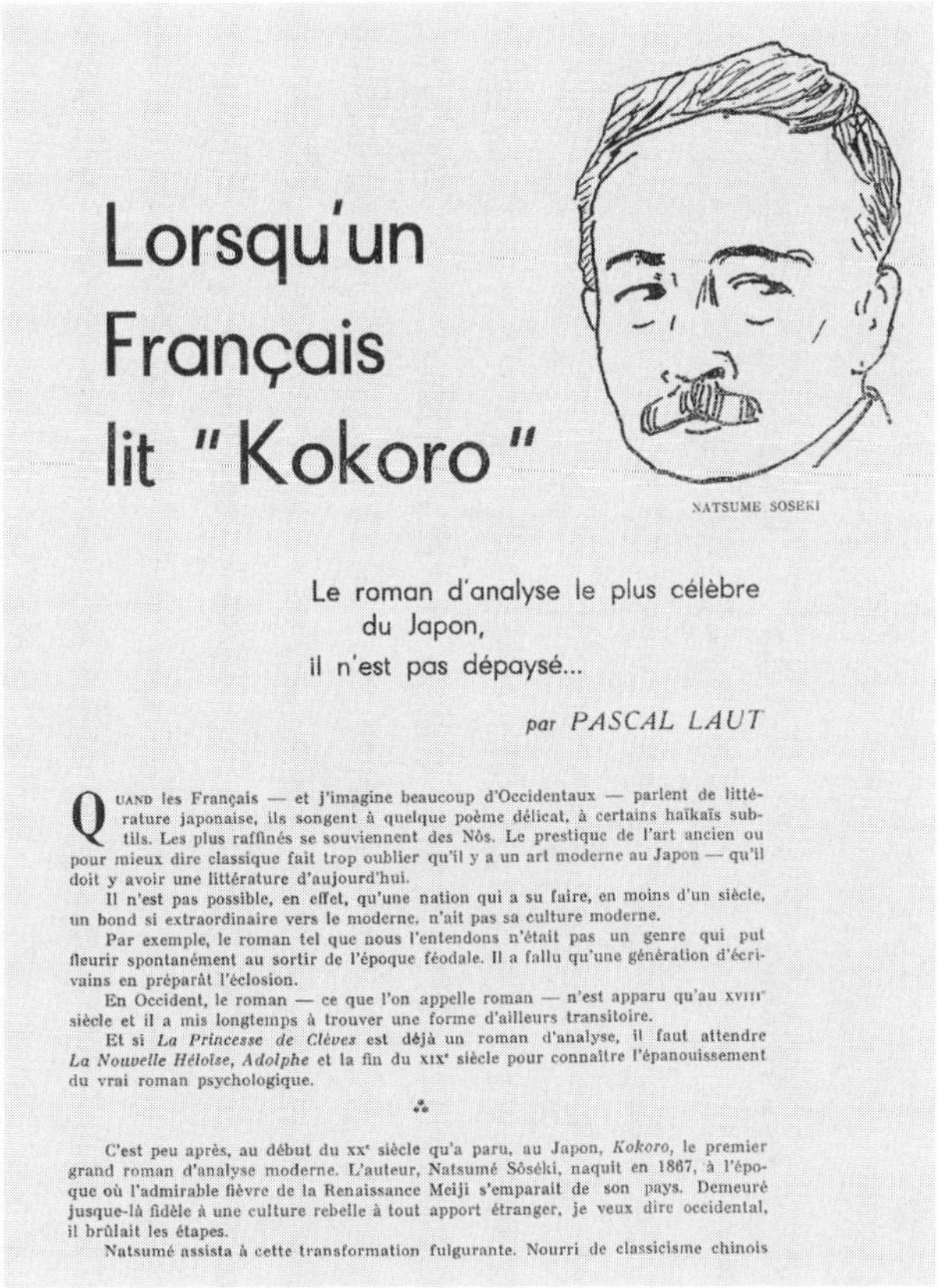

Lorsqu'un Français lit "Kokoro"

NATSUME SOSEKI

Le roman d'analyse le plus célèbre du Japon, il n'est pas dépaysé...

par *PASCAL LAUT*

QUAND les Français — et j'imagine beaucoup d'Occidentaux — parlent de littérature japonaise, ils songent à quelque poème délicat, à certains haïkaïs subtils. Les plus raffinés se souviennent des Nôs. Le prestique de l'art ancien ou pour mieux dire classique fait trop oublier qu'il y a un art moderne au Japon — qu'il doit y avoir une littérature d'aujourd'hui.

Il n'est pas possible, en effet, qu'une nation qui a su faire, en moins d'un siècle, un bond si extraordinaire vers le moderne, n'ait pas sa culture moderne.

Par exemple, le roman tel que nous l'entendons n'était pas un genre qui put fleurir spontanément au sortir de l'époque féodale. Il a fallu qu'une génération d'écrivains en préparât l'éclosion.

En Occident, le roman — ce que l'on appelle roman — n'est apparu qu'au XVIIIe siècle et il a mis longtemps à trouver une forme d'ailleurs transitoire.

Et si *La Princesse de Clèves* est déjà un roman d'analyse, il faut attendre *La Nouvelle Héloïse*, *Adolphe* et la fin du XIXe siècle pour connaître l'épanouissement du vrai roman psychologique.

⁂

C'est peu après, au début du XXe siècle qu'a paru, au Japon, *Kokoro*, le premier grand roman d'analyse moderne. L'auteur, Natsumé Sôséki, naquit en 1867, à l'époque où l'admirable fièvre de la Renaissance Meiji s'emparait de son pays. Demeuré jusque-là fidèle à une culture rebelle à tout apport étranger, je veux dire occidental, il brûlait les étapes.

Natsumé assista à cette transformation fulgurante. Nourri de classicisme chinois

『こころ』の広告（『フランス・ジャポン』第47号）

俳句は二〇世紀初頭にイギリスに紹介された後、ポール＝ルイ・クーシュー博士によってフランスに紹介された。さらに二七年に松尾が『其角の俳諧』を著し、日本の俳諧を仏語で紹介したことから、フランスでは俳句への関心が高まっていた。三七年春、パリに短期滞在した高浜虚子は俳諧の大物として歓迎され、文人の交流会が開催される。「ハイカイ特集号」（二一〇号）に虚子の俳句論が掲載されているが、自然を前にした感情を詠む叙情詩こそ俳諧だと主張する虚子と、季題を無視して人間中心の心理や言葉遊びを盛り込む仏文壇（さらにそれに理解を示す通訳の松尾邦之助）の俳句認識の相違は明らかである。帰国後虚子は報告文を各定期刊行物や『ホトトギス』に発表した。

小説では、芥川龍之介『袈裟と盛遠』（一〇号）、『南京の基督』（二六号）、『舞踏会』（三三号）、菊池寛『恋愛結婚』（一六号）、『簡単な死去』（二五号）、『俊寛』（四六号）、川端康成『冬近し』（一七号）、政治家でもあった小説家鶴見祐輔『日本の母』（一五号）と「通りの光景」（『母』より）（一八号）、樋口一葉『にごりえ』（一九～二一号）、谷崎潤一郎『二人の稚児』（四七号）、泉鏡花『日本橋』（二二号）、永井荷風『夏のすがた』（四三・四四号）、三七年に芥川賞を受賞した火野葦平の『煙草と兵隊』（三八号）と『土と兵隊』（四五号）、アメリカに渡った詩人野口米次郎（ヨネ・ノグチ）の「日本文学史序文」（七号）、「蓮の花」（一六号）、「口嗜の凋落」（二四号）、「永遠の悲哀」（四二号）、そして散文詩「愛と人生」（四三・四四号）がある。野上弥生子はペンクラブのロンドン大会の後、パリに立ち寄り、帰国前にエッセーを寄せている（四五号）。

哲学者で評論家の谷川徹三は、三九号に夏目漱石の『こころ』についての論考を掲載し、夏目漱石の紹介を行うが、これは堀口大学とジョルジュ・ボノー訳『こころ』に谷川が付した序文の転載である。ちなみに四七号にはその『こころ』の広告が載り、パスカル・ローの推薦文が添えられた。また、谷川は「東洋と西洋」（四五号）、近年の日本文学に関しての概論（四八号）も寄稿している。

8　画家、デザイナー

『フランス・ジャポン』の表紙デザインは、アールデコ調のグラフィックデザイナーとしてパリで評判の高かった里《さと》見《み》宗次《むねつぐ》が手がけている。満鉄の技術者加藤蕾《らい》二《じ》が「ブリュッセル博覧会の満洲国」（九号）で里見のポスターを紹介しつつ、同博覧会での満洲セクションの設置に言及し、満洲国の概略を述べている（加藤は一七号に「そろばん」も寄稿）。一九号には里見が写真付きで紹介されている。三七年は満洲国建国五周年にあたることから、坂本直道は満洲国ポスターを募集していたが、この号ではフランス人デザイナーが多数紹介された。

エコール・ド・パリの画家藤田嗣治《つぐはる》は、三〇年代にはパリにいることは少なかったが、依然として仏画壇の重要人物であり、日本人としてパリで成功した希有な画家だった。前出の『ルヴュ・フランコ・ニッポンヌ』の表紙挿絵は藤田が担当した。『フランス・ジャポン』には、江戸中期の俳人中川乙由の句「夕立や智恵さまざまの冠物」につけたイラスト（二九号）、「ピカソ宛ての書簡」（二九号）、「日本人の見たパリ」（再録・三六号）の文章、四三・四四号にイラストが載り、四六号には藤田が大々的に紹介されている。

仏画壇での藤田の成功は、日本人画家をパリへ向わせた。二九年前後にパリでは幾つかの日本人グループ展が行われたが、薩摩治郎八と藤田の日本館壁画をめぐる対立と和解、日本美術大展覧会への資金援助をした薩摩治郎八と福島繁太郎の仲違い、さらに画家の離合集散など、政治的理由から三〇年代のパリの日本人美術界は混乱していた。戦争の影響で日本人画家は数少なくなっていたが、三八年と三九年には杉村陽太郎駐仏大使が在巴日本人画家全員に巴里日本美術家展への出品を呼びかけた（徳島県立美術館ほか編、展覧会図録『薩摩治郎八と巴里の日本人画家たち』一九九八年、共同通信社）。

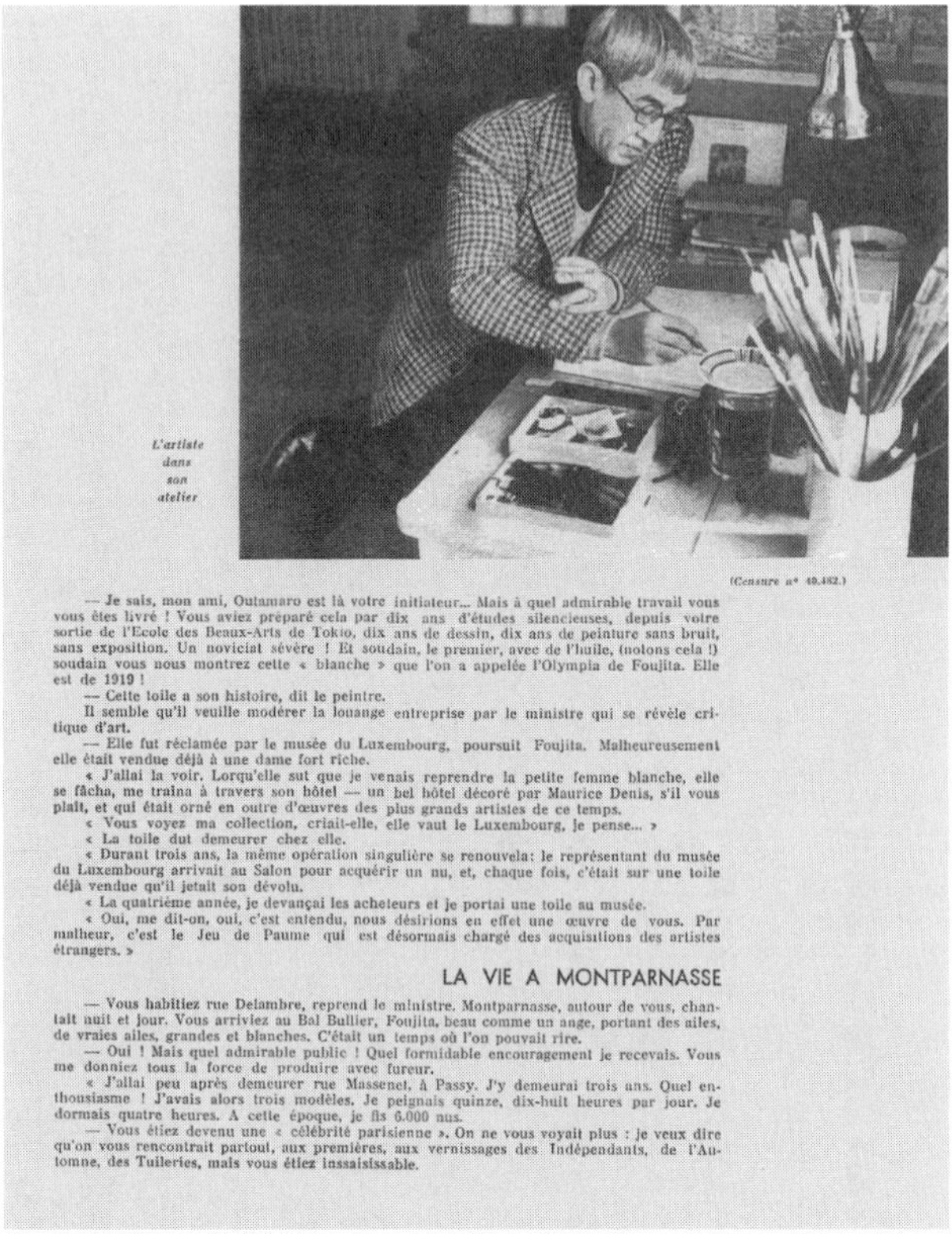
L'artiste dans son atelier

(Censure n° 40.482.)

— Je sais, mon ami, Outamaro est là votre initiateur... Mais à quel admirable travail vous vous êtes livré ! Vous aviez préparé cela par dix ans d'études silencieuses, depuis votre sortie de l'Ecole des Beaux-Arts de Tokio, dix ans de dessin, dix ans de peinture sans bruit, sans exposition. Un noviciat sévère ! Et soudain, le premier, avec de l'huile, (notons cela !) soudain vous nous montrez cette « blanche » que l'on a appelée l'Olympia de Foujita. Elle est de 1919 !

— Cette toile a son histoire, dit le peintre.

Il semble qu'il veuille modérer la louange entreprise par le ministre qui se révèle critique d'art.

— Elle fut réclamée par le musée du Luxembourg, poursuit Foujita. Malheureusement elle était vendue déjà à une dame fort riche.

« J'allai la voir. Lorqu'elle sut que je venais reprendre la petite femme blanche, elle se fâcha, me traina à travers son hôtel — un bel hôtel décoré par Maurice Denis, s'il vous plait, et qui était orné en outre d'œuvres des plus grands artistes de ce temps.

« Vous voyez ma collection, criait-elle, elle vaut le Luxembourg, je pense... »

« La toile dut demeurer chez elle.

« Durant trois ans, la même opération singulière se renouvela: le représentant du musée du Luxembourg arrivait au Salon pour acquérir un nu, et, chaque fois, c'était sur une toile déjà vendue qu'il jetait son dévolu.

« La quatrième année, je devançai les acheteurs et je portai une toile au musée.

« Oui, me dit-on, oui, c'est entendu, nous désirions en effet une œuvre de vous. Par malheur, c'est le Jeu de Paume qui est désormais chargé des acquisitions des artistes étrangers. »

LA VIE A MONTPARNASSE

— Vous habitiez rue Delambre, reprend le ministre. Montparnasse, autour de vous, chantait nuit et jour. Vous arriviez au Bal Bullier, Foujita, beau comme un ange, portant des ailes, de vraies ailes, grandes et blanches. C'était un temps où l'on pouvait rire.

— Oui ! Mais quel admirable public ! Quel formidable encouragement je recevais. Vous me donniez tous la force de produire avec fureur.

« J'allai peu après demeurer rue Massenet, à Passy. J'y demeurai trois ans. Quel enthousiasme ! J'avais alors trois modèles. Je peignais quinze, dix-huit heures par jour. Je dormais quatre heures. A cette époque, je fis 6.000 nus.

— Vous étiez devenu une « célébrité parisienne ». On ne vous voyait plus : je veux dire qu'on vous rencontrait partout, aux premières, aux vernissages des Indépendants, de l'Automne, des Tuileries, mais vous étiez inssaisissable.

アトリエで製作する藤田嗣治のポートレート（『フランス・ジャポン』第46号）

さて一〇号では原田梨白《りはく》、長谷川潔、高野《こうの》三三男《みさお》、荻須《おぎす》高徳《たかのり》、岡本太郎らパリの日本人画家が紹介されている。原田梨白については二三号で三八年一二月開催ベルネーム＝ジュンヌ画廊での第一回巴里日本美術家展への出展が予告されている。原田はセザンヌに影響を受け、クローデルの『都々逸《どどいつ》』の挿絵を描いている。高野三三男は洋画家で、関東大震災後にフランスに渡り、サロンで活躍した。長谷川は様々な銅版画の技法を習熟し、古い版画技法メゾチントを復活させ、独自の様式として確立させた。渡仏して以来、数々の勲章・賞を受けたが、一度も帰国せずにパリで没した。荻須はジュネーヴやパリでの個展開催、サロン・ドートンヌ会員推挙、パリ市による作品買上げによりパリでの地位を確立した。若き岡本太郎はピエール・クルティオン『今日の画家』叢書の「パリの日本人画家」の一巻に紹介された（二二号による）。『フランス・ジャポン』には「痛ましき腕」が載った。三〇年一月に父一平と母かの子と渡欧した太郎は大学で民族学、哲学を学び、シュールレアリストとピカソに影響を受けた。四〇号には母かの子の死亡記事が出ている。

また、三六号に浜口陽三の絵が紹介される。彼はパリ滞在中の三七年頃から銅版画技法のドライポイントの制作を試み、メゾチント技法の復興者として名を成す。一六号には日本画家の小室翠雲《こむろすいうん》、横山大観、冨田渓山らの文章が掲載される。小室は四一年に美術団体・大東南宗院を結成し、南画展を企画し、日本画壇を活発化させた。横山は国内では日本画壇の重鎮として確固たる地位を築いていたが、前述のように大倉喜七郎によって海外に紹介される。冨田は横山に認められるが三六年に他界した。

キク・ヤマタは夫コンラッド・メイリと「浜中の漆画」（四三・四四号）を寄稿するが、その浜中勝《はまなかかつ》は漆デザイナー。三七年に国際美術工芸展で大賞を受賞した折に、二五号でスムラーによっても紹介されている。浜中自身漆についての記事（一六、二一号）を著す。浜中勝は札幌生まれで二四年に渡仏。日本の漆工芸をパリで紹介してアール・デコの代表的デザイナーになっていた菅原精造から漆を学び、装飾パネル、屏風、家具などを制作した。浜中はサロンの常連になり、三七年のパリ万博でも大賞を受賞した。

「こけし」（二九号）の著者西川友武は商工省工芸指導所技師兼物価局技師だったが、玩具にも興味があった。西川はインダストリアルデザイナーでもあり、三三年パリの「アルミニウムの椅子のデザイン国際コンクール」で大賞を受賞する。

9　文化行事・芸術紹介の執筆者

『フランス・ジャポン』には日本人音楽家や芸人の来仏に際してインタビューや自己紹介文も掲載される。漫談家の大辻司郎がパリに立ち寄った時の「パリの印象」（四号）、ピアニスト村上ゆきの自己紹介文（二六号）、テノール歌手・藤原義江の便り（三〇号）などである。一八号には早川雪洲がパリに戻った際の挨拶を写真入りで掲載している。芸能記事では、舞踊家佐谷功「宝塚劇場」（二四号）、ロシア文学者平塚義角《よしずみ》「現代の舞台芸術」（四三・四四号）、小説家伊藤整「日本におけるシモン・ガンチョンのマヤ」（四七号）がある。

作曲家では外山道子の「日本音楽の概論」（二三号、三七年一〇月の講演の転記）が挙げられる。外山はこの年にパリ音楽院に入学、イベールに推挙され応募した『やまとの声』が国際現代音楽協会コンクールで入賞した（日本人初）。これはヨーロッパの最新の語法と日本の伝統音楽的な要素を巧妙に組み合わせた作品として知られる。

パリで開催された「日本舞踊博覧会」にあわせて「日本の舞踊」特集が組まれた（四一号）。音楽・舞踊評論家、蘆原英了《あしはらえいりょう》（記事には敏信と署名）「日本舞踊の精神」、工学博士辻二郎「西洋化した日本人が見た日本舞踊」、演劇評論家、三宅周太郎「歌舞伎における象徴主義と印象主義／主要演目／特殊舞台装置」、民俗芸能・舞踊研究家、小寺《こでら》融吉《ゆうきち》「人形浄瑠璃の特徴」、松平斉光「冬祭りにおける魔術的な鎮魂の踊り」等である。

美術論には、美術史家、吉川逸治の「一八世紀絵画論（西川）祐信の画風」（四三・四四号）、日本と西洋の美術の海外への紹介に努めた美術史家、矢代幸雄の「日本美術」（一五〜一七、二一号）、伊藤述史《のぶふみ》「日本の歴史的枠組における浮世絵」（二二号）を執筆した。伊藤は国連では松岡に随行した公使・情報担当者で当時はポーランド大使。日本文化の造詣が深く、妻アンドレも翻訳や執筆で『フランス・ジャポン』に貢献した。

川路柳虹は「日本の知識階級と文学」（二一号）と「一九三八年秋の東京での日本美術展」（三七号）を、町井千代は日本の古典についてのエッセー「オリエントの光」（三四、三七、三九、四〇号）を寄稿した。

造園や華道関連の記事には、京都帝大農学部の岡崎文彬《あやあき》による「日本庭園の設計」（一五号）、日本庭園の海外紹介にも功績のあった造園家龍居松之助の「日本庭園の歴史概観」（二四号）、田村剛「日本庭園」の紹介文（三一号）、華道家の西川一草亭《いっそてい》「日本の華道」（一八～二一、二三号）がある。

それ以外では、鈴木大拙の仏教論（三一、三三、三四、三六号）、在英ジャーナリストで、英文詩人、劇評家として活躍した駒井権之助の「武士道」（一八号）、仏文学者川島順平「少女雑誌と漫画雑誌」（四一号）、教育省の高等教育課所長、山川健男爵「映画による教育」（二三号）がある。

連載としては、税所篤二《さいしょとくじ》の「日本の文学芸術関係ニュース」（六、［七］、八～一一、［一二・一三］、一四～一六、一九、二〇、二四、二七～三九、［四〇、四二］号）がある。税所は美術評論家、美術ジャーナリストで三九年までジャパン・タイムズ社記者であった。日仏会館開館に関わり、日仏美術交流に尽力した。その他に、植物学者牧野富太郎と岡現次郎の「日本の花暦」（三三、三四、三八～四〇号）の連載がある。

10　文化以外の研究者

経済、産業、医療関連の主要記事は以下の通りである。経済学者土屋喬雄の「日本経済発展の特色」（四八号）、ジャパン・タイムズ誌の東京財政部編集長、冨田清萬の「一九三八年日本の財政状況と一九三九年の見通し」（三八号）、鈴木三郎「一九三五年までの日本の自動車産業」（一六号）。『皇国の実力』*The economic strength of Japan*（1939 Hokuseido）の著者朝日五十四は「日本の商業的拡大の秘密」（四～六、八～一一、一四号）を執筆した。また、泌尿器科研究者の伊藤正雄は「性ホルモン研究の現状。研究者と仏製薬研究所」（一七号）を記し、渡仏後に『欧米の内分泌学界を覗いて』、『欧米空の旅』（ともに一九三七年六月帝国社蔵器薬研究所）を出版する。また、雑誌『内外経済』主幹の樋口弘「中国における日本の紡績業の歴史概観」（二四号）、化学者友田宣孝《よしのり》「芋焼酎の製造」（三九号）

のように技術面の報告や啓蒙的な記事の掲載によって、日本における各分野の水準の高さを知らしめることになった。

結びにかえて

以上見たように、多彩な執筆陣に支えられた『フランス・ジャポン』は文化誌としての役割を十分に果たしていた。創刊号（三四年一〇月）から四九号（四〇年四月）までの間に、一号あたりの頁数が増え、内容にも変化がみられる。松尾によると「わたしの文化中心主義は心配したほどでもなく、どこからも横槍がはいらなかった。その理由は、パリに住む大部分の日本人がフランスという文化と人間の知性を尊重する伝統の国に暮らしていたせいでもあり、また他方、日本内地の要人たちも、軍国主義一点張りで大あばれをしながら、内心、コンプレックスを感じ、こうした文化宣伝をひとつの〝かくれみの〟と考えていたためであろう」（松尾前掲書）。確かに初期には満鉄の宣伝や政府の広報で満たされていた誌面が、号を重ねて日仏の政府の検閲の対象となるようなリベラルな記事の掲載に至った。パリ陥落によって満鉄欧州事務所はベルリンに移り、雑誌は四〇年に終刊を迎えた。フランスはパリ解放までの間、ナチスドイツによる占領を受け入れる。

ここで日本国内の国際交流政策に目を向けると、四〇年一二月に国際文化振興会が外務省管轄から、新設された内閣情報局第三部「対外宣伝」の中の第三課「対外文化事業」の管轄へと移管された。今後国際文化に関わる活動は情報局の監督指導のもとで行われることを意味し、両国間相互協力のもとに実践される従来の「文化交流」から、政府の政策に沿った「東亜新秩序建設」の方向へ変更されたことになる。このように海外での文化活動が日本政府に統制され、そして出資元の満鉄自体、三八年から事実上、関東軍が支配するようになっていたことを考えると、坂本、松尾、小松を中心とした『フランス・ジャポン』の活動は、戦前日本が軍国主義に染まっていく時代に行いうる、最後の大胆な文化事業であったといえるのである。

『フランス・ジャポン』の外国人執筆者たち

——国家プロパガンダと双方向的文化交流

朝比奈美知子

国家プロパガンダと双方向的文化交流——第二次世界大戦前夜に創刊された『フランス・ジャポン』が背負うことになったのはこの矛盾する命題である。坂本直道と松尾邦之助の理念を反映し、文化交流を通じた日本への理解の獲得という使命を帯びて創刊されたものの、満洲事変以来激化の一途を辿る国際社会の逆風の中、満鉄の資金を得て刊行され満洲国建設や国家が推進する産業の宣伝記事を間断なく掲載した同誌は、必然的に政治性を帯びた宣情の役割を担うことになる。しかしながら、国家利害や政治的意図が複雑に絡まる世界情勢下で日・仏相互の協力によりパリで創刊されたこの雑誌においては、むしろその錯綜状況ゆえに国境の枠を越えた論壇が形成され、紙面を通じた斬新な文化交流の空間が生み出されていく。それを支えたのが、世界の首都パリに集った国籍や身分を異にする編集者・執筆者たちであった。実際、狭義の執筆者に対談者や資料提供者も加えた同誌の執筆陣は、日仏にとどまらずドイツ、ロシア、イギリス、さらには中国にも及び、まさに多様かつ多国籍的である。以下では、彼らの風貌と記事を概観しながら同誌に形成された政治・文化地図を探ろう。

1　編集委員ならびに事務局長アルフレッド・スムラー

まず、日本側の松尾邦之助（通称クニ）とともに同誌の編集の中核を担ったアルフレッド・スムラー（一九一一〜九四）について触れないわけにはいかない。同人の姓は本来「スムラール」と読むべきであるが、日本に長く滞在し日本文化を深く愛した彼自身が、日本の苗字の「須村」とも読めることから、「スムラー」の読みを採用するよう強く希望したという（『ニッポンは誤解されている』長塚隆二・尾崎浩共訳、一九八八年六月、日本教文社）。その波乱に富んだ生涯にはある意味で、日仏現代史の紆余曲折が凝縮されている。彼自身の回想録『アウシュヴィッツ１８６４１６号日本に死す』（竹本忠雄・吉田好克共訳、一九九五年一一月、産経新聞ニュースサービス）によれば、生まれは一九一一年、父は技術コンサルタント、母は歯科医という「ブルジョワ家庭」の出身である。医学部への進学を期待していた父の意向に反してパリ大学文学部（ソルボンヌ）で民族学を修め、卒業後は、パリ民族学博物館（のちの人間博物館）のアジア部門チベット課主席研究員に任命される。スムラーと日本の関わりは、ソルボンヌで知り合った学生張良弘を通じて読売新聞社の松尾邦之助と出会い親交を結んだことに端を発する。松尾から雑誌編集の仕事への協力を依頼されたスムラーはその申し出を快諾、編集委員として活躍すると同時に二七号から四四号までの間には事務局長も務めながら、この日仏交流誌刊行の仕事を精力的に進めていくことになるのである。

スムラーはもともとジャーナリストというよりも学究肌の教養人で、日本語のみならずサンスクリット、チベット語、パーリ語にも通じ、アジアの民族・文化誌に深い関心を寄せていた。中でも日本は、彼自身の回想によれば、中・高校生時代に日本の浮世絵や俳諧の翻訳に接して以来、ゲーテのいう「親和力」ともいうべき内的な共感によって彼を惹きつけていたのだという。彼が松尾、川路柳虹と協力して出版した『一九三五年までの日本文学史』*Histoire de la littérature japonaise des temps archaïques à 1935*（一九三五）には文学・文化誌研究家としての彼の素養が反映されている。

が、日本との出会いはスムラーの人生に思いがけない波乱をもたらすことになる。そもそもナチス・ドイツが台頭し日本も中国侵略を進めていた一九三〇年代に日本の立場の顕揚を使命とする雑誌の編集に携わること自体、周囲の先入観を生まずにはいなかった。一九三九年九月にドイツ軍のポーランド侵攻により第二次世界大戦が勃発すると、彼は、日本人との交渉が原因で祖国フランスへの敵対行為の疑いをかけられ、四ヵ月にわたり軍事刑務所に収容されることになる。刑務所から釈放されると召集に応じて従軍するが、四〇年にはドイツ軍の捕虜となり七ヵ月間強制労働に従事する。同じ捕虜収容所にはサルトルがいた。四一年にスイス赤十字を通じて収容所から解放されると、リヨンでレジスタンス運動に加わり指導的な役割を果たす。が、一九四四年二月にはゲシュタポに逮捕され、国内収容所を転々としたのちアウシュヴィッツ、ブッヘンヴァルトへと連行され、拷問を含む厳しい尋問を受ける。この間には詩人ロベール・デスノスと知り合い共感を深めた。四五年に脱走しパリに生還を遂げ、大戦後にはレジョン・ドヌール勲章、国家功労賞、レジスタンス功労賞などを受賞することになる。一九五一年からＡＦＰ極東特派員として朝鮮戦争を経験し初来日、以後『エコー』、『パリ・マッチ』などの特派員も務めた。七〇年には日本女性と結婚。日本論『ニッポンは誤解されている――国際派フランス人の日本擁護論』（長塚隆二・尾崎浩共訳、一九八八年六月、日本教文社。同書はタイプ打ち原稿 *Sont-ils des humains à part entière? l'intoxication anti-japonaise* を出版したもので、フランス語版は、スイスのl'Âge d'homme 社より一九九二年に刊行されている）、前述の回想録『アウシュヴィッツ１８６４１６号日本に死す』を刊行し、一九九四年日本で没している。

スムラーの波乱の生涯は、まさに大戦をはさんだ日仏の錯綜した歴史を反映するものと言えよう。ことに彼が祖国フランスから受けた収容所送致と愛国的英雄としての顕彰という矛盾する処遇は、大戦前夜の政治情勢下で行われる文化交流が孕む危うさを如実に示している。スムラーが当初持っていた日本に対する純粋に文化的な憧れは、そうした状況の中で必然的に政治的な色彩を帯びずにはいられなくなった。実は、『フランス・ジャポン』の他の外国人執筆者たちもまた、戦争へと歩む世界情勢下でそれぞれ紆余曲折を経験しながら国際情勢や文化に関する記事を書いた。彼らが同誌を介して試みた文化交流は、時として彼ら自身の人生を変えることにもなるのである。

2　極東の文明国――『フランス・ジャポン』外国人執筆者から見た近代国家日本

満洲事変（一九三一）、満洲国設立（三二）、国際連盟脱退（三三）、盧溝橋事件（三七）を契機とする日中戦争の勃発、南京虐殺に対する国際連盟の違反決議採択――『フランス・ジャポン』の刊行時期（一九三四～四〇）は、日本が大陸侵略を進め、それに対する国際社会の批判が激化の一途を辿った時代である。その動きを追うように、中国進出と満洲国の現状については毎号精力的に論評が掲載された。主な執筆者としては、医学の博士号を持つ親日派の政治家でタルデュー内閣で閣外副大臣を務めたシャルル・ペシャン、「新日派」協会会長リュドヴィック・バルテレミー、三度にわたりフランスの首相を務め、レオン・ブルムの人民戦線内閣での戦争大臣などさまざまな政権下で閣僚を務めたエドゥアール・ダラディエ、第一次世界大戦中の殊勲で国民的人気を得た将軍で、中国・朝鮮での大使館付き武官や中国の軍事顧問も務めたブリソ＝デマイエ、もとジャーナリストでのちにペタン政権で国務大臣を務めたリュシアン・ロミエ、太平洋の海軍基地での任務に従事し、カリブ海を舞台にした小説や第二次大戦中のインドネシア、オーストラリア情勢に関する著作もあるルネ・ラ・ブリュイエールらがいる。さらにジャーナリストとして『ル・モンド』*Le Monde* ならびに左翼系の新聞で活躍し平和主義を貫いて人民戦線を支えたエマニュエル・ベルル、極東問題通のアンドレ・デュボスク、継続的に多方面の記事を書き松尾とエミール・スタイニルベル＝オーベルラン（後述）共訳の『日本詞華集』をハンガリー語に翻訳してもいるアルフレッド・タンらがいる。

雑誌の性格からすれば当然のことながら、日本の中国進出に関する彼らの見解は概して好意的なものである。七号掲載のシャルル・ペシャンの論説「極東における西洋の文明の体現者日本」によれば、日本は「みずからが迅速に達成した文明化の恩恵を極東に行き渡らせる」という「偉業を達成した」。彼によれば、日本の意図は何より「中国をみずからの精神的な域まで引き上げ、西洋を受け入れようとしなかったゆえに留まっている無政府状態から抜け出せるように」するという「平和的な」ものだ。「文明化」、「平和的意図」、「日本の中国進出による中国の繁栄」は、『フランス・ジャポン』の日本擁護の論陣における基本了解であると言ってよく、他の執筆者の論においても繰り返されている。また同誌においては日本人とフランス人の精神の親近性が随所で指摘される。たとえば、三五号には「日本とフランスは兄弟のように似ている」（アルベール・ド・プヴルヴィル『アジアの大事変』）、三三号には、日本はしばしば「アジアのプロシア人」と言われるが、それはまったくの誤りで、日本人はその気質や文化、趣味、自然の豊かさおよび風土において、「ドイツ人よりもフランス人のほうに限りなく近いのだ」マルセル・ドニ（「日本人――アジアのラテン民族」）といった記述がなされている。

実は、「文明」への言及、日本とフランスの親近性の指摘は、一九世紀中葉から日本関係記事を継続的に掲載した新聞『イリュストラシオン』*L'Illustration* の日本関係記事においても、度重ねて認められる要素である。たとえば同新聞には、日本を含む極東へのフランスの進出は、進歩から取り残された野蛮な民族を「われわれの文明の理念、教義、原則によって」「再生」することであると述べられている（『イリュストラシオン』一八五六年一一月一日号の中国進出に関する部分）。ここではまず、「文明（化）」という言葉がフランス人にとって自身の文化概念や存在意義を包括する高い精神性を持つものであることを承知しておく必要がある。その精神は『ヨーロッパ文明史』*Histoire de la civilisation en Europe*（一八二八）において文明を社会的・精神的進歩の成果とみなし、世界は進歩、文明化へと向かわねばならないとしたフランソワ・ギゾーの言説も示すように、近代・現代においてもフランス人が自らのアイデンティティを自他に顕揚するためのきわめて重要な理念となっている。一方、一八六九年一二月二五日号には「日本人はフランス人と限りなく近い精神を持ち、より率直で快活なところがあるので、日本の門戸解放は中国よりも進むだろう」という記述がある。つまり、日仏の親近性の感覚のひとつの要因として「文明（化）」があるのである。実は『フランス・ジャポン』においてもそれは同様で、たとえばリュドヴィック・バルテレミーは「フランス大衆とアジアの事変」（三一号）において、「弛緩状態」に留まってきた中国を「大きなゼラチン」に譬える一方で、はつらつとした意識で独自の国家観に基づいて近代国家の建設をしてきた日本を高く評価している。一九世紀中葉以来、西洋の文明化に容易に染まらない中国と日本が時に対照的な存在として比較されているのである。

　周知のとおり、「文明化」という言葉はしばしば帝国主義を推進する欧米諸国の一面的な価値観を集約する。この語にフランス人がいかに崇高な精神性を付与するとしても、この語を多用する『フランス・ジャポン』の視座には、ある種楽観的な独善性を認めないわけにはいかない。とはいえ、同誌の論壇には、そうした欧米の独善的価値観に対する批判の言説が芽生えているのも事実である。前述のバルテレミーは、国内資源が乏しい日本にとって資源や市場の獲得が不可欠であることを指摘したうえで、日本の行為はロシア、アメリカ、イギリスあるいはフランスなどの列強が自国の利益拡大のためになしてきた行為と同質のものであり、しかも日本はこの上なく円滑に満洲国を建設し、経済的な発展をもたらしているのだと主張する。資源・市場獲得の必要性、日本と欧米列強の行為の同質性の指摘は、先に言及したペシャンも含めて『フランス・ジャポン』の論説の随所に認められる要素である。一九〇〇年以前の『イリュストラシオン』に現れた日本論においては、当初はヨーロッパ風の文明化の対象であった日本がめまぐるしい発展を遂げるにつれて、身分不相応な発展を遂げた成り上がり者あるいはヨーロッパの脅威とみなす論が散見されるようになり、日本の発展と「黄禍」が結びつけられた記事も出現するに至る（一八九五年一一月一六日号）。他方、『フランス・ジャポン』二六号においてリュシアン・ロミエは、白人の差別意識を批判し、アジアへの日本の進出を黄色人の顕揚を図るための行為と位置づけ、俗にいう「黄禍」は白人の側のエゴから生み出されるものである、と主張する。こうした論評は、前述のように日本の国家プロパガンダと切り離し得ない側面を持つとはいえ、欧米列強の世界進出そのものを相対化する視点を提示しているという点において、ある意味で成熟した異文化論の萌芽を見せているとも言える。

もちろん、日本への共感や日仏の親近性の指摘は、精神論の観点ばかりでなく、極東で利権を争う欧米列強の勢力地図におけるフランスの国益確保という観点から展開されていることを忘れてはならない。一九〇〇年以前の『イリュストラシオン』の記事において日本への関心の裏にとりわけ意識されていたのは大国ロシアの脅威であり、「自らの渇望の前に提供された豊な餌食である南の地方へと進出してきた」（一八五六年六月二五日号）、「われわれ［＝フランス］の傍らで二つの強国［＝ロシアとイギリス］が着実に対外政策を組織的に推し進めている」（一八五七年五月一六日号）といった記述によりロシアの脅威が強調されていた（『イリュストラシオン』日本関係記事については、以下を参照されたい。朝比奈美知子編訳『フランスから見た幕末維新——「イリュストラシオン日本関係記事集」から』二〇〇四年三月、東信堂）。その意識は第二次世界大戦前夜の『フランス・ジャポン』においても同様である。かねてからインドシナの開発を進めていたフランスにとっては、資源のみならず巨大な潜在需要を秘めた中国は大きな興味の対象であったが、『フランス・ジャポン』の執筆者たちは概して、中国において自らを脅かすことなく協力関係を構築するのに好都合な相手として日本を見ている。ロシアとドイツに挟まれ圧力を受けながら必要に応じて両国との妥協を図りつつ中国進出を進める日本に理解を示すエマニュエル・ベルルの記事（四六号）もその一例で、同誌において日本の中国進出は、ロシアやドイツの進出の防波堤となって極東における列強の力のバランスを作るものとして論評されているのである。

3　『フランス・ジャポン』外国人執筆者が描いた大戦前夜の政治地図

言うまでもなく、全世界を巻き込みつつあった戦争は『フランス・ジャポン』の最重要の関心事であった。この話題に関しては、ドリュ・ラ・ロシェル、レオン＝ポール・ファルグなど日本で翻訳が読める作家たちも寄稿している。また、『田園交響楽』の日本での映画化（一九三八年、東宝）に際して来日したアンドレ・ジッドと小松清の対談（一九三九年に『中央公論』に掲載された記事を仏訳したもの）においても、フランコ政権の樹立を招いたスペイン内戦、日中戦争に対するジッドの憂慮が語られている。

第二次世界大戦において日本とドイツが同盟関係にあったことは周知のとおりであるが、『フランス・ジャポン』においてはドイツにおけるヒトラーのファシズムの台頭は看過すべからざる脅威と捉えられている。松尾邦之助によれば、坂本直道は、国際社会の逆風を受け危機に直面している日本を救うためには、日・独・伊の接近を妨げることが必要で、軍の独善を抑えるためには英仏との連携を強める必要があると力説したという（松尾邦之助『風来の記――大統領から踊り子まで』一九七〇年七月、読売新聞社）。結果的に満洲国の宣伝をすることで軍部の活動を擁護する形になりはしたが、日本ペンクラブの会長清沢洌（二六号）ら日本人執筆者たちが度重ねて侵略の意図の不在やファシズムとの無縁性を強調していることにも表れているとおり、『フランス・ジャポン』の論壇にとっては日本とファシズムの切り離しは至上命題であった。ゆえにドイツのヒトラーは同誌において一貫して批判の対象となっている。ただし、同誌の論述はヒトラーを批判するものではあっても、必ずしもドイツという国やドイツ国民に敵対するものとはなっていないことも銘記する必要がある。その意味でアンドレ・ド・ルカによるインタビュー「ドイツと日本の役割 オットー・シュトラッサーとの会見」（四八号）は興味深い。オットー・シュトラッサーは社会学者・経済学者で、第一次世界大戦後にはドイツの首相を務めた人物である。彼は兄のグレゴールとともにナチス党員となったが、途中からヒトラーと袂を分かち、兄のグレゴールは一九三四年に処刑された。オットー自身の言葉によれば、彼がヒトラーに協力したのは、第一次大戦での敗戦で疲弊したドイツを顕揚するためであったが、彼自身ヒトラーに傾倒したことはないという。そして彼はヒトラーを排除すべき人物とし、ヒトラーが計画しているオランダ侵攻計画について語るのである。

ところで、『フランス・ジャポン』における「日本＝ファシズム」説否定の言説にはひとつの興味深い方向性が認められる。三六号においてルネ・ラ・ブリュイエールは、フランスにもミカドの政府をファシズムと結びつける輩がいるが、それは極端な思想を持つ少数派であり、そうした少数派の見解が一人歩きすることは認めがたいとしている。彼によれば、日本がファシズム国家であるというのは共産主義が吹き込んだ偽りである。マルセル・ドニ著「日本人――アジアのラテン民族」（三三号）においても、「共産主義の蛮行に対して文明を防衛する」という観点から、日本の中国への介入が強く擁護されている。つまり、ロシア革命を引き起こした共産主義が、ある意味でドイツ以上に深刻な脅威として提示されているのである。先に述べたようにロシアの極東進出に対する懸念は、一九世紀から度重ねて指摘されてきた。『フランス・ジャポン』においても、中国東北部に食指を伸ばすロシアの脅威については繰り返し言及されているのだが、共産主義の脅威はロシア帝国の脅威にも勝るもので、同誌記者たちは時としてアレルギーとも言える感情を露わにする。旧ナチス党員シュトラッサーも、インタビューの中でフランスとドイツの宥和を訴えるが、それは共産主義の波及を阻止するためであり、彼によれば日本の役割も、極東においてその侵攻を妨げることにあるのである。

さらに、一九四〇年四月刊行の四九号には、南京に誕生した汪兆銘政府で和平政権副行政院長、外交部長を務め後に日本大使にも任命された褚民誼《ちょみんぎ》（＝明遺）、同政権で行政院副部長、財政部長などを務めることになる周仏海による記事が掲載されていることも忘れてはならない。彼らの記事は、日本の大陸進出に理解を示しながら、中国を尊重し共栄を図る必要を訴えている点で共通している。彼らのうち褚民誼は、清代末期に日本およびフランスに留学した経験を持ち、パリでは雑誌『新世紀』を刊行し無政府主義革命を掲げていた国際派の教養人である。が、その国際派の感覚そのものにより、彼はのちに苛酷な運命にさらされることになる。『フランス・ジャポン』事務局長スムラーが日本との交流がもとで祖国フランスから迫害を受けることになった経緯については先に述べたとおりであるが、褚民誼も戦後漢奸罪に問われ処刑されることになるのである。こうした紆余曲折を経験した執筆者はほかにもいる。たとえば松尾と多数の翻訳を出したスタイニルベル＝オーベルラン（後述）は大戦中にナチスに追われて南仏に逃亡した。松尾の回想録『風来の記』には、アルジェリアに逃げた後に病死したが詳細は不明との記述があるが、本書巻末には、松崎碩子氏により、その消息に関する新資料が紹介されているので参照されたい。ジャーナリストのエマニュエル・ベルルはもともと左翼系の新聞で活躍したが一時ペタン将軍に接近し、戦後に政界を引退している。人民戦線に賛同しながらも後に共産主義に失望して離脱する者もある。一人一人が激動の時代に国境を越えた文化交流に手を染めながら、同時にさまざまな政治理念の間での試行錯誤を繰り返した。複雑に入り組む政治・文化地図を渡り歩くことは、矛盾をはらんだ状況を選びながら生きることにほかならなかった。

4　日本論の成熟――双方向的比較文化論の萌芽

以上、『フランス・ジャポン』の政治・外交記事の執筆者を概観したが、同誌創刊時の理念の中心に文化があったことをあらためて思い出そう。そもそも、「文化を伴わない経済は、単なる動物の知恵」（『風来の記』一九一頁）と断言する松尾にとっては、文化紹介は同誌の最重要項目であったし、実際同誌には情宣とは無縁の多種多様な質の高い文化論が展開されている。

文化記事の執筆者の顔ぶれもまた錚々たるものである。まず、文学者であると同時に外交官として活躍し一九二一年から二七年まで駐日大使を務めたポール・クローデルは、日仏交流の推進者として同誌の理念への共鳴を折に触れて表明すると同時に俳句や未完の書簡を寄せている（二〇、四五号など）。松尾邦之助によれば「骨の髄まで親日の作家」クロード・ファレルはゴンクール賞作家でアカデミー・フランセーズ会員でもある。日本のほか、ベトナムのサイゴン、トルコのイスタンブールなど異国での豊富な滞在経験があり、エグゾティスム小説の領域ではピエール・ロチに比せられる作家とされる。また、日本海戦を題材にした小説『戦闘』*La Bataille* を書いたことでも知られる。『フランス・ジャポン』では、彼の来日についての記事（二九号）が掲載され、ファレル自身は、日本滞在の回想（三四号）、日仏友好の呼びかけ（四六号）を執筆している。また、三五号では彼の極東論『アジアの大事変』*Le Grand Drame de l'Asie* の概要が紹介されている。日中問題に関する考察（二九号）、日本とインドシナ関係についての考察（一四号）、能の紹介（一七号）、あるいは、欽明天皇と仏教伝来の経緯（二七号）、日本による東南アジア植民史（三七号）など多様な主題で記事を書いたアルベール・メボンは、一九一六年にフランス外務大臣により駐日広報使節に任命され、以来『極東時報』の刊行、フランス書院の創立、東京外国語学校での教育活動を通じて日仏文化交流に貢献し、翻訳の仕事もある。そのほかにも、フランスにおける日本研究の第一人者でパリ大学（ソルボンヌ）教授ミシェル・ルヴォン、作家・美術評論家で人民戦線内閣に協力したジャン・カスー（四八号に文学とヒロイズムに関する批評を寄稿）、近東・中央アジアに関する著作を残し、ジンギスカン（三二号）、ラペルーズ（一五号）を題材にした記事を書いたジョゼフ・カスターニェなど名だたる寄稿者が名を連ねている。創刊号に東京・パリに同時に設立された日仏医学委員会 Comité Médical Franco-Japonais の設立趣意書が掲載されていることが示すとおり、医学を通じた日仏交流は『フランス・ジャポン』誌上の重点項目の一つであった。実際同誌には、医学および科学アカデミー会員のシャルル・アシャールをはじめ日仏双方の何人もの医学者が寄稿している。

　ところで一九三七年にはパリで万博が開催されているが、『フランス・ジャポン』には万博の展示に関する記事は意外に少ない。ちなみに一九〇〇年以前の『イリュストラシオン』誌は、万博（一八六七・七八・八九・一九〇〇年）における日本館の展示の記述に多くの紙面を割いていた。バルビエが「フランスにおけるジャポニスムの誕生」（一七号）において日本趣味で有名なゴンクールを引きながら語るように、一八六七年の万博が開催される以前の日本研究者の前には「実証資料の貧弱さという超え難い障害」が存在していた。が、万博以来、日本のさまざまな美術工芸品がフランス人の眼に触れるようになる。一九世紀の万博の紹介記事が時として展示品の羅列とも言えるものになったのは、日本関係資料が決定的に不足した状況下においては批評的考察よりもまずはそうした資料紹介に大きな意義があったからにほかならない。

　一方『フランス・ジャポン』の記事は、そうした一次段階を超え、内外で蓄積された資料を日仏双方から検証しつつ双方向的文化論の構築を試みているように見える。以下、眼につく内容を拾ってみよう。まず、日本文学はつねに大きな興味の対象であったが、まず、同誌においては翻訳がきわめて重要な役割を果たしてきたことを確認しておく必要がある。実際同誌においては、毎号のように与謝野晶子、川路柳虹、菊池寛、萩原朔太郎、谷崎潤一郎などとい

Un modèle de la haute couture parisienne inspiré du kimono.
Manteau du soir de lamé argent piqué.
LANVIN.　(Reproduction interdite).

Près de la porte du château de *Sakuradamon*, les deux aspects du Japon actuel sont bien symbolisés par ces deux jeunes filles.

『フランス・ジャポン』第34号ジゼル・ダサイィによる着物についての記事より。「着物にインスピレーションを受けたパリ・オートクチュールのデザイン。銀ラメの入ったピケの夜会用コート。ランヴァン（複製禁止）」（左）「皇居桜田門付近にて。現代日本の二面を象徴する二人の若い女性。」（右）

った作家・詩人の作品の翻訳が掲載された。この分野でとくに貢献したのが松尾邦之助とスタイニルベル＝オーベルランである。松尾の回想録『風来の記』によれば、スタイニルベル＝オーベルランとの翻訳の共同作業は、ギメ美術館で開催された「東洋の友の会」での出会いをきっかけにスタイニルベル＝オーベルランから日本の俳諧の共訳をもちかけられたことに始まる。はじめスタイニルベル＝オーベルランの素性を知らなかった松尾にその情報を伝えたのは藤田嗣治である（同人と松尾の関係については、江口修氏の以下の論文も参考にさせていただいた。「松尾邦之助とパリ　その1　狂乱の時代」『小樽商科大学人文研究』一一五号）。後に松尾の無二の親友となるこの人物は、ストラスブールの名門の出でフランスの旧文部省の大臣官房長などの要職を歴任しながら若いうちに政界から身を引き、仏教や日本文学の研究に傾倒した教養人であった。『歎異鈔』、『碧巌録』などの仏教書に精通し、鈴木大拙の著作も読んでいたという。以後彼は松尾と共同で古典から現代文学まで日本の多種多様な文学作品を翻訳するが、同時に、松尾の協力を得て『日

本の仏教宗派』*Les Sectes bouddhiques japonaises*（一九三〇）などの著書を刊行してもいる。

　こうした翻訳と合わせ、『フランス・ジャポン』には、毎号きわめて興味深い日本文学論が掲載される。たとえば、スムラーによる日本文学史（二号）、ジャン・シプリアン・バレによる日本の詩歌論（二八号）、エレーヌ・ラヴェスの清少納言紹介（三三号）、スタイニルベル＝オーベルランの日本現代詩論（四三・四四号）などである。さらに、ジュリアン・ヴォカンスやアルベール・ポンサンあるいはクローデルの俳句、アンドレ・シュアレスの短歌（四九号）といった創作も継続して掲載されている。このほか同誌には、ガブリエル・ムーレーによる岡倉天心『茶の本』の翻訳の紹介（三七号）、アカデミー・フランセーズ会員アベル・ボナールによる日本文化論（四七号）、ジルベルト・ラ＝ドルジュ夫人による日本女性論（三四号）や加賀の千代女論（二〇号）、ジャン・フォントノワの自殺論（三七号）、『フィガロ』、『ヌーヴェル・リテレール』などで活躍し「生活術」という言葉を提唱したジャーナリスト、ジゼル・ダサイィによる着物の紹介（三四号）や日本人論（三七号）、リシャール・ド・グランメゾンによるラフカディオ・ハーン紹介（四三・四四号）、日本を訪れたピアニスト、アンリ・ジル＝マルシェによる日本の音楽事情紹介（二九号）、ノエル・ペリ著『五つの能　日本の抒情劇』*Cinq Nô Drames lyriques japonais* の紹介（マリー＝クレール・ラガトゥ執筆、四一号）、ジョン・バチェラーによるアイヌ論（四〇号）など実にさまざまな記事がある。

　彼らの記事はいずれも、事象の描写に終始せず先行研究を引きながら多角的な視野の日本文化論を展開している点において共通している。たとえば、三七号でジゼル・ダサイィはラフカディオ・ハーンを引きながら日本人の美質を紹介しているが、ハーンについての言及は同誌において度重ねて行われており、複数の執筆者の記事を横断的に読むと、当時のヨーロッパにおける日本文化論の形成にハーンが大きく貢献したことがよくうかがえる。件のダサイィの記事は、まずハーンに依拠して日本人の美質や日本女性の美を語っているが、ハーンが近代化による日本の精神性の破壊を懸念したのに対して、ダサイィはその懸念を払拭している。

創刊号に日仏医学委員会設立趣意書と並んで、東京（銀座）に設立された国際仏教協会に関する報告が掲載されたことは、『フランス・ジャポン』において仏教思想・文化の紹介が重要な位置を占めていたことを示唆している。こ

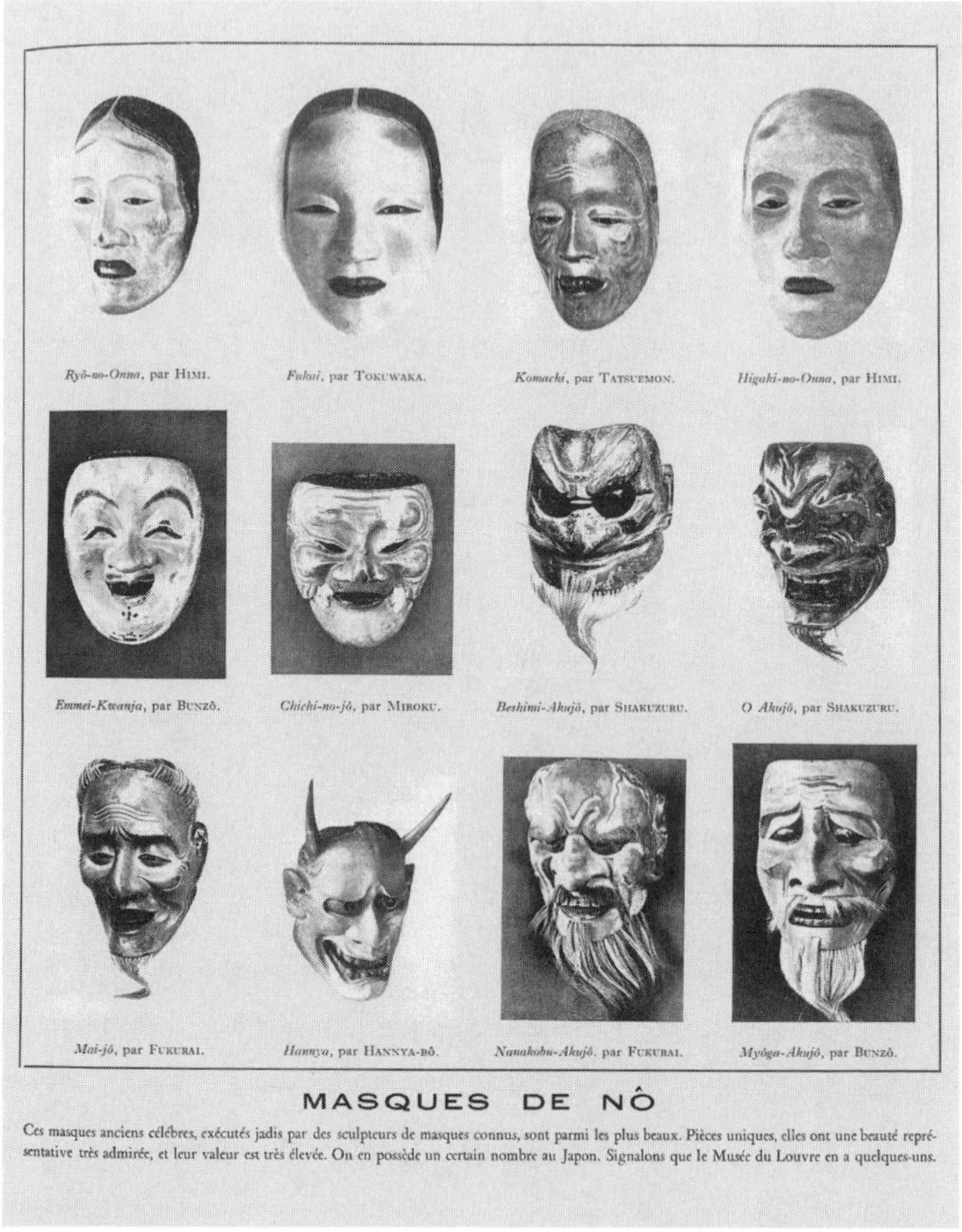
Ryô-no-Onna, par Himi.
Fukai, par Tokuwaka.
Komachi, par Tatsuemon.
Higaki-no-Onna, par Himi.
Emmei-Kwanja, par Bunzô.
Chichi-no-jô, par Miroku.
Beshimi-Akujô, par Shakuzuru.
O Akujô, par Shakuzuru.
Mai-jô, par Fukurai.
Hannya, par Hannya-bô.
Nanakobu-Akujô, par Fukurai.
Myôga-Akujô, par Bunzô.
MASQUES DE NÔ
Ces masques anciens célèbres, exécutés jadis par des sculpteurs de masques connus, sont parmi les plus beaux. Pièces uniques, elles ont une beauté représentative très admirée, et leur valeur est très élevée. On en possède un certain nombre au Japon. Signalons que le Musée du Louvre en a quelques-uns.

「霊女　氷見作　　深井　徳若作　　小町　竜右衛門作　　桧垣女　氷見作
延命冠者　文蔵作　　父尉　弥勒作　　癋見悪尉　赤鶴作　　大悪尉　赤鶴作
舞尉　福来作　　般若　般若坊作　　鼻瘤悪尉　福来作　　茗荷　文蔵作」

「これら有名な能面は著名な能面師の作で、もっとも美しい面に数えられるものである。これら類まれな傑作の表現美は絶賛され、その価値はきわめて高い。こうした面は日本にもあるが、ルーヴル美術館にも何点か所蔵されている。」（『フランス・ジャポン』第41号）

の分野においてはとりわけ、日本・外国の執筆者たちがそれぞれ異なる角度から多様なアプローチを試みている。たとえば三一号から三六号にかけては鈴木大拙による「日本の仏教」が連載され（三三号には掲載なし）、仏教の教義や文化が日本の立場から紹介されている。他方、それに平行する形で同誌にはさまざまな外国人執筆者による仏教文化論、あるいは宗教文化論が展開されている。たとえば前述のスタイニルベル＝オーベルランは「日本の仏教と西洋」（四号）、「日本仏教の近代性」（一六号）において、従来仏教が死や虚無、不安定の宗教であるとされてきたことを批判し、日本における仏教が精神力、理想、あるいは社会の進歩と結びつくものとなっていることを指摘している。また二一号では、仏教には行動・創造・愛が欠けているとしたアンリ・ベルグソンの著作『道徳と宗教の二源泉』*Les Deux Sources de la morale et de la religion*（一九三二）への反論を試みている。また過去の伝統の記述よりも現代の生きた宗教としての仏教のあり方を重視していることも彼の仏教論の特徴である。前述のジゼル・ダサイィの日本人論も含め、生きて刻々に変貌するものとしての文化に関心を寄せている点は同誌のほかの執筆者にも共通している。伝統と近代文明の融合の様を提示することは『フランス・ジャポン』の日本文化論におけるひとつの理念となっているのである。

『フランス・ジャポン』の外国人執筆者たちが置かれた政治的な立場の複雑さや文化的な背景の多様さについては先にも述べたとおりであるが、文化記事の執筆者の中にも興味深い背景を持った人物がいる。ロシア出身のレオン・ヴィクトロヴィッチ・ド・オワイエもその一人である。彼はロシア・アジア銀行の北京支局長を務めた人物で、のちにフランスにも滞在した。北京滞在中から『北京の面影』*Silhouettes of Peking*（一九二六）などの小説を書いたことでも知られる一方で、鈴木大拙らにより設立された東方仏教徒協会 The Eastern Buddhist society に論文「プラトンと仏陀についての瞑想」（*The Eastern Buddhist*, 1936）を寄稿したことにも表れているように、仏教を中心とする日本の宗教に強い関心を寄せていた。九号において彼は、駐日イギリス大使経験者で学者でもあったチャールズ・エリオットの著作『日本の仏教』*Japanese Buddhism*（一九三五）について論じている。また、その後に掲載された二つの論考「日本人の精神性の矛盾」（三〇号）、「極東における君主の概念」（三九号）はいずれも、日本人の精神性を神道、仏教という二つの宗教、ならびに日本の風土と関連させながら論じた興味深い論である。

　世界大戦前夜の複雑な国際情勢の中でフランス人を中心とする外国人執筆者が日本擁護の雑誌『フランス・ジャポン』に寄稿することは、いわばジャン＝ポール・サルトルが述べるところのひとつのアンガジュマンを選択することであった。複数の執筆者が辿った波乱の運命が示唆するように、それは危険をはらまずにはいない選択であった。しかしながら、多国籍的な精神そのものであるこの雑誌は、編集者たちの意思に反するところで国家プロパガンダに加担しながらも、同時に国家の枠を超えた文化交流の空間を創出した。複雑に交錯する政治情勢が生む矛盾をみずから引き受けながら論陣を張る執筆者たちの比較文化論は、知的な冒険の地平で軽やかに国境を超えてみせる。彼らが展開する比較文化論は、安穏な場所から対象を眺める異国趣味的異文化論とは一線を画した双方向的な文化論である。それはまた、錯綜する世界情勢に身を曝す者が激動の時代の波を肌で感じながら刻々に構築する生きた文化論である。彼らは国家プロパガンダへの奉仕というマイナスの土壌から出発しながら、激しく変貌する歴史を生きることを通じて文化交流そのものの豊かな変容を示唆しうるひとつの形を残したと言えるのではないだろうか。

小松清とフランス人民戦線派
——行動主義文学論の意義

石田仁志

1　バルビュス、マルローとの出会い

小松清に関する評伝（林俊、クロード・ピショワ『小松清　ヒューマニストの肖像』一九九九年八月、白亜書房、三四～三七頁）に拠れば、小松は一九二〇年五月に社会革命に関する勉強を志してシカゴ大学へ留学する手続きを取ったが、左翼運動に関わる人物として政府からの査証が下りず、結局、翌二一年九月に行き先をパリに変更して渡仏した。ある意味、その偶然が、彼がのちにアンドレ・マルローらの所謂、フランス人民戦線派の文学と深く関わり、マルローの文学の翻訳や行動主義文学の提唱者として日本の文壇に名前を残すことになる契機となったのである。

渡仏してすぐに小松はグエン・アイ・クォック（のちのヴェトナム大統領ホー・チ・ミン）と知り合い（ミシェル・テマン『アンドレ・マルローの日本』二〇〇一年一一月、ＴＢＳブリタニカ、一〇九頁では「一九二二年」）、親交を深める。さらにグエンを介して小松は、アンリ・バルビュスらが発行していた雑誌『クラルテ』*Clarté* の事務所を知り、フランス共産党の植民地問題研究会にも参加するようになる（『小松清　ヒューマニストの肖像』四〇頁）。二三

雑誌『クラルテ』*Clarté* 表紙。

年三月、南フランスに滞在中の小松は、同じく南仏のミラマールの別荘に滞在中のバルビュスに書簡を送り、会いに行っている。

　バルビュスとの出会いの意味について、小松はあまり深く物語ってはいない。ただ、一九三五年にバルビュスが亡くなったとき、彼は追悼文「フランス文学の雄　バルビユスの死（上）」を『読売新聞』（一九三五年九月一日朝刊）に発表している。その中で小松は「豪奢な美しい」地中海を背景にして立つバルビュスの別荘に「意外の感」に打たれたと述べ、日本とは異なる「プロレタリア作家」の姿をそこに見たようである。

　思想的には公式的なコムミユニストだつたが、彼と話してゐると矢張りヒユーマニストらしいそして抒情的な詩人素質が、彼の激しい革命主義理論を強く色彩づけてゐたように感じさせた。文学者としての彼の精神的師匠であるゾラと同じくレアリズム思想をロマンチックなヒユマンな感情性が裏打ちしてゐるのである。

　革命思想家としてのバルビュスではなく、小松はあくまで文学的な「ヒュマニスト」としての姿を見ようとしている。また、後年、「アンリ・バルビュスの思出」（『社会文芸』一九五一年二月号）で次のようにも書いている。

冷厳なレアリズムによつて人間殺戮の場を描いた「砲火」を世にだしたバルビュスは、さらに「クラルテ」をかいて人間社会の進歩と正義と自由を信じ且つ要求するヒュマニズムの運動に口火をつけた。これは進歩的インテリゲンチャと労働大衆を結びつける革命的な文化運動であつた。加うるに広い国際的協力の上に立つたインタナショナルな運動であつた。

クラルテ運動については、小牧近江が一九二二年一〇月に佐々木孝丸との共訳でバルビュスの小説『クラルテ』を翻訳し、『種蒔く人』や『解放』『文芸戦線』でその運動やバルビュスの著作を数多く紹介しており、小松も知っていた。そうしたバルビュスとの出会いとクラルテ運動が、社会革命について学びたいと願っていた小松にどのような影響を与えたのだろうか。小松が後に日本で提唱する行動主義は、その大部分はアンドレ・マルローやラモン・フェルナンデスの小説や評論からの影響で生み出されたものであるが、右の引用にも明らかなように、その原点にバルビュスとの出会いがあったことは動かし難い事実であろう。「インテリゲンチャと労働大衆を結びつける」という点で後のマルローらのフランス知識階級連盟も、共産主義革命の実現か反ファシストかという目的の違いはあるものの、共通する方向性を持っている。また、先に見た小松のバルビュス評に繰り返される「ヒユマニスト」としての側面の重視という点や、後の行動主義文学論の提唱に於いてフェルナンデスの「行動的ヒュマニズム」という言葉を多用するという点を考慮すると、行動主義文学の根底にバルビュスが主導するクラルテ運動の「人間社会の進歩と正義と自由を信じ且つ要求するヒュマニズム」から連続するものを見ていたことは間違いない。小松は小牧近江のように直接にクラルテ団に参加して活動するということはなかったが、一九二〇年代のクラルテ運動から一九三〇年代の人民戦線への流れは小松の中ではひとつの連続したものであったように思われる。

バルビュスと親交をもった小松は彼が主宰する雑誌『モンド』*Monde* にその後、日本文学や演劇に関する批評を

雑誌『モンド』*monde* 表紙。

寄稿するようになる（『小松清　ヒューマニストの肖像』六七頁）。この『モンド』との関わりについては、矢張り先に引用した追悼文中で次のように述べている。

「モンド」はイデエオロギイの上では「クラルテ」運動のそれとは大して差異はないが、ただすべての政治団体からすつかり独立したものであつた。（中略）「モンド」は主としてインテリ勤労階級を目標として活動し、就中、小中学教員の間に反ファシズム、反ミリタリズムの思想を普及するに努力し今日に至つてゐる。

小松の中ではクラルテ運動から『モンド』へは連続する活動であり、それが小松の言うように政治的立場を超えて「反ファシズム、反ミリタリズムの思想を普及する」ためのものであるとするなら、マルローらの人民戦線運動とも連続するものとして捉えられる。小松はバルビュスとマルローとの関連については「一九三二年頃革命芸術家・文学者連盟を彼［論者注　バルビュス］が中心となつて起し、ジイド、ロオラン、エレンブルグ、マルロオ、リシャール・ブロック等と提携し協同戦線を布いて文化領域のすべての面に強い影響力を持つことになつた」（「フランス文学の雄バルビュスの死（下）」『読売新聞』一九三五年九月三日朝刊）と、指導的な立場にいたことを強調している。

『モンド』に執筆する機会を得たことで、小松はバルビュスからマルローへと交友の道が開かれただけではなく、多くのフランスの文学者や芸術家とのつながりを得たようでもある。たとえば、エリ・リシャール主宰の『イマージュ・ド・パリ』*Image de Paris* にも一九二四年一〇月（一一月合併号）に「松尾芭蕉の生涯」という長文の評論を発表している。

ただ、この一九二三年〜三〇年の間の小松は文筆活動だけではなく画家としても精力的に活動していた。文学と美術の両方に関わる活動について、林は「彼の心奥に首尾一貫して存在していたものは、アナーキィな思想である。これは、かれの生涯を通じて変ることがなかった。この点では、彼は、まず何よりもひとりの思想家であった」（『小松清　ヒューマニストの肖像』九五頁）と述べている。

一九二六年三月の第三七回アンデパンダン展への出品、二七年から三〇年までのフランス中南部のサン・シール・ラポピーでのアトリエ生活、そして二九年秋の個展開催などを成功させて、小松は一九三〇年一〇月パリへ戻ってくる（『小松清　ヒューマニストの肖像』九七〜一一〇頁）。林は、サン・シール・ラポピーでの生活はパリでの「惰性と安易に流されようとする自分に楔を打ち、青空と太陽と風と孤独のもとでもっと自由な気持ち、くつろいだ雰囲気の中で絵を描くため」（『小松清　ヒューマニストの肖像』九七〜九八頁）と述べ、またパリへ戻るのは「またものを書きたいという意欲」（同前一〇三頁）のたかぶりからであり、それは「外部世界と仲直りしようとする心の動きからであり、またそこで自分をもういちど試そうとする欲求」「みずからを愛しまた堂々と生きることへの意欲」（同前一〇七頁）の表われであると述べている。バルビュスとの出会いから七年間、小松はそのような静かで自由な時間を過ごしていたようだが、ヨーロッパは第一次大戦後の変革期の真っ只中にあった。概観すると、イタリアのムッソリーニ政権樹立（一九二二年）、フランス軍によるドイツ・ルール地方占領（一九二三〜二五年）、フランスのソビエト連邦承認（一九二四年）、ロカルノ条約調印による仏独不可侵条約締結（一九二五年）、フランスの左翼政権倒壊、ポアンカレ内閣成立（一九二六年）、ケロッグ・ブリアン条約（パリ不戦条約）調印（一九二八年）、世界恐慌の勃発（一九二九年）、ロンドン軍縮会議（一九三〇年）など、左右のイデオロギー対立の激化や戦後処理をめぐってのファシズムの台頭から世界恐慌へと、次の動乱の時代の足音が着実に響いてきていた時代であった。そして、この戦間期のフランス文学の世界に登場したのが、アンドレ・マルローであった。

小松は一九三一年二月に（「N・R・Fの素描」では「マルロオと僕が文通をはじめたのは一九二九年の春ごろ」で「はじめて顔を合わせたのは、それから丁度一年後のこと」と述べているが）マルローの『征服者』（一九二八年）をはじめて読み、感動してマルローに手紙を書いて直接会いに行っている。このときのマルローの文学との出会いを小松は後に次のように述べている。

まつたく、私がマルロオを知つたことは、恐らく私の一生涯を通じて、最も重大な事件であり、私の運命をはつきりと方向づけたと云つていゝほどの一つの決定的な変革を私に齎したものである。そうした意味で『征服者』は私を彼に繋いだ最初の懸橋であつたのだ。
世界のあらゆる文芸批評家と作家が何と『征服者』を評価しようとも、私は敢然とそれをば現代の小説のうちで最も時代性と永遠性をもつたジエニアスな作品であることを主張する信念をもつてゐる積りだ。

（「アンドレ・マルロオと行動の文学」『セルパン』一九三四年七月）

この文章に集約されるように、小松にとってアンドレ・マルローの文学との出会いはバルビュスとは比較にならない衝撃であったようである。それはおそらくは小松にとってバルビュスはフランスの現代文学への扉を開いてくれ、またフランスの知識人階級のネットワークの中へ小松を導きいれてくれた文学者であり社会運動家ではあったが、その小説世界が彼に新しい時代の文学を生々しく示してくれるものではなかったとはいえる。それに対して、マルローはまさしく小説家であり、小松が第一に惹かれたのがマルローの現実的な社会行動ではなく、『征服者』の小説世界であったからこそ、その衝撃はより大きなものとなったのではないだろうか。『征服者』と『人間の運命』について小松は同じ評論の中で続けて、次のように述べている。

『征服者』は一九二五年の広東革命を背景とし、伝統的な支那と新しく生れた行動的支那の葛藤、その争闘の渦中にあつて権力への熱意に空しき人生を燃焼する欧人の悲劇を描いた史詩《エホツペ》である。『人間の運命』もまた支那共産党革命を史的テイマとし、その圧力のうちに行動し争闘し体験し思索する幾多の個人の人間的条件、その孤独、その悲痛な独白《モノロツグ》、さうして死に直面した人間のみに許される真のヒロイズムと友情《フヲテルニテ》の交響楽を奏でたものである。

（「アンドレ・マルロオと行動の文学」、傍点は原文）

このマルローの小説に対する評価が「行動主義文学」提唱の原点だと言われているが、実はこの評論文では、マルローの小説の登場人物の、革命にむけた政治的あるいは熱情的な「行動」という点だけが強調されているわけではなく、その「行動」の背後に「空しき人生」や「死」が貼り付いていることを捉えている。それは『王道』の主人公ペエルカンについても「希望なく意義なき人生」「空しい如何にも空しい人生」に執着し、かつそれに徹し自らを束縛することで「生存をより強く深く意識する」と述べていることと同じである。また同じ評論中では次のようにも述べている。

…マルロオの創造する人物も畢竟、永遠に死に憑かれた人間であり、それによつて猶更たへざる抵抗と没落を生存意識のために要求する者に外ならない。

　彼はまた云ふ。「死は人生に一種特殊の色彩を与へ、それ自体によつて償ふものである。」

（「アンドレ・マルロオと行動の文学」）


これらに共通している点は、「死」を前提とした「人生」というニヒリスティックな認識の上に立ったヒロイックな「行動」に対する憧憬ということである。小松がマルローの小説の中に見た「行動」の魅力とは、単に政治的な熱情や知識階級の積極性というのではなく、激動する時代の中で、「死」を見据えながらも絶望感に屈することなくひたすらに前へ進もうとする人間の生き様にほかならなかったはずである。

2　行動主義文学論の主張

小松清が現代フランス文学に直接肌で接することで得たことは、一言でいうならば、文学とは何かということだろう。一九三一年八月、彼はマルローと知り合って僅か半年で帰国の途についている。しかし、その年の五月に妻クララと共に世界一周のような長旅に出ていたマルローは、小松を追うようにして中国の天津から船で一〇月に来日している。小松はマルロー夫妻が滞在中は通訳としてマスコミとマルローとの間を取り持ち、日本の文化に強い興味を抱いていたマルローを京都や大阪、東京を案内してまわっている。そして、この長旅の中で一九二七年の中国での革命運動を素材とした『人間の条件』（日本での最初の邦訳刊行時の題名は『上海の嵐』）をマルローは構想しており、小松はこの長編小説の登場人物でフランス人と日本人との混血児で活動家キヨのモデルとなっている。作中人物であるキヨについて、ミシェル・テマンは次のように述べている（テマンは「キョウ Kyo」と表記）。

> マルローは、時代と深く関わり、政治も行動も投げ出さず、死を恐れず、愛を見出す理想の人物像を描き出そうとしたのではないだろうか。キョウは運命を怖れず、常に意志がすべてに勝るようにしていた。彼が英雄的なのはそのせいだ。キョウの英雄的な面は〈武士道〉本来の価値観にも通ずる。それにしても妙な組み合わせである。マルクス主義者である父親の影響を受けた行動的な活動家、根っからのヒューマニスト、そういう意味では非常にヨーロッパ的なキョウの中に、サムライの勇気があるのだから。（ミシェル・テマン著、阪田由美子訳『アンドレ・マルローの日本』二〇〇一年一一月、TBSブリタニカ、四〇～四一頁）

マルローがキヨをこうした悲劇的（最後は反共勢力からの弾圧にあって自殺）で行動的な人物として描いたことは、小松がその後に行動主義文学論を提唱したことを考えると、いかにも暗示的であり、示唆的である。

『人間の条件』は一九三三年のゴンクール賞を受賞し、マルローは一躍、フランス現代文学を代表する作家として日本でも知られるようになり、小松はその紹介者として文芸誌や新聞に筆を取る。そしてそこから行動主義文学の提唱が始まるのである。

小松の行動主義文学の提唱は、ラモン・フェルナンデス著、小松清訳「ジイドへの公開状」（『改造』一九三四年六月）、「アンドレ・マルロオと行動の文学」（『セルパン』一九三四年七月）、「仏文学の一転機」（『行動』一九三四年八月）に端を発するとされる（たとえば、日本近代文学館編『日本近代文学大事典』の東郷克美「行動主義」の項）が、詳細に見ていくと、それ以前に小松が翻訳したものとして、留意すべきものが二点ある。一つは、ヌウベル・リツテレエル「巴里暴動の第一線をいく」（『セルパン』一九三四年四月）、もう一つはマルク・シャドルヌの来日講演「エ

特別寄稿
エキゾチシズムの變革
マルク・シヤドユルヌ
三四年前、私は支那、朝鮮の旅をしてから日本に訪れてきた。支那には相當長く滯在して、現代支那人の生活をば色々の角度から觀察してきたので、拙著「支那」を書くことが出來た。
しかし私の日本での旅は隨分慌しく短い期間のものだつたので、日本に就いて纏つたものを書きもしなかつたし、またその資格を持たなかつた。が今年の初め「巴里《ペリ》夕報《ソワル》」から「世界を一巡する」レポルタァジユを依頼され、その重要なプログラムの一つである日本を訪ねて來た。で、今度は悠くりと落着いて日本を探察し、日本人の文化的乃至社會的生活の現實に觸れ、それに就いて私の印象（意見と呼ぶにはあまりに淺見であらうから）を書いて見る積りである。
が日本に來てまだ數日を越えない現在の私が日本について語ることは勿論僣越なことであり、また不可能事であるから、こゝでは一言、何故私の宿命が「世界を旅する心」に結びつけられてゐるかを云ふために、甚だ梗概ながら、佛蘭西文學者と旅行について、ことに現代作家と「海外への脱出」について卑見を述べたいと思ふ。
佛蘭西の格言に斯うした意味を云つたものがある。「佛蘭西人は旅することを好まない國民である」と。如何にもプチブルジヨワ階級の佛蘭西人のもつてゐる傳統的な性格を攫んだ至言である。がしかしそれがすべての佛蘭西人のキァラクタァを云ひ現したものでないことも事實である。
29
小松の訳によるシヤドルヌの講演（『セルパン』1934年５月）

キゾチズムの変革」（『セルパン』一九三四年五月）である。前者は、一九三四年二月六日のパリ騒動の記者報告であり、それはスタヴィスキー事件に端を発し「内閣総辞職」を要求してコンコルド広場に溢れる左右両派の群衆に軍隊が発砲した流血事件の報告である。「愛国主義と共産主義が街上でのめし合ひ」「秩序と正義」が見失われたかのような混乱に対して、議会政治を破壊せんとする「唯一の熱望が渾然とパッシヨネエトに彼等を動かしてゐるものの如く、感じられる」と表現されている。この事件がきっかけとなり、フランスでは反ファシズム運動が生れ、四月には知識人たちの反ファシスト知識人監視委員会が結成され、所謂、《人民戦線》への運動が立ち現れて来る。フェルナンデスの「ジイドへの公開状」もこの二月の事件へのインテリゲンチャの反応だと小松はのちに語っている（「フランスの人民戦線」『世界文学』三一号、一九四九年四月）。

そして後者では、現代フランス文学の特異性についてシャドルヌが次のように述べているのを小松が翻訳している。

なお、彼は『セルパン』同号の「シヤドュルヌと私」という文章の中で、フランス滞在中からマルローを通じてシャドルヌが『征服者』を絶賛していたことは知っており、来日後は毎日会っていると述べている。

> 戦争は吾々青年の魂にとつては宿命的な重傷《ブレッスユル》であつたが、それは一面、危険を冒す行動的な精神、非合目的な無償的な純粋スポウツへのリリシズム、空間的な自然への挑戦としての速度《スピイド》へのロマンチシズムの示唆となつて吾々を魅惑した。そしてそれ等の特異性は現代新興文学の内容、形態、技巧にヴィヴィドに現れてゐるのである。
>
> （傍線は引用者）

シャドルヌは自分自身を含めて大戦後の文学は自らの文明への「否定的な反抗的な心構え」をもってフランスを「脱出」し海外の「異国」文化に触れることで「欧洲個人主義への峻厳な裁断の機会」と「虚無」を体験していると述べ、そうした現代フランス文学の主潮の中の最新の作家にアンドレ・マルローを数えている。マルロー自身が日本を含むアジアを旅し、中国の革命運動に参加したことや『征服者』『人間の条件』の世界がそうした「危険を冒す行動」に突き進んだ人間を描いていたことが、こうしたシャドルヌの言葉の背後にあることは疑いようもない。こうしたフランス国内の政治的混乱と反ファシスト運動の機運の高まり、そして現代フランス文学に対する評価を前提として、初めてマルローと行動主義文学とが小松の中で一つの像を結んだと言えるのではないだろうか。

> 彼の文学にあつては偉大《グランドウル》さは思想《パンセ》そのもののうちに存在しない。そこには行為の現実に審判される思想と、思想を前にして飽迄勇敢であらうとする行為があり、その峻烈なプロセスのうちに人間的試練が開け、真の偉大さとヒロイズムが顕現する。この観念に立つてこそ、マルロオの文学がもつ現代的意義が自ら釈然とするのである。

（「アンドレ・マルロオと行動の文学」）

マルローの文学に対する小松の評価軸は、ここからうかがう限りでは文学的な「思想」にあるのではなく、その文学によって引き起こされる現実的な「行為」に力点が置かれている。つまりは行動主義文学の前史として彼が求めていたのはマルローのような小説家が日本文学の中に登場することだったのだろう。

むろん、そのような夢想を小松が直接に語っているわけではない。ここでは彼の行動主義文学論の趣旨がどのようなものであったかを祖述し、その問題点を探っていくこととする。

「行動主義文学の提唱」（初出は『読売新聞』一九三五年二月一七日・一九日、のちに『行動主義文学論』所収、一九三五年六月、紀伊國屋出版部）の中で、小松は行動主義を提唱することの意義を「プロレタリア文学をモダニズムによつて更新する努力であるとも、また逆にモダニズムをプロレタリア意識によつてより時代的なものにまで導くものである」と述べている。モダニズム文学とプロレタリア文学との融合というのは、ある意味、とても日本の文壇的なテーマである。一九三三年には小林多喜二の獄中虐殺、日本共産党幹部佐野・鍋山の転向宣言があり、当局の厳しい弾圧にプロレタリア作家たちの転向が相次いでおり、プロレタリア文学は一九二〇年代半ばからの勢いを奪われ、転換を余儀なくされていた時期である。モダニズム文学の陣営も新感覚派や新興芸術派といった新しい文学表現への挑戦はあったものの、大きな潮流として継続することなく拡散し、同じく三三年一月のナチス・ドイツの焚書事件への反ファシズム抗議運動も単発的に終わってしまっていた。そのような中で、行動主義文学の提唱は閉塞感が強まっていた文壇情況を変革する可能性を示す意味があったのは確かである。ただし、小松は「モダニズム」という言葉について、ほかのところで次のように述べている。

近代のモダニズムは、人間性の原始的な本来的なレアリテに眼ざめたバアバリズムであるが、それとともに、近代人を囲繞し抱擁し、烈しく絶間なく作用してゐる近代の物質力にも敏感である。肉体と機械の発見！　それらに支配されかつ反発する個人の感性、知性、意欲の方向と状態に近代の特殊性がある。

（「モダニズム論」『セルパン』一九三四年一一月）

近代的な物質社会に支配されながらも、それに対する反発としての「肉体」「感性、智性、意欲」の発見に近代モダニズムの意義を見ているわけで、単に文壇情況の改変という意味を超えて、行動主義文学の提唱は近代文学の質的な変換を企図したものであった。では、彼が主張する「行動主義の文学的実践の方法論」とはどのようなものだと理解すればよいのだろうか。この点については、小松の「仏文学の行動的ヒユマニズム」（『セルパン』一九三四年一〇月）、「行動主義理論」（『行動』一九三五年一月）、「行動主義の諸問題」（『行動主義文学論』前掲書）などの評論を中心に考察する。

小松は「行動主義」という用語を説明するときは決まって、ラモン・フェルナンデスのいう「行動的ヒユマニズム」と同義であると述べ、フェルナンデスの「個的人間を全体性と独自な現実の上にみることは、ただ、行動的角度において可能である」という言葉を合わせて引用する。小松がフェルナンデスの主張から理解した「行動的ヒユマニズム」とは「自我と世界の遊離または自我の分散の状態に置かれてゐた人間に全体性 totalité への意識をあたへることによつて全体人間 homme total を再生させやうと努め」ることであり、また「近代の歴史的、社会的現実を動かすもののうちに、積極的にまた実験的に生きやうとする、多分の社会性と行動性をもつたヒユマニズム」を打ち立てることであると説明している（「行動主義理論」）。つまりは、理性にのみ重点を置いてきた近代精神に対して、肉体、感情を復権させ、人間の「全体性」を回復せんと企図することであるとともに、文学に於ける社会性・行動性の積極的な獲得を目指すということである。ただ、それがどのような表現形式として現前化するのか、その方法論という点では小松はフェルナンデスの「行動的角度」と言う言葉を「意識の全体的表現は、恒に行動的瞬間のうちに内部的複雑を含蓄した決定的なユニテとして感受し得られる」（「仏文学の行動的ヒユマニズム」）ものだと言い換えてはいるが、ではその「行動的瞬間」のうちに顕現する「ユニテ」＝統一性とは何なのかは、それはどのような「全体的表現」としてありうると述べているのだろうか。

行動主義にあつては、小説における構成は概念的に様式化された意図の合理的発展でなくなり、その反対に瞬間ごとにその形式を再構成して行く自発的な創造的展開をなすこととなる。（「行動主義理論」）

右の引用でも行動主義文学の表現というものが「概念的」な意図の具現化ではないと主張したいのはわかるが、では「瞬間」ごとに形式を作り上げる「自発的な創造的展開」というものが何によって支えられ、導き出されてくるのかは、実のところはっきりしない。やはりフェルナンデスの言葉を用いて小松は、「行動的瞬間において躍動する心的状態に具現する」のが「人性の全体性（トオタリテ）」であり、「表現としての行動は必然的に生活状態にある思想の様式となる」とも述べているが、問題はまさしく行動の上に現れる「人性の全体性」が如何なる「思想の様式」を持つものとして認識できるのかという点にあるはずであった。しかし、その一方で小松が「ヒユマニズムの上に立つ行動主義は、必然、個人主義である」と述べ、自由主義・個人主義の上に成り立つ精神であると規定するように、その「思想の様式」はブルジョアだとかプロレタリアだとか言った枠組みの中に押し込めることはできよう筈もない。「ロオレンスがの《ママ》Sexualité の胸に自らを委ねたのと同じく、マルロオは《権力への意志》に自己を燃焼し、フェルナンデスは《人性の創造的行動》のうちに深く浸潤することによつて、生活のリズムを把握」したと述べているように、その「思想の様式」は個々別々のものでしかない。フランスの場合、それでも彼らは反ファシズムという旗印のもとに団結的な行動に出られた。そうした現実を前にして、小松が日本に於ける「行動主義文学」を提唱して知識人階級の反ファシズム大同団結を期待したとしても、理論的な必然として、彼の「行動主義」がそのような一定の社会的行動や表現形式へと向かっていくものにほかならないとイメージするのは難しい。しかも、青野季吉は小松の「仏文学の一転機」における行動主義文学の提唱に乗る形で、「能動精神」（「能動精神の台頭」『行動』一九三四年一一月）という用語を使って、「知識人の高い精神的自由を樹立せんとする欲求」や「新しい自由主義の原理をうち立てて、それを行動の指針とする欲求」がその現われだと述べる。そのように「行動主義」「能動主義」という用語が混在する形で文壇での議論が展開されたことで、一層、小松が訴えようとした行動主義文学が具体的に何を表現するものであるか、曖昧になって行かざるを得なかったという面は看過しがたいだろう。小松も青野も明らかにフランスの反ファシスト知識人監視委員会のような政治的「行動」が日本の文学情況の中で起こることを半ば夢想的ではあっても期待していたようだが、フランスに於いてもこの知識人の運動は必ずしもコミュニストが主導していたわけではなく、左右両派の多様な政治的立場を超えた多様性の上に成り立っていただけに、小松も「行動主義」というものに明確な政治的方向性を打ち出しえなかったのではないかと思える。むろん、日本の政治状況がそのような楽観的な予測を立てにくいものにしていたのもまた事実であろう。しかし、窪川鶴次郎に、能動精神は「或特定の現実的内容を持つことによつて、ファツシズム的な方向にも、プロレタリア的な方向にも行き得る」（「インテリゲンチヤの積極的精神」『能動精神パンフレット』一九三五年二月、紀伊國屋出版部）と言われてしまうように、あるいは舟橋聖一が「民族主義といふものは全然反動的なものだといふやうに簡単にきめちやつていいものか」（舟橋聖一・中河与一・新居格・阿部知二・小松清・芹沢光治良・大宅壮一・尾崎士郎・田辺茂一「文学の指導性座談会」（『行動』一九三四年一一月）などと、文学の社会的指導性が民族主義、ナショナリズムへと結び付くことを示唆する発言をしている（なお、この発言については、新居格が「芸術派の思想性」という文章の中でも言及し、行動主義文学の意義を「社会思想性への近接」と評価している）のを見るかぎりでも、小松の行動主義文学の提唱は具体的な目標と言えるものがはっきりしない分、彼の思いとは異なった方向へと文壇を押し流していく流れと接合されていく危険性をはらんでしまったと言えよう。それを彼が望んだわけではない。ただ、行動主義の提唱が文壇の中で乱反射を起すように知識階級論、文学の指導性、ブルジョア文学とプロレタリア文学、作家の生活と思想、ファシズム論、大衆文学論など様々な問題へとつながっていったことからも明らかなように、彼の提唱は時代が求めていたテーマであったとは言える。

3　ヒューマニズムへの信念

小松の行動主義文学の提唱が、具体的な〈行動〉として残したものは政治的・社会的な面では何もなかったのは確かかもしれないが、それが全く意義のないものであったとは言えないだろう。林とクロード・ピショワは小松の行動主義を次のように評価する。

> 清にとって行動主義とは、日本に文化統制が敷かれ、表現の自由が次第に犯《ママ》されて行く中で、知識人としての節操とモラルを持って状況に対処することを文化・文学者に促す運動であったと考えうる。（『小松清　ヒューマニストの肖像』一五六頁）

小松は行動主義文学を提唱する中でも自らは小説を書こうとはしていない。彼は現代フランス文学の紹介者としての立場から日本の文壇の変革を望み、それ故に雑誌『行動』（一九三三年八月～三五年九月）を有力な舞台として自分たちの呼びかけに答えてくれる小説家の出現に、つまりは日本版アンドレ・マルローの登場に期待をしたのであろう。その点では彼の行動主義の主張とは小説家の社会意識の変革（それは林らの言う「節操とモラル」なのだろう）を促すものだったのではないだろうか。そして、その呼びかけにこたえようとした者は小松に近しい作家としては舟橋聖一と豊田三郎が挙げられるが、横光利一もその一人として考えていいのではないだろうか。横光の「純粋小説論」（『改造』一九三五年四月）には文中に何度も「能動主義」「行動主義」という言葉が登場することからも、この評論が小松の提唱に対する反応だったことは確かである。横光は既存の純文学に対して「生活に懐疑と倦怠と疲労と無力さとをばかり与へる日常性をのみ選択して、これこそリアリズムだと、レッテルと張り回して来た」と否定し、「日常性（必然性もしくは普遍性）の集中から、当然起つて来るある特殊な運動の奇形部」としての「日常における偶然（一時性もしくは特殊性）」を取り入れ「生活の感動」を与える純粋小説を書かねばならないと主張した。また、作者は「人間にリアリティを与える」ところの「人間の行為と思考との中間」に何があるのかを描かねばならないとも述べている。こうした横光の主張は、小松が「行動的瞬間に於いて躍動する心的状態」に具現する人間性（そのユニテ）を描くのが行動主義文学だと主張したことと大きく異なるものではない。横光は文中で「能動主義」に対しては「道徳と理智とを見脱して」「われら何をなすべきか」と問うていると批判しているが、むしろ横光が純粋小説を生み出すための新たな「人称」（現実認識の視点）＝「四人称」を設定して「行為と思考の中間」をつなぐ「道徳と理智」をとらえねばならないと主張したのは、小松が言うところの、人間の「全体性」を表象する「思想の様式」をとらえるということとさほどの差異はないのではないかと思える。小松が、行動主義というのは、合理的な理智への偏重を批判したシュールレアリスムがその後において否定した、「人間の意識生活における理智」「人生における全体性の再認識」（「超現実主義とその前後」『行動』一九三四年一〇月）であると主張するように、「理智」の働きを再認識しようとする試みであったとするなら、横光の主張も同様の方向を向いていたと言える。

　行動主義文学論というものが、結局は文学表現の方法論的な問題ではなく、行為として現前する現実における人間認識の変革を訴えるものであったのと同様に、横光の「純粋小説論」も小説技法の問題では全くなく、「人間」を書くという決意の上での認識の変革を訴えるものであった。まさにいずれも文学表現者としての「節操とモラル」の問題である。ただし、「行動主義と自由主義については、その前に飛び越すわけには行かぬ民族の問題がある」、「日本から日本人としての純粋小説が現れなければ、むしろ作家は筆を折るに如くはない」とも横光が述べている点では、フランスの行動主義がそのまま日本に当てはまるとは言えず、やはりナショナリズムへと接合する指向性を横光は見せており、その点では小松とは相いれない部分も厳然として存在している。それでも、小松が横光の「紋章」（『改造』一九三四年一～九月、初刊は三四年九月）について、小説における「個性」と「普遍性」を兼ね備え、「バルザック的方法とかドストエフスキイ的思惟」を受け継ぐものは「横光一人による「紋章」の企画以外には、未だ小説界の一傾向としてすら現れてゐない」（「作家の意識と生活」『行動主義文学論』所収、一二〇頁）と高く評価していることは、小松の期待の高さを示すものとして記憶にとどめておいて良い。なお、余談にはなるが、現在の横光利一研究では「紋章」の同時代評としては小松清の発言はまったく取り上げられてきていない。青野季吉、小林秀雄とは異なる視点からの評価として今後、検討する余地はある。

　しかし、日本の文壇や論壇での行動主義文学への期待は一九三五年九月の雑誌『行動』の廃刊によって急速にしぼんでいった。小松はそれでも『行動文学』（一九三六年六月～一二月）の発行に加わり、雑誌『セルパン』にも積極的に筆を取り、行動主義の訴えを展開していく。彼が他の文学者、評論家とは異なって粘り強く日本での文化的な人民戦線を夢見ていた姿を最後に確認しておきたい。

僕らは如何に少数者にならうとも、共同の意志によつて、より鞏固に共同の闘ひに当らねばならぬ。そして文壇に於ける伝統的現実を破壊するとともに新しき文学的現実の樹立を図り、と同時に吾々の文壇的行動を通して、文壇以外の社会層、知識階級層に強く影響しなければならない。（「行動主義の防御」『セルパン』一九三五年一〇月）

『行動』の廃刊を受けて春山行夫から「行動主義の前途」という総題で執筆を依頼されて小松はこのように書いている。一九三五年六月にパリで国際文化擁護作家会議が開催され、フランス、イギリス、ドイツ、イタリア、ソヴィエトから多数の作家が出席して「文化の擁護とファシズムの暴挙に対する闘争」（「国際作家会議報告」『セルパン』一九三五年九月）を訴えており、小松が行動主義の運動にまだ思いを繋いでいるのも、そうしたヨーロッパでの活動があったからである。それは単に行き詰った既存の資本主義文化を打開するということを超えて、アンドレ・ジッドがいう「危険と約束とに満ちた未知、勇しく若々しい、新しさに溢れた人間性」を信じ、文化を擁護すべしという危機感へとつながるものである。ヨーロッパの政治状況としては、更に一九三六年二月にスペインで、六月にはフランスで人民戦線内閣が成立し、ドイツ・イタリアのファシズム政権との対立姿勢を先鋭化させた。そのことは逸早く日本でも取り上げられ、『セルパン』が八月号で「人民戦線と国民戦線」と銘打った特集を組み、青野季吉は「人民戦線と国民戦線　附たり・進歩的文学の展望」を、小松は「人民戦線と作家」（『セルパン』一九三六年八月）を寄せ、ピーエル・ドミニック、クロード・ポプラン、レオン・トロツキーの評論を訳載している。ここでも小松は、青野が「人民戦線の運動」は「階級闘争の新しい陣立」と捉えているのに対して、この運動は「思想的自由と人間的威厳を飽まで守らうとする意識に発したもの」であり、「文化擁護即ち人間擁護の意志と実践のうちにこそ文学創造上の諸問題は密接な繋りをもつてゐる」と述べ、あくまでも「ヒューマニズム」に支えられたものでなければならないと主張している。小松清が、バルビュス、ジッド、フェルナンデス、シャドルヌ、そしてマルローらから学んだ文学観は一貫して彼の中に流れていると言える。それは一言で言うならば、社会を変革しうるものとしての「文学の力」に対する深い信頼であったのではないだろうか。

〔付記〕別項として一九三四年〜三七年にかけての小松清の著作および「行動主義」「能動主義」に関する文献年表を作製したので、参照してもらいたい。小松清の詳細な著作年表は現段階では存在していない。一九三〇年代の日本文学を国際的な視野で検証し直すためには小松清に対する再評価は不可欠であると思われる。今後の研究の進展に期待したい。

小松清および「行動主義」「能動主義」に関する文献年表（一九三四〜三七年）

石田仁志＝編

一九三四年

一月、イリヤ・エーレンブルグ〈黒田辰男訳〉「アンドレ・ジイドの道」（『文芸』）。

二月、**小松清「ゴンクール賞の受賞者アンドレ・マルロオのこと」**（『文芸』）。

三月、木下半治「巴里の騒擾とファッショ陣営」（『改造』）、春山行夫「ジイドの流行」／**小松清「巴里文人交友記」**（『セルパン』）。四月、**小松清「エンゲルスの「バルザック論」批判」**（『新潮』）、ロマン・ロラン「芸術と行動―レーニンに於ける」／内藤濯「仏蘭西新文学の殺到」（『改造』）、**小松清「フランスの文芸雑誌」**（『文芸』）、**小松清「ジイドはスタヴイスキイと友達か？」**※目次では「ジイドとスタヴイスキイの交渉」とある。本文には小松の署名なし）／**ヌウベエル・リツテレエル〈小松清訳〉「巴里暴動の第一線を潜行する」**（『セルパン』）※目次では「巴里暴動の第一線を行く（最新情報）」とある。**小松清「ルオウル芸術の意義」**（『浪漫古典』）。五月、**小松清「「脱出の文学」者シヤドユルヌ」**（『文芸』）、**マルク・シヤドルヌ〈小松清訳〉「エキゾチズムの変革」**／**小松清「シヤルドュルヌと私」**（『セルパン』）。

六月、**小松清「シヤドウルヌの旅」**（『新潮』）※のち『行動主義文学論』収録。**ラモン・フェルナンデス〈小松清訳〉「ジイドへの公開状」**（『改造』）※のちに小松清『行動主義文学論』収録）。**小松清「ゾラとセザンヌ」**（『浪漫古典』）。

七月、**小松清「アンドレ・マルロオと行動の文学」**（『セルパン』）※目次では「マルロオと行動の文学」とある。のち『行動主義文学論』収録。

八月、片岡鉄兵「七月の刺激（文芸時評）」（『改造』）、**アンドレ・マルロオ〈小松清訳〉「D・H・ロレンス論―「チヤタレイ夫人の恋人に就いて」―」**（『文芸』）※のち『行動主義文学論』収録。**小松清「仏文学の一転機」**（『行動』）。

九月、**小松清「クロワツセエに託言して」**（『文芸』）、**小松清「NRFの追憶」**（『書物評論』）。**小松清「超現実主義と映画」**／春山行夫「文学の不安と危機」（『セルパン』）。

一〇月、**小松清「明日の作家ドリユ」**（『新潮』）、貴司山治「文学指導の問題」（『改造』）、**小松清「仏文学の行動的ヒユマニズム」**／春山行夫「文芸時評（転向作家の喜劇性、文学的リベラリズム〉」（『セルパン』）、阿部知二「モダニズムの可能性」／戸坂潤「モダニズム文学の批判」／**小松清「超現実主義とその前後」**（『行動』）、**小松清「欧洲芸術における悲劇の伝統」**（『浪漫古典』）。

一一月、新居格「文学と思想性（一）～（三）」（『東京朝日新聞』一四日～一六日）※「芸術派の思想性」と改題して『能動精神パンフレット』収録、窪川鶴次郎「文芸界の新動向」（一）～（三）」（『東京朝日新聞』二〇日～二二日）、大森義太郎「現代知識階級の困惑」（『改造』）、中井駿二「ラモン・フエルナンデス論」／**小松清「モダニズム論」**（『セルパン』）青野季吉「能動的精神の台頭について」／木下半治「フランスのファシズム」／森山啓「文学における自由主義精神の検討—「傾向」と「自由」について—」／J・P・オウシユコルヌ〔小松清訳〕「大戦を幼な心にきく」／中河与一・阿部知二・芹澤光治良・大宅壮一・尾崎士郎・新居格・船橋聖一・**小松清**・田辺茂一「「文学の指導性」座談会」（『行動』）※青野の文章はのちに『能動精神パンフレット』収録。**小松清「日本の心—フエリシヤン・シヤレイ著『日本の神話及び伝説について』の批判—」**（『翰林』）。

一二月、阿部知二「文芸時評（行動と知識人）」（『セルパン』）、井原糺「知識階級に蠢くもの」／戸坂潤・春山行夫・武田麟太郎・岡邦雄・阿部知二・川端康成・青野季吉・船橋聖一・亀井勝一郎・田辺茂一「座談会・知識階級を語る」（『行動』）。

一九三五年

一月、**小松清「新しきジィドの途」**（『新潮』）、戸坂潤「インテリ意識とインテリ階級」／勝本清一郎「行動主義・新浪漫主義批判」／船橋聖一「リベラリズム再論—及び知識階級の特性について—」／春山行夫「新プロレタリア主義文学の動向」／田辺耕一郎「文学に於けるネオ・ヒューマニズム」（『文芸』）、清沢冽「行動階級の台頭とその戦闘性」／大森義太郎「続現代知識階級論」／新居格「思想の前衛・行動主義私観」／船橋聖一「芸術派の能動性」／春山行夫「新知識階級文学論」／**小松清「行動主義理論」**／阿部知二「芸術至上主義について」（『行動』）※小松、春山の文章は後に『能動精神パンフレット』収録。**小松清「ゴンクウル賞」**（『セルパン』）、**レフ・トロツキイ、アンドレ・マルロオ〔小松清訳〕「「征服者」をめぐって　レフ・トロツキイとマルロオの論戦」**／**アンドレ・マルロオ〔小松清訳〕「ルオウル論」**／大野淳一「行動主義雑考」（『翰林』）※この号は「アンドレ・マルロオ研究特集」であった。

二月、**田辺茂一編『能動主義パンフレット』（紀伊国屋出版部）小松清「行動主義文学の提唱（上・下）」**（『読売新聞』一七日・一九日）※のち『行動主義文学論』収録。青野季吉「文学の指導性と指導的の文学」／森山啓「知識階級と文学―についての最近の論議に寄せる―」／新居格「行動主義文学の思想性」（『新潮』）※森山の文章は『能動主義パンフレット』収録。藤原定「実験文学試論」（『改造』）※のち『能動精神パンフレット』収録。大森義太郎「いはゆる行動主義の迷妄」／森山啓「勝本誠一郎への手紙」（『文芸』）**アンドレ・マルロウ（小松清訳）「人間的条件」**（『セルパン』）、青野季吉「知識階級に関する考察」／矢崎弾「能動的精神の価値と第一の過程」／寺尾博「能動精神の特性」／芹澤光治良・窪川稲子・福田清人・貴司山治・青野季吉・船橋聖一・田村泰次郎・田辺茂一「作家生活革新座談会」（『行動』）※矢崎の文章は『能動精神パンフレット』収録。**小松清「一つの文学的問題」**（『翰林』）。

三月、片岡鉄兵「《文芸時評》『尺度』への抵抗―知識階級の空気」（『東京朝日新聞』二六日）、戸坂潤「日本の行動主義文学に限定して」／岡邦雄「各人各様の「物言ひ」」／石濱知行「行動ユマニズムの発展」（『新潮』）、三木清「行動的人間について」（『改造』）、船橋聖一「能動精神に関する論争に就いて―大森義太郎氏への反駁―」（『文芸』）、大森義太郎「現代知識階級第三論―青野季吉君の批評に答へる―」／向坂逸「知識階級論に関する感想二つ」／武田麟太郎・木下半治・阿部知二・船橋聖一・三木清・戸坂潤・窪川鶴次郎・森山啓・蠟山芳郎・田辺茂一「能動精神座談会」／**小松清「大森義太郎氏に会ふ―行動主義の社会的展望―」**／藤森成吉「再び「自由主義作家」について」／藤原定「文学と行動」（『行動』）、岩崎良三「行動的ヒューマニズム管見」／船橋聖一・**小松清**・保田與重郎・田村泰次郎・阪本越郎・駒井伸二郎・十返一「行動主義文学研究座談会」（『翰林』）。

四月、（無署名）「世界情報　イタリア・エチオピア紛争詳報」／横光利一「純粋小説論」／大森義太郎「文学と社会的関心」（『改造』）、青野季吉「行動主義の文学的実践について」／藤森成吉「行動主義的作品批判」／河上徹太郎「行動主義に関する一私見」／**小松清「仏蘭西知識階級運動の展望」**（『文芸』）※のち『行動主義文学論』収録。阿部知二「文化主義と行動主義」（『セルパン』）。

五月、新居格「混乱せる知識人（一）～（四）」（『東京朝日新聞』六日～九日）、矢崎弾「嗤はれた批判精神（一）～（三）」（『東京朝日新聞』二四日～二六日）、大森義太郎「現代における自由主義の効用と限界」／向坂逸郎「現代小ブルヂョア層論」（『改造』）、向坂逸郎「知識階級と自由主義」（『文藝春秋』）、三枝博音「『行動的人間論』と能動精神」／青野季吉「能動精神の理解に寄せて」／岡沢秀虎「人間主義と集団性―能動的精神の位置について―」（『行動』）、阿部知二「知識階級観の二つの系統」／森山啓「小説の問題」（『文芸』）、**船橋聖一・小松清・春山行夫「能動精神辞典」**（『セルパン』）、菊岡久利「マルロオの思想―トロツキイとの論戦による片影―」（『翰林』）。

六月、**小松清『行動主義文学論』（紀伊国屋出版部）**。貴司山治「進歩的文学者の共働について」／ラモン・フエルナンデス〔永田逸郎訳〕「文学と政治」／土方定一「反ファッシズム文学の統一戦線―ドイツ移民文学の展望―」（『行動』）、谷崎精二「文芸時評（一）行動主義の作品」（『東京朝日新聞』七日）、矢崎弾「行動主義は矛盾がお好き」（『文芸』）。

七月、**小松清「マルロオのために　敬遠された「征服者」（一～三）」**（『読売新聞』二七日・三〇日・三一日）、**小松清「NRFの新動向」**（『新潮』）、森山啓「現代文学の諸潮流について」（『改造』）、**小松清「処女航海」**（『行動』）、田辺耕一郎「新進作家卅人論」／勝本清一郎「芸術上の日本的性格とは？」（『文芸』）、**小松清「行動主義のプロレタリア文学」**（『文学評論』）。

八月、**小松清「アランとジィドよりの手紙」**（『セルパン』）、豊田三郎「『行動主義文学論』を読む」（『翰林』）、**小松清「アンケート回答「文化統制」をどう見る?」**（『文学評論』）。

九月、**小松清「フランス文壇の雄　バルビュスの死（上・下）」**（『読売新聞』一日・三日）、**小松清「映画レアリズム小論」**（『行動』）、〔無署名〕「ロマン・ローランのソヴェート訪問」／〔無署名〕「文化擁護国際作家会議」／アンドレ・ジイド〔大野俊一訳〕「文化の擁護」（『文芸』）、〔無署名〕「国際作家会議報告」／アンドレ・ジイド「文化の擁護」／ジュリアン・バンダ「文学とコンミュニズム」／レオン・ピエールカン「国際作家会議の情況」／アンドレ・マルロオ「「閉会の辞」より」／松井雄次郎「大会ソヴエト作家」／**小松清「N・R・Fの素描」**（『セルパン』）。

一〇月、小牧近江「アンリ・バルビュス逝く」（『改造』）、大野俊一「無法人―ラモン・フェルナンデーズ」（『文芸』）、青野季吉「行動主義文学の過去と将来」／**小松清「行動主義の防御」**／船橋聖一「行動主義の前途」／アンリ・バルビュッス「最後の感想」（『セルパン』）、**小松清「ジイドはなぜゾラを読むか―Andre Gide et Emile Zola―」**（『文学案内』）。

一一月、岡邦雄「行動主義者の末路―船橋聖一氏に質す―」（『文芸』）、**小松清「小林、河上氏のジイド論　ブルジョワ批評の失格」**（『セルパン』）。

一二月、〔赤外線〕「文学の共同戦線時代」（『東京朝日新聞』四日）、**小松清「ジヨセフ・ペイレ　今年度のゴンクール賞作家（上・中・下）」**（『東京朝日新聞』二九日〜三一日）、淡徳三郎「仏蘭西労働組合の戦線統一―C・G・TとG・T・Uとの合同」／中野好夫「行動心理説と文学「見事な新世界」について」（『改造』）、田辺耕一郎「文化擁護運動の経験」／**レオン・シエストフ〔小松清訳〕「キエルケゴール論―ヨブかヘーゲルか―」**（『文芸』）、新庄嘉章「真理同盟とジィドジィドの現在的位置と意義」（『セルパン』）

一九三六年

一月、**小松清「マルロオへの手紙」**（『新潮』）、アンドレ・シヤムソン〔淡徳三郎訳〕「仏蘭西に於ける文壇人の統一戦線」（『文芸』）、大野俊一「フランス知識階級の対立とその宣言伊・エ紛争と西欧文化」（『セルパン』）※目次では「フランス知識緩急の宣言」とある。

二月、**小松清「マルロオへの手紙」**（『新潮』）、**小松清「ジヨセフ・ペイレについて」**（『文芸』）、**小松清「ジイド・マルロオを中心にフランス文壇の現状を語る」**（『文学案内』）。

三月、淡徳三郎「クロア・ド・フーとフロン・ポピュレール（在仏通信）」（『改造』）、アンドレ・マルロオ「トロツキィ会見記」（『セルパン』）

四月、舟橋聖一・窪川鶴次郎・青野季吉・江口渙・小松清・豊田三郎・貴司山治「行動主義文学再建座談会」（『文学案内』）。

六月、船橋聖一「行動的ヒユーマニズム再論」（『文芸』）、板倉進「仏蘭西「人民戦線」の勝利　フランスの総選挙」（『セルパン』）、**ロマン・ローラン「平和への途」・フエリシアン・シヤレー〔新庄嘉章・小松清訳〕「ロマン・ローランに答へる」**／青野季吉「ヒユーマジズムの上に」／春山行夫「行動主義と文壇」／青野季吉・阿部知二・中島健蔵・島木健作・武田麟太郎・舟橋聖一・豊田三郎・小松清「ヒユーマニズムに就て語る座談会」／**小松清「文芸時評　改造・日本評論・文学**

案内」(『行動文学』)。

七月、**小松清「テイボウとの一時間」**(『新潮』)、荒畑寒村「人民戦線の中心と組織」／清沢洌「人民戦線の政治的基礎」／鈴木東民「自民戦線は進展する」／美濃部亮吉「フランス人民戦線内閣の動向」(『改造』)、アラン〔小松清訳〕「日本知識階級へのメッセージ」／池島重信・福田清人・楢崎勤・徳田一穂・舟橋聖一・豊田三郎・**小松清**「アンドレ・マルロオを語る座談会」／**小松清「江口渙に与ふる書」**／アンドレ・マルロオ〔新庄嘉章訳〕「人間の条件（一）」(『行動文学』)。

八月、豊田三郎「行動主義の展開」(『新潮』)、青野季吉「人民戦線と国民戦線　附たり・進歩的文学の展望」／**小松清「人民戦線と作家」**／ピエール・ドミニック「人民戦線は何を為し得るか」／ピエール・ドミニック「反対の陣営」／クロード・ポプラン「火十字団はどうなるか」／レオン・トロツキイ「フランスは何処へ行く」(『セルパン』)　※これら全体が特集「人民戦線と国民戦線」。**小松清「ジイドのゾラ観」**／中島健蔵・徳永直・福沢一郎・亀井勝一郎・舟橋聖一・豊田三郎・**小松清**「欧羅巴精神と日本精神（座談会）」／アンドレ・マルロオ〔新庄嘉章訳〕「人間の条件（二）」(『行動文学』)。

九月、**小松清「ジイドは北にマルロオは南に」**(『文芸』)、戸坂潤「人民戦線に於ける政治と文化」／貴司山治「人民戦線と作家」(『セルパン』)、**小松清「ヒユマニズムの国際的表現のために」**／アンドレ・マルロオ〔新庄嘉章訳〕「人間の条件（三）」(『行動文学』)

一〇月、**小松清「ジイドと創造の魔神―「ジユヌヴイエブ」について―」**(『新潮』)、アンドレ・マルロオ〔内田敏訳〕「文化的遺産の問題」(『文芸』)。

一一月、**小松清「ルポルタージユについて」**(『行動文学』)。

一二月、町田梓楼「人民戦線とフランス」(『新潮』)、**小松清「セバストポールのジイド―ダビを想う―」**(『文芸』)、**ジヤン・ゲエーノ〔小松清訳〕「青年に与ふる書」**／**小松清「アラゴンからの手紙」**／**小松清「近事痛感」**(『行動文学』)。

一九三七年

一月、アレグザンダア・ウァース「仏・人民戦線内閣の現状」／ピエール・ドミニック「コミンテルンの脅威」(『セルパン』)。

二月、**小松清「一九三六年ゴンクール賞―ヴアン・デル・メルシユの『神のしるし』―」**(『新潮』)、**小松清「ジイドのソヴイエト批判」**(『文学案内』)。

五月、**小松清「報告文学の意義」**(『新潮』)。

Ⅳ　二〇世紀前半のパリの日本イメージ　1901–1945

松尾邦之助と日仏文化交流

金子美都子

『フランス・ジャポン』全巻にわたって実質上の編集長をつとめた松尾邦之助（一八九九〈明治三二〉～一九七五〈昭和五〇〉）とは、いかなる人物であったか。一九二〇年代からフランス・パリで日本人会書記、通訳、新聞社特派員・支局長等の職にあって、日仏の文化の橋渡しとして活躍した松尾の経歴や業績については、ごく最近になって漸くまとまった形で紹介され始めている。本文末「参考資料」に挙げたそれら先行の調査・研究をあわせてご参照いただくとし、それらを踏まえつつ、ここでは特に松尾邦之助のパリでの足跡の底流にとどめられている二〇世紀前半における日仏文化交流の黎明期の一端をご紹介する。

1　一九二二年松尾渡仏前のパリ

今から廿四年前、大正十一年の十一月の暮の日曜日に諏訪丸の二等船客だつた私は初めてフランスの土を踏んだ。マルセイユに着いたものの何の為に、何をしにフランスへ来たのか自分にも判然知らなかつた。（中略）マルセイユの巷には、黒衣に黒のヴエールをかむつた喪服の女達が教会の帰りだらう、三々五々プラターヌやマロニエの冬木立の並木《アヴニュー》に沿って歩いてゐた。第一次世界戦争の終末からまだ日も浅い疵痕が歴々《ありあり》と観られた。航海の途中黒んぼやアラビヤ人許り見て来た私は、フランスの女が、特にこの地中海岸の最もラテン的なマルセイユの女が、みなラファエルのマドンナの様な美人だと想つた。

（松尾邦之助『フランス放浪記』一九四七年四月、鱒書房）

松尾は一九二二（大正一一）年東京外国語学校仏語部文科を卒業し、逓信省嘱託になるが、平凡な立身出世を好まず、遠州金指《かねさし》の呉服商の父を説き伏せ、西洋へ飛び出す決意をする。その年の一一月はやくも、「諏訪丸の二等船客」としてフランスに旅立ち、マルセイユに上陸した。上記『フランス放浪記』の冒頭からは、「第一次世界大戦後の疵痕」とともに、松尾の異文化に対峙する高揚感が見て取れる。が、やがてこれに続いてのマルセイユの丘の上に立つノートル・ダム寺院の中に浮かびでる十字架のキリスト像の描写の文面からは、早くも、「全く変つた環境の外国」への一抹の不安感が顔をのぞかせている。松尾はその夜九時発のリヨン経由の列車で、「憧れのパリ」に向かった。「何の為に、何をしに」かも知らず、「社会学」を名目にこそすれ、さしたる当面の目的も持たずに渡仏した松尾は、以来、短期帰国を除きはからずも一八年間をパリで過ごすことになる。二〇年代「狂乱の時代」のパリを生き、第二次大戦中の一九四一年、当時支局長を勤めていた読売新聞パリ支局の、ドイツ軍パリ占領による閉鎖に伴い、松尾はついにパリを去り、ベルリンに移る。その後、トルコ・イスタンブール特派員、スペイン・マドリッド支局長を経て、終戦後の四六年日本に帰国、読売本社に復帰した。

松尾が七五年間の生涯で著した作品は、土屋忍氏による膨大な「文献一覧」（土屋忍編『松尾邦之助——長期滞在者の異文化理解』〈ライブラリー・日本人のフランス体験　第七巻〉二〇一〇年二月、柏書房）によると、単著、編著、共編著、翻訳などの単行本六六冊、雑誌等の記事一八五件、新聞記事三四八件以上という驚異的な数である。しかし、単行本に限ってみるなら、在パリ中の一八年間に出版した著訳書は、和文の著作は『巴里』（一九二九年五月、新時代社）、『巴里素描』（一九三四年九月、岡倉書房）を含んだ四冊のみであり、残りの一二冊は日本の文学・思想に関する仏文著訳書である。いかに松尾が滞仏中、仏文での文化の紹介に力を入れていたかがわかる。そしてその処女作は『其角の俳諧』*Les Haïkaï de Kikakou*（一九二七）と題する日本古典詩歌紹介であった。また滞仏中の松尾の記録をみると、「俳諧派詩人」との交流が彼のフランス滞在のコアの一つとなっている。

松尾が渡仏した一九二二年当時は、ちょうどフランスにおけるハイカイの円熟期であった。一見放埒に見える松尾は、それを敏感にとらえ、それに貢献できる知識と語学力を、ソルボンヌ社会高等学院での研鑽やフランス人知人との交友で充分に磨いていたといえる。次にフランスでのハイカイの起こりをざっと見ることにする。

〈一九〇〇年代のパリ―日本古典詩歌紹介とクーシュー〉

一九世紀後半西欧での日本の情報は、宗教、外交、政治、地理・歴史、制度、風習といういわば社会レヴェルの見える文化から、シャシロン、ギメ、ゴンクール兄弟等、日本情緒や美術といったより深部の象徴レヴェルまで分け入った。ジャポニスムの機運は西欧の工芸家、印象派の画家たちとともにヨーロッパを彩った。しかし、二〇世紀初頭のフランスでは、画商林忠正も一九〇五年パリを去り、ロダンはそれから次々と「花子」を制作したが、ジャポニスムの影は薄くなりつつあった。その同じ頃、文学そのものから日本の真髄を見ようと、日本詩歌の本格的紹介が始まった。

東洋学者レオン・ド・ロニの『詩歌撰葉』*Anthologie japonaise*（一八七一）による和歌の紹介、アストン、チェンバレンの俳句の英訳など最初期の翻訳はいくつか存在していた。しかし、哲学者ポール＝ルイ・クーシュー（一八七九～一九五九）がフェルナン・グレグの主宰する文芸雑誌『レ・レットル』*Les Lettres* に一九〇六年四月から八月に四回にわたって連載した俳句の翻訳と解説「ハイカイ――日本の詩的エピグラム」Les Haïkaï (Epigrammes poétiques du Japon) は、まさに画期的であった。簡潔でありながら俳句はいかに詩としておもしろいかの説明が見事だったからである。当時の難解にすぎたフランス詩は「象徴派の危機」の時代にあり、若い詩人グレッグはより簡素な「生」に立ち戻った新しい詩を求めていたが、その欲求にこの三行詩は呼応した。

『フランス・ジャポン』誌には、松尾の友人ジュリアン・ヴォカンスの名が頻出するが、次にこのヴォカンスが同誌に記した回想「フランス・ハイカイをめぐって」を引用する。

　さて、ほぼ一九〇〇年あたり（引用者注、実際には一九〇五年）のころだった。学生ばかり数人の友達が、仲間の一人ポール＝ルイ・クーシューのシャンポリオン通りにある下宿に定期的に集まった。クーシューはカーン基金の奨学金を受け世界周遊旅行から帰国したところだった。（中略）日本の小さな杯《さかずき》でわれわれに日本酒をふるまい、

　　あなたは何度も言った――「なんと美味な！」
　　何人かが顔をしかめた。
　　それから三十年が過ぎた。

かの地から持ち帰った貴重な掛け物をわれわれに広げて芭蕉や蕪村の美しさの秘密をあかし、日本の感受性がどんなものか、俳諧とは何かをわれわれに指南した。（中略）

こんな風に、まだ車の往来も少なかったころのパリで、極東の老僧侶のような悩ましげな面、力を湛えた額

をした未来の哲学者の居室で（中略）、至極正当な、つまり至極確実な方法で、最初のフランス・ハイジン・グループは形成された。（ジュリアン・ヴォカンス『フランス・ジャポン』記事、三八号、一九三九年二月）

まだベル・エポックの香が漂う、パリ五区カルティエ・ラタンのソルボンヌ広場に程近い小さな通り、シャンポリオン rue Champollion でのいずれも二六・七歳の若者たちの集いから、ハイカイは始まったのだ。さらにクーシューは友人と川くだりの吟行を決行し、最初のハイカイ集『水の流れに沿って』*Au fil de l'eau*（一九〇五）が誕生した。

〈ジュリアン・ヴォカンスと伝統への挑戦――一九二〇年新詩のブーム〉

ヴォカンスは前述の川くだり吟行に残念ながら参加していなかったが、残念に思えば思うほど、引き出しの中には、書きつけた詩が何年間もためられていった。この無念さが、やがて、ハイカイの決定的な進展を生んだ。

私は機会をみて必ずその雪辱を果たせねばと心に決めていた。この機会をもたらしたのは戦争だった。（中略）シャンパーニュの戦場に送られ、やがて一九一五年五月片目を失い、私はクーシューが教えてくれた形で、塹壕と病院の印象を感じた瞬間に書きとめた。

（ジュリアン・ヴォカンス前掲『フランス・ジャポン』記事）

ジュリアン・ヴォカンス（一八七八〜一九五四）はパリ大学で文学・法学を修めた後、一九一四年第一次世界大戦初め、国土防衛連隊の歩兵としてシャンパーニュに出兵し、失明し、塹壕で砲弾の中の人間の命を、血を、肉を、三行詩のハイカイで書いた。なおヴォカンスの本名はジョゼフ・スガンであり、鉛管ボイラー等で著名な発明家マルク・

スガンを祖父に持つリヨンの名門の出自である。土木省官吏を三九年に退官した。

「塹壕の狭間の累々たる屍、／三月《みつき》黒ずんで／禿頭となり。」（「戦争百景」Cent visions de guerre『ラ・グランド・ルヴュー』*La Grande Revue*、一九一六年五月号）

この「戦争百景」と題する一連のハイカイは、第一次世界大戦後のいわゆる「不安の文学」のさきがけともなり、当時のフランスで大きな反響を呼び、ハイカイの新詩ブームとなった。同一九一六年カルマン・レヴィ社から『アジアの賢人と詩人』*Sages et Poètes d'Asie* の題名のもと前述のクーシューの俳句論も単行本で出版された。一九二〇年九月には、二〇世紀文学を切り拓いていく『新フランス評論』*La Nouvelle Revue Française* に「ハイカイ特集」が組まれた。当時フランス文壇の中堅であった作家ジュール・ロマンも『ユマニテ』誌上（一九二〇年一一月）でハイカイ論を闘わせるに至った。

ジャン・ポーラン、ポール・エリュアール、ジュール・ロマンなど『新フランス評論』の仲間と親しかったヴォカンスは、否定と創造のダダイスム、シュールレアリスムの流れの中で、伝統の調べに挑戦する削ぎ落とした詩の力を訴えた。やがて松尾の知友となるルネ・モーブランも、ギメ美術館で「ハイカイの現在・未来」の講演を行い、日本の俳句は、多くのジャポニザンを通って、フランス知識層のなかに浸透した。なお、クーシューに始まる俳句紹介については、クーシュー著、金子美都子・柴田依子訳『明治日本の詩と戦争――アジアの賢人と詩人――』（一九九九年一一月、みすず書房）を参照されたい。

2　パリの松尾の「黄金時代」——仏文による多方面にわたる日本文化の翻訳・紹介

> わたしが、『日佛評論』（筆者注『ルヴュ・フランコ・ニッポンヌ』）を出した一九二六年から、パリを一時引き揚げ祖国に帰った一九二八年（昭和三年）の三年間、フランスは、次にくるアメリカの恐慌や、ヒットラーの台頭を前にし、平和になれ、好況に酔い、正に輝かしい黄金時代であり、私にとっても、あわただしい月日でありながら、この黄金の波に乗った最も快適な時代であり、わたしが努力を集中していた文化交流の仕事も、どうやら花が咲き、オーベルランとの協力による最初の著作『其角のハイカイ』が、クレスから出版されたのも、この黄金時代の一九二七年であった。（松尾邦之助『巴里物語』一九六〇年八月、論争社）

「狂乱の時代」と呼ばれるパリの二〇年代、松尾がまず翻訳したものは、ほぼ三四〇句もの其角の俳句である。一九二七年、邦人である松尾と現地の仏人エミール・スタイニルベル＝オーベルランとの理想のコンビによって翻訳出版された『其角の俳諧』*Les Haïkaï de Kikakou* は、日本でももう少し高く評価されるべきである（オーベルランについては後に触れる）。一流出版社クレス社から出たこの瀟洒な小型本の各頁の上部には俳句が一句、三行に訳され、その下に大きな余白があり、最下部に日本の註釈書を基にした解説が添えられている。松尾はなぜ宝井其角（一六六一～一七〇七）を選んだのか。序文にある「其角はボエームだったから」、「芭蕉はアッシジの聖人（フランチェスコ）であり、其角は人間だった」からという説明は自由を愛する松尾の気風を示している。当時の『極東フランス学院紀要』*Bulletin de l’Ecole française d’Extrême-Orient*（一九二七年、二七巻）の批評でも、表記の不統一などは見られるものの、「日本の詩の宝をフランスの一般の人へ伝える試みはまずまずうまくいった」と評価されているし、今日

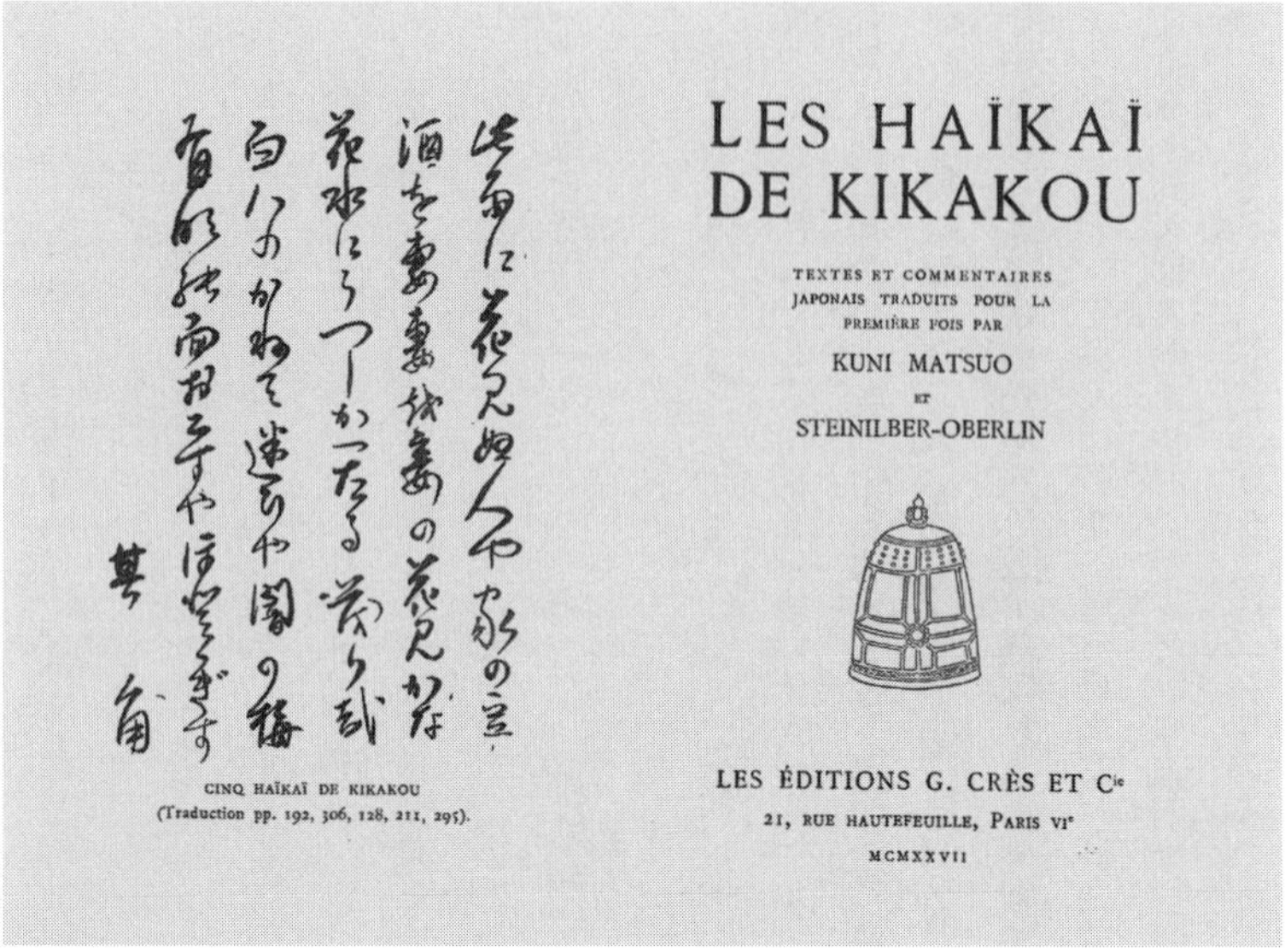

松尾邦之助・オーベルラン共訳『其角の俳諧』（1927年）中表紙

もフランスの俳句翻訳の系譜には必ず引用されている。

パリの女性は、「フジタ」が書いたこの書の表紙の字『其角』という二字を、「装飾的な刺繍にし、外出着の胸にそれを飾って大通りを歩き」、「『其角』はたちまち八・九千部売れ」、松尾はいささか「売れっ子」になった、と松尾は『風来の記――大統領から踊り子まで』（一九七〇年七月、読売新聞社）に書いている。

だが特記すべきは、Kuni Matsuo（松尾）とオーベルランは、俳諧にとどまらず日本文化を広範に見渡そうとしている点である。二八年に清少納言『枕草子』*Sei-Shonagon, Les Notes de l'oreiller*、二九年に「羽衣」、「砧」、「高砂」など一五曲を収めた『能の本』*Le Livre des Nô*、岡本綺堂『恋の悲劇』（「修善寺物語」「鳥辺山心中」「切支丹屋敷」を含む）*Drames d'Amour*、三二年には、作家ロマン・ロランの示唆により、ロランの序文を付した倉田百三『出家とその弟子』*Le Prêtre et ses disciples* 三五年『古代から一九三五年までの日本文学史』*Histoire de la littérature japonaise des temps archaïques à 1935* をアルフレッド・スムラーおよび川路柳紅とと

オーベルラン・松尾邦之助共訳『日本仏教諸宗派』（1930年）表紙

もに著し、一九三六年には『芭蕉とその弟子の俳諧』*Haïkaï de Bashô et de ses disciples* をフジタ（藤田嗣治）の四枚の挿絵つきで翻訳・出版している。表紙には当時巴里で活躍していた長谷川潔の図案、その扉には高浜虚子による「日本叢書」の刻印がある。三九年に『日本現代詩人集』*Anthologie des poètes japonais contemporains* を訳し、出版した。古典、現代物、詩歌、小説、能、演劇、文学史と、時代とジャンルを超えて松尾は広く目配りしている。日本比較文学会編『越境する言の葉』（二〇一一年六月、彩流社）所収「日本文学翻訳史年表」を参照すると、一九二五年にマルク・ロジェ仏訳の『和泉式部日記』『更級日記』『紫式部日記』はあるが、これらは英訳からの重訳である。松尾共訳『枕草子』は随筆文学の最初期の仏訳といえ、アーサー・ウェイリーの同書の英訳と同年である。また三〇年に松尾らが出版した『日本仏教諸宗派』*Les Sectes bouddhiques japonaises* は、三八年にマルク・ロジェにより英訳され、ロンドンで出版され、二〇一一年の現在にもリプリントされ、さらなる国際性を持った。

カフェ「ドーム」での翻訳は松尾にとって「孤独を忘れる精神的な特効薬」「海外で生きる目標」（『巴里物語』）でもあったが、並々ならぬ努力を要する仏文著訳書を通してフランス一般の人々に広く日本の精神を紹介した松尾の功績はこれまで日本ではほとんど評価されていない。

3　一九二〇・三〇年代松尾の人物交流——セーヌの汽笛と個人主義

「瀬戸物に描かれた日本でない日本の芝居が見られるといふので、パリの人々はジェミエの初めてやる夜叉王を待ってゐた。（中略）特別な期待を持つて『修善寺物語』はパリでのめぬきの舞台、コメディ・デ・シャンゼリゼで（引用者注、一九二七年）六月廿四日に上演された。」舞台装置は「パリでの流行児、藤田嗣治氏が、三日徹夜で作」り、衣装や小道具もすべて日本人の手でつくられた。しかし夜叉王フィルマン・ジェミエはじめ、配役はすべて「オデオン座の星」であった。初日には、ポール・クローデル前駐日大使、石井大使夫人、劇作家シャルル・ヴィルドラック、パリ大新聞社の劇評家、各省の大臣、陸海軍武官、クーシュー、ルネ・モーブランなどが参列した（『巴里』）。川路柳虹も出席したクレス書店の店先で行われた『其角』の出版記念会でも、松尾や川路はポール・ヴェルレーヌなどを日本語に訳した詩を、オデオン座の女優たちは其角の仏訳俳句を朗読した。こうした日仏のコラボレーションの実現はいかに松尾の交友が広いかを物語る。

社会学からジャーナリスムに関心が惹かれた松尾は、前述土田氏作成「文献一覧」を参照すると、『美術新論』に「サロン・ドートンヌ」など本場の美術に関する多くの記事を送っているが、三〇年読売文芸特置員、特派員になってからは、演劇、映像、さらに文学、文化、国際に領域を広げていく。「マルク・シャガールとブーローニュに語る」ほか、アベル・ボナール、マルセル・パニョル、ピカソ、ハンス・アルプ、ポール・ヴァレリー、ロマン・ロラン、ジャン・コクトー、ジャン＝リシャール・ブロック、アンドレ・モーロワ等三〇年代にふさわしい巨匠から前衛までが「語る」シリーズに登場する。会見には必ず『其角』を携えて行く。玄関・家・服装の描写から始まり、松尾の教養と人間性のにじみ出た、会話体を多用した印象記は、読む側のわれわれもそこにいる錯覚を覚えさせられる。セー

高浜虚子渡仏の際のジュリアン・ヴォカンス邸での招待会（1936年５月）。前列左から、ヴォカンス、虚子、ヴォカンス夫人、彫刻家ポンサン、後列左から、A. スムラー、佐藤醇造、高浜章子、松尾邦之助、池内友次郎。（『フランス・ジャポン』No.20、1937年５・６月号）

ヌを通る汽船の汽笛が必ず鳴る。新居格等からも評されているように（『巴里物語』）、松尾を語るキーワードは「辻潤」「アナーキスト」、「個人主義」である。従ってアンドレ・ジッドやアン・リネルについてはいくつもの回想記でその出会いを語っている。アン・リネル（一八六一〜一九三八、本名アンリ・ネル Henri Ner）はSF的、幻想的かつ哲学的な多作の短編作家で、科学・宗教・歴史の博識とアナーキーな思想を持った一時期の人気作家だった。ジッドと松尾については鹿島茂氏の書『パリの日本人』（二〇〇九年一〇月、新潮社）を参照されたい。こうして二・三〇年代のフランス文壇の諸相は、松尾によってリアルタイムに日本にもたらされ、日本の欲求と響きあい、近代日本の形成に一役買っただろう。

　松尾は「パリの文化人税関」（『風来の記』）と称されていた。和田博文ほか編『パリ　日本人の心象地図』（二〇〇四年二月、藤原書店）を開けば、フジタを除くなら、松尾は当時の巴里の日本人社会に最多に登場する。石黒敬七、キク・ヤマタ、深尾須磨子、辻潤、戸田海笛、武林無想庵、林芙美子、高浜虚子など枚挙にいとまない人物と交流し世話しているが、そうした昭和の作家たちとの交流については土屋氏の書に譲る。また、クーポール、ドーム、シテ・ファルギエール等、パリ中を素描し、オデオン座役者の関東大震災義援金集めを感激とともに書き残しているのも興味深い。三〇年代にはジュネーヴ特派員として国際連盟総会・理事会からの特電も打つようになるが、ジャーナリストとしてのアクチュアルな関心は政治や経済より文学・文化にあったと言ってもよい。

　松尾の旺盛な活動を支えたのはパリで「特に親交のあった」次の二人のフランス人であろう。

　まず、松尾の知友ルネ・モーブラン（一八九一～一九六〇）である。モーブランは法律学の教師の子としてナントに生まれ、高等師範学校《エコールノルマルシュペリウール》で哲学の教授資格を取得後、一九一四年シャンパーニュ地方エペルネーの中学に赴任した。次いで二一～二二年ランスの中学校で教鞭をとった。ここで、ランスの地方誌『ル・パンプル』*Le Pampre* 一九二三年一〇／一一月に『フランス・ハイカイ――ルネ・モーブラン書誌と選集』を編んだ。その後ブーグレの要請で、パリ高等師範学校《エコールノルマルシュペリウール》社会資料館の古文書管理官に任命された。詳しくは拙稿（「『ル・パンプル（葡萄の枝）』誌とルネ・モーブラン――戦禍の街ランス一九二〇年代の日本詩歌受容と「ル・グラン・ジュウ」の胎動（上）――」、「同（下）」、東大比較文学会編『比較文学研究』八九号、九二号、二〇〇七年四月、二〇〇八年一一月）をごらんいただきたい。『マルクス講義』（一九三七）やシャルル・フーリエ関連著作、ソルボンヌでの講演「フランス哲学に見る合理主義」（一九五〇）、児童書『砂漠の子デラージ』（一九二七）など、社会学者、哲学者、教育者、詩人、文学者、芸術家、政治活動家等のじつに多様な面を持っている。コミュニスト議員の訴訟でも果敢に証言し、第二次大戦期のまさに代表的な知識人として生きたことはフランスでは広く認められている。一九六〇年一月二〇日、モーブランの死に際して、「至高なる廉潔さで、最大の危機を引き受け」、「危険に身をさらしても、その冷静さを失わなかった」と、コレージュ・ド・フランス名誉教授アンリ・ワロンは弔意を表し、「理性論同盟」の同志リュシー・プルナンは、「最後の床につくまで、肌身離さずハイカイを携えていた」と、モーブランを追悼した。

松尾はモーブランについて、「俳人としては妙なマルクス派の共産党員」であるが、「日本の政治がどんなに右傾しようが、反動化しようが終始一貫した日本文化の擁護者」で、「人間の個人価値の尊重を忘れない典型的なフランス人」（『フランス放浪記』）とみて、大きな精神的支柱を得ていた。妻の病変に驚いた松尾が、まっ先に電話で相談した相手もモーブランだった。

次に、先に述べた著訳書の共訳者エミール・スタイニルベル＝オーベルランについて、松尾は著書のなかで、繰り返しその出会いと交流を語り、ひとしおの感慨を吐露し感謝を述べている、「もし、私が、このオーベルランに会わなかったら、例えセシルとの恋愛があっても貧書生でしかなかった私は、いつか希望を失い、祖国に戻ったであろう」（『巴里物語』「オーベルランとの奇縁」）と述べ、彼の精神的かつ財政的支援は計り知れなかった。松尾によると、オーベルランは一八七八年パリに生まれたが、ストラスブールの名門の出で、日本文化に興味を抱き、松尾に「忠実な協力者」になることを約し、以来松尾とのコンビで、二七年の『其角の俳諧』から三九年まで、一〇冊に余る書物を刊行した。『サンスクリット解読法』（一九三五）やペルシャの詩の翻訳も出している。「徹底したフランス風の、あるいはゲーテ風の、最も美しい個人主義者」である一方、禅僧のように悟りきっていた「日仏文化交流の父、オーベルラン」は、ソルボンヌ出の文学博士であり、官界に入り、官房長を歴任した後、同僚の「不愉快ないたづら」に嫌気がさし官界を去ったという。しかし、オーベルランの憎悪していた戦争が始まってから、南仏の宿からの一枚の葉書を最後に、音信が途絶えたという（『フランス放浪記』ほか）。そのオーベルランの晩年について、先ごろ松崎碩子氏により新資料が発見され、本書巻末に付されている。

松尾は「一生を通じても唯一無二の親友」オーベルランが皮肉な調子を込めていった忠告を身に沁みて思い出す。

「次から次に報道するジャーナリストの仕事に興味をもっているようだが、そんなことばっかりやっていると、貰い君自身のものを失ってしまうかも知れない。」（『巴里物語』）日々の現実における活動や思考を自由に書き、国際連盟や軍縮会議にまで特派される一流のジャーナリストになったにもかかわらず、そうした日常に松尾は決して充足されず、日仏の文化紹介への沈潜した熱情を抱いたと思われる。

4　両大戦間の日仏文化交流——「二つの日本」

第一次大戦後の二〇年・三〇年代のパリの日本人社会の中で、フランス社会に捨て身で跳び込み、「ほとんど知られていない」日本の文化の情報を現地に伝え、現地の情報を日本に伝え、文字通り相互の交流を図ったのは、おそらく、松尾邦之助だけではなかったか。

松尾にとって文化の交流は、一つの再創造でもあった。日本文化は「暗示的で、象徴的だが、それだけに世界性がない、仏教思想が核心になっているため、一般の西欧人には感覚的に楽しめないのでは？」と言う松尾の問に、「ニイチェやベルグソンの哲学など、日本仏教の禅とほとんど共通なもので」あり、「紹介者があまりなかった」ため、「知られていないだけです。」と応じるオーベルランの一言で、日本の文化の仏文翻訳の重要性を悟った。「翻訳の仕事なんて、全く下づみの請負仕事みたいなものだ。バカバカしい限りだが、誰かが、これをやらなくてははじまらない」し、「原著者の感情や、思想をのみこみ、消化し、それを再創造する」喜びがある。翻訳を文化紹介にとって不可欠な基礎作業ととらえている一方で、翻訳は一つの再創造でもあると松尾は考えた（『巴里物語』）。ハイカイは社会的に、心理的に、「可なり深い真面目な成育」を遂げ、それが「皮肉」「恋情」をきかした川柳めいたものに変わっていても、「ソンネといふ小曲の形式に革命を加へて」「独特の形と精神を盛らうとする努力」であり、フランス俳諧は、「新しい創造と生命とを、フランス詩壇にもたらしてゐるのである」とする（『巴里』）、とする。そのため、松尾はシュールレアリスムにも徐々に関心を深めていく。また松尾はフランス人が独自に育ててきた俳諧の活動のなかに、オリジンの国の者だからと土足で入り込んだり、押し付けたりは決してしなかった。

松尾は『フランス・ジャポン』の編集長をまかされる前に、『巴里週報』、『ルヴュ・フランコ・ニッポンヌ』*Revue Franco-Nipponne* での経験があり、三つの日仏文化交流誌に携わった。

> 月刊情報誌『フランス・ジャポン』第一号を読者の皆さまにお届けできることは幸甚である。小誌は、両国間の文化交流 liaison culturelle をはかり、世界の、一方はヨーロッパ、もう一方はアジアで最も重要な地位を占めるこれら二つの国民がよりよき理解をし合えることを目的とする。（「読者への緒言」『フランス・ジャポン』第一号、一九三四年一〇月）

この無記名の緒言はさらに、「より強固な二つの国家の歩み寄りに寄与することを願っている」と結んでいるが、具体的には、「日本で起こったニュースや情報および日本におけるフランス関連活動とフランスにおける日本関連活動を定期的にあらゆる分野にわたって伝える」としている。一見互いの交流に見えながら、「日本」に軸足がおかれているのがわかる。『日仏評論』に見られたような、「相互の共感」「手に手を携え」「友情」「平和」といった高邁な謳い文句はトーン・ダウンしている。

一九二〇年代には、「精神的活動分野」での「国際協力」の促進に端を発し、一九二二年ベルグソンを議長とする「知的協力国際委員会」がジュネーヴで発足し、ユネスコの前身となる。しかし、やがて、国家主義的勢力による国際的孤立回避のための外交政策として「対外文化活動」（松村正義『国際交流史』一九九六年七月、地人館）が華々しく展開されるようになる。筆者はフランス国立図書館書簡部門ヴォカンス書類中に、松尾からのヴォカンス宛書簡「一九三一年二月二日」を発見した。「日仏知的交流委員会」をインド学者シルヴァン・レヴィ、モーブラン、師アルベール・メボン、キク・ヤマタ、高橋らとともに立ち上げ、賛同の旨の確認を取る書簡である。この頃発足した日仏同志会機関誌であり、そのパリ支所、満鉄のバックアップ誌である『フランス・ジャポン』にとっての目的も然りである。和田桂子氏が日仏文化交流機関の概要および、国際連盟脱退後の一九三〇年代における日仏会館常務理事杉山直治郎や満鉄欧州事務所長坂本直道の「日本文化の宣揚」主張について触れられてから、松尾の「文学と美術は観光事業なぞとは異って決して宣伝であってはいけない」という言を引き、「国家の宣伝としての文化交流というスタンスは、松尾には当初からなじめないものだった」（和田桂子編『ジャポニスムと日仏文化交流誌』〈ライブラリー・日本人のフランス体験　第九巻〉二〇一〇年二月、柏書房）と述べられることに、まさにうなずけるのは、一九二一年から四六年という振幅のある時代に異国に生きた松尾の感慨を察すればこそである。松尾が日仏の文化の交流に人一倍尽くした稀有な人物であったという確固たる事実と、一方、例えば独自の発展を遂げていた俳諧詩人を「満鉄」という国家宣揚の枠のなかに引き入れざるをえなかったこととの功罪である。

松尾は読売特派員となる以前「フランス文士の日本観」としてこう書いている。

日本が二つに見える。

「お菊《マダム》夫人《クリザンテーム》」に浮び出る、ピエール・ロッチの日本は夢見てゐる。やはらかな緑や、涼しい月、灯影美しい神秘な日本は、やさしく女性的に夢見てゐる。

日露戦争に勝った日本を見たフランス人は、この日本の夢を疑ひ出した。（中略）一体どちらが本当の日本か。優しいお菊さんの日本か、悪鬼のような軍国主義が真実の日本か。どちらでもないのか。それともお菊さんの優しさと眼のつり上った軍国主義とに、どんな関係があるのか。（『巴里』）

ナチス・ドイツ台頭の三〇年代という困難な時代に東奔西走しつつ遂行した『フランス・ジャポン』の編集は、時代の制約のなかのぎりぎりの文化交流であっただろう。松尾邦之助が日本とフランスの互いの理解に関して発した言葉は「我々は、唯我独尊はよさう」（『巴里』）であった。

参考文献一覧

土屋忍編『松尾邦之助――長期滞在者の異文化理解』和田博文監修〈ライブラリー・日本人のフランス体験　第七巻〉（二〇一〇年二月、柏書房）
和田桂子編『ジャポニスムと日仏文化交流誌』和田博文監修〈ライブラリー・日本人のフランス体験　第九巻〉（二〇一〇年二月、柏書房）
渋谷豊「『日仏評論』について」（松尾邦之助『巴里物語』（二〇一〇復刻版）（二〇一〇年一月、社会評論社）
鹿島茂『パリの日本人』（二〇〇九年一〇月、新潮社。初出『波』新潮社、二〇〇八年九月号〜一二月号）
和田博文、真鍋正宏、竹松良明、宮内淳子、和田桂子『パリ・日本人の心象地図』（二〇〇四年二月、藤原書店）
松村正義『国際交流史』（一九九六年七月、地人館）。

パリ大学日本学研究所

松崎碩子

『フランス・ジャポン』第五号（一九三五年二月一五日）三三頁に、パリ大学日本学研究所創設のニュースが第一回理事会の写真とともに掲載されている。この記事によると、当研究所は、三井合名会社からの寄金により設立され、一月三一日、ソルボンヌにてパリ大学総長セバスチャン・シャルレティ司会のもとに第一回理事会が開かれ、理事会役員として、名誉理事長に佐藤尚武駐仏日本大使、シャルレティ総長の両氏、理事長はアンドレ・オノラ元大臣、副理事長には、アンリ・カピタン、シルヴァン・レヴィ両教授および三谷隆信日本大使館一等書記官の三氏が選出された。なお、大学都市の日本館に拠点をおく新研究所のその後の活動プログラムなどが協議されたこともつけ加えられている。写真を見ると、ソルボンヌの荘厳な一室で行われた理事会は、理事たちも背広にネクタイという服装で、近年の大学や研究所の会議に比べると非常に厳かな光景である。

理事会はその後、一九三五年一二月三日、一九三六年一二月五日、一九三八年六月二四日、と合計四回開かれ、以後、フランスが第二次世界大戦に突入してしまったせいか、理事会が開かれたかどうかを伝える資料は残っていない。しかし、大戦中も後記のように研究所は細々ながら活動を続けていた。

理事会メンバーには、前記役員のほか、ミシェル・ルヴォン（パリ大学教授）、シャルル・アグノエル（東洋語学校教授）、ルイ・ブラランゲム（パリ大学教授）、ジョセフ・アッカン（ギメ美術館館長）、薩摩治郎八、書記には山

L'INSTITUT D'ÉTUDES JAPONAISES
DE L'UNIVERSITÉ DE PARIS

L'Institut d'Études Japonaises, qui a été créé l'année dernière à l'Université de Paris par une donation de la « Mitsui Gomei Kaisha », l'une des plus grandes firmes du Japon, a tenu la première réunion de son Conseil d'Administration à la Sorbonne, le 31 janvier dernier, sous la présidence de M. Charléty, Recteur de l'Académie de Paris.

Le Conseil a élu, en dehors d'un certain nombre de ses membres, comme Présidents d'honneur : S. E. M. Sato, Ambassadeur du Japon ; M. Charléty, Recteur ; comme Président et Vice-Présidents : M. le Ministre Honnorat, MM. les Professeurs Capitant et Sylvain Lévi, M. Mitani, premier Secrétaire de l'Ambassade du Japon.

Le Conseil a discuté par ailleurs, le programme des activités du nouvel Institut qui a son siège à la Maison du Japon, à la Cité Universitaire, dont M. Yamanouchi a été nommé récemment directeur.

パリ大学日本学研究所創設についての記事（『フランス・ジャポン』第５号）

内日本館館長、経理担当はパリ大学事務総長モーリス・ギュイヨ氏、と当時の日本学・東洋学の重鎮やパリ大学、日本大使館の主要管理職者が名を連ねていた。そのほか、理事会には、国立図書館、国立自然博物館の館長や日仏協会の代表なども列席している。しかし、一九三五年一〇月にはシルヴァン・レヴィが、一九三七年九月にはアンリ・カピタンが逝去し、ポール・ペリオ（コレージュ・ド・フランス教授）、レオン・ジュリオ・ド・ラ・モランディエール（パリ大学法学部教授）がそれぞれの後任者として副理事長に就任した。また日本大使館でも人事の移動があり、駐仏大使や一等書記官がそれぞれ理事会の役員を受け継いでいる。

さて、このパリ大学日本学研究所設立には、何と言っても、パリ国際大学都市創設者として名高いアンドレ・オノラの尽力に負うところが非常に大きい。

アンドレ・オノラは一八六八年パリに生まれた。家族は父・母とも南アルプス地方の出身であった。家庭の事情により高校を中退、勉学を続けることはできなかったが、ジャーナリスト、諸省官房長を経て、一九〇七年にバス＝ザルプ地方議会議員に選出されたのを皮切りに、政界に入り、一九一〇年には同地方選出下院議員、一九二〇年には下院から上院議員に移り、一九二〇年、一九二一年には文部大臣に任命された。オノラは第一次世界大戦中の経済危機を乗り越えるため、一九一六年に夏時間を導入したり、一九一七年には戦争博物館、現代国際文献図書館を創設、また結核の治療と予防に関する様々な事業を行っているが、彼の生涯の最も大きな業績は、パリ国際大学都市の建設であろう。

　第一次世界大戦はフランスにとって、戦勝国となったものの、多くの若きエリートを失い、北部主要工業地帯や小麦生産地域が戦場になったため、経済的にも大きな打撃を受け、巨大な傷跡を残すこととなった。オノラは、フランスのかつての栄光や文化的指導性が衰えはじめているのを目にし、深く傷ついた精神を癒すためには、若い世代が世界各国との交換を積極的に行い、相互の理解を深めるよりほかに道はないと考えた。オノラは、一九二〇年から文部大臣を二期務めたが、その期間にパリ市南部の大要塞地跡に六〇ヘクタールの土地を確保し、世界各国から寄付金を募り、ドゥーチュ・ド・ラ・ムルト、ロックフェラー、薩摩治郎八などの資産家から寄金を得て、学生会館を順次建設していった。この大学都市は、現在でもフランスの地方出身の学生や世界各国からの留学生の寄宿舎として利用されているが、ただそれだけではなく、学生たちの出会いの場でもあり、国際相互間の理解に大きな役割を果たしている。オノラはこの大学都市建設について後年次のように語っている。

「私は、ある機構の建設実現のために生涯のある時期を費やしましたが、その最も重要な目的は、異なる土地の出身で正反対の意見を持つ者同士が、意見の食い違いがあっても、それは友情への妨げにはならず、また、他人の意見を知って自分の考えを訂正しなければならない、ということを学ぶことなのです。」

オノラは、第一次世界大戦末期にフランス・デンマーク協会、フランス・ノルウェー協会を設立したのを皮切りに、フランスと世界各国との友好協会設立に関与し、ある時には五六にものぼる団体の会長もしくは役員を務めていたといわれている。

パリ大学には、当時、世界諸文化に関する専門研究所があり、学術・文化交流を通じてそれぞれの文化についての研究を行い、その普及に努めていた。オノラはかねがね、古い歴史と豊かな文化を持ち、近年めざましい発展を遂げている日本についてのこのような研究所が存在しないことを遺憾に思い、ぜひとも日本学研究所を創設したいと願っていた。彼は、パリ大学にはじめて日本文明講座が設置された時の文部大臣であったし、パリ日仏協会の会長も一九三三年以来務めており、日本に対して非常に好意的であった。一九三三年秋、オノラは日仏会館の招聘で約一ヵ月半日本を訪れ、「フランスに於ける結核予防事業」や「パリ大学都市」についての講演を行ったが、この機会に政界財界の多数の関係者と会見し、日本学研究所設置のための資金工作に動いていたようである。

その功が実り、翌一九三四年五月二五日、三井合名会社は公証人ビュルトを通して、日本学研究所設立のため、パリ大学に元金一万円および運営資金として年間五〇〇〇円の寄付金を贈呈した。三井高棟は既に一九二〇年、パリ大学日本文明講座設置のための助成金を寄付しているので、今回は三井財閥からの二度目の寄付である。この二件については、ソルボンヌの正面玄関大ホールの右奥の柱に「一九二〇年、三井男爵ほか著名な日本の方々による日本文明講座設置」「一九三四年、日本学研究所設立のため三井合名会社より四万フランの寄贈を受ける」と銘が刻まれ、現在もなおその恩恵の記録を目にすることができる。

三井財閥は当時、関東大震災、世界恐慌に続く日本経済恐慌の真っ只中にあり、「ドル買い事件」に端を発した反財閥運動、一九三二年の団琢磨理事長の暗殺など、財閥批判が強まる中で、その対応策として、一九三三年に三井報恩会を設立し、社会事業や学術・文化事業に多額の援助を行った。そこで、パリ大学への寄付もこのような活動の一環として行われたのではないかと思われる。

いずれにしても、ここまでこぎつけるまで多くの難関があったことは、当時の日仏会館フランス学長ジュリオ・ド・ラ＝モランディエール宛のオノラの書簡に窺われる。

「日本学研究所が設立されました。ここまでこぎつけるのに困難はありましたが、やっとここまでたどりつきました。」

さて、パリ大学は、三井合名会社より提供された前記寄付金につき、五月二八日大学評議会の同意を得た後、四万五〇〇〇フランの小切手の管理を大学経理部に委ね、八月一一日付け政令により、その受諾許可を得ている。この政令に基づき、一〇月二九日、パリ大学総長シャルレティは、公証人ビュルトを介して三井合名会社からの寄付を正式に受諾するため公正証書に署名した。ここにパリ大学日本学研究所は晴れて誕生したのである。

公正証書には、拠点所在地、活動内容など、研究所に関する様々な条件が書かれている。

拠点は大学都市の日本館に置かれた。これは研究所が独立した場所を構えるのに十分な資金を確保するまでの仮の宿であり、はじめから大きな研究所を創らず、少しずつ大きくしていきたいというオノラの意向が反映されていた。オノラは、拠点を日本館に置いたのは、そこにはいつも日本語の判る人がいて便利だから、とも言っている。また、公正証書には「日本館は、研究所が管理・頒布する図書や資料保管のため、図書室を無料で提供する。日本館は、研究所の事務や経理を司るための人員をも提供する。」ともあり、日本館は研究所の本部所在地であっただけでなく、図書・資料の保管をはじめ、人員までも提供していたので、後年、研究所と日本館の区別がはっきりつかず、多くの誤解を生んだ。特に、研究所所蔵の図書が日本館の図書室に長期にわたり保管されていたので、日本館のものと思われていたこともある。しかし、研究所の蔵書保管、事務等は日本館で行われていたが、理事会は毎回ソルボンヌの会議室で行われ、講演会もソルボンヌ、美術・考古学研究所等、パリ大学の校舎で行われた。また、「図書室を無料で提供」といっているが、会計報告によると、実際には一括使用料として年間一五〇〇フランを支払っていた。いずれにしても、日本学研究所と大学都市日本館は、それぞれ独立した機関であったのである。

　さて、研究所ではどのような活動が行われていたのであろうか。公正証書第八条には、活動について次のように記されている。

1　フランスに於ける日本関係の教育を助長する。

2　コレージュ・ド・フランスをはじめ、パリの教育機関、図書館、美術館、博物館を通して日本文化をフランス全土に普及させる。

3　在パリ図書館、美術館、博物館が所蔵する和図書、日本美術品の総合目録を作成し、日本の図書や美術品購入に際し助言を与え、これらの機関の発展に協力する。

4　講演会、展覧会、出版等を通じ、日本文化をフランス全土に紹介し、フランス人エリートたちに日本への興味をかきたてる。また、日本の学者が来仏のおりにはフランスの学者との交換を図り、大学都市とも提携して日本人留学生受け入れに協力する。

　つまり、一言でいうと、日仏両国間の学術・文化交流に貢献することであり、単なる研究所というよりは、フランスに於ける日本の学術・文化紹介の窓口、中継地的役割をも担っていた。オノラは、ジュリオ・ド・ラ・モランディエール宛前記書簡で、「日仏会館に新研究所の東京の連絡事務所になって頂き、また逆に日本学研究所が日仏会館のパリ連絡事務所になれば、両機関にとって非常に有益なことになるだろうと思います。」と語っており、研究所の理事にも、シルヴァン・レヴィ、ルイ・ブランゲム、ジョセフ・アッカン、レオン・ジュリオ・ド・ラ・モランディエール、と歴代の日仏会館フランス学長の名が見えるので、両機関は強い絆で結ばれていたと思われる。

さて、研究所の活動としてまず挙げられるのが日本の学者や文化人による講演会である。記録によると、つぎのような講演会が催された。

1　一九三五年二月二三日　武内義雄（東北帝国大学教授）
『中庸について』（伊藤仁斎の『中庸』観について）

2　一九三五年五月二二日　成瀬正一（九州大学教授）
『モンテーニュと極東の叡智』

3　一九三五年六月一四日　姉崎正治（東京帝国大学教授）
『現代日本に於ける文明危機』（近代化、産業化がもたらした弊害について）

4　一九三五年一〇月八日　田中館愛橘（東京帝国大学名誉教授）
『録音テープ使用による日本語音声の研究』

5　一九三六年五月一二日　田中耕太郎（東京帝国大学教授）
『国際法理論について』

6　一九三七年七月二六、二八日　有島生馬（画家）
『日本に於けるデッサンおよび表意文字についての考察』
『日本現代絵画』（有島の二講演については『フランス・ジャポン』第二二号参照）

これらの講演は、それぞれ『パリ大学年報』*Annales de l'université de Paris* に発表され、その抜き刷りを小冊子に仕立て、フランス、日本をはじめ世界各国の日本研究機関に配布された。出版活動として、定期刊行物を出版して、日本の学者や留学生たちの研究成果を逐次発表したいという意見もあったが、経済的な理由により実現されなかった。その代わり、既に存在していた『パリ大学年報』に論文を発表し、抜き刷りに研究所の名を入れた表紙をつけて小冊子をつくり、ほかの機関に送ることにしたのである。出版活動としては、むしろ出版助成に力が入れられ、日本人留学生やフランス人学生による日本についての学位論文が助成の主な対象となっていた。出版援助を受けた出版物として、田島隆純著『大日経についての研究』*Étude sur la Mahâvairocana* や松尾邦之助等による『古代から一九三五年までの日本文学史』*Histoire de la littérature japonaise des temps archaïques à 1935*などが挙げられる。学位論文『大日経の研究』で博士号を取得した田島隆純は真言宗の学僧。サンスクリット語およびチベット語研修のためフランスに留学していたが、「法華経や華厳経など大乗経典についてはヨーロッパに訳も研究もあるが、密教の最も大切な大日経はいまだ何人も手をつけていない。是非これを訳して、学会に紹介してもらいたい」とインド学の大御所シルヴァン・レヴィに勧められて、この論文を書き始めたという。また、助成の恩恵を受けたのは人文系だけでなく、物理や医学等理科系のものも含まれていた。この出版援助は、戦火の激しくなった一九四四年にも続けられ、物理学者の湯浅年子の学位論文はこの助成のおかげで陽の目を見ることになったのである。湯浅は後年、回想録『ら・みぜーる・ど・りゅっくす――パリ随想』(一九七三年一月、みすず書房)でつぎのように語っている。

> その頃は、論文は必ず出版しなければならない規則があり、その費用はなかなか大金であった。それを大学都市の創立者であるアンドレ・オノラ氏が奔走してくださって、日仏協会から出版費の一部を出すようにしてくだ

さった。先ごろ引越しの際に古い手紙の整理をしていたら、当時いただいた同氏の手紙が出てきた。「この費用は直接出版社のゴーチエ・ヴィラールに早速渡すように手配し、植字工がすぐ仕事につくよう、自分で行って頼んだから、お知らせします。なぜ私がこのように取計らったかというと、一刻も早くあなたの論文が審査できるためです」と書いてある。オノラ氏は占領下の政府に職をもつことを潔く思われず、枢密顧問官を辞して自宅にこもっておられたのであり、したがって日本の政策にも反対であったのにもかかわらず、文化の上の共感は戦争

Deux Conférences

de

M. IKOUMA ARISHIMA

à l'Institut des Études Japonaises de l'Université de Paris

Les 26 et 28 Juillet ont eu lieu à la Sorbonne et à l'Institut d'Art et d'Archéologie de l'Université de Paris deux conférences de M. Ikouma Arishima, organisées par l'Institut d'Etudes Japonaises de l'Université de Paris. Une nombreuse assistance était venue écouter ce maître de la littérature japonaise qui traita de « l'idéogramme et le dessin au Japon » et de « la peinture contemporaine au Japon ».

M. Arishima n'est pas seulement un écrivain très connu, il est également peintre et c'est l'une des raisons pour lesquelles ses « considérations sur l'idéogramme et le dessin au Japon » furent particulièrement intéressantes.

Au Japon, la calligraphie a une importance que l'on ne peut soupçonner en Occident, et elle a de grands rapports avec l'art de l'estampe. Cette « appréciation », elle la doit à l'idéogramme. Le conférencier donna un aperçu de certains points de technique générale de la calligraphie, du tracé de l'idéogramme, etc., et fit connaître certains exemples montrant l'amour des Japonais pour la calligraphie. L'idéogramme a une importance primordiale pour la poésie et ses rapports avec le Zen sont témoins de la valeur qu'il possède.

Dans sa seconde conférence, M. Ikouma Arishima traita de « la peinture contemporaine au Japon ». Tout d'abord, il déclara qu'il parlerait surtout de la peinture à l'huile. Il tint à nous prévenir : « Elle ne date pas de si longtemps, aussi le critique devrait-il l'aborder avec indulgence ». Le conférencier donna une vue d'ensemble de la peinture à l'huile depuis son introduction au XVIe siècle par des missionnaires portugais, italiens et espagnols qui créèrent à Kiôtô et à Arima des écoles avec cours de peinture à l'huile. La véritable introduction de la peinture à l'huile ne date cependant que de l'époque Meiji lorsque, en 1875, Edouard Chiosone fut appelé par le Gouvernement et fut suivi d'étrangers tels que Lagusa, Fontaneisi, Wagman, Bigot, Fenellora, etc. Depuis, le Japon a eu de grands peintres et introducteurs avec Toyama Shoichi, Tadamasa Hayashi (antiquaire qui fut surtout inspiré par Paris), Seiki Kouroda, Foujishima, Wada Sanzo, Aoki Shigerou, Koumagai, Shoji Sekine, Mourayama Kaita, Koide, etc.

Nombre de ces peintres reçurent leur éducation à Paris, de même que la majorité des jeunes peintres nippons qui s'illustreront demain. Cette très intéressante conférence de M. Arishima était illustrée de nombreuses projections.

(上)有島生馬の２つの講演についての記事(『フランス・ジャポン』第22号)。(下)同号に掲載された、有島の作品「海」。娘の有島暁子による訳。

La Mer

Par Ikouma ARISHIMA.
(Traduit par Mlle Akiko Arishima).

Il nous paraît inutile d'avoir à présenter M. Ikouma Arishima, qui vient de faire à Paris quelques conférences dont on trouvera dans ce numéro un bref résumé. M. Arishima est en même temps célèbre comme peintre et comme écrivain, et le catalogue de l'exposition Cézanne organisée à Paris il y a un an, notait dans sa bibliographie, l'ouvrage qui lui était consacré par le maître japonais.

Le texte que nous sommes heureux de publier ci-dessous fait partie d'un cahier qu'a bien voulu nous confier M. Arishima. Son histoire intéressera les lecteurs de France-Japon.

M. Ikouma Arishima avait été envoyé officiellement en Italie et en France pour faire des conférences d'art et de littérature. Ce n'était pas le premier voyage qu'il faisait en Europe, et particulièrement en France. Cette fois, il ne put malheureusement emmener avec lui sa fille, Mlle Akiko Arishima, qui parle le français aussi bien que lui. Arrivé en Europe, il reçut une lettre d'elle où elle lui disait toute sa tristesse de n'avoir pu l'accompagner ; elle lui écrivait également que, dans sa mélancolie, de manière à se rapprocher de son père, elle avait entrepris la traduction en français de certains de ses essais qu'elle lui envoyait en un cahier. C'est ce cahier que M. Arishima a bien voulu nous confier et dont nous avons extrait le texte que l'on va lire ; d'autre pages paraîtront dans les fascicules suivants de France-Japon. *On pourra avoir ainsi une certaine idée — incomplète évidemment — de l'œuvre de M. Ikouma Arishima.* La Mer *semble être l'œuvre d'un impressionniste, mais d'un impressionniste solide, à la manière du Corot des « maisons » et l'on comprend qu'il apprécié particulièrement Cézanne et les grands maîtres modernes de la peinture.*

A. S.

Ikouma Arishima.

La mer me rend sceptique. J'habite déjà depuis deux ans au bord de la mer pour me soigner, et je suis en contact avec elle de toutes les manières. Le matin, lorsque je m'éveille, c'est le bruit de la mer que j'entends, et quand il cesse, c'est que mon sommeil a commencé. Lorsque par hasard un rêve me surprend et m'éveille, le bruit qui me tient compagnie pendant la nuit est celui des vagues. Pour moi, le bruit de la mer représente le temps lui-même ; il m'enveloppe continuellement, et il me semble que sans ce symbole, je ne pourrais concevoir la notion du temps.

Le vent passe sur la mer et en apporte le terrible bruit Le soupir de l'océan lointain vient jusqu'ici et palpite. La détresse des algues, la tristesse des poissons et la fureur de Neptune remplissent de gémissements les alentours de la maison pendant toute la nuit. Les pins persécutés se lamentent *(Odyssée)*. Mais la miséricordieuse Amphitrite, épanouie de sourire, s'adresse à elle-même ; c'est une déesse qui gouverne la mer en sommeillant. A ce moment, rien de ce qui existe sur la terre ne peut concourir avec elle, ni la lumière, ni la clarté. Le ciel lumineux qui se trouve au-dessus d'elle peut seul lui être comparé.

— 202 —

を超越したものという高い理想から、一介の学生にすぎない私の上にまでこのような温い応援の手をのべてくださったものと思う。

（＊筆者注・文中の「日仏協会」は日本学研究所のことである。同書に複製されているオノラの手紙には研究所の便箋が使用されているし、研究所の会計報告にもこの出版援助の項目がある。）

オノラは、一九四〇年、対独協調のヴィシー政権樹立に反対し、政界から身を引いた国会議員の一人であった。当時のフランスの状況を考えると、このような行為はなかなか簡単にはできるものではなく、非常に感銘深い話である。なお、湯浅年子は、戦前、最後に日本を出発したフランス政府給費留学生の一人であった。湯浅は、非常時にフランスへ留学した状況について「私が一九四〇年、戦雲がすでにヨーロッパの空をおおい、日本もまた日支事変の只中にあり、日米間の関係も日ましに険悪になっている時、心もとない気持を抱きながらただ一筋にジョリオ夫妻のもとで研究をしたいという希いをもってフランスに来、その念願がかなって、先生が所長をしておられたコレジ・ド・フランスの原子核科学研究所に入れていただいてから、戦争直後の五年間を除いて、一九五八年、先生が他界されるまでの長年月を先生の指導のもとにすごした」（『ら・みぜーる・ど・りゅっくす』）と後日回想している。ジョリオ夫妻とは、マリー・キュリーの長女イレーヌとその夫フレデリック・ジョリオ夫妻のことである。湯浅はその後もオルセー原子核物理研究所等で研究を続け、一九八〇年にパリで逝去した。

そのほかの研究所の主な活動の一つに、「在パリ図書館所蔵和図書総合目録」がある。この事業は前記公正証書にもはっきり記述されていて、研究所設立にあたり、まず要望された計画の一つであったと思われる。目録作成は、第一回理事会開催後すぐに始められ、シャルル・アグノエルの指導のもとに当時フランス政府第一回給費留学生としてパリ留学中の吉川逸治が実際の労務にあたった。吉川はアンリ・フォションの指導のもと、フランス中世ロマネスク美術を専攻、「サン・サヴァン教会堂のヨハネ黙示録画」についての博士論文を準備していたが、そのかたわら、研究所のアシスタントとしてこの仕事に従事していた。

目録作成のため調査されたのは、国立図書館、ギメ美術館、装飾美術館、現代国際文献図書館、国立自然博物館、パリ天文台、医学アカデミー、日本館、美術・考古学研究所など一二館であるが、ここには非常に重要な図書館でありながら調査できなかったところがある。東洋語学校の図書館で、当時、工事中につき立ち入り禁止で目録作成が不可能であったのである。しかし、一九三八年には、総計三〇〇〇タイトルの図書、カードにして二万一〇〇〇枚の目録が作成された。目録はオリジナルのほか、六部のコピーを作成し、国立図書館、現代国際文献図書館、ソルボンヌ、東洋語学校、ギメ美術館各図書館、東京日仏会館に送付し、オリジナルは日本館で保管した。また、前記六館だけでなく、フランスの地方やヨーロッパの大学図書館にもこの総合目録を広めたいという意見があり、目録の出版計画が理事会で毎回取り上げられ、その実現のために研究所の経費を節約、文部省高等教育局長の協力賛同の意をも得ていたが、目録は出版されなかった。

また、この総合目録はその後も引き続き行われる予定であった。オノラは、この事業が継続されなければ、それまでの努力が水の泡となってしまうと述べている。しかし、大戦のため研究所の活動は後退し、目録作成は中断された。一九七四年、後記の新研究所に於いて、在パリ図書館和図書総合目録作成が再開されたが、約四〇年のギャップは大きく、旧総合目録をもとにして作業をすることは不可能であった。この間、日本学は飛躍的発展を遂げ、パリの図書館所蔵の日本関係図書も充実してきていたのである。そして、旧総合目録は、オノラが警告していたように、その存在すら忘れられ、一見無用の長物になってしまったかのように見えた。しかし、この目録によって、戦前、パリにどのような和図書が存在していたかを知ることが出来るし、明治以前の刊本の目録はその後あまり作成されていないのでその方面での情報を得ることができる。ちなみに、パリ大学美術・考古学研究所（現在は国立美術史研究所に所属）

のジャック・ドゥーセ文庫所蔵の江戸時代の絵本は、この目録のおかげで再発見され、近年注目を浴び、複製本が出版されたという例もある。

ところで、前述のように、前記目録のコピー一式が日仏会館に送付されたが、これにはある意図があった。東京で、パリにどのような図書があり、どのようなものが欠けているかを知ってほしい、つまり、日本研究にとって重要なものでパリに存在しない本をぜひ送ってほしいという願いがこめられていたのである。研究所と日仏会館は前述のように深い関係にあったが、図書収集にあたっても会館は協力を惜しまなかった。オノラは一九三三年訪日のおり、フランスより図書を持参したが、研究所開設直後には、日仏会館にその引き換えとしての図書寄贈を早速依頼している。一九三五年には吉川逸治が神田喜一郎の協力のもとに「日本研究基礎書目」を作成、一九三八年にこのリストを参考にして、国際文化振興会より九六四冊（三一五タイトル）の図書寄贈を受領している。この寄贈書は研究所の蔵書として保管され、後述の新研究所に移管された。

一九三七年には、研究所は、ディジョン在住のエルツォック夫人より日本の古銭・メダルコレクションの寄贈を受けた。このコレクションは夫人の兄弟ルイ・バスティッドが領事として日本滞在中に収集したものであり、日本の貨幣だけでなく、中国、朝鮮、シャムのものも多少含まれていた。その内容については、シャルル・アグノエルがまとめ、『パリ大学年報』に発表されている。その抜き刷りは前述のように小冊子に仕立てられ、ほかの機関に送付された。このコレクションは、大戦中の騒乱によるためか、現在行方不明である。

研究所は、前述のように研究書収集、出版を通して日本紹介に尽くしていたが、それだけでなく、日本政府給費留学生の選考にも関与した。駐仏日本大使館の三谷書記官は一九三六年八月八日付けの書簡で、オノラ理事長に、日本外務省よりこの度、左記の要綱で日本政府給費留学生募集が行われる旨の通知を受け取ったので、ご協力を仰ぎたい、と申し出た。

「日本滞在は二年、必要に応じて一年延長も可能。渡航費については、パリ・東京間の二等料金を日本政府が負担する。給費の金額は年額二五〇〇フラン。滞在目的は日本語・日本文化の研究に限る。給費生選考はパリ日本大使館がフランスの諸機関の協力のもとに行う。一九三六年度給費生数は二名。」

この留学生募集には、一九三六年一二月五日の第三回理事会の報告によると、一二名の応募があった。審査の上、このうち四名が選ばれ、大使館に推薦された。そして、晴れて日本に留学したのは、日本美術史専攻のベルナール・ルカと民族・先史学者アンドレ・ルロワ＝グーランであった。ベルナール・ルカは、エコール・ド・ルーブルで美術史を、また日本語を東洋語学校で学び、フランス国立高等研究院の日本宗教講座にも籍を置いていて、日本への留学生として最もふさわしい候補者であったようで、アグノエル、ポール・ペリオをはじめ多くの教授から推薦されていた。日本では、東京大学文学部美術史学科で雪舟研究をめざし、藤懸静也教授について勉学に勤しんでいた。そして、ここの研究室で、美術史家の北川桃雄と秋山光和に出会う。秋山は『出会いのコラージュ』（一九九四年六月、講談社）でつぎのように語っている。

同じ頃〔一九三八年〕、僕と北川さんを結ぶ、変わった人物が研究室にあらわれた。ベルナール・ルカ君という、背の高いフランス人である。彼もすでに相当な歳で、聞けば第一次大戦で青春の志を折られた「犠牲の世代」の一人だが、中年になって東洋の美術に惹かれ、はるばる留学生として東大にやって来たのだという。独身で内気な彼は、上野の桜木町に純日本風の家を借り、賄いのおばさんを一人おいて、ひっそりと暮らし始めた。雪舟研究が希望で、丁度その年始まった藤懸先生の室町水墨画の講義を、僕は帰りに彼の家に寄り、フランス語でもう一度説明することを引き受けた。

そのうち、世界は第二次大戦に突入、戦状は悪化の一途をたどり、ルカはとうとう日本軍との連絡将校としてインドシナに動員され、終戦直後、独立軍のテロに倒れたのである。まさに、「犠牲の世代」の一人であった。

もう一人の第一回日本政府給費留学生は、後にコレージュ・ド・フランス先史学講座の教授となるアンドレ・ルロワ＝グーランである。ルロワ＝グーランは、東洋語学校でロシア語と中国語をマスターしていたが、日本語は習得していなかった。しかし、英語にも通じていたので、日本で研究するには差し支えないとみなされた。彼は、国立人類博物館館長のポール・リヴェの弟子で、人類博物館でも「極北の民」のコーナーを担当し、また『トナカイの文明』を著して既に研究者として活躍を始めていた。日本では、アジア北東部、特に太平洋沿岸地域に於ける物質、技術、宗教関係の交流をめぐる研究をテーマとして選び、主にアイヌ文明について調査研究した。もともと、動物と文明との関係に興味を抱いていたので、たまたま見た馬頭観音に興味を持ち、「馬頭観音」が描かれているおふだに端を発して、ほかの仏像が描かれている「おふだ」にも目をつけ、約八百点の「おふだ」を収集した。このコレクションは、現在ジュネーブ市立民俗学博物館で保管されている。しかし、大戦直前の日本滞在中には、時局が悪化するに従い、フィールドワークを中心とする研究が思うようにできず、また一九三九年に帰国したフランスでも研究に打ち込むことは難しかったようである。戦後は主として、アルシー・シュル・キュール洞窟など多くの遺跡の発掘調査を行い、フランスの洞窟内の壁画についての研究などに方向転換し、極東研究から遠ざかってしまった。日本で調査研究された草稿は、没後『忘れられていた草稿――アンドレ・ルロワ＝グーランの日本』*Pages oubliées sur Japon*, Jérôme Millon, Grenoble にまとめられ、二〇〇四年に出版されている。

このように、第一回日本政府給費留学生として日本へ出発した二人が、日本研究を続行できなかったことは、大戦ゆえとはいえ、残念なことである。

研究所は一九三八年をもって、その活動が以前のように活発に行われることができなくなっていく。三井合名会社からの運営資金がストップされてしまったのである。この年には、日仏間はまだ交戦状態にはなっておらず、三井からの支払いが停止されたのは戦争のためとは思われない。実のところ、この支払い停止の直接の原因は三井合名会社の財政理由によるものと思われる。三井合名会社は日中戦争勃発以来、財務の悪化に直面していた。その原因は、財閥批判の嵐を乗り切るために行った公共・社会事業への巨額の寄付、また、満洲国への借款供与、三井各家の相続税納付の重圧などである。この財務危機を乗り越えるためにとられた措置は、一九四〇年の三井合名会社と三井物産の合併へと発展するが、この措置、つまり当社の改組問題は、具体的に一九三八年春ごろから検討され始めたようである。そこで、会社内部の財務問題に囚われて、パリへの支払いを怠ってしまったのではないかと考えられる。

　フランスも、一九三九年九月には第二次世界大戦が勃発し、翌年六月にはパリが陥落、フランス国土の五分の三がドイツ軍占領下となり、事態は悪化するばかりで、研究所でも思うように活動が出来なくなってしまった。本部所在地であった大学都市の日本館も閉鎖され、パリ陥落後は終戦までドイツ軍に占拠されてしまう。このような思わしくない状況の中、研究所は細々ながらも一九四四年まで活動を続けた。日本人アシスタントには一九四一年まで給料を支払い、一九四四年には前記のように博士論文の出版援助を行った。しかし、三井からの送金が途絶え、収入がなく、研究所はわずかな資金を残して終戦を迎えた。三井財閥は戦後解体され、三井からの助成金をあてにすることは不可能となり、研究所は名のみの存在となってしまったのである。

　オノラは戦後、研究所再建のための資金獲得に奔走するが、その時目をつけたのはまたもや三井であった。三井財閥は解体され、三井合名会社は存在していなかったが、解体時に持株会社整理委員会に引き渡された有価証券が連合国監査下にあった。オノラは三井が一九三八年から日仏間戦争勃発まで約束の運営資金を研究所に毎年支払うべきであった、と主張し、それを怠ったとして賠償金を要求したのである。彼はこの要求を一九四八年五月三一日の大学評議会に提出し、賛同を得た後、パリ大学総長は外務省にそのための措置をとるよう請願した。外務省はこの意見を聞き入れ、東京との交渉を約束した。オノラも個人的に外務省文化交流局長に再三手紙を書き、事情を説明して協力を求めている。しかし、この件については、一九五五年の時点で何も解答が得られていないという報告が残されている。

　オノラは戦後体調を崩し、一九四八年の前記大学評議会で研究所理事長辞任の意を表し、後任者として副理事長のジュリオ・ド・ラ・モランディエールを推薦した。しかし、オノラが正式に理事長の座を退いたのは、それから二年後、一九五〇年六月一二日の大学評議会に於いてであった。彼は、それから一ヵ月後、一九五〇年七月、研究所の再出発を待たずに逝去した。

　その後、シャルル・アグノエルを中心に、研究所再興の準備が進められ、一九五九年一二月一日付け政令により、新研究所が誕生する。この研究所はパリ大学総長直轄、運営資金は国家が保証する国立の機関である。名称も「日本学高等研究所」と、「高等」という語を付け加え、高度な日本研究に重点がおかれている。旧研究所からは、図書と殆ど価値の失われた証券を受け継いだが、拠点はソルボンヌに置かれた。といっても、住所のみで、旧研究所から受け継いだ図書を保管する場所もなかった。そこで、これらの図書は、パリ一六区のプレジダン・ウイルソン通りに、漢学研究所やインド文明研究所などとともに居を構えた一九六八年の春まで日本館で保管されていた。しかし、図書が移管されるや否や大学紛争が起こり、パリ大学は一九七〇年に一三の大学に分割されてしまう。パリ大学総長直轄下にあった研究所は、一九七三年一月四日付け政令により、コレージュ・ド・フランス所属機関となり、今日に至っている。

　パリ大学日本学研究所は、『フランス・ジャポン』創刊と同じ年、一九三〇年代の社会状況混乱の時代に生まれ、『フランス・ジャポン』同様、第二次世界大戦によって挫折してしまったが、日本研究を通してフランスに於ける日本理解の促進を図るという理念は、戦後再興された研究所に受け継がれた。新研究所は、日本研究旺盛な今日、フランスに於ける日本研究の主要な拠点のひとつとなり、その発展に貢献している。

参考文献一覧

パリ大学日本学研究所関係文書（パリ大学区公文書館で保管）
松崎碩子「日本学高等研究所六十年の歩み—パリ大学からコレージュ・ド・フランスへ」（『日仏図書館情報研究』第二一号、一九九五年）。
Général KOENIC, *Notice sur la vie et les travaux d'André HONNORAT (1868-1950)*, Paris, 1952.（Institut de France, Académie des Sciences Morales et Politiques）.
『財団法人　日仏会館報告』第拾回（一九三三〜三四）〜第拾五回（一九三八〜三九）
『三井事業史　本編　第三巻　中』（一九九四年三月、三井文庫）

「フランス・ハイカイ詩人の「日本」」

――ポール＝ルイ・クーシューをめぐって

柴田依子

本稿では、「フランス・ハイカイ詩人の「日本」」に関して、フランス・ハイカイの「生みの親」として知られるポール＝ルイ・クーシュー（Paul-Louis Couchoud, 1879-1959）をめぐって、二〇世紀前半の彼の日本および俳句についての見解を紹介したい。その影響に関しては、フランス・ハイカイの誕生から開花の経緯を、さらにその退潮の時期についても検討してみたい。主な資料は、一九〇〇年代から一九二〇年代にかけては、クーシューの書簡、論文、著書『アジアの賢人と詩人』*Sages et Poètes d'Asie*（一九一六）や『新フランス評論』*La Nouvelle Revue Française* 第八四号（一九二〇）「ハイカイ」アンソロジー他である。一九三〇年代に関しては、フランス・ハイカイの退潮期にもかかわらず、注目すべきことに『フランス・ジャポン』誌に日仏の「ハイカイ」にかかわる特集が掲載されているので、一九三七年刊、同誌第二〇号の「ハイカイ　HaïKaï」および一九三九年刊同誌第三八号のフランス・ハイカイ詩人ジュリアン・ヴォカンスによる論考「フランス俳諧について Sur le Haï-Kaï français」をたどりながら、まとめとしたい。

さて、一九〇〇年代の初頭にクーシューはどのような経緯でフランス・ハイカイ詩人「ハイジン」の先駆者となったのであろうか。最初期のフランス・ハイカイ詩人のなかで来日の体験があり、日本について語っているのはクーシユーのみである。クーシューの日本体験とはどのようなものであったのであろうか。最初に日本および俳句についてクーシューの見解を具体的に紹介していこう。

1　一九〇〇年代

――クーシューの初来日からフランス・ハイカイの誕生および「ハイカイ」と「日本の文明」の発表

クーシューは、エコール・ノルマル・シュペリウールを卒業し、哲学のアグレジェ取得後、ドイツのゲッティンゲン大学の外人教師として着任した。同大学在籍中、スピノザの歴史研究の著書『ブノワ・ド・スピノザ』*Benoît de Spinoza*（一九〇二）刊行後、「世界周遊」パリ大学の給費生に選ばれ、一九〇二年九月、世界周遊に向けて船出した。「世界周遊」中の報告書簡によると、出航後七ヵ月間ギリシアなど一〇ヵ国以上の地中海諸国を一周し、さらにアメリカ、カナダを見聞した後、一九〇三年（明治三六）九月、二四歳で初めて極東の国、日本に到着した。日本に深く心惹かれて九ヵ月も滞在した。東京駐在のフランス極東学院研究員クロード・ウジェーヌ・メートルのもとに寄寓して、俳句や和歌を発見する機会を得た。また日露戦争下の近代日本を体験するなど、周遊した国々のうちで最も充実した滞在と研究が実現した。

一九〇四年七月、フランス帰国後医学の道に進んだが、そのかたわらパリで俳句紹介の実践活動を始めていたのである。「ハイジンの最初のグループ」が生まれた経緯について、仲間の一人であったヴォカンスが、当時を回想して『フランス・ジャポン』第三八号の「フランス俳諧について」に詳しく報告している。クーシューは友人仲間を自分の部屋に招いて、世界周遊の日本の旅から持ち帰った「カケモノ」をひろげながら芭蕉や蕪村の俳句の美を語り、日本の感性について説き、ハイカイというものを説いた。周囲に数人の「ハイジンの最初のグループ」が結ばれたのである。一九〇五年七月に、フランス運河周遊の旅にハイジン仲間、彫刻家アルベール・ポンサンと画家アンドレ・フォールとともに出かけて、その印象を三行のハイカイ形式で試みた七二篇のフランス・ハイカイが『水の流れのままに』*Au fil de l'eau* と題した小冊子にまとめられた。これには著者名の記載がないが、クーシュー自身も「二人の友人と私は、夏の一箇月の間船旅した折に、フランス語でハイカイを作る練習をした」と著書『アジアの賢人と詩人』に自ら書いている。僅か三〇部出版された小冊子であったが、フランス・ハイカイのルーツとなった本である。

そのハイカイ九篇が『フランス・ジャポン』第三八号に掲載されているので三篇を引用しよう。

これは『水の流れのままに』の三番目のハイカイで、船中の自分たちをハイジンに見立てている。

Dans la dahabieh / Les faiseurs de haïkaï / Eventent leurs jambes nues.

渡し船で／ハイカイ作者達／裸の脚扇ぐ。

船を曳くロバをモチーフとした一九番目の一篇は、このハイカイ集の表紙の挿絵となっており、その下に書名 *Au fil de l'eau* と年月 juillet 1905 が記されている。

Sur le chemin de halage / En bonnets de fous / Deux bourricots.

曳船道に／道化帽子かぶった／二頭のロバ。

六〇番目はロワール河での一篇、

Dans la nuit silencieuse / Le fleuve épuisé et la vieille tour / Se rappellent leur vaillance.

静かな夜／干上がった大河も古い塔も／自らの武勲に思いをはせる。

翌一九〇六年になって、論文「ハイカイ——日本の詩的エピグラム」Les Haï-kaï（Épigrammes poétiques du Japon）は著名な月刊文芸誌『レ・レットル』*Les Lettres* に発表された（四月〜八月）。それまで西洋にほとんど知られていなかった蕪村を最も多くとりあげて、近世俳句一五八句をみずみずしい筆致で仏訳・解説して、フランスへの初めて本格的な俳句紹介となった。

その翌年の一九〇七年には、論文「日本の文明」が同誌に発表された。同論文中には、メートルを介して学んだ和歌を、日本文明の本質に位置付けて仏訳紹介している。これらの論文はフランス詩壇の巨匠フェルナン・グレグのハイカイ創作や詩作にも影響を与えていることについて既にW＝L・シュワルツ他によって言及されている。

論文「ハイカイ（日本の詩的エピグラム）」には、俳句を、「Haïkaï　ハイカイ」という呼称で紹介した。俳句を「日本の芸術の一形式」であるとみなし、その特質として「日本風の素描」、「大胆なほどの単純化」などを挙げている。俳句の歴史について、「その発展は絵画における大衆派、つまり浮世絵の発展と同時期」であり、ハイカイという名は、「滑稽な」「大衆的な」という意味であるとし、伝統的な「ウタ」と比較して、「写実的な絵」つまり「版画や絵手本」、「禁じられた主題はない」こと、「そこには日本人の生活がそっくりそのまま息づいている」と述べている。また、「俳句の黄金時代である十七世紀においては、俳人は専ら風景画家、動物画家であったが、十八世紀になって身のまわりの風俗描写の部門が盛んになった」とみなしている。

配列構成としては、四季別ではないが、便宜上と断ってモチーフ別に三部門、動植物、風景、小風俗画（scènes

de genre）に類別されて、最後に作者別を加えている。全句数は、一五八句（川柳六句含む）あり、部門別の句数は、動植物三四句、風景四九句、小風俗画五九句、作者別一六句（注記の二句含む）である。「小風俗画」、人事にあたる句が最も多い。作者は、山崎宗鑑や荒木田守武などから、芭蕉や、向井去来、宝井其角などの蕉門、また鬼貫《おにつら》、そして加賀千代女、さらに蕪村、一茶までのほぼ四〇人に及んでいる。そのうち蕪村句は三分の一以上（六三句）を占めている。クーシュー自身は、俳句を「一瞬の驚き」と定義し、芭蕉（原句　草臥れて宿かるころや藤の花）や蕪村（原句　かりそめに早百合生けたり谷の坊）その他の句を挙げて、ここに「俳諧芸術のすべてがある」こと、「それは私たちの感覚に与えられるつかの間の衝撃」であると述べている。

「風景」の部門の最後の箇所で、「句集に収められた俳句はおおむね季節によって類別されている」ことも明記している。俳句が日本の季節の変容のリズムと深くかかわっていることをクーシューは日本の自然体験を通じて以下のように感得していた。「一年の流れのなかの、ある決まった場所を占めないような俳句などめったにあるまい。それが俳句の絆を強固にしている。俳句は日々をつなぐ首飾りによって結ばれている。個々の俳句の不連続性はそれぞれの季節の変容の確かなリズムにそっている。」

さらに日本の俳人たちについて、「ハイジンは指し示すだけでよいのだ」と記し、また「ハイジンは美を求める巡礼者であった」とし、「彼らは北斎の画――『東海道五十三次』『富嶽百景』から私たち（西洋人）が思い描く古き日本をめぐる旅のなかで、ありとあらゆる驚嘆やありとあらゆる冒険を経験していた」とし、「日本の小径をさすらいながら、現実そのままを小片の詩に変えてしまおうとする、すこぶる芸術的な放浪者」であるとも記している。

クーシューは、一九〇七年に、和歌の仏訳を添えて「日本の文明」を発表している。その冒頭部分では日露戦争下の日本体験をふまえて、従来のフランス人による日本観を批判して彼自身の見解を次のようにスタートしている――「日本が脅威となっている今、（ピエール・）ロチによるかつての尊大な好奇心とは別のやり方で日本について語るべきだろう」と。そして「日本で目にした最も大きな奇跡」について「あれほどの軍事的規律と結びついたこれほどの芸術的洗練。近代国家の中で最も結束した、詩人たちの島」と語っている。クーシューは「日本にふるくからある独自の文明の特徴」を探り、その一つとして「自然への愛」をまっさきに挙げている。その書きだしは「日本人ほど自然を賛嘆する民族はいない」として、和歌について日本には自然諷詠の「短詩」（courts poèmes）が古来から、ジャン＝ジャック・ルソーよりはるか前にあることに驚嘆している。そして和歌を九首仏訳し、そのまとめとしての最後の和歌（原拠　小夜ふけて砧の音ぞたゆむなる月をみつつや衣打つらん『千載和歌集』秋下　覚性法親王）について、そこに詠われた日本人にとっての「自然への愛」こそ、「文明の確固たるあかし」であると紹介している。そしてこの論文の結びの部分に、文明についてクーシューのヴィジョンが提示されている。

> 日本の文明とわれわれ西洋の文明とのどちらが優れているかを決定するのは無駄である。（中略）しかし一方の文明が他方の文明と共存することが重要なのだ。（中略）われわれが人類の遺産に日本を付け加える暁には、それはひょっとしたら素晴らしい段階となるであろう。日本は西洋から借り受けることを恐れなかった。逆に恐れずに日本から借りよう。それはひょっとしたら驚くべき若返りとなるであろう！

この結びの文明についてのヴィジョンにクーシューがなぜフランスに俳句や和歌を仏訳紹介したのかの理由の一つが示唆されているのではないだろうか。

2　一九一〇年代
――日本再訪およびアナトール・フランス宛書簡

次に日本再訪時のクーシューの日本観を探ってみたい。

クーシューは、パリ大学で精神医学を修めて医学博士となった翌年、一九一二年に日本再訪を果たした。同年六月にアナトール・フランス宛に「長い手紙」を横浜のグランド・ホテルの便箋で書いている。

　二ヵ月前より我が日本におります。あなたが予言されたように、日本をかつてと同じ眼差では眺めなくなりました。（中略）私は自分の気に入るものをもっと深く見、そして予想していたよりも繊細で深遠なもの、高い人間的価値を発見する多くの機会を得ました。（中略）日本の古い絵画は、私に啓示を与えてくれたと言っていいくらいです。私はかつてそれを垣間見たにすぎなかったのです。京都は、フィレンツェ同様、その宝物を小出しにして見せてくれるのです。確信をもって言うことができますが、絵の豊富さと興味深さに関して、京都はフィレンツェにひけをとりません。（中略）しかし風景の理解、自然の感情、純粋に美的感動の繊細さにおいて、イタリアをどれほど凌いでいることでしょう！　この時代の絵画は同時に成立した庭園術、華道、香道、茶道と切り離すことはできません。それはきっと人類の歴史における美的感覚の頂点の一つです。（中略）ヨーロッパやアメリカ大陸の国々に、十分に起こりうる巨大な変革が生じるならば、私たちの諸芸術と諸科学の精華はどうなることでしょう？　日本には危機がせまっていません。私たちの文化の大事なものすべてと最良のものを手に入れてなお、清貧、簡素なままでいます。（中略）いずれにせよ、近代文明がヨーロッパでしばらく凋落ないし、

影が薄くなるとすれば、日本人は今、その遺産を受け継ぐ準備ができています。それは慰めとなる考えです

以上は一部分の抜粋であるが、再来日に際しての体験をまとめ、その見解を報告している。日本古来の芸術についてのさらなる発見、その他、医学分野への関心、また今日の日本、明日の日本が担う役割について、さらに欧米における近代文明の危機についても鋭い洞察を記している。そして師フランスに以下のように訪日を強くすすめて、日本案内の希望を伝えている。手紙の後半はそのための詳細な「実用的情報」を書いている。

私の親愛なる師よ、あなたは私の手紙を破り捨てて、日本を実際にご覧にならなければなりません。（中略）最も美しい季節はなんといっても秋です。（後略）

注目すべきは、日本再訪の体験を通じて、近代文明について、特に西欧文明の危機についても、師に率直に語っていることである。クーシューの危機感のなかには、ポール・ヴァレリーなどヨーロッパ中心主義ではなく、日本体験を通じて、日本の文明を受容することによって、西洋文明の地平をひろげようとするコスモポリタニズムともいえる新鮮な知見があるように思われる。

3　『アジアの賢人と詩人』刊行

日本再訪から四年の後、第一次大戦中の一九一六年一〇月、自著の序文を巻頭に付して、著書『アジアの賢人と詩

人』はパリのカルマン・レヴィ社から刊行となった。この書簡に語られているクーシューの日本体験の見解は、著書の総論ともいえる「序文」の随所に反映されている。そして同書は訪日を果たせなかったアナトール・フランスに捧げられており、その扉には、「わが敬愛する師アナトール・フランスへ」の献辞が付せられている。

『アジアの賢人と詩人』は五回も版が重ねられた。第四版（一九二三）、五版（一九二八）にはアナトール・フランスの「序文」が巻頭に添えられて、第三版までの自著の「序文」（Préface）は「序章」（Avant-propos）に改められた。

同書には、世界周遊帰国後発表された初出論文「日本の文明」と「ハイカイ――日本の詩的エピグラム」は改題、補筆されている。前者は一章「日本の情趣」Atmosphère japonaise として、後者は「日本の抒情的エピグラム」Les épigrammes lyriques du Japon と改題している。三章「戦争に向かう日本」Le Japon aux armes として日露戦争に関する日記が、そして最終章には、日本再訪時に、孔子廟を訪れた体験と思索のエッセイ「孔子」Confucius が収められている。

同書の「序文」には、クーシューの日本体験の見解が語られているので主な箇所を挙げよう。

> 自然と生活の奥底への静かな沈潜よ、ひそやかな陶酔よ、憐れみの心の発露よ、一瞬の神秘的な喜びよ、精神の閃光よ、おまえたちを一度味わった者は、おまえたちそっくりなものを、西洋がまるごとかかっても差し出すことができないことを知っている

クーシューのヨーロッパ観「半思考」demi-pensées が言及されて、それに対置する日本観が示されている重要な箇所がある。

> 今まで我々は半分の思考しか思考していなかった　Jusqu'ici nous n'avons pensé que des demi-pensées

この「半思考」とはクーシューのひとつの世界観であり、いままでヨーロッパ人はヨーロッパを絶対として、過去の歴史をみてきたことへの日本体験を通じての省察であるように思われる。これに対置して東西の全一的思考が生まれるのは日本においてであると論じられている。

> 日本は新しいレベルでアジアがヨーロッパに交差する、ただ一つの交差点に位置している。（中略）新しい人間が現れたのは唯日本のみである。ラフカディオ・ハーン、チェンバレン、岡倉覚三（天心）、彼らは、全てのアジアの文化を西洋の文化と合一し、人間全体としての意識はその人たちの中で形成された

さて、俳句、「日本の抒情的エピグラム」は序文において以下のように位置づけられている。「日本の抒情詩の近世のものである」、「不連続の詩」la poésie discontinue として、さらにスラファヌ・マラルメの詩論の究極であるオルフィスムの地平に引き入れて紹介している。

> インドのヴェーダー賛歌、中国の短詩、日本の「ウタ」や「ハイカイ」は、マラルメのいうオルフィスムに近いものである。それに比べると、西洋のすべてのジャンルの詩は雄弁である

以上のように「ハイカイ」（俳句）を、クーシューは初出の論文「ハイカイ」では、ジャポニスムの流れのなかで芸術の一形式と紹介していたが、「序文」においてさらに普遍的な詩の本質として提示している。

日本の詩、俳句の本質をクーシューは以下のようにとらえている。

> 日本の詩からは、弁論的なもの。説明的なものは排除される（中略）詩（la poésie）というものは、生まれいずる源にほとばしる瞬時の抒情的感覚をもつものだ（中略）詩は純粋な感覚のなかに飲み込まれる。詩はこの純粋な感覚に何らかの続きを与えることを手びかえる（中略）。語は障害物である。いくつかの語が連なってできる基本的な秩序は、すでにして不自然なものなのだから。こうした理由から、日本の詩はついに一七音となってあがなったのだ

4　一九二〇年代
——フランス・ハイカイの開花

この著書刊行後、クーシューの俳句仏訳紹介と実践の活動によって、多くのフランス・ハイカイ詩人が生まれた。一九二〇年九月には二〇世紀文学に大きな役割を果たした『新フランス評論』*La Nouvelle Revue Française* 八四号の巻頭に「ハイカイ」のアンソロジーとなって花開いた。大戦後ダダの芸術革新運動がパリで推し進められていた時期、同誌にはクーシューを筆頭に、ポール・エリュアール、ジャン・ポーラン、ジュリアン・ヴォカンスら一二人によるハイカイ八二編がポーランの以下の前書きを付して掲載された。

クーシューのもとに、ハイカイの作り手、十人がはじめてここに集い、分析の道具を仕上げようと努める。そ

れがどんな冒険かはわからないが、幾多の冒険がフランスのハイカイを待ちうけているだろうと彼らの多くが考えている。――（フランス・ハイカイは、例えばかつてマドリガル、あるいはソネットが得たたぐいの成功をなしうるのではないだろうか。それによって共通の趣味を形成しうるかもしれない――まさにこの趣味が一層決定的な作品の到来を準備するものとなるであろう。）

この前書きには、将来ハイカイが新しい詩の領域を開くことへの冒険と期待が表明されている。これはクーシューの書から啓示をうけたポーランのあたらしい詩へのヴィジョンが反映されているのではないだろうか。アンソロジーの作者は、次の一二人である。

ポール＝ルイ・クーシュー『水の流れのままに』―一九〇三、（一一篇）／ジュリアン・ヴォカンス『サーカスにて』―一九一六年五月、（一一篇）／ジョルジュ・サビロン『詩の微粒子』―一九一八、（五篇）／ピエール・アルベール＝ビロー『おあつらえの詩』、（五篇）／ジャン＝リシャール・ブロック『ポワトゥーの家』、（一一篇）／ジャン・ブルトン（六篇）／ポール・エリュアール『ここで生きるために』（一一篇）、モーリス・ゴバン（二篇）／アンリ・ルフェーヴル（一篇）／アルベール・ポンサン（二篇）／ルネ・モーブラン（一一篇）／ジャン・ポーラン（六篇）。

同誌刊行後、一九二〇年を、フランスの文芸評論家バンジャマン・クレミユーは「ハイカイの年」と呼んでいる。同誌「ハイカイ」アンソロジー掲載が導火線となって、ヴォカンスほか優れたハイカイ作品が次々とフランスの文芸誌に掲載された。俳句はハイカイとして本国フランスをはじめとして周辺の国に急速に伝播し、詩人リルケにも影響を及ぼし、文学の領域を超えて音楽の分野にも波及していった。「ハイカイ」アンソロジーの一部は、翌年日本にも逆輸入されて与謝野鉄幹により第二次『明星』の創刊号に、そして一九三〇年代には日本の俳句雑誌にも紹介されてゆく。

5　一九三〇年代
——フランス・ハイカイ退潮期における『フランス・ジャポン』誌「ハイカイ」の掲載

だが一九三〇年代以降フランス国内におけるハイカイへの関心は次第に弱まってゆく。フランスの文芸雑誌にハイカイ作品はほとんど掲載されなくなった。ファシズムが擡頭し、やがて第二次世界大戦に突入してゆく時代背景も一因と考えられるのではないだろうか。

そのようなフランス・ハイカイ退潮の時期、パリで一九三四年に松尾邦之助らの手によって「日仏文化交流を主眼としたフランス語月刊誌」『フランス・ジャポン』が創刊されたのである。『フランス・ジャポン』第五号（一九三七年二月）にはヴォカンスによる浮世絵をモチーフとした最新のハイカイ二四篇が掲載された。

さらに特筆すべきことには、先述した『フランス・ジャポン』第二〇号（一九三七年五〜六月）に、日仏両国にかかわる「HaïKaï」特集が組まれたことである。続く第二一号（一九三七年七〜八月）にはルネ・モーブランのハイカイ作品他、そして第三八号（一九三九年二月）には「フランス・ハイカイについて」の大論考が掲載されている。

それでは『フランス・ジャポン』第二〇号の「ハイカイ」HaïKaïを詳しく紹介しよう。九頁にわたる「ハイカイ」特集には、冒頭にポール・クローデルの最新の一篇が掲げられている。

Un flocon de neige　　ひとひらの雪

sur du papier blanc.　白き紙の上に。

この作品は、「俳句論をそのまま一篇の短唱としてしまったかにさえみえる」（芳賀徹「ポール・クローデルと俳句」『藝術の国日本』二〇一〇年二月、角川学芸出版）『百扇帖』の一篇を思わせる。が、それ以後のものである。この作品のもとになったと思われる類似の「ハイカイ」二篇（Comme un flocon de neige. Le papier blanc comme un flocon de neige）が一九三六年一二月一五日付けのクローデルの日記（Paul Claudel *Journal* II（1933-1955）Gallimard）中に記されている。

さて冒頭の記事は、「高浜虚子による日本の俳句（ハイカイ）」で始まっている。そこに一九三六年に渡仏した虚子歓迎のヴォカンス宅での記念写真も添付されている。この記事は、本稿のテーマにかかわる重要なものなので後に詳しく述べたい。その次には、クーシューとともに『水の流れのままに』を編んだ最初期のフランス・ハイカイ詩人、ポンサンの紀行句「ギリシアへの巡航記」一六篇が発表されている。後に松尾邦之助が邦訳しているので参照されたい（「偉大な三人の俳句の紹介者」「真珠の発見9」『俳句』一九六四年九月）。次には「女流俳人、加賀千代女」のジルベルト・ラ＝ドルジュ夫人の論考も掲載されている。

次の注目すべき記事は、一九三七年にパリで刊行となった、ヴォカンスのこれまでのハイカイ作品を集大成した『ハイカイの本』*le livre de Haïkaï* についてのルネ・モーブランによる覚書《Notes sur "*Le livre des HaïKaï*" de Julien Vocance》である。モーブランは冒頭でその刊行は「数世紀にわたりまどろんでいた日本のハイカイが生命と力を取り戻す、まさにその時期に、フランス・ハイカイに光を当てることになろう」と宣言して同書の重要性を詳述している。同書には「戦争百姿」（一九一六）をはじめとして、一九三六年にかけてのハイカイ作品八〇〇篇、『フランス・ジャポン』第五号に掲載された浮世絵をモチーフとした全ハイカイも収録されている。

『ハイカイの本』には自著の序文があり、前半はクーシュー宛の「手紙としての序文」となっている。そこにフランス・ハイカイの誕生と開花について、またヴォカンス自身のハイカイ創作の経緯も言及されているのでその一部を引用しよう。クーシューに向かってヴォカンスはおおよそ次のように記している。

> ハイカイ、当時の呼称の三つ〔俳諧、俳句、発句〕のうちからこの名を選んで、洗礼を授けたのはあなたです。あなたが一九〇五年、彫刻家アルベール・ポンサンと画家アンドレ・フォールとともに運河の旅をした思い出、『水の流れのままに』という小冊子を作って、ハイカイにフランス語による文学的表現を最初に与えたのです。『アジアの賢人と詩人』というあなたの本の序文でアナトール・フランスが認めているように、説得力豊かなあなたが、この文の筆者に、一九一四年の戦争の間、己の塹壕の印象をハイカイによって表現する着想を与えてくださいました。（中略）また我々が当時つくっていたハイジン（すなわちハイカイの作り手）の小さな集まりの中にジャン・ポーランやポール・エリュアールのような独創的な人たちを惹きつけました。フランスや数多くの外国の人々のもとに、我々に対する得がたい友情や忘れがたい共感をめざめさせてくれたのです

最後には、一九三七年四月二八日にパリで開催された仏詩壇のフェルナン・グレグ主催による盛大なハイカイの夕べの記事が写真とともに掲載されて、著名なフランスの文化人、そしてクーシューやヴォカンスら六〇余名参加したことが報告されている。その宴席でのグレグ他による即興のフランス・ハイカイ作品、一九篇も発表されている。これは戦前〔第二次世界大戦〕最後のフランス・ハイカイ詩人による歴史的会合となった（松尾邦之助「ハイカイ・ド・フランス」、「真珠の発見6」『俳句』一九六四年六月）。

さて、先述した記事、「高浜虚子による日本の俳句（ハイカイ）」の内容を関連資料とともに紹介し、その影響につ

いても考察したい。同記事で虚子は最初に和歌と俳句についてその歴史と形式について簡単に説明した後、日本の俳句おける季節の変化の重要性について、「その時候の変化を通して、自然及び人生を諷詠」すること、「俳句に「季の必要なる」ことを説いている。この仏訳記事は、虚子がロンドンのペンクラブで講演した内容の英訳版をアルフレッド・スムラーが仏訳したものである。その経緯が虚子の『渡仏日記』（一九三六年五月八日、改造社）に記されている。虚子は一九三六年五月五日にロンドンのペンクラブでの講演後、翌六日にパリに立ち寄って、フランス・ハイカイ詩人とはじめて会合した。ヴォカンス宅の夕食会に招かれたのである。その折の記念写真が同記事に掲載されている。その案内役は松尾邦之助とスムラーであった。同記事には記載されていないが、翌五月七日には、「高浜虚子先生歓迎茶会」がパリのボタンヤ（牡丹屋）で催された。クーシューは日本の現代俳人の巨匠とはじめて出会い、俳句についての講話をじかに聞く機会をもったのである。クーシュー五七歳、虚子六二歳であった。数人のフランス・ハイカイ詩人の他に作家、キク・ヤマタ（山田菊）、夫で画家のコンラッド・メイリなども参加している。歓迎茶会のはじめ

UN DINER EN L'HONNEUR DU HAÏKAÏ

La Société des Amis des Travailleurs Intellectuels (A. T. I.) donnait le mercredi 28 avril un dîner en l'honneur des « Haï-kaï ». Présidé par M. Fernand Gregh, et honoré de la présence de Mme et M. Ouchiyama, Chargé d'Affaires de l'Ambassade du Japon à Paris, ce banquet avait été organisé par M. Léon Xanrof, Secrétaire Général des A. T. I., et groupa, sous le signe de la poésie franco-japonaise, plus de soixante convives appartenant au monde des lettres, du théâtre et des arts, parmi lesquels Mme Lucie Delarue-Mardrus, M. Paul-Louis Couchoud, M. et Mme Julien Vocance, etc.

Une allocution spirituelle, que le manque de place nous empêche malheureusement de publier, fut prononcée par M. Léon Xanrof, puis M. Fernand Gregh donna lecture de quelques-uns de ses quatrains si délicats, inspirés par le Japon, et M. Emile Lutz parla du Haï-kaï et du Tanka en un bref aperçu. Avec autant de talent que de charme et de grâce, Mlle Lucie Auberson, du Bœuf sur le Toit et Mlle Simone Dory, du Théâtre Sarah-Bernhardt, dirent des Haï-Kaï et des chansons de geishas qui touchèrent infiniment les auditeurs.

Les convives, membres des Amis des Travailleurs Intellectuels, furent conviés ensuite à procéder à l'élimination des haï-kaï présentés au concours qui avait été organisé par l'A. T. I., et dont un certain nombre avait déjà été écarté. Par main levée, les poèmes suivants furent jugés dignes de concourir.

Geishâ, ma voisine,
Aimer c'est cueillir la fleur
Avec sa racine !

Etoile filante,
Fleur qu'un jardinier pressé
Dans la nuit transplante !

Trois autres haï-kaï, mais d'esprit nettement montmartrois, furent également retenus. Puis, les assistants furent priés d'improviser des haï-kaï. Voici, dans l'ordre où l'inspiration est venue (plus ou moins rapidement) à un certain nombre de convives, le résultat de cette expérience inattendue.

Mme Lucie Delarue-Mardrus composa en l'honneur de Mme Ouchiyama ce haï-kaï :

Son teint est une belle tasse
Et vos yeux y boivent sa grâce.

Tourne dans ta sphère,
Poisson plat du bocal rond,
Songe creux, mon frère.

LUTZ.

Le Haï Kaï est si petit
qu'avant qu'on l'ait commencé
Il est fini.

Fernand GREGH.

Sur quelles ailes de crépon,
Quel arc en ciel, servant de pont,
Te portera nos vers, Japon ?

Fernand GREGH.

Les feuilles s'envolent ; les oiseaux tombent
Vers leurs minuscules tombes.
Le coupable, c'est l'hiver
Qui met la vie à l'envers.

COOLUS.

Que profondément il dort !
Pure apparence :
Il commence à vivre, puisqu'il est mort.

COOLUS.

フェルナン・グレグ主催による「ハイカイの夕べ」についての記事（『フランス・ジャポン』第20号）。

に出席者の寄せ書きが虚子に贈られた。そこにクーシューも自作のハイクを直筆で記している。

Dans un monde de rosée / Sous la fleur de pivoine / rencontre d'un instant

露の世に／一輪のぼたんの花のもと／束の間の出会い

虚子は、後に『渡仏日記』に、寄せ書きのなかで「最も日本の俳句に近いもの」であると評価している。

同書に、歓迎茶会の席で、虚子が、山田菊の通訳を通じて、俳句についての講話をした際にクーシューは始終微笑みをたたえて熱心に聞いていたことを報じている。そこで虚子が説いたのは、俳句がフランスに一七シラブルの詩として伝えられているようであるが、むしろ「季の詩」として伝えられるべきであったこと、「俳句は季を諷詠する詩」であるとみるべきであるということであった。興味深いことには、ヴォカンスらフランス・ハイジンはそれに否定的であり、反論したにもかかわらず、クーシューは椅子を引き寄せ、一言も発せず耳を傾けていたという。クーシューのことが深く頭に残る出来事として一〇年余り後の手紙（コンラッド・メイリ宛、一九四九年二月二九日付『高濱虚子全集』一五巻）にも記されている。歓迎茶会の席での虚子の講話の主旨と、『フランス・ジャポン』第二〇号掲載の「高浜虚子による日本の俳句（ハイカイ）」の内容とはほぼ同一であると推測できる。クーシューはこの記事を読んでいたのではないだろうか。そのことについては、後で四季別俳句の挿絵入り仏訳俳句集の刊行企画のなかで詳しく触れたい。

6　俳句雑誌『誹諧　はいかい　HaïKaï』の創刊
——および『フランス・ジャポン』誌の掲載

『フランス・ジャポン』第二〇号がパリで刊行された翌年早々、一九三八年四月に日本において『誹諧　はいかい　HaïKaï』が創刊となった。この俳句雑誌名には和名「誹諧」とともに、フランスにおける俳句の名称《HaïKaï》が横文字で、その読み方とともに併記されている。同誌創刊第一号の序文で、虚子は《HaïKaï》をフランスなどに飛んで芽生えた「俳諧の一支族」とみなし、日本の「誹諧」に包括している。同誌にはフランスをはじめとする外国の最新の俳句活動や作品も積極的に掲載されており、虚子による

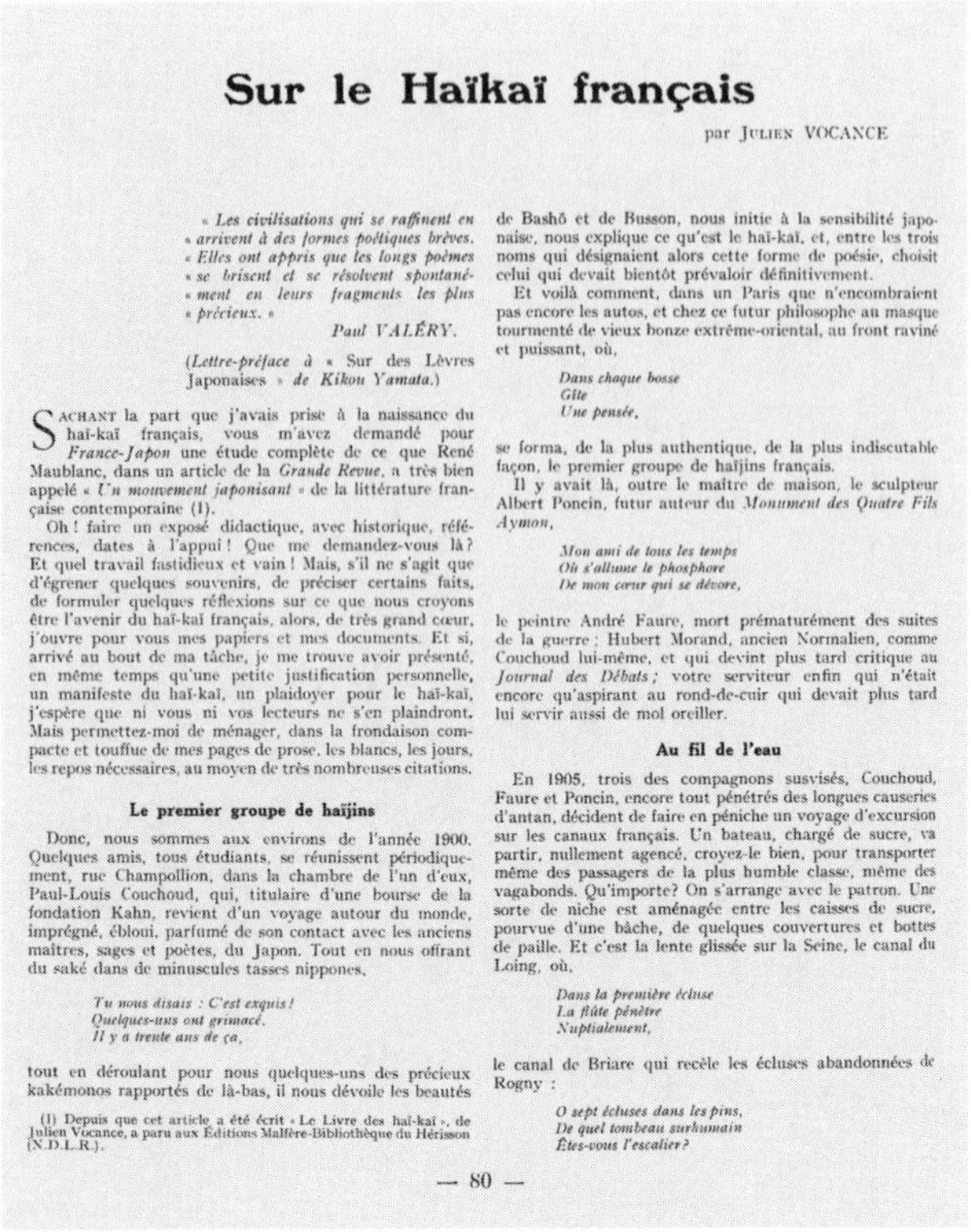

Sur le Haïkaï français

par JULIEN VOCANCE

« Les civilisations qui se raffinent en « arrivent à des formes poétiques brèves. « Elles ont appris que les longs poèmes « se brisent et se résolvent spontané- « ment en leurs fragments les plus « précieux. »

Paul VALÉRY.

(*Lettre-préface à* « Sur des Lèvres Japonaises » *de Kikou Yamata.*)

SACHANT la part que j'avais prise à la naissance du haï-kaï français, vous m'avez demandé pour *France-Japon* une étude complète de ce que René Maublanc, dans un article de la *Grande Revue*, a très bien appelé « *Un mouvement japonisant* » de la littérature française contemporaine (1).

Oh ! faire un exposé didactique, avec historique, références, dates à l'appui ! Que me demandez-vous là ? Et quel travail fastidieux et vain ! Mais, s'il ne s'agit que d'égrener quelques souvenirs, de préciser certains faits, de formuler quelques réflexions sur ce que nous croyons être l'avenir du haï-kaï français, alors, de très grand cœur, j'ouvre pour vous mes papiers et mes documents. Et si, arrivé au bout de ma tâche, je me trouve avoir présenté, en même temps qu'une petite justification personnelle, un manifeste du haï-kaï, un plaidoyer pour le haï-kaï, j'espère que ni vous ni vos lecteurs ne s'en plaindront. Mais permettez-moi de ménager, dans la frondaison compacte et touffue de mes pages de prose, les blancs, les jours, les repos nécessaires, au moyen de très nombreuses citations.

Le premier groupe de haïjins

Donc, nous sommes aux environs de l'année 1900. Quelques amis, tous étudiants, se réunissent périodiquement, rue Champollion, dans la chambre de l'un d'eux, Paul-Louis Couchoud, qui, titulaire d'une bourse de la fondation Kahn, revient d'un voyage autour du monde, imprégné, ébloui, parfumé de son contact avec les anciens maîtres, sages et poètes, du Japon. Tout en nous offrant du saké dans de minuscules tasses nippones,

Tu nous disais : C'est exquis !
Quelques-uns ont grimacé.
Il y a trente ans de ça,

tout en déroulant pour nous quelques-uns des précieux kakémonos rapportés de là-bas, il nous dévoile les beautés de Bashô et de Busson, nous initie à la sensibilité japonaise, nous explique ce qu'est le haï-kaï, et, entre les trois noms qui désignaient alors cette forme de poésie, choisit celui qui devait bientôt prévaloir définitivement.

Et voilà comment, dans un Paris que n'encombraient pas encore les autos, et chez ce futur philosophe au masque tourmenté de vieux bonze extrême-oriental, au front raviné et puissant, où,

Dans chaque bosse
Gîte
Une pensée,

se forma, de la plus authentique, de la plus indiscutable façon, le premier groupe de haïjins français.

Il y avait là, outre le maître de maison, le sculpteur Albert Poncin, futur auteur du *Monument des Quatre Fils Aymon,*

Mon ami de tous les temps
Où s'allume le phosphore
De mon cœur qui se dévore,

le peintre André Faure, mort prématurément des suites de la guerre ; Hubert Morand, ancien Normalien, comme Couchoud lui-même, et qui devint plus tard critique au *Journal des Débats ;* votre serviteur enfin qui n'était encore qu'aspirant au rond-de-cuir qui devait plus tard lui servir aussi de mol oreiller.

Au fil de l'eau

En 1905, trois des compagnons susvisés, Couchoud, Faure et Poncin, encore tout pénétrés des longues causeries d'antan, décident de faire en péniche un voyage d'excursion sur les canaux français. Un bateau, chargé de sucre, va partir, nullement agencé, croyez-le bien, pour transporter même des passagers de la plus humble classe, même des vagabonds. Qu'importe? On s'arrange avec le patron. Une sorte de niche est aménagée entre les caisses de sucre, pourvue d'une bâche, de quelques couvertures et bottes de paille. Et c'est la lente glissée sur la Seine, le canal du Loing, où,

Dans la première écluse
La flûte pénètre
Nuptialement,

le canal de Briare qui recèle les écluses abandonnées de Rogny :

O sept écluses dans les pins,
De quel tombeau surhumain
Êtes-vous l'escalier?

(1) Depuis que cet article a été écrit « Le Livre des haï-kaï », de Julien Vocance, a paru aux Éditions Malfère-Bibliothèque du Hérisson (N.D.L.R.).

— 80 —

ジュリアン・ヴォカンス「Sur le Haïkaï français」（『フランス・ジャポン』第38号）。

俳句の世界化の先駆けの活動がうかがえる。第一号には同年一九三八年二月刊の『フランス・ジャポン』第二六号やヴォカンスの『ハイカイの本』の表紙も掲載されている。第四号には、「『誹諧』第三号拝見」のヴォカンスからの礼状も掲載されている。さらに第五号（昭和一五）には、二ヵ月前にパリで刊行されたばかりの『フランス・ジャポン』第三八号に掲載された七頁にわたるヴォカンスによる《Sur le Haïkaï français》の全邦訳「フランスの俳諧に就て」が掲載されている。それまであまり知られていなかったクーシューをリーダーとする「最初の俳人グループ」と「第二の俳人の集い」の結成について先述したが、『水の流れのままに』の成立経緯も詳述されている。

またフランス詩学でも注目されたヴォカンス自身の優れたハイカイ作品も自選されている。さらにフランス・ハイカイの影響についても、「エリュアールを介してシュールレアリスムにさえも影響を与へただろうか」など注目すべき言及がなされている。「結語」に、フランス・ハイカイを通じてフランスの詩学にどのような成果をもたらし得るかのヴォカンスのヴィジョンが提示されている。その部分の邦訳を引用しよう――「しかし我々は俳諧に独特のあらゆる長所から、我国の詩の清新さや若返りがもたらされるものと考えてゐる。そして、おそらく将来の詩人は特殊な感動に際して自己を表白するためにはこの形式に従ふほかはあるまいと考へてゐる」

7　四季別俳句の挿絵入り仏訳俳句集の刊行企画

一九四〇年代の時期は、フランスにおいてハイカイはほとんど忘れ去られて、著書『アジアの賢人と詩人』も絶版のままであった。そのような状況のなかで、クーシューは同書の俳句の章を単行本「ハイカイ　日本の抒情的エピグラム」として、四季別俳句挿絵入り仏訳俳句集の刊行を企画していた思いがけない事実が判明した。その原稿と挿絵を依頼する長谷川潔宛書簡が出現したのである。

その原稿については、クーシュー没後五年の一九六四年に、娘マリアンヌと読売新聞尾崎パリ支局長を介して、パリで親交のあった松尾邦之助のもとに送り届けられていた。原稿の一部は同年末に邦之助の抄訳により「日本の抒情的エピグラム」として『俳句』誌に発表されていた（「真珠の発見12・13」『俳句』一九六四年一二月〜一九六五年一月）。四季の俳句挿絵についても以下のように触れられている。「この書の最後には、わたしのパリ時代の友人長谷川潔君のエッチングの挿絵が一二枚あり、訳詩が三つずつ春夏秋冬の四季に分類されて、列記してあるという」。「この書」とあるが、これは本として刊行されないまま、原稿のみが遺されていたのである。この原稿は、松尾邦之助没後、半世紀以上を経て遺族のもとで再発見された。原稿は二つあり、主なものは、「ハイカイ　日本の抒情的エピグラム」と題する五一枚のタイプ原稿で、その内容は、『アジアの賢人と詩人』の俳句の章「日本の抒情的エピグラム」と同一である。配列構成は、先述したように「動植物」、「風景」、「小風俗」という主題別に分けられている。他に三枚の原稿があり、そこには表題「P・L・クーシューによるハイカイ　日本の抒情的エピグラム——長谷川による一二のエッチング」の下に、「日本の規則により、一二のハイカイを季節ごとに分類する」と明記して、俳句仏訳が三つずつ春夏秋冬の四季に分類されて、列記してある。これが巻末に付せられることになっていた挿絵のための自選句である。

どのような句をクーシューは選んでいたのであろうか。

春には、「花」を素材とした三句、クーシューが俳句の定義として特記していた、「落花枝にかへると見れば胡蝶かな」（守武）、他に「筏士のみのやあらしの花衣」（蕪村）、「花にあそぶ虻なくらひそ友雀」（芭蕉）。

夏には「夏草や兵どもが夢の跡」（芭蕉）他二句、秋には「かれ枝に烏のとまりたるや秋の暮れ」（芭蕉）他二句、そして冬には「寒月や枯木の中の竹三竿」（蕪村）他二句。

以上のように春は「花」、夏は「夏草」、秋は「鳥」、冬は「寒月」など、ほぼそれぞれの季節の風物に託して詠みこんだ仏訳句を、ただし作者名なしで列記している。

これら四季別の列挙の仕方や花鳥を詠みこんだ俳句を選んでいるのは、虚子との出会い、その歓迎会の席上で虚子の講和「俳句は季を諷詠する詩」である趣旨に共感していたことがあろう。さらに、クーシューは『フランス・ジャポン』第二〇号のこの「高浜虚子による日本の俳句（ハイカイ）」を読んでいたのではないだろうか。先述したようにこれはロンドンのペンクラブでの虚子による講演内容であるが、「俳句では、この春夏秋冬によって生滅変化するものを「季題」又は単に「季」と呼びまして、この一七音より成る一つの句には必ずこの季を詠み込む事になって居ります」に深い関心をいだいて、アレンジしたのではないだろうか。

クーシューは「日本の抒情的エピグラム」の俳句紹介のなかで、先述したように俳句の特質として季語という言葉を用いていないが、「俳句はおおむね季節によって類別されている」ことや、個々の俳句は「季節の変容のリズムに」委ねられている旨をすでに言及していた。クーシューには、若き日に日本体験を通じて、日本の自然や季節への共感が根底にある。そして俳句や和歌との出会いがあり、そこに詠われている日本人にとっての「自然への愛」こそ、「文明の確固たるあかし」であることを認識していた。

クーシューはこれらの原稿を一九四三年五月に準備していた。長谷川潔の遺族のもとにクーシューの書簡が所蔵されていたのである。

ハイカイ、つまり日本の抒情的なエピグラムに関して書きました小さな作品に挿絵を入れることを承諾していただけるかどうか、出版者のラグランジュと私から、おうかがいいたします。

一二点ほどの挿絵を描いていただきたいのですが、それぞれその日本の「ハイカイ」（発句とか俳句ともいいます）のうちの一句の挿絵になります。もしわれわれの申し出を受け入れていただける場合、あなたにお目にかかって挿絵を付けていただくことになる小著を一部お渡しできたら幸いに存じます。（長谷川潔宛クーシュー書簡パリ七区サン＝ジェルマン大通り二六〇番地、一九四三年五月一七日）

翌一九四四年三月一二日にも、長谷川潔宛に、挿絵入り仏訳俳句集実現に向けて、出版社との交渉のために挿絵を思わせる作品を預かりたい意向を告げている。クーシューが長谷川潔による挿絵入り仏訳俳句集の刊行を待望していたことがうかがえる。それはなぜであろうか。

奇しくも虚子渡仏の同年、一九三六年には、松尾とエミール・スタイニルベル＝オーベルラン仏訳『芭蕉とその弟子のハイカイ』*Haïkaï de Bashô et de ses disciples* が表紙には長谷川潔のKHのモノグラム入り菊の花の挿絵と俳句四句に藤田嗣治の挿絵付きで刊行されている。長谷川潔は、渡仏後一九三〇年代には、五〇点にもおよぶ「優美さと典雅な」挿絵入りの仏訳（本野盛一訳）『竹取物語』*La Légende de la demoiselle de lumière*（一九三三）などの豪華本をパリで刊行していた。クーシューはおそらく、この挿絵入りの『芭蕉とその弟子のハイカイ』や『竹取物語』仏訳集を入手し、長谷川による季節感あふれる繊細で洗練された挿絵に心惹かれたのではないだろうか。虚子との出会い、さらに「フランス・ジャポン」第二〇号の「ハイカイ」記事を通じて再認識した四季の風物に託して表わすという俳句の特色を、長谷川潔の挿絵のコラボレーションにより、フランスの読者にあらたに伝える、という企画を立てたのではないだろうか。

この刊行企画が第二次大戦のさなかに立てられていたことも示唆的である。第一次大戦中にこのテキストを収録した著書『アジアの賢人と詩人』の初版が刊行されていた。同書は、フランスの詩人たちに「ハイカイ」創作のインスピレイションを与えたことは先述したとおりである。だが第二次大戦中に立てたこの企画は実現されなかった。これはフランスの俳句受容史、また日仏文化交流史においても惜しまれる出来事である。

おそらく挿絵入りの仏訳俳句集刊行を思いめぐらしていただろう頃、一九四四年二月に、文学交流を続けていたロマン・ロラン宛の手紙に、日本への思いを述懐している。

> パリは二日前から雪景色です。それは、ここかしこに、まるでちょっとした浮世絵を見るようで、私に東京を思い出させます。

クーシューが準備していた四季別俳句の挿絵入り仏訳俳句集「日本の抒情的エピグラム」は刊行されることはなかった。しかしクーシュー没後五年の一九六四年に、先述したように、その原稿はパリから日本へ里帰りして、帰国していた松尾邦之助のもとに送り届けられた。その一部は同年末に邦之助の抄訳により「日本の抒情的エピグラム」として、挿絵は添付されなかったが、日本の『俳句』誌に発表された（「真珠の発見12・13」）。二〇世紀末には、アナトール・フランスの序文で始まる著書の全邦訳が日本の原句と和歌の典拠も付して『明治日本の詩と戦争――アジアの賢人と詩人――』として刊行された。二一世紀になって、パリで、『ハイカイ　日本の抒情的エピグラム』と『水の流れのままに』（最初のフランス・ハイカイ）はそれぞれクーシューの著作として別々の一冊として刊行された。

そして没後五〇年にちなんで、フランス・ハイカイ詩人の先駆者の評伝『俳句のジャポニスム――クーシューと日仏文化交流』の初公刊が企画された。翌二〇一〇年に同書は『フランス・ジャポン』誌二〇号に掲載されたフランス・ハイカイ詩人と日本の俳人、虚子とのパリでのはじめての交流記事や写真も付して、巻末に日仏両国語の『ポール＝ルイ・クーシュー年譜』を添付して角川叢書の一冊として刊行となった。

参考文献一覧

Au fil de l'eau (juillet 1905). [ジュリアン・ヴォカンス旧蔵]

«Les Haïkaï (Épigrammes poétiques du Japon)», *Les Lettres*, no 3 (avril), no 4 et 5 (juin), no 6 (juillet), no 7 (août), 1906.

«La Civilisation japonaise», *Les Lettres*, no 20, septembre 1907.

Sages et Poètes d'Asie. Calman-Levy, 1916, (4e éd. préfacée par Anatole France, 1923)

«Haï-kaïs», *La Nouvelle Revue Française*, nouvelle série, no 84, le 1er septembre 1920.

W. L. Schwartz, *The Imaginative Interpretation of the Far East in Modern French Literature 1800–1925*, Champion, 1927. 邦訳『近代フランス文学にあらわれた日本と中国』、W＝L・シュワルツ著、北原道彦訳、東京大学出版会、一九七一年六月

Julien Vocance, *Le Livre des Haï-kaï*, Société Française d'Éditions Littéraires et Techniques, 1937.

Le haïkaï, Les épigrammes lyriques du Japon, La Table Ronde, Paris, 2003.

Éric Dussert (éd), *Au fil de l'eau, les premiers haïku français* [Paul-Louis Couchoud, André Faure, Albert Poncin], Mille et une nuits, 2004.

高浜虚子『渡仏日記』(一九三六年八月、改造社)

高浜虚子『誹諧　はいかい　HaïKaï』第一号(一九三八年四月、誹諧社)

高浜虚子「フランス俳諧に就いて」(『誹諧　はいかい　HaïKaï』第五号、一九四〇年五月、誹諧社)

猿渡紀代子『長谷川潔の世界』渡仏後Ⅰ(中)渡仏後Ⅱ(下)(一九九八年九月、一一月、有隣堂)

P.-L. Couchoud, 金子美都子・柴田依子訳『明治日本の詩と戦争――アジアの賢人と詩人――』(一九九九年一一月、みすず書房)

和田桂子編『ジャポニスムと日仏文化交流誌』〈ライブラリー・日本人のフランス体験第九巻〉(二〇一〇年二月、柏書房)

柴田依子『俳句のジャポニスム――クーシューと日仏文化交流』*Le Japonisme du haiku: P.-L. Couchoud et les échanges culturels franco-japonais*. (角川叢書46、二〇一〇年三月、角川学芸出版)

ギメ美術館と「日本文化」

長谷川＝ソケール・正子

はじめに

ギメ美術館図書館の地下の書庫に入る。中ほどの書棚に〝F. C. M.〟と書かれた緑色のラベルのついた日本語の書籍群がほどなく目に入る。歴史、文学、哲学、そして能、謡曲など日本美術とは一見無関係である。だが、どのタイトルをみても捨て置けない重要な書籍群。謎のような書籍群は何なのか？

のちほど、それが「クロード・E・メートル」なる人物の遺贈された蔵書（Fonds Claude Maitre）であることを知る。彼は最晩年にギメ美術館准学芸員であった。

彼の経歴、蔵書の内容、その論文をみるうちに、ただならぬその学識、力量に圧倒される。クロード・ウジェーヌ・メートル（一八七六〜一九二五）は二〇世紀初頭にギメ美術館館長のエミール・ギメが日本学芸員にと要請しているほどの人物であった。フランス極東学院の学院長を勤めるなど本格的な日本学研究者として知られ、当時の学究たちにおおきな影響を与えた。この小論ではエミール・ギメをはじめとする、とくに日本文化に関係の深いギメ美術館をめぐる人々について紹介したい。

さて、ギメ美術館が設立されたころのフランスは一八七一年のパリ・コミューン後の第三共和政といわれる政体下にあった。普仏戦争後のプロシアのビスマルクによる包囲外交（フランスを孤立させる政策）に対抗するために、盛んに植民地拡大政策がとられていた。しかし共和政とはいえども現代からは比較できないほどのブルジョワ共和政である。それは時の首相であるジュール・フェリーが、「富裕な国にとって植民地はもっとも有利な投資である」「優等民族は劣等民族を文明化させる義務と権利を持つ」などと議会で発言していることからもうかがえる。こうした時代の共和制憲法が制定された翌年の一八七六年、エミール・ギメはフェリックス・レガメーと極東へ宗教事情調査旅行に出発している。

もうひとつ、この時代の特徴としてあげられるのは、近代国家いわゆる欧米資本主義先進国がその威信を高めるため、そして科学知識を駆使する産業促進のため、万国博覧会が都市開発計画実施と併行して開催されていたことだろう。事実パリ市の地下鉄は一九〇〇年の万国博覧会にあわせて開通された。

植民地獲得競争つまりアジア・アフリカでの利権をめぐって欧米各国は外交上の駆け引き、力の牽制に奔走する。当然の帰結として、まず一九一四年未曾有の世界大戦が勃発する。戦争のトラウマをひきずりながら経済回復へと世界が動き始めたころに一九二九年大恐慌が経済界を襲う。その後、全体主義国家の台頭をみて再び世界は大戦への道に突き進んでいく。

二〇世紀前半のギメ美術館に関わった人々はこうした世界の動きに翻弄されることになった。

一九一八年一〇月、第一次世界大戦休戦の一一月一一日を待たずに、エミール・ギメは世を去った。美術館開館当初の日本部門学芸員で二〇世紀初頭に精力的に日本美術に関する講演を行ったエミール・デエ（一八五九〜？）に関する資料は、戦後の混乱のためかほとんど残っていない。一九〇〇年のパリ万国博覧会の日本古美術展に触発され、アマチュアながら日本美術研究に専心した貴族出身の軍人ジョルジュ・ド・トレッサン（一八七七〜一九一四）は戦場で行方不明になる前年の一九一三年、ギメ美術館で講演を担当している。永井荷風が、江戸芸術論中に「亭山」（ド・トレッサンのこと）の日本美術論を好んで引用している。冒頭で紹介した日本学研究者として将来を嘱望されていたメートルは、フランス極東学院長時代の公休中に第一次世界大戦が勃発、そのまま従軍し日本学研究者への道からは遠ざかることになる。

二〇世紀前半に萌芽し世界的規模で広がった労働者運動からロシアでは一九一七年革命が起こる。革命を逃れ家族とともに亡命するのがセルゲイ（セルジュ）・エリセーエフ（一八八九〜一九七五）である。

日本文学を学ぶため、東京帝国大学に留学し夏目漱石主宰の研究会にも参加していたほどの彼は、亡命先のパリでギメ美術館の研究員のポストに難なく就いた。メートルの立ち上げた雑誌『日本と極東』*Japon et Extrême-Orient* の編集や日本文化とくに文学の翻訳・紹介記事、書評を書くなど活躍している。

ギメ生存中に秘書として雇われ、ギメの死後、美術館長となるジョゼフ・アッカン（一八八六〜一九四一）はアフガニスタン考古学学術隊を率いる考古学者であったが、一九三〇年から一九三三年までは東京日仏会館の館長も務めている。ド・ゴールの自由フランス下で外務大臣に任命され、任務遂行中、大西洋沖の艦船上でその妻マリー・アッカンともども爆撃死するという劇的な最期をとげている。

こうした系譜が続くなかで、戦争や病気でその研究が中断されることがなかったならば、おそらく二〇世紀前半におけるフランスの日本学研究の泰斗となり得ていたであろうクロード・メートルについて、その生涯の友である「能研究」で知られるノエル・ペリ（一八六五〜一九二二）とともに、そしてフランスに初めて日本の俳諧を紹介したことで知られているポール＝ルイ・クーシュー（一八七九〜一九五九）が、いかにその解釈においてメートルから影響を受けていたかをみてみたい。まずはギメ美術館設立の経緯を概観しよう。

1　ギメ美術館設立の経緯

ギメ美術館は現在パリ市の西部十六区のイエナ広場に所在する。

設立者の名はエミール・ギメ（一八三六～一九一八）。ギメの名を冠するこの美術館は、当初は彼の出身地、リヨン市に私立の宗教博物館として一八七九年に設立された。いくつかの理由から一八八九年国立博物館としてパリで再オープンする。

ギメの父親ジャン・バティスト（一七九五～一八七一）は、ポリテクニシャン（理工科大学出身者）の化学者であった。一八二六年、「ウルトラマリン」という人造顔料の発明に成功する。青色の顔料は従来は天然鉱石のラピスラズリから採取され、金にも比すべく高価なものであった。

この発明で特許料ならびに国産奨励会社からの懸賞金を獲得した彼は莫大な財産を築く。「ギメ・ブルー」と呼ばれる人造顔料は、軍服の生地を青色に染めること、絵画の青色絵の具を安く手に入れることが求められていた時代に、生産費をこれまでの十分の一に抑えるという画期的な顔料であった。企業家としても手腕に優れていた彼は、一八三四年、リヨン市の北方に「ウルトラマリン製造工場」を設立する。勤勉で才気に富むこの父親は、リヨン市では産業人として名をとどむるに足らず、市議会議員、リヨン・アカデミー会員など、土地の名士として多くの人の称賛をえながら惜しまれて一八七一年に亡くなる。

一八六〇年、エミールが二四歳のとき、父の跡を継ぎこの工場の経営者となる。リヨンの富豪の実業家として平穏に人生を終えるにはあまりにも彼の知性、感性、好奇心は旺盛すぎたといえようか。一八六五年のエジプト旅行で彼の古代文明熱は一気にかきたてられる。エジプト考古学者オギュスト・マリエットが作った博物館カタログなどを読み漁り、発掘された遺物、石碑、骨董品などを収集するにいたる。特に古代人の信仰、宗教の力に興味を覚える。収集品が蓄積されるにつれ、知識欲もふくらみ、ヨーロッパ古代文明とさらに遠い土地の宗教や文明とを比較・解明したいという欲求がますます強くなる。

一八七六年五月、いよいよギメは極東へ、仏教や神道などの宗教事情調査旅行に出発する。アメリカ合衆国のフィラデルフィア万国博覧会に寄ったのち、サンフランシスコから出発して日本・中国・インドへと世界一周の旅にでる。この旅には画家で旧知のフェリックス・レガメーを同行させている。現地の模様を写生させるためであった。一八七六年八月二六日に横浜に到着している。

旅行は自費で賄ったものの、周囲の人々の忠告により、また旅程をスムーズにこなすためにも名目上はフランス政府・教育美術省から派遣された官吏ということで行われた。

当時の日本は、明治元（一八六八）年に施行された神仏分離令ののち、「廃仏毀釈」運動の嵐が吹き荒れていた。多くの寺の堂塔・伽藍や仏像・仏画・経典などが捨てられたり、焼却されたりしていた。弾圧を恐れる仏教寺側ではこのフランスから来た二人の旅行者を丁重にもてなした。ギメの仏教に関する知識欲が満たされたかどうかはともかく、現地で廃却されそうになった仏像、仏経書などを大量に手にいれることができた。

このように、ギメと日本の関係は初めは日本美術への関心というよりは、仏教や神道、人々の信仰生活がどのようなものであるかの調査、寺院とのつながり、僧侶たちとの会話などを通してのものであった。またギメの周囲にはこの視察のために助力を惜しまない人々がいたことも特記に値しよう。パリですでに知り合っていた政府高官の九鬼隆一、京都府知事の槇村正直、フランスの元長崎領事で当時開成学校でフランス語教師をしていたレオン・デュリーなどである。

二ヵ月半あまりのギメの日本旅行の印象は、中国・インドのそれを圧倒している。翌年四月には学術調査報告が教育・美術大臣に提出されているが、その結論として、ギメは教育・美術大臣に三つの意向をしめす。一、リヨンに宗教博物館を建設する。二、サンスクリット語・中国語・日本語・ヨーロッパ言語等で書かれた宗教に関する文献を収蔵する図書館をつくる。三、語学学校を設立する。東洋語とフランス語を相互に学びあうことのできる学校をめざす。この報告が受理され、ついに一八七九年九月リヨンにギメが私財を投じたギメ宗教博物館がオープンされる。

　結局、語学学校の試みは生徒数の減少で思うようには成功しなかった。しかしギメがリヨンに招聘した日本語講座の日本人講師たち、京都の旧家出身でのちに法学者として大成する富井政章、江戸の武家出身の今泉雄作、山田忠澄などとはその後も交流は続くことになる。山田忠澄はフランス人女性と結ばれ、その娘・菊はのちに作家としてパリで活躍することになる。

　宗教博物館も、入場者数が期待したほどには伸びなかったこと、リヨン市の市立博物館と競合関係に入ってしまうこと、厳しい財政状況などから、開館三年目ぐらいから、ギメは博物館をパリに移転させることを考えはじめる。一八八五年ついにギメは決断をくだす。国との粘り強い交渉で、ギメの名を博物館名にすること、彼が終身館長に就任すること、パリでの建物の建設費は国とギメとが折半すること、その後の運営費は国が負担すること、などが取り決められ、パリへの移転が始まった。

　かくて、リヨンの博物館と同じ外観の建物がパリのイエナ広場に建設され、一八八九年一一月、パリのギメ博物館がオープンされた。二〇世紀の幕開けはもう目前にきている。

2　一九世紀最後の年、一九〇〇年・歴史の転折点

西洋と東洋という視点で歴史を振り返れば一九〇〇年という年ほど重要な意味をもつ年もないだろう。日仏文化関係だけに限っても、この年四月パリで第五回万国博覧会が開催されている。会場のトロカデロ庭園には法隆寺金堂を模したパヴィリオンが建設され、日本古美術展が開かれた。出品作品紹介の形でフランスで初めて「日本美術史」（日本帝国博物館編集）が刊行された。それまでのジャポニスムといわれる美術界の動きが一九世紀末のヨーロッパを席捲していたとすれば、この古美術展では一気にパリの市井の人々に日本文化を現前させた。

一方日本側も、近代国家の仲間入りを果たすためにも国家の威信をかけて博覧会に臨んだ。九月、満を持した形で「パリ日仏協会」が創設される。ギメが副会長に、日本旅行に同行した画家のフェリックス・レガメーがその書記長に就任している。

世界政治的にはこの年六月に国際関係を大きく揺るがす事件が勃発している。清朝下の中国で義和団の反乱を鎮圧するために八ヵ国の連合軍（日・露・英・米・仏・独・伊・墺）が進軍し、北京を占領、「北京議定書」を調印させた。欧米列強はアジアにおける覇権を樹立するための第一歩として、こうして清朝の「半植民地化」に成功した。からくも近代国家の体裁を整えた日本もこの列強のうちに名を連ねている。

この事件はロシアの満洲占領をうながし、それまで台湾の植民地化など南進政策に傾いていた日本政府の眼を北方へ向けさせた。「満洲」と朝鮮問題をめぐって、日露の対立は深刻になる。この四年後の一九〇四年二月、日本はロシアに宣戦布告する。

一九〇〇年には日本国内で「治安警察法」も公布されている。のちの日本の労働者運動・民衆運動に対する大きな楔として影を落とすことになる。同じく、遠くヨーロッパでも資本主義社会内部の矛盾をつく形で、労働者運動が盛んになってくる。一九〇四年には第二インターナショナルが結成されている。

日本では幸徳秋水、片山潜らの社会主義運動が盛んになるものの、一九一一年一月秋水らが〝大逆罪〟で処刑されるといういわゆる〝大逆事件〟で社会運動は一時下火になる。この事件はヨーロッパの識者たちに大きな衝撃を与え、ロンドンでは日本政府への抗議反対運動が連日繰り広げられる。一九〇〇年を境に、西洋と東洋の距離はこうして飛躍的に短縮されていった。

このような時代に日本研究のスペシャリストとしてクロード・メートルは活躍している。彼の関心は学術的な側面にとどまらず包括的に日本を理解することであった。したがって日本の時事問題に関しても積極的に取り組んだ。何よりも彼は政治的側面から日本を分析することに優れて能力を発揮した。

フランス極東学院長時代にその紀要に多様な時評を寄せているが、なかでも「日露紛争の発端」と題する記事は当時の政界や外交官などが高く評価している。また、晩年にたちあげた雑誌『日本と極東』の副題は、「政治・経済・芸術・文学情報雑誌」と銘打っている。

その第六号（一九二四年五、六月）には、「アメリカ合衆国における日系移民問題」の記事を掲載し、日本の外交問題にも通暁していることを示している。

おそらくはこうした政治的でジャーナリスティックな関心が、皮肉なことに彼の学者としての経歴を積み上げる際には障壁となったかもしれない。学際的な環境からは政治問題を論ずることは嫌われたであろう。そして膨大な量の研究資料を残しながらも刊行物としてまとめることをしなかったがゆえ、その名は消えた。

3　未完の日本学者たち、クロード・メートルとノエル・ペリ

クロード・メートルは、一八七六年中部フランスのルーアン（Louhans）に生まれた。一八九五年には高等師範学

校（エコール・ノルマル・シュペリュール）に入学、三年後に首席で卒業、ソルボンヌの哲学教授資格を取得する。彼の生涯を画するのはアルベール・カーン財団の奨学金を得て実現された世界一周旅行である。大銀行家カーンから当時のパリ大学の首席卒業者たちに贈られたこの奨学金は初めのころは無名の篤志家からのものとされ、カーンの名は伏せられていた。メートルは第一回奨学生として一八九八年に出発する。一八ヵ月もの長期の旅行で、最後に訪れた極東の島国日本はメートルの心を魅了する。

一九〇〇年パリ万国博覧会会場で「日本古美術展」を鑑賞ののち、「法隆寺」についての論文作成にすぐとりかかる。一九〇一年一月この論文は「L'art du Yamato」（大和の美術）と題して発表されている。日本美術の起源を検証するこの論文一本で、すでに弱冠二五歳にして彼は日本学者としての資質を完璧に世に示すことになった。「正鵠を射た記述、視点の明確さ、記述したものに信憑性をあたえる正確な言語知識」とフランス随一の東洋学者、ポール・ペリオが評している。

カーン財団の世界一周奨学生たちは、旅行の成果を教育の現場で、あるいは何らかの形で還元することが義務づけられていたようだ。メートルは、リセ・コンドルセの臨時教員ついでコレージュ・ロランの哲学教授となるが、一九〇一年七月学年末褒章授与式で学生たちの前で、次のような演説をする。「旅の効用は、モンテーニュの頃より言いならされてきたことである。」と始め、自らの旅の体験を語る。

「私の思いが、好意や慈愛に満ちた気持ちで逍遥するのは、あらゆる旅人がその魅力に憑かれたという、あの異国、あの遠くて、詩情あふれる国、日本である。日本は他のどの国にもそれに等しいものがない。そこでの自然は風変わりで、えもいわれぬ風情がある。…田の上にあらわれる端正な稜線を保った山並み。（中略）遠くにあることと、孤立していたおかげで、かくも長い間、西洋の好奇心や影響から免れた唯一の文明がこの島に発達していた。白人たちのあらゆる営為の範疇外で、文明が完璧に均衡のとれた水準にまで達していた唯一の国。」と、日本への賛辞が続く。

一九〇一年一二月、メートルはフランス極東学院の給費生に任ぜられインドシナに赴くことになる。ハノイと日本の往復の生活が始まる。初めの任期のうち一年以上は、憧れの日本での歴史・文化研究に費やされる。これらの研究報告は、逐次『フランス極東学院紀要』*Bulletin de l'Ecole française d'Extrême-Orient* に掲載される。なかでも「日本の歴史書　起源から足利時代まで」*La littérature historique du Japon des origines aux Ashikaga*（一九〇三〜〇四）は、未完ではあるが、まとまった刊行物のない彼にとって代表作としてしかるべき堂々たる著作である。

この論文についてコレージュ・ド・フランスの日本学講座初代教授ベルナール・フランクは、「戦争や病魔のせいでこの研究報告は残念ながら平安時代までの記述で中断されているが、優れた日本文献一級史料に典拠した、定評のある明晰な批評精神で書かれたわずか六九ページの彼の論文は、これまでのたとえばド・ロニーの多分に空想的な学問の水準を大きく越えている」とまで絶賛している。

一九〇三年メートルが第二回目のミッションで日本に滞在していた頃、ノエル・ペリと初めて出会う。ノエル・ペリは、一八六五年フランス中北部クリュズィ-ル-シャテルに生まれた。キリスト教外国宣教会に入り、司祭として日本に着任したのが一八八九年一月であった。翌年には信州松本の教会に単身で赴任する。メートルと出会う前には上野音楽学校の音楽教師でもあった。一九〇二年にはキリスト教宣教会を脱会している。

四〇歳に近いひげのペリ神父と二〇代の若きノルマリアン（高等師範卒業生）はすぐに意気投合する。

「ペリは博識であるばかりか、人を惹きつける気持ちの良い性格に私は心打たれ、すぐに親しくなりほとんど毎日のように会っていた。（中略）ペリは疲れ知らずのよく歩く人だった。有名なお寺や名所にはよく出かけたものだった。時には歓楽街に繰り出すこともあった。（中略）」とメートルは回想している。そして次のような重要なことに言及している。つまりペリの実質的な能楽との出会いにはメートルが関与していたというものである。

「（中略）「能」の研究については、ペリは「日本フランス雑誌」で最初に書いたエッセイ以来、ずっと手つかずの状態だったのだが、しかも彼の知識は書物からでしかなかったが、ほかならぬ私が再び彼に「能」研究にむかわせたのだ。ある日、私は観世会の能鑑賞（一九〇三年一〇月四日）にペリを連れて行った。彼はすっかり能楽に感激してしまった。日本語や音楽の知識はもちろん仏教の知識のおかげで、彼はこの複雑な美を高く評価することができた。そしてこの日から、彼は私のように能楽堂に通う常連の一人になった。」とある。

　さらに、このことを裏付ける日本の雑誌がある。『能楽』第二巻一号（一九〇四〈明治三七〉年一月発行）がそれである。「能楽観　巴里大学博士　メートル氏談」と題されている小文を以下に引用してみよう。

「近時能楽堂及観世舞台に於て外人の熱心に観能しつつあるを見る、従来時に外人の観能するを見たりと雖も、唯暫時にして去り、其状唯珍しきものとして一見するに過ぎざるものの如し、然るに近時見受くる所の外人は、何か手帳様のものに記載せるを読みつつ熱心に観覧し、多くは終始之を見て飽かざるものの如し、是れ必ず一時珍らしとして一瞥する人にあらずと思ひ、十二月十三日観世会催能の節、同会幹事松尾氏の紹介を以て其外人に面会を求め、翌々十五日午前九時を以て、其寓所たる小石川区原町、フロレンツ氏の邸を訪ひ、一場の談話を交じることを約し、同日同刻其の寓所を訪う…」

　さて、ハノイに戻らねばならないメートルは、ペリ神父に能楽についての研究論文をまとめることを約束させる。この約束が実現されるまでに実に約一八年の歳月が流れた。一九二一年、パリ、ボッサール書店から、フランス東洋友の会ならびにヴィクトール・ゴルベフ監修で『五つの能　日本の抒情劇』*Cinq Nô Drames lyriques japonais* が限定出版されている。ペリからすべての編集権を委ねられたメートルが大衆普及のため翻訳作品数を限定して本の形にしたものである。いわばペリとメートルの共同作品といえるが、メートルはあくまでも「黒子役」である。この行為からはペリの能研究を少しでも世に出したいと願う在パリのメートルの単なる友情を越えた、何か使命感のようなものが感じられる。

おそらくペリ神父は生きることに旺盛な人であったのだろう。能研究に専心し、能作品の翻訳に精力的に取り組み、最後にそれを纏め上げる能力には欠けていた。メートルの事務能力がそれを補完した。

「ペリの能研究」については、一九四四年帝国アカデミー会員で東京日仏会館会員の杉山直治郎氏が会館から著書を出版しているが、その中で杉山氏は当時の他の外国人研究者らの翻訳に比較すると、能舞台の研究といい、作品の理解といい、仏教観からの解釈といい、どれをとってもペリの翻訳を超えるものはないとまで断言している。

ところで、この出版に携わったヴィクトール・ゴルベフ（彼もまたフランス極東学院のメンバーであったが、親ドイツであったという政治的理由で戦後長い間その名は黙殺されてきた。）は「日本からの二人の友―クロード・メートルとノエル・ペリ」と題した記事を『エクストレーム・アジ　ルビュ・アンドシノワーズ・イリュストレ』*Extrême-Asie : revue Indochinoise illustrés*（第四〇号、一九二九年一〇月）に寄せている。

二人の経歴に話を戻そう。二人は一九〇三年に出会い、結局、ペリは一九〇六年九月日本を去り、上海にジャーナリストとして渡る。一九〇七年メートルの勧めもありフランス極東学院の給費生となる。こうしてペリは日本学者としての研究生活を保証される。

一方、メートルは学院長としてその経営に忙殺されるようになる。公休でフランスに滞在中に第一次世界大戦が勃発。そのまま従軍し一九一八年の終戦をむかえる。もうこの頃には研究者としての経歴を放棄したかのようにみえる。一九二〇年学院長任命更新の辞令受け入れを辞退する。一九二一年五月にはギメ美術館で日本の仏教図像学について講演をしたり、同年前述のペリの能についての出版に携わったりしているところをみると、全く日本との糸が切れてしまったのではないことがうかがえるのではあるが。

フランスを出国して以来、生涯一度も故国に帰ったことがないペリは、一九二一年ころまでに五回の長期日本滞在をするが、徐々に健康を害するようになる。小康を得た矢先の一九二二年六月一九日、ハロン湾からの遠出の帰途、

（上）『エクストレーム・アジ』日本特集号　第40号（1929年10月）
（下）同誌に掲載された「日本からの二人の友　クロード・メートルとノエル・ペリ」（V.ゴルベフ）。左がメートル、右がペリ。

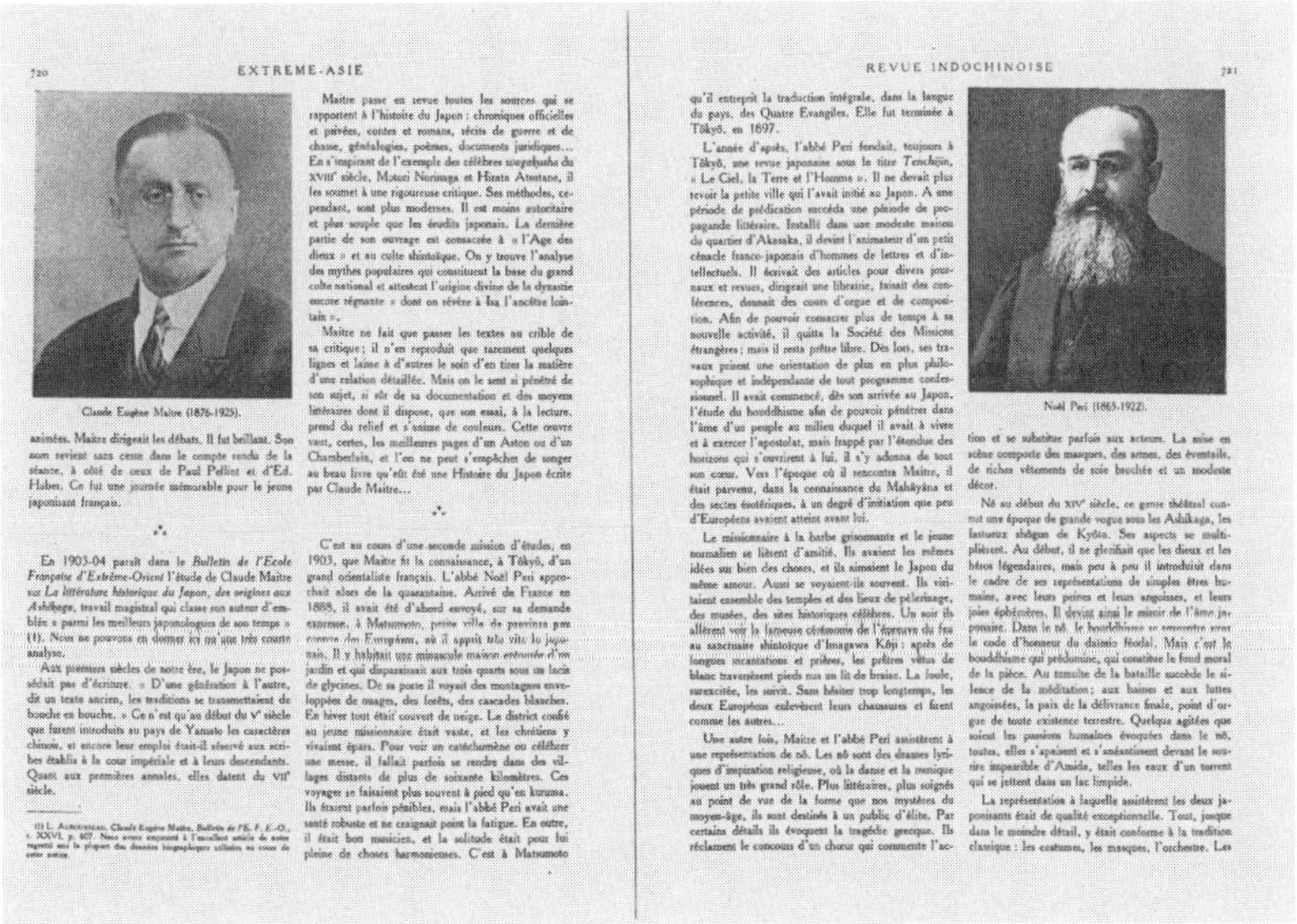

720　EXTREME-ASIE

Claude Eugène Maitre (1876-1925).

animées. Maitre dirigeait les débats. Il fut brillant. Son nom revient sans cesse dans le compte rendu de la séance, à côté de ceux de Paul Pelliot et d'Ed. Huber. Ce fut une journée mémorable pour le jeune japonisant français.

⁂

En 1903-04 paraît dans le *Bulletin de l'Ecole Française d'Extrême-Orient* l'étude de Claude Maitre sur *La littérature historique du Japon, des origines aux Ashikaga*, travail magistral qui classe son auteur d'emblée « parmi les meilleurs japonologues de son temps » (1). Nous ne pouvons en donner ici qu'une très courte analyse.

Aux premiers siècles de notre ère, le Japon ne possédait pas d'écriture. « D'une génération à l'autre, dit un texte ancien, les traditions se transmettaient de bouche en bouche. » Ce n'est qu'au début du Ve siècle que furent introduits au pays de Yamato les caractères chinois, et encore leur emploi était-il réservé aux scribes établis à la cour impériale et à leurs descendants. Quant aux premières annales, elles datent du VIIe siècle.

(1) L. Aurousseau, *Claude Eugène Maitre, Bulletin de l'E. F. E.-O.*, t. XXVI, p. 607. Nous avons emprunté à l'excellent article de notre regretté ami la plupart des données biographiques utilisées au cours de cette notice.

Maitre passe en revue toutes les sources qui se rapportent à l'histoire du Japon : chroniques officielles et privées, contes et romans, récits de guerre et de chasse, généalogies, poèmes, documents juridiques... En s'inspirant de l'exemple des célèbres *wagakusha* du XVIIIe siècle, Motori Norinaga et Hirata Atsutane, il les soumet à une rigoureuse critique. Ses méthodes, cependant, sont plus modernes. Il est moins autoritaire et plus souple que les érudits japonais. La dernière partie de son ouvrage est consacrée à « l'Age des dieux » et au culte shintoïque. On y trouve l'analyse des mythes populaires qui constituent la base du grand culte national et attestent l'origine divine de la dynastie encore régnante » dont on révère à Isé l'ancêtre lointain ».

Maitre ne fait que passer les textes au crible de sa critique ; il n'en reproduit que rarement quelques lignes et laisse à d'autres le soin d'en tirer la matière d'une relation détaillée. Mais on le sent si pénétré de son sujet, si sûr de sa documentation et des moyens littéraires dont il dispose, que son essai, à la lecture, prend du relief et s'anime de couleurs. Cette œuvre vaut, certes, les meilleures pages d'un Aston ou d'un Chamberlain, et l'on ne peut s'empêcher de songer au beau livre qu'eût été une Histoire du Japon écrite par Claude Maitre...

⁂

C'est au cours d'une seconde mission d'études, en 1903, que Maitre fit la connaissance, à Tōkyō, d'un grand orientaliste français. L'abbé Noël Peri approchait alors de la quarantaine. Arrivé de France en 1888, il avait été d'abord envoyé, sur sa demande expresse, à *Matsumoto*, petite ville de province peu connue des Européens, où il apprit très vite le japonais. Il y habitait une minuscule maison entourée d'un jardin et qui disparaissait aux trois quarts sous un lacis de glycines. De sa porte il voyait des montagnes enveloppées de nuages, des forêts, des cascades blanches. En hiver tout était couvert de neige. Le district confié au jeune missionnaire était vaste, et les chrétiens y vivaient épars. Pour voir un catéchumène ou célébrer une messe, il fallait parfois se rendre dans des villages distants de plus de soixante kilomètres. Ces voyages se faisaient plus souvent à pied qu'en kuruma. Ils étaient parfois pénibles, mais l'abbé Peri avait une santé robuste et ne craignait point la fatigue. En outre, il était bon musicien, et la solitude était pour lui pleine de choses harmonieuses. C'est à Matsumoto

REVUE INDOCHINOISE　721

qu'il entreprit la traduction intégrale, dans la langue du pays, des Quatre Evangiles. Elle fut terminée à Tōkyō, en 1897.

L'année d'après, l'abbé Peri fondait, toujours à Tōkyō, une revue japonaise sous le titre *Tenchijin*, « Le Ciel, la Terre et l'Homme ». Il ne devait plus revoir la petite ville qui l'avait initié au Japon. A une période de prédication succéda une période de propagande littéraire. Installé dans une modeste maison du quartier d'Akasaka, il devint l'animateur d'un petit cénacle franco-japonais d'hommes de lettres et d'intellectuels. Il écrivait des articles pour divers journaux et revues, dirigeait une librairie, faisait des conférences, donnait des cours d'orgue et de composition. Afin de pouvoir consacrer plus de temps à sa nouvelle activité, il quitta la Société des Missions étrangères ; mais il resta prêtre libre. Dès lors, ses travaux prirent une orientation de plus en plus philosophique et indépendante de tout programme confessionnel. Il avait commencé, dès son arrivée au Japon, l'étude du bouddhisme afin de pouvoir pénétrer dans l'âme d'un peuple au milieu duquel il avait à vivre et à exercer l'apostolat, mais frappé par l'étendue des horizons qui s'ouvrirent à lui, il s'y adonna de tout son cœur. Vers l'époque où il rencontra Maitre, il était parvenu, dans la connaissance du Mahāyāna et des sectes ésotériques, à un degré d'initiation que peu d'Européens avaient atteint avant lui.

Le missionnaire à la barbe grisonnante et le jeune normalien se lièrent d'amitié. Ils avaient les mêmes idées sur bien des choses, et ils aimaient le Japon du même amour. Aussi se voyaient-ils souvent. Ils visitaient ensemble des temples et des lieux de pèlerinage, des musées, des sites historiques célèbres. Un soir ils allèrent voir la fameuse cérémonie de l'épreuve du feu au sanctuaire shintoïque d'Imagawa Kōji : après de longues incantations et prières, les prêtres vêtus de blanc traversèrent pieds nus un lit de braise. La foule, surexcitée, les suivit. Sans hésiter trop longtemps, les deux Européens enlevèrent leurs chaussures et firent comme les autres...

Une autre fois, Maitre et l'abbé Peri assistèrent à une représentation de nō. Les nō sont des drames lyriques d'inspiration religieuse, où la danse et la musique jouent un très grand rôle. Plus littéraires, plus soignés au point de vue de la forme que nos mystères du moyen-âge, ils sont destinés à un public d'élite. Par certains détails ils évoquent la tragédie grecque. Ils réclament le concours d'un chœur qui commente l'action et se substitue parfois aux acteurs. La mise en scène comporte des masques, des armes, des éventails, de riches vêtements de soie brochée et un modeste décor.

Noël Peri (1865-1922).

Né au début du XIVe siècle, ce genre théâtral connut une époque de grande vogue sous les Ashikaga, les fastueux shōgun de Kyōto. Ses aspects se multiplièrent. Au début, il ne glorifiait que les dieux et les héros légendaires, mais peu à peu il introduisit dans le cadre de ses représentations de simples êtres humains, avec leurs peines et leurs angoisses, et leurs joies éphémères. Il devint ainsi le miroir de l'âme japonaise. Dans le nō, le bouddhisme se rencontre avec le code d'honneur du daimio féodal. Mais c'est le bouddhisme qui prédomine, qui constitue le fond moral de la pièce. Au tumulte de la bataille succède le silence de la méditation ; aux haines et aux luttes angoissées, la paix de la délivrance finale, point d'orgue de toute existence terrestre. Quelque agitées que soient les passions humaines évoquées dans le nō, toutes, elles s'apaisent et s'anéantissent devant le sourire impassible d'Amida, telles les eaux d'un torrent qui se jettent dans un lac limpide.

La représentation à laquelle assistèrent les deux japonisants était de qualité exceptionnelle. Tout, jusque dans le moindre détail, y était conforme à la tradition classique : les costumes, les masques, l'orchestre. Les

自動車事故で打撲負傷をしてハノイに運ばれるがそのまま回復せず二五日不帰の人となる。上記のゴルベフの記事によれば、ペリが事故死する前年の一九二一年、彼は晩夏にハノイのペリを訪ねている。ちょうどペリがパリのメートルに「健康回復が思うようにならない、くたばってしまうのもそう遠いことではないだろう」と書簡を送っていた時期にあたる。ふたりの会話はほとんど日本美術や日本での思い出話に終始した。ペリは日本学者としてばかりでなく、日本美術の心からの愛好者でもあった。浮世絵版画のコレクションも所有していて、一番好きな絵師として広重を挙げていた。信州の山々や厳しい冬の生活など松本時代の自らの体験を広重の風景版画の中に懐かしく見出していたのであろう。

一九二二年突然のペリの訃報を受け取ったメートルは、長文の美しい追悼文をまとめている。これは『フランス極東学院紀要』に掲載され、彼の署名入りの別刷りがギメ美術館のアッカンに献辞されている。

一九二三年三月一八日午後三時半、パリの地理学協会会館でノエル・ペリの追悼記念会が、フランス東洋友の会の主催で開催された。友の会会長のエミール・セナールなどの挨拶に続き、メートルによるペリの生涯と業績についての話が披露される。最後に能の実演でこの会は終わったという。これと前後して、メートルは生前のギメとの約束であったギメ美術館准学芸員に就任する。このポストのみに飽きたらず、雑誌『日本と極東』を上梓するが、一九二四年四月ころには肺充血の発作でその活動を断念せざるをえなくなる。

ペリの事故死に続いて悲劇は今度は彼の身の上に襲いかかる。一九二五年八月三日朝、病魔との闘いののちメートルは息をひきとった。享年四九歳であった。

4　雑誌『日本と極東』から、クロード・メートルとポール＝ルイ・クーシュー

一九二三年一二月一日に創刊された『日本と極東』*Japon et Extrême-Orient* は月刊であったが合併号を含めて全体でも一〇冊しか数えない。メートルを編集長とし、編集委員のなかでもポール＝ルイ・クーシューという名が注意をひく。

クーシューは一八七九年フランス東部イゼール県ヴィエンヌに生まれ、ちょうど三歳年長のメートルと同じ運命をたどっている。一八九八年に高等師範学校（エコール・ノルマル・シュペリユール）に入学、一九〇一年には哲学教授資格を取得、カーン財団の世界一周奨学生となる。フランスに帰国後、医学の勉強をはじめ、精神科医となる。一九〇三年九月に日本に到着、東京のメートルのもとに寄寓する。ノルマリアンであること、世界一周奨学生の先輩・後輩としてメートルと交流があったのは当然であろう。

クーシューの著書『アジアの賢人と詩人』は、一九一六年にカルマン・レヴィ社から出版された。この書は初めてフランスに日本の俳諧を紹介したものとして知られている。そのなかの一章「日本の叙情的エピグラム」は俳諧の解釈と翻訳にあてられ、クーシューは芭蕉とそのいくつかの句例についてはバジル・ホール・チェンバレンの記事「芭蕉と日本の詩的エピグラム」に負っていること、またその書評記事を書いたメートルの俳諧についての含蓄ある解釈に、おおいに依拠していることを冒頭の注に断っている。

メートルは書評中、チェンバレンの著書では芭蕉の一生とその作品についての箇所がもっとも感動的であるとして、彼自身は以下のようにまとめている。

芭蕉にとっての俳諧とは、十七文字という限られた条件で極限まで仏教的諦観を表現することであり、俳諧の本質とはなによりも倫理と仏教観にあった

続いて芭蕉の代表的な句を例にあげ、さらに門人たちの句例のなかでも仏教的無常観の影響が色濃く出ているものを例にあげている。

「咲くからに見るからに花のちるからに」鬼貫《おにつら》（一六六一～一七三八）の句を例にあげ、「この句におけるほど仏教的諦観がその魅力を伴って表現された句もおそらくないであろう。」としている。ところで、クーシューは自著にメートルの翻訳をそのまま借用・掲載している。

ここで気がつくのは、クーシューは自著で俳諧のフランス語翻訳のみを掲載しているのに対し、メートルは俳諧原文の日本語の音表記とともにその翻訳文を併記していることである。日本語の語感のもつ音楽性にも敏感であったのであろう。俳諧解釈には音の与える印象も不可欠であったと考えていたのであろう。

「友人Cl. E.メートルへ　あなたのお蔭で日本を愛することができました。これらのページのどの部分があなたの、どの部分が私のものか、もはやわからないこの本を捧げます。一九一六年一一月　エペルネイ病院24」と、クーシューが自筆でメートルに献辞しているのもうなづける。

さて今度はクーシューのこの著書を、ノエル・ペリが『フランス極東学院紀要』で批評している。仏教的諦観や日本人の感性の理解を、すでに長年にわたる日本での経験、能作品の翻訳などで自家薬籠中のものとしていたペリは、高い日本語能力が要求される俳諧翻訳に日本研究専門外の著者が挑んだ勇気を賞賛しつつも、芭蕉門人の千代女の俳諧の翻訳にはきわめて綿密な注意が必要であるとしている。有名な蜻蛉とりの俳諧を例にして、説明的な語の置き換えひとつが、千代女の俳諧のもつ繊細な情緒を台無しにしてしまうことを指摘する。実はこの句をメートルも翻訳し

ており、クーシューのそれと微妙に相違するが、ペリはこの二人の翻訳さえも、さらに熟考の必要ありとしているわけである。

クーシューはその俳諧解釈においてメートルの影響を受けたと自ら言及している。さらに、そのメートル自身がペリから仏教的無常観の解釈において影響を受けている可能性がある。ペリは神父として日本人にキリスト教を布教するには仏教理解が不可欠としてそれを深く研究し、すでに仏教理解の確固たる土壌ができあがっていたのである。

二〇世紀前半のギメ美術館に関わった人々の紹介をするうちに、フランス人の日本文化理解のためには究極的には日本仏教の理解が不可欠であったろうという結論にいきついた。

エミール・ギメが仏教を通して日本理解を始めたならば、彼は絶妙なタイミングをつかんだといえる。そして宗教に着眼した彼の洞察力は見事に冴えていたといわねばならない。

参考文献一覧

尾本圭子、フランシス・マクワン著、尾本圭子訳『日本の開国：エミール・ギメ　あるフランス人の見た明治』（二〇〇四年三月第一版第二刷、創元社）

ポール＝ルイ・クーシュー著、金子美都子、柴田依子訳『明治日本の詩と戦争』（一九九九年一一月、みすず書房）

小西四郎編『図説日本の歴史一四　近代国家の展開』（一九七六年四月、集英社）

Victor Goloubew «Deux amis du Japon: Claude Maitre et Noël Péri» *Extrême-Asie: Revue Indochinoise illustrée* No.40, October 1929.

Claude E. Maitre, «Basil Hall Chamberlain.-Bashô and the Japanese Poetical Epigram» *Bulletin de l'Ecole française d'Ex-*

trême-Orient Vol.3, 1903.

Noël Péri, «P.L. Couchoud: Sages et Poètes d'Asie» *Bulletin de l'Ecole française d'Extrême-Orient* Vol.16, 1916.

Claude E. Maitre, «Noël Peri» *Bulletin de l'Ecole française d'Extrême-Orient* Vol.22, 1922.

Léonard Aurousseau, «Claude Eugène Maitre» *Bulletin de l'Ecole française d'Extrême-Orient* Vol.25, 1925.

一九三〇年代のフランス・メディアの「日本」

中村 督

一九三〇年代のフランス・メディアの「日本」を考えるのに、芥川龍之介「歯車」の一節はひとつの手がかりを与えてくれる。具体的にいうと、それは主人公とパリの勤め先から帰国したばかりのT君との間で交わされた会話に見出すことができる。主人公の「だってフランは暴落するしさ」という言葉に対して、T君は次のように答えている——「それは新聞を読んでいればね。しかし向うにいて見給へ。新聞紙上の日本なるものはのべつ大地震や大洪水があるから」（「歯車」『大調和』一九二七年六月）。このT君の発言は、フランス・メディアの日本への関心は大災害や事件を通してのみ引き起こされるということを示している。逆にいえば、そうでもない限り一般的な新聞や週刊誌が「日本」を取り上げることはほとんどなく、その点において、「フランス・メディアの「日本」」はそれほど自明のことでもないのである。この作品は一九二七年に書かれたものとされているが、一九三〇年代に入ってもこうした日本をめぐる報道の状況は変わらない。だからこそ、『フランス・ジャポン』のような「日仏文化交流誌」が創刊されることに同時代的な意義があり、また、現在から見てその様相を再検討することが必要となってくるともいえるのである（和田博文ほか『言語都市・パリ　1862-1945』二〇〇二年三月、藤原書店）。

しかし、前記「歯車」の会話にはまた別の重要な情報が隠されていることに気づかなければならない。それは「新聞紙上」に「日本なるもの」が掲載されているという事実それ自体である。もっとも日本に関する情報は以前よりフランスの新聞・雑誌に掲載されていたのであり、これを新しい現象のごとく捉えるべきではない。ただし一九三〇年代を含む大戦間期とそれ以前とでは、その方法と規模において大きな違いがあり、このことに留意する必要がある。端的にいって、ジャーナリズム史的な観点からすればこの時代はフランス・メディアにとっての転換期であり、そのなかで「日本」が取り上げられていたわけである。

　こうした両大戦間期におけるフランス・メディアの変化は何に特徴づけられるのだろうか。そもそも第一次大戦の悲惨な記憶が重々しくのしかかるフランスにあって、とりわけ顕著な変化は、自らのうちに強く平和を希求する精神を持つようになったことである。このことに国際連盟や国際労働機関の設立が相俟って、多くのジャーナリストが国外事情に大きな関心を寄せていくと同時に、政治意識を逞しくしていく。また、制度的な側面からいうと、ジャーナリストの労働組合が一九一七年に組織されたのを皮切りに、一九三五年には彼らの職業身分と地位が法的に規定され、職業的な連帯感が高まりを見せる。さらに技術的な側面でも、写真技術や印刷技術の飛躍的な向上によって、新聞・雑誌の紙面構成（誌面構成）が劇的な変化を遂げることになる。こうした大戦間期の変化が複合的に関係し、また別の決定的な変化をもたらす。すなわち、ジャーナリズムの国際化がそれである。

　以上の文脈を考慮してこそ、フランスの新聞・雑誌に「日本」が掲載されることの意味が理解できるのではないだろうか。そこで本稿は、第一に一九三〇年代のフランス・メディアがいかなる状況にあったのかを把握し、第二に当時のフランスの新聞・雑誌が有していた特徴を提示することに努めたい。そして第三に『イリュストラシオン』*L'Illustration* 誌を例に、「日本」がいかなる形で取り上げられていたのかを分析する。一八四三年に創刊されたこの週刊誌は一九世紀末に黄金時代をむかえ、その後、二〇世紀に入っても挿絵や写真を積極的に導入し、技術的な意味で時代を反映しているだけでなく、内容と情報とに多様性があるという意味でもフランスを代表的する週刊誌であった。以上の順序で論述を進めながら、『フランス・ジャポン』が創刊されたフランスのメディア史的文脈を考察したい。

1　大戦間期のフランス・メディアの背景

国際連盟と国際ジャーナリスト協会

一九二〇年代から一九三〇年代にかけて、ジャーナリストの世界は二つの軸に基づいて大きな変化を経験する。一つは国際的交流の発展という軸、もう一つは労働組合の設立という軸である。この変化に際して大きな役割を果たしたのは、平和への希求を主たる背景に設立された国際連盟や国際労働機関といった国際的な組織である。

第一次大戦の惨劇を踏まえて、国際連盟は平和の維持を試金石とした。そのために求められたことの一つは、民主主義を強固なものとし、国家間の対話における情報を開示することであった。ここで世論を導くジャーナリズムの役割が重要となってくる。しかし、その根本的条件として言論および表現の自由が確保されていなければならない。この点において国際連盟は出版の自由と情報の流通の促進に貢献しようとする。多くのジャーナリストをジュネーヴにむかえ入れることで自らそれを示したのである。

事実、一九二〇年代、国際連盟への出入りを許可されたジャーナリストの数は増えていく。設立当初より総会への参加は認められていたが、一九二二年には他の会議への出席も認められる。さらに国際連盟の情報局は個人だけでなく、集団での出入りにも許可を与える。総会に出席した新聞社・雑誌社を中心とする報道機関の数は一九二〇年と一九二六年の間の六年間のうちに二倍に増えている（一九二〇年――一八七社、一九二六年――三六一社）。こうした国際連盟のジャーナリズムに対する考え方は、別の方向でも実を結ぶことになる。一九二〇年に国際連盟に認可されて設立された国際ジャーナリスト協会（Association internationale des journalistes、以下ＡＩＪ）がそれである。このメンバーとなったジャーナリストには国際連盟事務局長の署名が入った職業カードが渡され、理念的には加盟国内

	フランス	イギリス	ドイツ	アメリカ	日本
1920	26（5）	20（3）	7（1）	19（4）	7
1921	30（5）	22（3）	8（1）	15（3）	2
1922	29（3）	28（2）	6（1）	22（2）	3
1923	20（2）	18（2）	5（1）	16（2）	1
1924	39（2）	30（3）	26（4）	26（3）	2
1925	48（1）	30（3）	32（4）	27（4）	2（1）
1926	39（1）	41（3）	64（6）	31（3）	3
1927	35（2）	22（3）	49（5）	21（2）	2

（括弧内は通信社の数）

表1　国際連盟総会への国別出席報道機関数（1920-1927年）（La presse et la Société des Nations, *Exposition internationale de la presse à cologne*, mai-october 1928, Genève, Section d'information des nations, 1928を参考に作成）

を自由に移動できるようになる。一九二八年には、二一ヵ国一五〇名以上のジャーナリストがこの協会メンバーであったことが確認されている。また、一九二五年には国際ラジオ連盟（Union internationale de la radiodiffusion）が設立され、一九二六年にはこの連盟にアヴァスやユナイテッド・プレスが協力し、通信社の世界大会が開かれる。こうして、国際連盟の情報に対する理念は着実に具体化していく。

もっともＡＩＪがジャーナリストの最初の国際的な協会というわけではない。一九世紀後半から国際会議のようなものは開かれており、一八九六年には国際プレス協会連盟（Union internationale des associations de presse）が創設されている。この連盟の目的は、組織間の国際的連携とジャーナリストの移動を確保し、ジャーナリズムという職業の価値を高め、新聞・雑誌に関する国際法の修正に貢献することとされており、たしかに当時としては画期的であった。第一次大戦が勃発する一九一四年まで、同連盟の会議はほぼ毎年開催されることになる。特に一九〇〇年のフランス大会は万国博覧会とも重なり、多くのジャーナリストがパリに集まった。その数は二四ヵ国から四三二人に及んだと報告されている。ただし、すべての大会がヨーロッパで開催されていることもあって、この一九〇〇年フランス大会を例にとっても非ヨーロッパ諸国からの参加者はけっして多くはなかった。彼らの出身国はそれぞれアメリカ、アルゼンチン、メキシコ、日本の四ヵ国にとどまり、数

LA PRESSE
ET LA
SOCIÉTÉ DES NATIONS

EXPOSITION INTERNATIONALE
DE LA PRESSE A COLOGNE
MAI-OCTOBRE 1928

SECTION D'INFORMATION
DE LA SOCIÉTÉ DES NATIONS
GENEVE
1928

1928年コローニュで開催された国際プレス博覧会のパンフレット。

としても全体の五％以下に過ぎなかった（ちなみに、女性ジャーナリストはほぼ皆無であった）。こうした状況により、国際プレス協会連盟はあくまでヨーロッパの組織という印象を払拭することはできなかった。それでも、同連盟が掲げた目的やアイデアそのものは新しい試みであり、それを前提としてＡＩＪが始動することは強調されてよい。

　もちろん、ＡＩＪの設立により参加国が劇的に増えたというわけでもない。一九二七年に第一回大会が開かれたが、その数は三八ヵ国に過ぎなかった。しかしながらこの大会は国際プレス協会連盟と比べれば、国際連盟の後ろ楯もあり、厳密に組織されたものであった。くわえて、一九二〇年代になるとジャーナリストの意識も以前とは大きく異なっていた。第一次大戦を経験した彼らは平和が構築されることを強く望んでおり、何よりも自分たちがもはや「冷静な観察者」ではなく「時代のアクター」であるという自覚を持つようになっていたのである。これは一九二七年の会議の目的、つまり「職業上の問題を議論すると同時に、国民間での誤解を減らすためにニュースのより容易で低価格の伝達手段を模索すること」という目的に明らかである。人数に関しては明確ではないが広く報道機関が参加しており、それを踏まえればＡＩＪ会員のジャーナリストは国際プレス協会連盟のそれと比べてかなりの数であったと予想される。最後にＡＩＪがジャーナリズムの質の向上に本格的に向き合っていたことも重要である。一九二八年にコローニュで開催された国際プレス博覧会では「情報科学」の考えが生まれ、一九二九年の会議では新聞・雑誌の輸送を中心に流通の問題が焦点となり、国家間および地域間の「より正確な情報」の伝達が議論されたわけである。

ジャーナリストの労働組合と連帯感

大戦間期、フランスのジャーナリストに間接的な影響を与えたもう一つの機関について述べなければならない。一九三二年までフランスの社会主義者アルベール・トマが指揮した国際労働機関（フランス語で Bureau international du travail、英語で International Labour Organization。以下ＩＬＯ）である。そもそもヨーロッパにおける労働者の社会的状況を調査することを目的としていたＩＬＯだが、一九二〇年代中頃には知的労働者にもその関心を向け、『ジャーナリストの生活および労働条件に関する調査』*Enquête sur la condition de vie et de travail des journalistes* を公刊する。ここで重要なのは「ジャーナリスト」が各種企業・機関の労働者であり、経営者や雇用主とはまったく異なった状況にあることが強調されていることである。その後ＩＬＯは各国の労働組合と連絡をとりあって、連携を強めようとした。その主たる相手は、かつて『フィガロ』*Le Figaro* のジャーナリストとして活躍したジョルジュ・ブルドンが代表を務めるフランスジャーナリスト組合（Syndicat national des journalistes）であった。次いでブルドンが各国の労働組合に働きかけ、一九二六年に最初の会合が開かれる。この会合がきっかけとなって、一七ヵ国の代表者たちで構成される国際ジャーナリスト連盟（Fédération internationale des journalistes、以下ＦＩＪ）が設立される。

パリに本部を置いたＦＩＪの主たる目的は、各国のジャーナリズム関係の労働組合を発展させること、経営者に具体的な要求をしていくこと、ジャーナリストという職業の不安定さに終止符を打つことにあった。特にこの時代の新聞社・雑誌社は経営難に陥っている場合が多く、ジャーナリストが易々と解雇されることは日常茶飯事であった（一九三〇年代、この傾向は世界恐慌によってより顕著になっていく）。つまり、フランスのジャーナリストからすれば、ＦＩＪの最大の利点は他国、とりわけイギリスやドイツにおける報道機関の契約書を集めて研究できることにあった。この時代、フランスではいまだにジャーナリストが「職業」として法的に整備されておらず、彼らはＦＩＪの活動を通じて、他国には良心条項たるものが存在していることを知り、急いでそれを確立しようとした。その結果、一九三五年に議会でジャーナリストの職業身分と法的地位が定められ、それと同時に、良心条項も認められるようになる。

ＦＩＪの活動は一九三〇年を頂点に、衰退の一途を辿っていく。たしかにＦＩＪは一九三六年には二四の労働組合、三万五千人のジャーナリストを集める組織になっていたが、積極的に活動したのは、フランス、スイス、イギリス、オーストリア、オランダ、チェコスロヴァキア、ハンガリー出身の者たちであり、やはりヨーロッパを超えた組織とはならなかった。その第一の原因として、アメリカが単独行動をとり始めたことがある。特にアメリカ大陸全体で国際的な労働組合が組織化されていくことをＦＩＪは止めることができなかった。第二の原因として、一九三〇年代に入ると、ＦＩＪの提案が組織全体の統一見解を欠くものになってしまったことに求められる。それまでＦＩＪの活動はジャーナリストの職業的地位の確立や流通経路の確保といった具体的な要求の実現化にあったが、それらが達成されると「言論の自由」という各国の政治に依存せざるを得ない要求へと変化していった。これに関連して三つ目の原因には各国の政治状況を挙げることができる。イギリスのジャーナリズムは自国政府のスタンスに同調し、中央ヨーロッパでは体制が右傾化し、ドイツではナチスが台頭し、それに対して隣国のジャーナリストは曖昧な姿勢のままであった。いうまでもなく一九三〇年代後半は第二次大戦が勃発する時期であり、一九三九年にはＦＩＪはほとんど解散状態に追い込まれる。

2　一九三〇年代のフランス・メディアの諸特徴

以上のように両大戦間期は、国際ジャーナリスト協会（ＡＩＪ）や国際ジャーナリスト連盟（ＦＩＪ）の設立によって国境を越えてジャーナリズムの総合的な質の向上が目指された時代である。そこではジャーナリストの法的地位の確立、「正しい」情報の流通、言論の自由の確保等、様々な問題が俎上に載せられた。しかしこのこと自体の意義とは別に、注目しなければならないことがある。それは前記のような機関・団体が組織されていくなかで、ジャーナリストたちは連帯感を強めると同時に盛んに交流を行ったことである。ＡＩＪにせよ、ＦＩＪにせよ、そこでの活動を通じて参加者たちが非公式なかたちで多くの情報を交換し、結果的に報道内容の国際化に貢献した。つまりこの時代のフランス・メディアの主要な特徴は、紙面（誌面）における諸外国の政治や社会に関する記事の増加として現出する。

第一次大戦前のフランス・メディアが「地理」に大きな関心を払わなかったのに対して、戦争はベル・エポックを特徴づけるようなフランスの閉鎖性を解体する効果をもっていた。くわえて大戦後は、国際連盟での議論、エチオピアの危機、スペイン内戦、チェコスロバキアの危機等、内政に深く関係のある出来事も多く起こっており、フランス・メディアが国外に目を向ける必然性も高まっていた。こうした紛争や危機の現場にジャーナリストが送り込まれ、実際、多くの新聞・雑誌がルポルタージュを掲載する。それゆえこの時代は多くのジャーナリストが個別に名声を獲得していく時期でもある。たしかに一紙にのみ雇われているジャーナリストもいたが、多くが複数の新聞・雑誌社を出入りしており、このことも国外のルポルタージュが拡大した理由となっている。

他方で、フランス国内の政治問題もまた重要な位置を占め続けていた。ただし、議会の公的な発表はもはや主要な情報源ではなくなっていた。行政、政府、政治団体、社会団体、政党等の組織から直接情報を引き出すことが主流となりつつあったのである。この背景には、できる限り当事者から「客観的な」情報を引き出そうとするジャーナリストの職業認識の変化が関係している。もちろん、犯罪や事故、スキャンダルといった感情を煽る三面記事も相変わらず大事な内容であった。ルポルタージュが盛んになってきたことにくわえ、写真技術の向上が三面記事のリアリティを高め、大衆の好奇心を刺激した。この写真技術の発展もまた一九三〇年代のフランス・メディアを特徴づけるものである。

ところで、写真史の観点からすれば、フランスのフォトジャーナリズムは一九二八年に成立したとされている。その成立要件として、小型カメラの急速な発展、グラフ雑誌の相次ぐ創刊、外国人写真家たちの活躍を挙げることができる（今橋映子『フォトリテラシー――報道写真と読む倫理』二〇〇八年五月、中公新書）。他方で、メディア史およびジャーナリズム史的な観点からすれば、この時期は印刷技術の発展も目覚ましく、それによって各新聞や雑誌にカラー写真を大量に掲載することが可能となった。また、上述のようにジャーナリストの「客観的な」情報に対する価値が拡大したことも写真の導入につながった。さらに外国人写真家たちの活躍でいうと、主に中央ヨーロッパの出身者が多かったことも無視できない。というのも、ＡＩＪもＦＩＪの参加国に明らかであるように、意外にもハンガリーやチェコスロバキアといった中央ヨーロッパのジャーナリストが国際交流に積極的であったからである。フォトジャーナリストとジャーナリストがかならずしも同じではないにせよ、ＡＩＪやＦＩＪの活動は、ある程度、前者の移動を容易にしたと想定することもできるだろう。

このフォトジャーナリズムの成立に伴って発刊されたグラフ週刊誌として、リュシアン・ヴォージェルが率いた『ヴュ』*Vu* がある。ただ、それだけでなく『アントランシジャン』*L'Intransigeant* や『パリ・ソワール』*Paris Soir* といった新聞においても写真を伴った記事は増えていく。そこでは「写真」と「情報」が結びついたいわゆる「報道写真」が姿を見せる。そしてこの「報道写真」あるいはルポルタージュが対象とした地域は、多くの場合、海外、すなわちフランス国外であった。

3　一九三〇年代のフランス・メディアの「日本」――『イリュストラシオン』の場合

『イリュストラシオン』の背景

こうした一九三〇年代のフランス・メディアの背景と特徴を考慮したとき、グラフ雑誌という特殊な媒体を除いて、もっともこの恩恵に浴したのは挿絵入りの雑誌である。そもそも美しい挿絵を売りにしているこの種の雑誌は、写真を大々的に取り入れ始める。ルポルタージュの流行と相俟って、いわゆる写真ルポルタージュたるものが誌面の多くを割くようになる。当時のフランス・メディアの全般的な状況において新聞が激しい凋落を経験する一方で、定期刊行物の市場は拡大し、その伸張には目覚ましいものがあった。ここで取り上げる『イリュストラシオン』はその最たる例を示している。

『イリュストラシオン』の歴史は一八四三年の創刊時にまで遡ることができるが、一九三〇年代という時代に特化して考えるならば、一九〇三年にバシェ一族が所有者となった時点からが一つの時代区分を構成している。ルネ・バシェから、息子のルイとジャンに引き継がれる過程でこの週刊誌は躍進を遂げていく。そもそもフランスで最初に写真（白黒）を掲載したことでも知られる『イリュストラシオン』は、一九〇七年にはカラー写真を取り入れ、時代の先端をいく媒体であった。第一次大戦中に組まれた特集号のなかには四〇万部に届くものもあり、その後も成長を続ける。一九二六年に一二万部だった平均部数は一九三九年には二〇万部にまで伸びることになる。

重要なのは『イリュストラシオン』の印刷技術が当時のヨーロッパで屈指のものであったことである。一九三三年にパリ郊外のボビニーに本社を移動し、新しい印刷機を導入した。グラビア印刷とオフセット印刷といった印刷技術がカラー写真を美しく掲載することを可能にした。フランスでこの印刷技術が普及するのは戦後のことであることを

	1931	1932	1933	1934	1935	1936	1937	1938	1939	1940
時　事	4	11	3	8	5	8	7	2	2	1
非時事	1	0	1	0	5	1	0	1	0	0

表２　『イリュストラシオン』における「日本」の記事（1931-1940年　＊著者の調査による）

思えば、『イリュストラシオン』の先駆性は特記すべきである。また、こうしたカラー写真の増加の同時に留意しなければならないのは、それがかならずしも娯楽誌というわけでなく、「一般情報誌」(magazine d'information générale) として流通していたことである。つまり、広く政治・社会問題から文芸までを取り扱っていたのである。

『イリュストラシオン』のなかの「日本」

さて、一九三〇年代の『イリュストラシオン』を網羅的に読んで気づくべきことは写真の豊富さにくわえて、地図とフランス国外情報の多さである。この事情を勘案したとき、「日本」についてはどれくらいのページが割かれ、何が語られたのかを検討する必要があるだろう。

『イリュストラシオン』は週刊誌であり、一年で約五〇号刊行される。一九三〇年代に限っていうと、平均ページ数は三〇ページから三五ページである。同誌に割かれた日本に関する記事であるが、平均ページ数からするとかなり多いといい得る数を示している。この背景にはいうまでもなく、国際的環境における日本の動向がある。一九三一年の満洲事変、一九三三年の国際連盟脱退、一九三六年の二・二六事件、一九三七年の盧溝橋事件と、一般的なニュースとして取り上げられるだけの「事件」が揃っていた。しかしながらこの事実だけを見て、フランスの「日本」への関心が高まっていたということはできない。事実、スペイン内戦、ナチスの台頭、第二次エチオピア戦争等も日本の動向と同様に、あるいはそれ以上に記事になっていたのである。ただし、それでもなお強調しなければならないのは一般情報誌のなかにフランス国外の内容が増え、その一環として日本もまた取り上げられていたことである。

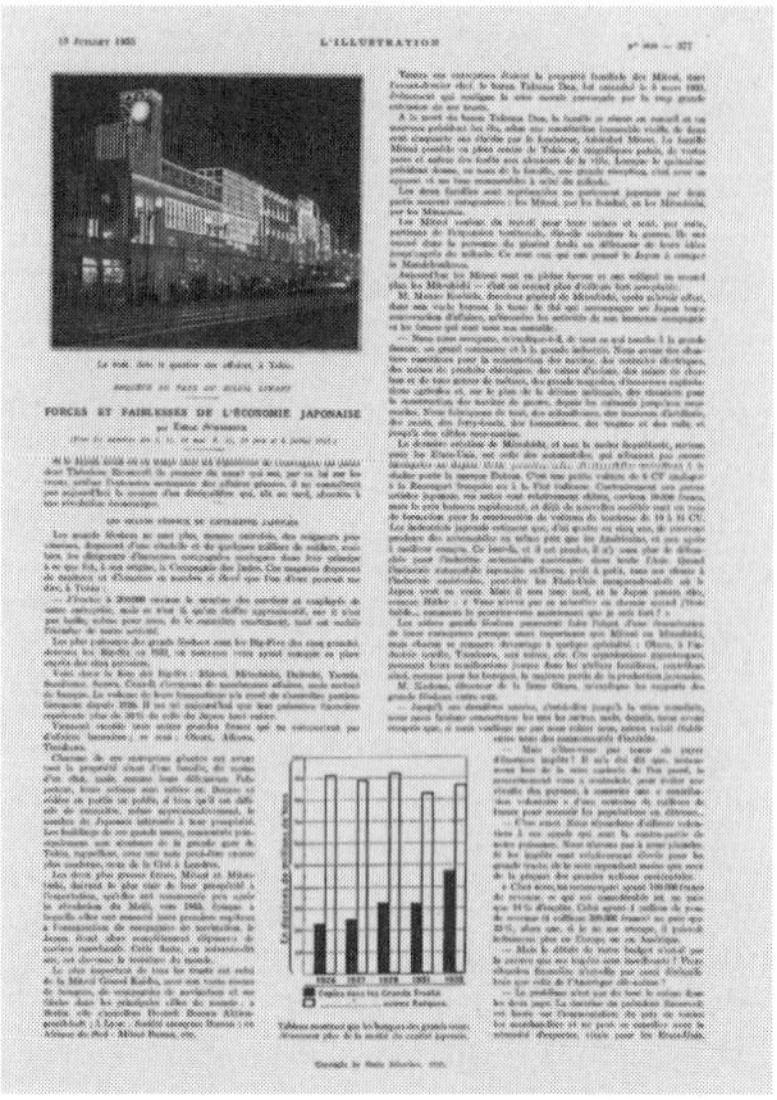

『イリュストラシオン』1935年７月13日号、表紙（右)、「日本経済の力と弱点」（左)。

以上のような時事を対象としない記事についてであるが、これはきわめて少ない。その数を追ってみると、一九三一年に一つ、一九三三年に一つ、一九三五年に五つ、一九三六年に一つ、一九三八年に一つと、一年の間にまったく「日本」が出てこない年もある。肝心の内容はといえば、一九三一年に「偉大な日本人」として植物学者池野成一郎が、一九三三年に「大使館の私生活」として日本大使館の内部が、一九三六年には「Rihakou Harada」たる日本人画家の展示会がそれぞれ紹介されている。一九三八年は作家のクロード・ファレルが京都の大邸宅に招待された様子が写真とともに記事になっている。その写真は舞妓、着物、庭園といういかにも「日本的なるもの」で構成されており、ある意味では、全体として「オリエンタリズム」が埋め込まれた異国情緒を誘う内容となっている。

こうした状況のなかで一九三五年に五つも日本の記事が組まれているのはどういうことなのだろうか。これは六月二四日から組まれた連載記事であり、エミール・シュレベール（本名をエミール・セルヴァン＝シュレベールといい、経済紙『レ・ゼコー』*Les Échos* の創刊者でもある）というジャーナリストによって編まれたものである。一連の記事は、それぞれ「日本の政治状況の手ほどき」（六月二九日）、「日本の農業労働者の生き方」（七月六日）、「日本経済の力と弱点」（七月一三日）、「日本の物価とその影響」（七月二〇日）、「日本人の生活の特殊性」（七月二七日）となって紹介されている。この並びから分かるのは、内容のほとんどが政治と経済に関するものであり、いかにも経済に強いエミール・シュレベールが書いたという印象を受ける。しかしここで重要なのは、彼が直接日本に赴いて記事を作成したことである。

実際、一九三〇年代の『イリュストラシオン』の日本記事で、フランスのジャーナリストが現地で取材を行ったものはほとんどない。多くがワイド・ワールド・フォトズ（Wide World Photos）やキーストーン・プレス・エージェンシー（Keystone Presse Agency）といったフランス国外の通信社の協力を基に作成されているのである。ここに一九三〇年代のみならず現在にも通じるフランス・メディアの隠された特質があり、これが「日本」記事にも深く関係していることを強調しておきたい。

上述のように両大戦間期のフランス・メディアにおいてはたしかに、ルポルタージュの手法が本格的に導入され、「客観的な」報道のありかたが模索されてきた。しかしその一方で、フランスでは他国の新聞社や通信社が持っている情報に分析を施しながら、記事にする手法も正統性を獲得していた。たとえばエミール・ゾラが典型であるように、作家が知識人として認知され、さらにジャーナリストとして筆を執ることはフランス・メディアの伝統ともなっている。それゆえ、現場で直接取材を試みることが主流というわけでもない事情があった。また、当時の移動手段を考えても、フランスにとって日本は遠い場所に位置しており簡単に行ける国ではなかった。こうした意味においては、エミール・シュレベールの日本特集は貴重な情報をもたらしたはずである。

とはいえ、「日本」の情報という点ではもう一つ勘考すべきことがある。それは第一次大戦後、ジャーナリストたちの国際交流が盛んになり、公式か非公式かを問わず、そこでの情報交換が重要なソースとなっていたことである。

特にその舞台が国際連盟およびそれに後押しされて創設されたＡＩＪであったことを想起したい。表一が示すように、少なくとも一九二〇年から一九二七年までは国際連盟総会に日本の報道機関も出席していた。しかし、日本は一九三三年に国際連盟を脱退する。総会の出席が国際連盟加盟国の報道機関にのみ開かれていたことを考慮すると、脱退以降、日本のジャーナリストの参加はなくなったと捉えることもできる。もちろん、脱退以前に彼らと他国のジャーナリストが活発な交流を行っていたかどうかは定かではないが、脱退以後、その重要な機会の場が決定的に失われたのはたしかである。

最後に一九三〇年代の『イリュストラシオン』に割かれた日本記事であるが、意外にも同誌は日本の相次ぐ「事件」を冷静に観察している。ある意味では、対岸の火事であり、そこから大きな緊迫感は感じられない。おそらく少ない「非時事」に関する記事がそれを物語っている。それでも日中戦争が始まり、世界が大戦に突入する一九三〇年代の終わりからは『イリュストラシオン』にはほとんど「日本」を見ることができない。日本だけではなく、他国についても同じ状況であり、さらにいうと政治的な内容が皆無になるのである。これには同誌の編集方針の転換も関与しているが、冷静に他国を眺める余裕さえなくなったというのが実情ではないだろうか。

おわりに

以上、見てきたように、一九三〇年代のフランス・メディアは歴史的に大きな変化を遂げている最中であった。その変化は何よりもジャーナリストの国際化に端を発する紙面（誌面）の国際化に特徴づけられるものであり、そこに写真技術の進展も加わり、フランス国外に関するルポルタージュの価値が高まりを見せた。この文脈のなかで、冒頭に引用した「歯車」の会話を振り返ってみると、T君のセリフは「日本的なるものはのべつ戦争や紛争があるから」ともなり得るだろう。しかしこの時代に「日本」に関する記事が多く掲載されているからといって、フランスが日本に対して本来的に高い関心を払っていたとはいえない。少なくとも一般的なフランス・メディアはあくまで今日的な情報を伝えていたわけである。もちろん本稿で例にとった『イリュストラシオン』一誌から全体的な結論を引き出すことはできない。ただし、「日本」の扱いに関しては、他の一般新聞紙および情報誌もほとんどよく似た状況にあった。これは想像の域を出ないが、『フランス・ジャポン』を創刊した松尾邦之助もこのことを感知していたのではないだろうか。そして、この状況に鑑みればこそ、同誌のごとく文化を通じて日仏交流を促す媒体の価値があったと考えるべきではないだろうか。

参考文献一覧

Christian Delporte, «Journalistes et échanges professionnels internationaux（de la fin XIXe à nos jours）»（Jean-Baptiste Legavre（dir.）, *La presse écrite: objets délaissés*, Paris, L'Harmattan, 2004）.

Jean-Noël Marchandiau, *L'Illustration: vie et mort d'un journal, 1843-1945*, Toulouse, Privat, 1993.

Claude Bellanger（dir.）et al., *Histoire générale de la presse française*, t. 3, Paris, Presses universitaires de France, 1972.

フランス語に翻訳された「日本文化」

南　明日香

はじめに

具体的な記述の前に以下の前提を示しておく。

まず、この時期の西欧での日本への関心は、日本の外交戦略と不可分だということである。フランスにとって日本はもはや前世紀でイメージされていたような、可憐な浮世絵や工芸品をもたらしてくれる優美な島国ではなくなっていた。日本帝国は日露戦争での意外な勝利（一九〇五）、韓国併合（一九一〇）とそれに続く極東アジア・東南アジア諸国や太平洋諸島への進出、すなわち満洲事変（一九三一）や仏印進駐（一九四〇、四一）、真珠湾攻撃（一九四一）と海を越えて勢力を拡大した。つまりいわゆる日仏文化交流といったサロン的な文脈とは異なる、現実的に内政・外交・経済の動向について日本に関する情報を得なければならない状況があった。

またフランスではかねてより植民地政策の一環として、アジア・アフリカの情報収集に熱心であった。東南アジア、東アジアと合わせて日本を「極東」として区分し、一九〇一年には従来の機関をグレードアップさせる形でフランス極東学院（École francaise d'Extrême-Orient）を設置するなど、現地の部族・民族の歴史や風俗文化の研究を続けた。

日本の言語風習やアイヌ、琉球の民族についての調査報告も、日本関係の文献ではかなりの比重を占める。

本稿では、あらかじめ日本語で書かれたものをフランス語に翻訳した場合に限らず、日本語での文献に基づき部分訳をしている論考も取り上げる。また、広くフランス語圏内外で刊行されたものも含む。実際、一つの出版社がパリとブリュッセルの両都市に事務所を置いていたり、ベルリンで出版されている東洋美術研究の雑誌にフランス人がフランス語で論文を発表したりするなど、発表の場は国境を越えていた。英語圏で出版された日本関係の書籍の、フランス語への翻訳も盛んであった。軍人、宣教師、外交官、日本美術愛好家、極東研究者、ジャーナリストがそれぞれに筆を執った。「日本文化」の範疇には宗教、美術と工芸、芸能（能狂言・音楽・華道）、言語、文学を含む。紀行文やガイドブックや異国趣味の小説も少なからず出ている。しかしながらこれらすべてについて取り上げるのはあまりに煩瑣になり、網羅的であるよりは一つの流れを見えるようにするのが本論の役割であるので、多くを割愛せざるを得ないことをあらかじめお断りしておく。

指定された時期は三期に分ける。これはあくまでも前記の外交上の分岐点による便宜的な区分であり、二つの時期にまたがって連載や刊行があったりする。書名誌名の羅列は控えて、キーパーソンないし機関の果たした役割を中心に記述する。

1　一九〇一年～一九一九年

この時期は異国趣味のジャポニスムから本格的な日本研究の萌芽への移行期であり、書き手には前世紀から引き続いて軍人、宣教師、日本美術愛好家の執筆が多いものの専門の研究者も見られる。また大陸との文化的影響関係と、日本の独自性の両方を見極めようとする傾向がある。

日本の文化を伝えるのに大きな役割を果たした雑誌が二誌刊行された。一つはインドシナを拠点とするフランス極東学院の『フランス極東学院紀要』*Bulletin de l'École française d'Extrême-Orient*（一九〇一～）で、もう一つはパリ日仏協会（一九〇〇年パリ万国博覧会を期に創設）の『巴里日仏協会会報』*Bulletin de la Société franco-japonaise de Paris*（一九〇二～三二）である。いずれも日本の固有名詞や用語には、日本語のフランス式綴りでの表記に続けて漢字仮名交じりで原表記が付けられた。日本に関する書籍や論考の紹介も充実し、これが間接的に日本文化の紹介欄になっていた。

前者は後の時期でも取り上げるので、ここでは一例のみ挙げる。一九〇七年に極東学院の研究員になったノエル・ペリ（一八六五～一九二二）は、同紀要に能楽や謡曲の翻訳と研究を発表。もともと宣教師として来日し、福音書の日本語訳などの傍ら日本伝統文化の研究をしている。世阿弥の「老松」の訳と歴史や謡曲の構成、所作、面などを解説した『五つの能　日本の抒情劇』*Cinq Nô Drames lyriques japonais* が一九二一年に単行本になった。

『巴里日仏協会会報』での編集実務はフランス人が担当しており、一九三二年まで不定期に刊行された。皇族や大使との懇談会の報告や経済・貿易関係の記事が多いが、フランス人による日本の歴史や美術工芸史の論考もしばしば掲載された。二例をあげると、アントワーヌ・ルー・ド・ラ・マズリエール（一八六四～一九三七）はインド中国日本での長期滞在経験があり、蒐集した膨大な資料を基に『日本　歴史と文明』*Le Japon : histoire et civilisation* 全八巻（一九〇七～一〇）にまとめた常連寄稿者である。協会副会長で医師でもあったエドゥアール・メーヌ（?～一九一二）は、日本の武具のコレクターであり会報に甲冑刀装具についての論文を掲載した。

一九〇〇年代は、美術愛好家（ジャポニザン）のコレクションの売り立てカタログが編集された時期でもある。豊富な図版に加えて技法、日本美術史や作品や作者等の解説、花押や書名のリストも添えてある場合があり、日本美術

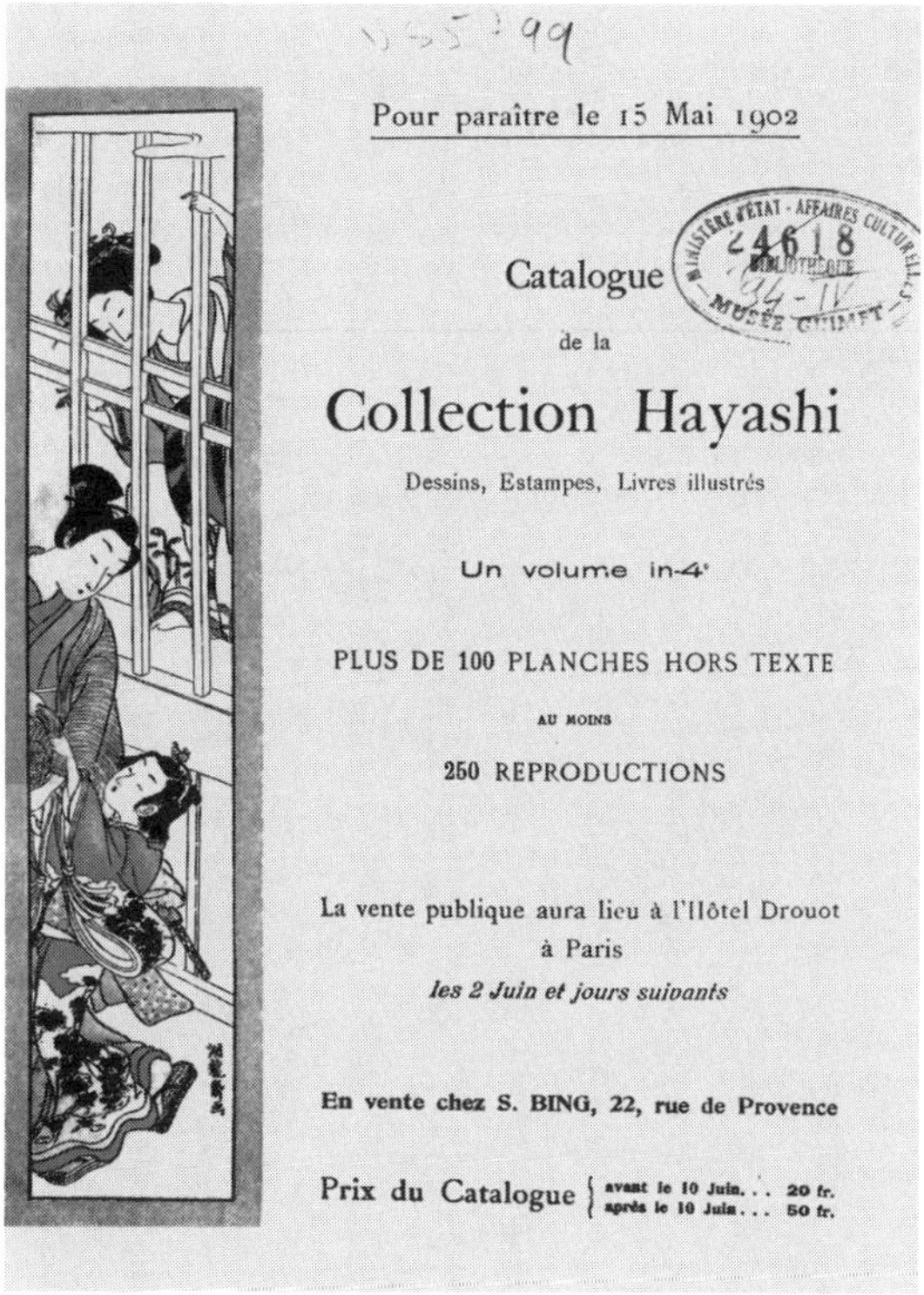
Pour paraître le 15 Mai 1902

Catalogue
de la
Collection Hayashi
Dessins, Estampes, Livres illustrés

Un volume in-4°

PLUS DE 100 PLANCHES HORS TEXTE
AU MOINS
250 REPRODUCTIONS

La vente publique aura lieu à l'Hôtel Drouot
à Paris
les 2 Juin et jours suivants

En vente chez S. BING, 22, rue de Provence

Prix du Catalogue { avant le 10 Juin. . . 20 fr.
après le 10 Juin. . . 50 fr.

林忠正コレクションの売り立てカタログ（ギメ美術館所蔵）。

書としての体裁も備えていたといってよい。それぞれ表題が長く割愛せざるを得ないが、美術商の林忠正（一九〇二）、民間のコレクターのピエール・バルブトー（一九〇四）、美術印刷業者シャルル・ジロー（一九〇四）、美術商のサミュエル・ビング（一九〇六）のものは今日でも資料的価値が高い。

専門家では、ルーヴル美術館工芸部門の学芸員ガストン・ミジオン（一八六一～一九三〇）が、一九〇五年にフランスのコレクターから借りたコレクションとルーヴルの美術工芸品を中心に『日本美術の傑作品』*Chefs-d'œuvres d'Art japonais* を、一九二三年に『日本の版画』*L'Estampe japonaise*、一九二七年に『ルーヴル美術館　日本美術』*Musée du Louvre, L'art japonais* を出している。一方で、来日体験に基づき古寺仏巡礼にもなっている紀行文『日本にて――美術の聖地散策』*Au Japon : promenades aux sanctuaires de l'art*（一九〇八）を執筆。版を重ね英訳も出た。また元東京帝国大学教授の美術史家アーネスト・フェノロサ（一八五三～一九〇八）原著の翻訳『中国と日本の美術』*L'Art en Chine et au Japon*（一九一三）を刊行した。

考古学関係ではギメ美術館が、館長のエミール・ギメ（一八三六～一九一八）の意向により、一八八九年のパリでの開館時より啓蒙普及活動に力を入れ、講演会を開催し『ギメ美術館年報』として出版していた。エジプトやチベット、中国の美術考古学の成果の披露に混じって、日本関係では一九〇二年に学芸員のレオン・ド・ミルエ（一八四二～一九一四?）の講演、「『古事記』による日本古代史について　歴史的観点からみた同書の意義」L'histoire primitive du Japon, d'après le Kodziki. Valeur de ce livre au point de vue historique があり『ギメ美術館年報』*Annales du Musée Guimet / Bibliothèque de vulgarisation*, XXVIC（一九〇七）に収録された。以後数は多くないものの、日本の古代文化関係で講演が複数の研究者によって行われた。

　この時期はまだ翻訳より日本語の学習そのものが必要であった。前述のペリが東京に開いた書籍店の三才社 San-saisha の出版部から、宣教師のエミール・ラゲ（一八五四～一九二九）と小野藤太による『仏和会話大辞典』*Dictionnaire français-japonais précédé d'un abrégé de grammaire japonaise*（日本語文法解説有り、一九〇五）などの辞書や日本の哲学や民俗学の記事を掲載した雑誌『雑録』*Mélanges*（一九〇四～〇五、後続『日本雑録』*Mélanges japonais* 一九〇六～一〇）が出ている。三才社からは宣教師として来日したジャン・シプリアン・バレ（一八六七～一九四八）編纂の『日本語文法　口語』*Grammaire japonaise, langue parlée*（一九〇八）があり、フランスの出版社から再版されて一九二五年までに四版を重ねている。『日本雑録』の常連投稿者では、やはり宣教師のエドモン・パピノ（一八六〇～一九四二）がおり、彼の『日本の歴史と地理事典』*Dictionnaire d'histoire et de géographie du Japon*（一九〇六）は、英訳（一九〇九）も含めて長く使用された。

　一九世紀後半に東洋語学校（現、国立東洋言語文化研究院）でフランスでの日本語教育の基礎をつくったレオン・ド・ロニ（一八三七～一九一四）は、一九〇〇年代以降も入門書、辞典、上級者向けの読解のテキストを執筆刊行した。この時期の日本に関する刊行物に特徴的な、日本人の性格や風習を知るための文学書の翻訳引用が多い。ロニの後継者としてジョゼフ・ドートルメール（一八六〇～一九四六）がいる。外交官の資格で極東に滞在していたが、東

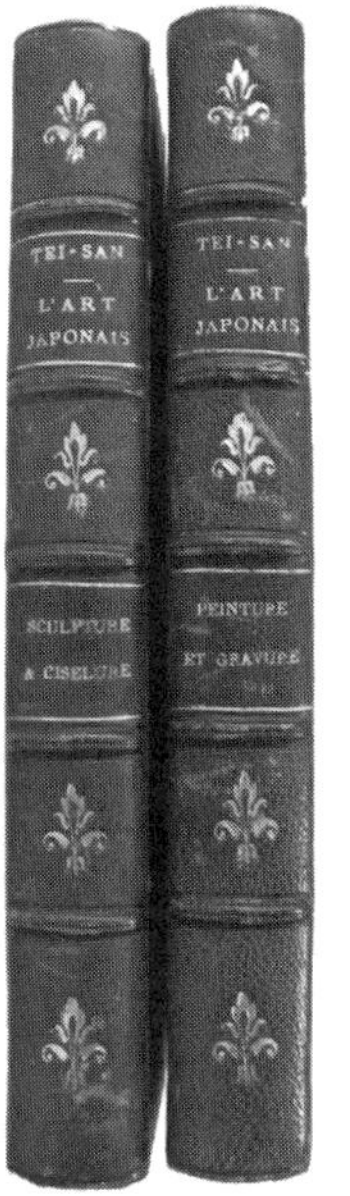

トレッサン著『日本美術論』全２巻。

洋語学校他で日本語教育に従事した。日本語の初級教本、中国や台湾との関係で日本を取り上げた論文を執筆し、「源平時代の日本の韻文と逸話」Poésie et anecdotes japonaises de l'époque des Taira et de Minamoto、（一九〇九）、『日本帝国とその経済生活』*L'Empire japonais et sa vie économique*（一九一〇、増補版一九一九）や『仏漢和辞典』*Dictionnaire japonais-français de caractères chinois*（一九一九）といったきわめて有益な辞書や、日本で出た外国人向けお伽話の仏訳、幕末から明治にかけて異彩を放った河鍋暁斎に関するモノグラフィ『絵師暁斎』*Le Peintre Kyôsai*（一九二三）などがある。

より若い世代で新たに日本と向き合った例を挙げておく。クロード・メートル（一八七六〜一九二五）とフェリシアン・シャレイ（一八七五〜一九六七）とジョルジュ・ド・トレッサン（一八七七〜一九一四）、ポール＝ルイ・クーシュー（一八七九〜一九四〇）である。メートルとシャレイは師範学校卒の秀才でカーン財団の奨学金を得て世界漫遊の旅に出、日本に立ち寄っている。メートルは美術雑誌に「大和の美術」L'Art du Yamato（一九〇一）を発表。法隆寺の建築と仏教彫刻について大陸の仏教美術からの考察も含む。研究員となったフランス極東学院の紀要に「日本の歴史書　起源から足利まで」La littérature historique du Japon des origines aux Ashikaga（一九〇三〜〇四、未完）を発表した。起源については仏教伝来に伴う文字の伝播から口承文芸、『古事記』や『日本書紀』を紹介している点で新鮮であった。シャレイはジャーナリストとして活躍し日本紀行文の他、『図解日本』*Le Japon illustré*（一九一五）は事典として用いられ、信仰心に注目した『日本人の心』*Le Cœur japonais*（一九二一）は一九四四年に邦訳された。トレッサンは陸軍軍人で来日の機会はなかったが、日仏独英米の文献をもとに『日本美術論』*Notes sur l' art japonais* 全二巻（筆名 Tei-san 亭山、一九〇五、〇六）を刊行し、美術雑誌に絵画論を、『巴里日仏協会会報』に浮世絵や刀の鐔に関する論考を多数執筆した。クーシューも師範学校を出て奨学金により日本を訪れた一人である。彼は後に医学の道に進むが、与謝蕪村などの日本の俳人に傾倒して自ら俳句を一九〇六年以降フランス語で創作、発表した（『アジアの賢人と詩人』*Sages et poètes d'Asie* 一九一六採録）。

文学関係ではラフカディオ・ハーン（一八五〇〜一九〇四）のエッセイなどは一八九五年に初めて『知られざる日本の面影』*Le Japon inconnu* のフランス語抄訳が『両世界評論』誌に掲載され、一九〇四年に著者の許可を得た全訳が出た。さらに『心　日本の生活の中で』*Kokoro. Au cœur de la vie japonaise*（一九〇六）、『光は東方より』*La Lumière vient d'Orient*（一九一一）、『骨董』*Kotto*（一九一二）など次々に翻訳された。このように英語で出た日本に関する著作をフランス語に翻訳するケースがこの時期見られる。前世紀のピエール・ロチの異国趣味のパターンもまだある。海軍のクロード・ファレル（一八七六〜一九五七）は、『戦争』*La Bataille*（一九〇九）で日露戦争を日本に好意的に描き、同作品は演劇及び映画にもなった。

本格的な文学研究の萌芽もある。ミシェル・ルヴォン（一八六七〜一九四七）はジュネーブにフランス人の父とスイス人の母との間に生まれ、法学の博士号を取得後、法学者ギュスターヴ・ボアソナードが自分の後任にルヴォンを推挙したことにより、一八九三年に東京帝国大学法科大学の教員として来日。パリ大学に「北斎研究」と「日本の華道」の二つの研究論文を提出して文学博士号を得、最初の日本語教官としてパリ大学文学部の講師となる。浮世絵師と華道から研究者としてのキャリアが始まったこと自体、この時期の日本研究の特徴を示しているといえよう。『北斎研究』*Étude sur Hokusaï*（一八九六）、ポール・クローデルの座右の書であった『日本文学選集』*Anthologie de la Litterature Japonaise*（一九一〇〜一九）、『神道』*Le Shintoïsme*（一九〇五〜〇七）等の著作がある。

日本人からのフランス語による文化の紹介は多くない。特筆すべきは末松謙澄（一八五五〜一九二〇）の『パリで

の一夏の考察　日本今昔』*Un songe d'été à Paris le Japon d'hier et d'aujourd'hui*（一九〇五）である。これは末松が英語で書いたものをシャルル・シモンが翻訳した。日露戦争の折に日本の立場を表明するために元外交官として再渡英した末松が、幕末以来の日本の歴史・政治・経済・産業・外交・美術・舞台芸術さらに日露戦争の経緯について詳述し、現今の政治機構や著名人の紹介もしている。

2　一九二〇年〜一九三一年

この時期の日本研究はいまだ中国・インド研究とは比べられないほどマイナーであった。むしろ日本に長期滞在して語学力を身につけた研究者、及び外交官とその子弟の日本人からの日本紹介が大きな意味を持ってくる。

外交官の好富正臣《よしとみまさおみ》（?〜一九四三）はアルベール・メボン（メイボン、一八七八〜一九四〇）との共訳で有島武郎の『或る女』*Cette femme-là* の前編を翻訳している（一九二六）。好富にはまた二巻本の『日本現代文学選集』*Anthologie de la Littérature japonaise contemporaine*（一九二四）があり、一巻目は古代からの日本の歴史、現代日本の産業・教育・スポーツ・風土・民族やアメリカ等諸外国との外交関係までを紹介し、その上で国木田独歩や細田源吉、菊池寛等の短編七編の翻訳をしている。二巻目は日本の女性と文学をめぐって編集している（神近市子、平塚らいてう、鷹野つぎ等）。好富同様、外交官職を勤めながら日本に関する著書を出した人物として、もう一人若月馥次《わかつきふくじ》郎《ろう》（一八八一〜一九二八）を挙げておく。一九二〇年から七年間リヨン領事代理職にあり、桃太郎、花咲か爺、猿蟹合戦、舌切り雀、浦島太郎の説話を翻訳した『日本の伝説』*Légendes japonaises*（一九二三年）などを執筆している。

リヨン領事館に勤める父とフランス人の母を持ったキク・ヤマタこと山田菊（一八九七〜一九七五）は、東京で少女期を過ごした後、一九二〇・三〇年代のパリの社交界で女性文人として名声を得た。『*Masako*』（一九二五）などの小説で有名だが、翻訳ではこの時期に『源氏物語』の部分訳（アーサー・ウェイリーの英訳も参考にしている。一九二八）と長与善郎『青銅の基督』（一九四二）がある。他にも日本の女性に関するエッセイや生け花について等フランス語での著作が多数ある。堀口大学（一八九二～一九七五）も外交官の子弟で、二〇代の多くを海外で過ごして語学力を身につけた。『短歌』*Tanka, Petits poèmes japonais*（一九二二）や日夏耿之介の詩集の翻訳（一九二三）がある。

作家で外交官のポール・クローデル（一八六八～一九五五）は、一九二一年から二七年の間、特命全権大使として日本に赴任した。エッセイ集『朝日の中の黒い鳥』*Un oiseau noir dans le Soleil levant*（一九二七）には、文学、伝統芸能、美術、作庭についての深い考察がしたためられている。日仏の文化交流の拠点になる日仏会館の設立を強く説き、一九二四年に開館となった。

同館では当初館長就任が予定されていたノエル・ペリの死去により、極東学院のメンバーからインド学のシルヴァン・レヴィ（一八六三～一九三五）が任に就いた。『日仏会館紀要』*Bulletin de la Maison franco-japonaise*（一九二七～八八）に掲載された論の多くは後に単行本化された。レヴィと仏教学者の高楠順次郎（一八六六～一九四五）編集による『法宝義林　中国と日本の資料による仏教事典』*Hôbôgirin*（一九二九～三一）や、モーリス・プリュニエとフランス文学者・後藤末雄（一八八六～一九六七）による『平家物語』の翻訳『平家物語のエピソード』*Épisodes du Heiké Monogatari*（一九三〇）、明治聖徳記念学会が出した加藤玄智の『神道　日本の国教』*Le Shintô. Religion nationale du Japon* を会の名前で翻訳して、『ギメ美術館年報』（一九三一）の一冊として出版している。他に後述するボノーの『日本漢字入門　象徴の森』*Introduction à l'idéographie japonaise : la forêt des symboles*（一九三三）、『現代日本文学文献』*Bibliographie de la littérature japonaise contemporaine*（一九三八）なども同館から出ている。

東京の大和会（詳細不明）の援助により、宮森麻太郎（一八六九～一九五二）が英語に翻訳しシャルル・ジャコブがフランス語に重訳した、近松の戯曲集『日本の偉大な劇作者近松傑作集』*Chefs-d'œuvre de Tchikamatsou le grand Dramaturge japonais*（一九二九）が、シルヴァン・レヴィの序文付きでパリで出版されている。日本の演劇の発祥や近松門左衛門の作品紹介、心中ものについての解説の他に狂言や能、浄瑠璃などの歴史、同時代の日本の演劇の状況の説明もあり、『冥土の飛脚』や『心中天網島』などが翻訳されている。なおこの時期のフランス極東学院の紀要には、東京のフランス大使館付き陸軍武官であった中佐ガストン・ルノンドーによる鞍馬天狗、井筒、月宮殿など八本の翻訳の「日本の抒情劇選」Choix de pièces du théâtre lyrique japonais が二回（一九二六、二七）掲載されている。ルノンドーはその後も能や仏教、修験道について執筆している。

一九二〇年代には円高に伴う留学と、「円本」と呼ばれる文学全集の成功による印税収入のおかげで文学者の渡航が相継いだ。パリに滞在が集中し、日本人コミュニティも複数出来た。松尾邦之助（一八九九～一九七五）はそうした在仏日本人のなかで、フランス語での日本文化の紹介者としてきわめて重要である。詳しい解説は別稿に譲るが、一九二七年の『其角の俳諧』*Les Haïkaï de Kikakou* の出版が好調で、フランスの日本文化に興味のある人々との間で日仏文化連絡協会を組織、『ルヴュ・フランコ・ニッポンヌ』*Revue Franco-Nippon*（一九二六～三〇、全一二号）誌の編集をした。三〇年から読売新聞パリ特別置員の資格で駐在（翌年から同紙パリ支局長）となり、単行書では、公教育省の官房長職にあったといわれるエミール・スタイニルベル＝オーベルラン（一八七八～?）との共訳や共著で一三冊を世に出した。『日本仏教諸宗派　歴史、教理、経典、聖地』*Les Sectes bouddhiques japonaises ; histoire, doctrines philosophiques, textes, les sanctuaires*（一九三〇）は、南都六宗から天台、真言、浄土真宗、日蓮宗など約一〇の宗派についての解説である。『現代日本詩人選集』*Anthologie des poètes japonais contemporains*（一九三九）では、川路柳虹の序文に三一名の詩人、一一名の歌人、八名の俳人の作品を取り上げている。また、友松円諦の『現代人の仏教概論』（一九三三年一一月、第一書房）の翻訳『仏教』*Le Bouddhisme*（一九三五）がある。

スタイニルベル＝オーベルランの方では、岩村英武との共訳で『芸者の唄』*Chansons des Geishas*（一九二六）という俗謡歌集を出している。これはいかにもオリエンタリズムの残滓のようだが、民衆の間で親しまれ口ずさまれてきた唄として注釈を付け、日本の風俗の紹介にもなっている。普及版に藤田嗣治（一八八六～一九六八）による、手鞠をつくおかっぱの着物姿の少女のイラストが扉絵にあり、訳者の意図を視覚的に表現している。

美術関係では、相変わらず浮世絵や日本美術・工芸史に関する単行書が出ている。これらの多くはすでに欧米で出ていた文献を参考にしているので、本稿では取り上げない。新しいところでは野口米次郎（一八七五～一九四七）が一九〇四年にアメリカから帰国し、日本文化に関する書物を英語で執筆していた。その中でフランス語に早くから翻訳されたのが『光琳』*Korin*（英文一九二二、仏文一九二六）、『歌麿』*Utamaro*（英文一九二四、仏文一九二八）、『北斎』*Hokusai*（英文一九二五、仏文一九二八）であった（版元はブリュッセルとパリに拠点を置くヴァネスト社）。かくして日本語を解さなくとも欧米から出た研究書をもとに美術史の執筆が出来る状況となった。その好例として、美術史家のアンリ・フォション（一八八一～一九四三）の『仏教美術』*L'Art bouddhique*（一九二一）を挙げておく。

美術工芸研究の成果として、大部の二巻本『古事宝典』*Ko-ji Hô-ten dictionnaire à l'usage des amateurs et collectionneurs d'objets d'art japonais et chinois*（一九二三）がある。編著者のヴィクトール＝フレデリック・ウェベール（一八七一～？）についてはつまびらかにしないが、パリでの自費出版である。内容は二二〇〇近い図版とともに日本と中国の宗教美術から工芸品まで用語、人名、時代背景さまざまな由来や伝説などを解説している。また画家・彫刻家・金工家・陶工作者に関して複数の名前や署名、花押の説明をしている。こうした用語人名事典の作成は、すでにコレクションの売り立てカタログや論文などで試みられていた。しかし網羅的ということでは同書がぬきんでており、六五年と七五年に復刻本が出ている。

日本語教育の面ではシャルル・アグノエル（一八九六〜一九七六）の存在を落とすわけにはいかない。大きな業績は第二次世界大戦後になるが一九二四年〜三二年まで滞日し、考古学、民族学、比較言語学、方言学、古代文学、宗教学などをベースに、台湾や琉球の方言調査を行い、日本人の信仰に関して『日仏会館学報』に執筆した。フランス人ではないが、卓越した語学力で日本の美術と文学をフランス語に置き換えた人物もいる。セルジュ・エリセーエフ（一八八九〜一九七五）は、東京帝国大学で芭蕉について卒業論文を提出し、夏目漱石の木曜会にも出席していたことで知られている。サンクトペテルブルクに戻り日本語の教授職についたものの、革命後に亡命しパリのギメ美術館やルーヴル美術館に勤めた。その傍ら日本の美術を紹介し（『現代日本絵画』*La peinture contemporaine au Japon* 一九二三）、クロード・メートルが編集した雑誌『日本と極東』*Japon et Extrême-Orient*（一九二三〜二四）などに、近代文学の作品の翻訳を次々に発表した。芥川龍之介、志賀直哉、永井荷風、夏目漱石、谷崎潤一郎、岡田八千代などが翻訳集『日本の短編小説九篇』*Neuf nouvelles japonaises*（一九二四）と『牡丹の客』*Le Jardin des pivoines*（一九二七）（仏語タイトルは荷風の同題小説の表題にあてた訳語による）に終結した。今日でも翻訳の質の高さ、学識の広さ深さでは定評がある。

3　一九三二年〜一九四五年

一九三三年から三八年まで、日本文化紹介は大変盛んであった。国内の交通インフラの向上、円安による外国人観光客の増加、官民一体の対外文化工作の結果である。たとえば鉄道省が「日本の生活シリーズ」として『日本の家族』

La Famille du Japon、『日本の子供』*Les Enfants du Japon*（一九四二）を出したのは、そうした時代的背景による。

特筆すべきは国際文化振興会の設立である。日本政府は一九三一年九月に満洲事変、三三年三月に国際連盟脱退という国際協調からの逸脱を選択した。そうした状況のなかで「諸国の対日関心を一段と強め」、「より深く正確な対日認識」を求めての「日本研究の動き」が強まった。そして「官民力を合わせて効果的に国際文化活動を展開することの必要が痛感」されて同機関が結成。三四年四月、外務、文部両省により財団法人の許可を得た。事業の中心に「著述、編さん《ママ》、翻訳、出版」があり、文化資料の海外配布は一九三八年まで急増している（以上『KBS三〇年のあゆみ』財団法人国際文化振興会、一九六四による）。フランス語での日本文化の紹介や翻訳もこの年に頂点を迎える。理事であった姉崎正治（一八七三〜一九四九）は、すでに明治の末に渡欧したときからフランス語で日本の宗教について文章を発表しており（一九〇八）、日本の仏教に関して英語での出版もあった。国際文化振興会の紹介のために創立時から欧米各国を訪問して論を発表し、パリ大学文学部などで行った『日本の文明の現今の危機』*La crise actuelle de la civilisation au Japon* の題での講演記録がパリ大学の日本学研究所から出版された（一九三五）。

一九四〇年と四一年の北部南部の仏印進駐と、フランスの対独協力政府の成立により日仏印相互の文化協力が図られた。そうした中で、日本語教育の普及にも力を入れていた国際文化振興会は日、仏、ベトナム語の会話本で本文の日本語はローマ字表記という *Nippongo o hanasimasyo!* = *Parlons Japonais!* = *Ta Hay Noi Tieng Nhat Ban!*（一九四二）を出している。美術分野で展覧会などの交換もあり、日本の商工省が輸出工芸指導の装飾美術顧問として招聘し来日していたインテリア・家具デザイナーのシャルロット・ペリアン（一九〇三〜九九）が、一九四二年一月に『日本美術との接触』*Contact avec l'art japonais* のタイトルで、ハノイのインドネシア大学で講演をしている。これは日本人の生活に基づく工芸品と、柳宗悦の提唱した「民芸」の紹介にもなっており、「近隣諸国との知的関係事務局」によって写真図版も含む冊子形式でまとめられた。

目新しいところでは、日本の人形について二冊の概説書が出ている。『日本人形』*Poupées japonaises / Dolls of Japan*（西沢笛畝のテキストの英仏語訳、一九三四年のアントワープでの国際博覧会に向けて出版）と『日本人形』*La Poupée japonaise*（一九四〇）である。人形は工芸品の高い技術をわかりやすく示し、地方ごとの特色や羽子板の押し絵の人形、ひな祭りなどの行事、浄瑠璃といった芸能までを伝える大変よい素材であった。芸能については『日本の舞踊』*Danse japonaise*（一九三九）がある。このほか現代の芸術についても楽譜の出版、展覧会開催とその図録の作成があったことを書き添えておく。

内閣情報部による対外日本文化宣伝の中で大変質が高かったのが『ニッポン』*NIPPON*（一九三四～四四）である。名取洋之助を長とする日本工房が編集に携わり、英独仏西の四ヵ国語による解説と写真で構成したグラフ雑誌である。第四号の表紙に「現代日本及ビ東洋文化紹介ノ季刊雑誌」とあるように仏教、和菓子、富士山、仏像、東京オリンピック、日華事変、日本の戦闘機、満洲や韓国での生活など幅広く取り上げ、現代の詩や戯曲の翻訳も合わせて掲載した。

この時期の伝統芸能についてはジュヌヴィエーヴ・モリタの『日本の伝統音楽と舞踊への一瞥』*Un coup d'œil sur la musique et la danse traditionnelles au Japon*（一九三六）が挙げられる。伝統的な邦楽は欧米人の耳に馴染まず、前記『巴里日仏協会会報』で一九一〇年代に論文があった他、まとまった単行書はこれが最初である。帝国美術院会員の日本画家・結城素明（一八七五～一九五七）の挿絵のあるエレガントなちりめん本で、著者の日本滞在時に執筆し印刷所にゆだねられた。日本の諸芸術の中で、音楽は昔からの素朴なままで留まっている。自然を愛する陽気な国民性は時に「メランコリーや諦念、後悔、悲哀」に深く沈み、これが日本の音楽に深く息づいているとみている。

日本の古美術・工芸研究は市場での中国美術の隆盛と裏腹に、ほぼ前の時期の延長であるが、一点成熟を示す成果を挙げておく。在日フランス大使館の全権公使で、パリ日仏協会の副会長であったエドゥアール・クラヴリー（一八六七〜一九四九）の『日本の色絵版画美術　一六八〇-一九三五　歴史的批評的概観』*L'Art des estampes japonaises en couleurs, 1680–1935: aperçu historique et critique*（一九三五）である。前半は前年に開催された「現代日本版画とその起源第七回展」のための浮世絵の歴史や技法も含む解説である。驚くべきは後半で、欧米で一八一八年から一九三四年一二月までに発表された浮世絵に関する書物論文、展覧会を網羅してそれぞれにコメントを付けている。これが受容史として貴重な証言になっている。

文学の分野ではジョルジュ・ボノー（一八九七〜一九七二）の仕事が注目される。象徴派の詩人アルベール・サマンについて博士論文を書いた後、一九三一年に京都の関西日仏学館に院長として来日。以後第二次世界大戦勃発により帰国するまで、『古今和歌集』の真名序と仮名序の翻訳と解説を皮切りに、共訳や小説も合わせると三〇冊以上に及ぶ著作がある。ギメ美術館の刊行物や日仏会館紀要に連載した論などを合わせた『吉野　日本の詩的文章紹介のための叢書』*Yoshino Collection japonaise pour la présentation de textes poétiques*（一九三三〜三五）は全一〇冊の大著で、漢字の解説から韻律の説明、古今集から俳諧、都々逸に至るまで翻訳と解説をしている。神戸や京都の版元からの出版が多く、そのためにフランスでの反響は当時こそ大きくはなかったが、パリで出した『近代日本文学史1868–1938』*Histoire de la littéra-*

Numéro 3　　Février 1924

JAPON
ET EXTRÊME-ORIENT
Revue Mensuelle

SOMMAIRE

Paul-Louis COUCHOUD. — *Quinze jours au Japon pendant la guerre russo-japonaise.*
NAGAI Kafû. — *Le Renard* (*Trad. par* Serge ELISSÉEV).
Mme OMURA Kayoko. — *La Fille du Passeur* (*Trad. par* Raymond MARTINIE et Claude GÉVEL).
SHIGA Naoya. — *Un vieillard* (*Trad. par* Moïse HAGUENAUER).

Opinions : La reconstruction de l'ambassade de France à Tôkyô (Georges Alsot).
Documents : Le mouvement social au Japon. Les groupements et les hommes (Reisen Gakujin).
Chronique : Les mesures de reconstruction. — Le projet de budget et la question des emprunts. — Le gouvernement et les partis. — La question de la reprise des négociations russo-japonaises. — La législation anti-japonaise aux Etats-Unis. — La situation économique et financière du Japon. — L'industrie de la soie artificielle au Japon. — Japonisation d'une Eglise protestante. — Le commerce américain en Extrême-Orient.
Bibliographie : Une histoire de la littérature japonaise contemporaine.

EDMOND BERNARD, Éditeur.
47, rue Miromesnil, 47
PARIS — VIIIe

『日本と極東』（ギメ美術館蔵）。

ture japonaise contemporaine 1868–1938（一九四〇）は日本文学史の嚆矢。『日本の感受性』*La Sensibilité japonaise*（一九三二）では仏教の歴史から堀口大学の自由詩まで広く紹介して、今日でも参考にされている。ルヴォンのあと、非常勤講師の資格でソルボンヌで日本文明論を担当したアンドレ・ボジャール（一八九三〜?）は『清少納言、その時代と作品』*Sei Shônagon, son temps et son œuvre*（一九三四）を出し、戦後ユネスコから『枕草子』の翻訳が再刊された。『日本人の喜劇　狂言研究入門』*Le théâtre comique des Japonais introduction à l'étude des Kyôgen*（一九三七）で狂言の構成、歴史、装束、書誌までを詳述した。やはりルヴォンのパリ大学の学生であるジルベルト・ラ＝ドルジュは、彼女の博士論文を『一八世紀の女性詩人加賀の千代女』*Une poétesse japonaise du XVIIIe siècle, Kaga no Tchiyo-jo*（一九三六）として出版した。

　松尾邦之助は一九三四年に『フランス・ジャポン』を創刊。四〇年まで四九号を数えた。アルフレッド・スムラー（一九一一〜九四）と共同編集し、出版資金は満鉄が出資している。同誌は日本のアジア進出に警戒するフランスに向けての文化外交の役割を担っており、官民相互協力の下推進された日本の対外文化工作の一環である。「月刊情報誌」と銘打っているだけあって、フランスと日本の両国の文化面での理解と交流の促進を目的としている。ことに文学作品の翻訳では松尾による芥川龍之介や川端康成、有島暁子による有島生馬、ジュリアン・ヴォカンス（一八七八〜一九五四）による自作のフランス語による俳句と菊池寛の翻訳の他、イタリア語（Lionello Fiumi 訳、松尾邦之助協力）からの重訳で「現代日本詩人」Poètes japonais contemporains（一九三五、佐藤春夫、萩原朔太郎、与謝野晶子、百田宗治、深尾須磨子等全一四名）などがある。

　世界大戦中はフランス側からの文学の翻訳はほぼとだえるが、一九三一年から五二年まで日本に滞在した「マリア会」の司祭ピエール＝ジョゼフ・アンベルクロード（一八九九〜一九八四）が、日仏会館の紀要に一七世紀日本におけるキリスト教文学についての論文を発表し（一九三六）、『雨月物語』の作者について「上田秋成の生涯と作品

(1734-1809)」Essaie sur la vie et l'œuvre de Ueda Akinari (1734-1809) をイエズス会の雑誌『モニュメンタ・ニッポニカ』*Monumenta Nipponica* に連載した（一九四〇〜四二）。

ジャポニスムの波の去ったあとのフランス語圏では、日本の文化は一部の学究の徒によって学問研究の対象として受容され、一方で日本人がフランス人の協力を得る、ないし協力をしながら新たに普及を試みていった。日本研究も日本語学習も一九七〇年代まではマイナーで、それ故第二次世界大戦以前の研究成果や翻訳が、その質の高さもあって今日でも参照され復刻されているのを最後に書き添えておく。

参考文献一覧

・(éd.) Patrick Beillevaire; la Société française des études japonaises, *Le Japon en langue française: Ouvrages et articles publiés de 1850 à 1945*, Paris, éditions Kimé, 1993.

・(dir.) Comité pour la Bibliographie, Anesaki Masaharu, *Bibliographie abrégée des livres relatifs au Japon en français, italien, espagnol et portugais*, Tôkyô, Kokusai Bunka Shinkôkai (Société pour le développement des relations culturelles internationales), 1936.

・(éd.) François Pouillon, *Dictionnaire des orientalistes de langue française*, Paris, IISMM: Karthala, 2008.

・Bernard Frank, « Cinquante ans d'orientalisme en France (1922-1972), les études japonaises », Paris, *Journal asiatique*, 1973.

・和田桂子編著「関連年表」『ライブラリー・日本人のフランス体験　第9巻　ジャポニスムと日仏文化交流誌』二〇一〇年　柏書房

V　資料編

『パリ日仏協会会報』解題

フリドマン日出子

『パリ日仏協会会報』（*Bulletin de la Société franco-japonaise de Paris*）は、現在パリの四箇所に所蔵されている。一つはギメ国立アジア美術館、もう一つは、シテ・ユニヴェルシテール（国別学生寮村）の日本館、そしてコレージュ・ド・フランス日本学高等研究所とパリ日本文化会館の図書室である。但し、前二者は、全号揃いであるが、後二者は、何れも一部欠けている。

シーボルトが、浮世絵やデッサンを、一九世紀初めにヨーロッパに持ち帰り、出版し、美術界に注目され、四半世紀後に、輸出用陶器の詰め物に使われていた「北斎漫画」が版画家の目に触れて以来、ヨーロッパ人の浮世絵理解は北斎に始まっている。そして、一八六〇年代前後から、浮世絵、特に北斎、広重、歌麿が美術愛好家の、求めるところとなり、印象派の画家達に強い影響を与えた。

パリ日仏協会の発足は、正にその時代に連なる。つまり、パリやロンドンの万国博覧会での人気が、美術品の蒐集に結びつき、サミュエル・ビングや林忠正のような慧眼の美術商を介して、芸術家、学者、作家、実業家、高級官僚などの知識階層に、日本びいきを増やして行ったのである。一九〇〇年四月一四日から一一月三日の六ヶ月余りに亘るパリ万博は、林忠正が日本部門事務官長となって、展覧会を組織、主部の現代作品部門と副部の古美術の部門に分かれていたが、その古美術の部門で画期的な成功を収めたという。

然しこれは、林に依れば、一八九七年に有栖川宮がルーヴル美術館を訪問した際フランス側から、一九〇〇年の万国博覧会では、日本の古美術作品を見たいとの希望が出され、その後フェリックス・フォール大統領からも同様の希望が表明されたという。『パリ日仏協会会報』第一号に掲載された、林の講演テキストに添付された五点の写真は、それを選んだ人の審美眼の確かさを伺うに充分な、素晴しい作品であったことを示している。

そして、この博覧会の開会式の後の夕食会で、この華々しい式典を記念して興奮冷めやらぬまま結束した結果が、このパリ日仏協会の発足であった。

林忠正以外には、古美術商のサミュエル・ビング、ギメ美術館の創始者エミール・ギメ、ギメの東方旅行に同行した画家のフェリックス・レガメー、ギメ美術館員のローラン・エミール・デエ、ルーヴル美術館日本――イスラム担当学芸員のガストン・ミジオン等、美術関係者の他に、日本との交流に関わった外交官、軍人達が列席したと思われる。一八二〇年代に発足していた、学術交流を目的とした、アジア学会（ソシエテ・アジアティック）とは、根本的に異なる親睦団体の誕生であった。

本部が最初暫定的に置かれたのは、パリ市七区のグルネル通四五番地であったが、一九〇二年の『会報』第一号出版時迄であって、その後一九〇四年三月一日付で正式に、フェリックス・レガメー事務局長のアトリエのあった、パリ市六区の セルパント通二八番地の識者会館（オテル・デ・サヴァン）に移り、一九〇六年には、ルーヴル美術館内の装飾美術館、マルサン館に移転。図書室も、最初はグルネル通の本部に、一九〇〇年の万国博覧会のために送られて来た資料を基礎にして発足、識者会館に本部が移るのに伴って移転、更に、装飾美術館に移る時点で、ギメ美術館別館のブーローニュの森通五九番地のエヌリー美術館図書館に移る。なお、同美術館は、二〇一一年六月現在所蔵品が未整理なので、同図書館の資料整理によって、新たに『会報』或いはその他の新資料が見つかる可能性も残されている。

発足当時の協会を支えたのは、会長のエミール・ベルタンと事務局長のフェリックス・レガメーであった。ベルタンは、一九二四年一〇月二二日に没する前日迄会長をつとめ、ほとんど欠かさず協会の年次総会や講演会等に出席したと言う、日本との交流に、喜びを以て、文字通り心血を注いだ人である。彼は、フランスの生え抜きのエンジニアで船舶工学の専門家であるが、日本海軍からの超エリート留学生との接触や、その後四五才の時、明治天皇と日本政府からの破格の招聘を受けて、日本に四年間滞在。横須賀の海軍工廠での戦艦の建造、佐世保、長崎、呉に造船所を拡張して行った、日本海軍生みの親とでも言うべき人であった。

レガメーはギメに同行して日本に赴く以前に、既に日本への興味を持っていたが、ギメとの旅行で更に深まり、その後改めて訪日する。彼にとって日本とは懐かしい存在であり、親日家をフランスに増やしたかったのである。協会運営の全てが滞りなく行われるよう計らい、『会報』を編集し、余白に自分のデッサンを滑り込ませ、『会報』を魅力あるものにした。彼が事務局を自分のアトリエに置いたのも、それが会の運営上便利であったからに違いない。

同協会設立の趣旨は、『会報』第一号にあるベルタン会長の挨拶に明らかなように、在仏日本人と日本に興味を持つフランス人全てにとって、同じように有益な関係を作ること、交流を図ることで、毎月の会合がそれを現実化する役割を担っていた訳である。

日本美術への求心から生まれた協会ではあるが、展覧会は一時的なものなので、そこに止まらず、継続的な事業を続けるべきだとして、定期的に『会報』を刊行することを提唱し、そこから更に会員を増やし、会を拡大して行く明確な意図があった。

そして、同時にレガメー事務局長は、講演会が堰きも切らず行われていることは素晴らしいが、惜しいかな出席者が少ないことが残念だとして、耳で聞くだけでは不十分であるから、映像を使うべきだという。また、話し言葉は消滅するが、書いたものは残るので、講演を出版しなければならないとし、会員同士の情報交換以外に、『会報』の使命として、講演会の記録を位置づけたのである。万博開催時に日本から送られて来た資料を元にして作られた図書室のために、会員の著作或いは日本関連作品の寄贈や利用を促し、開かれた協会をめざし、会員を増やす一端にしようと考えた訳である。

一九〇〇年創立当時は、九六人の会員であったものが、この第一回年次総会時点で、一五五名、レガメー事務局長提案の、ネズミ講式会員増加方式が効を奏したのかもしれないが、多かった時期には四〇〇人を越え、一九三二年の最終号時点でも三五〇名を擁していた。そして突然、『会報』は予告もなく消えてしまうのである。

協会を支えた林忠正は、一九〇五年に離仏、翌年逝去、サミュエル・ビングが一九〇五年、フェリックス・レガメーが一九〇六年、一九〇八年末にはピエール・ド・リュシー・フォサリユー評議会委員、元名誉会長のギュスターヴ・ボアソナードが一九一〇年、エドゥアール・メーヌ副会長が一九一一年、エミール・デエ評議会委員が一九一六年、エドモン・アーカンボー図書室長が翌一九一七年、ギメ美術館創設者のエミール・ギメも、もう一人の名誉会長ジョルジュ・クレマンソーも一九一九年、そして一九二二年の、エドモン・ジェラール副会長、アルフォンス・イザック評議会委員に次いで、一九二四年には、遂にエミール・ベルタン会長が亡くなり、『会報』は一九二四年秋の第六二号は刊行が見送られ、一九二五年に第六二〜六六号迄が一冊となって現れ、同年にジャック・ドートルメール事務局長、事務次長、会計担当も逝去。翌一九二六年から更に六年生き延びるが、一九二七年のイヴ・ギヨ副会長の後、一九三一年のレイモン・ケクラン副会長の死で、『会報』は終わる。三〇年生き続けた『会報』は、協会を支えた人がひとりふたりと消えて行くのと同時に、消滅したのであろうか。第二次世界大戦に入る前の、緊張した両国の政治・軍事情勢も、それに拍車を掛けたかもしれない。然し、フランスと関わりを持った日本人政治家、軍人には、世界的視野に基づく、冷静な視点が保たれていたように思うのだが、これについては、より深い検証が必要であろう。パリ日仏協会は、一九三三年以降更に数年生き延びたとのことであるが、その最期とも併せて、新たな研究を待つことと致したい。

最後に、本解題作成に当たり、ギメ美術館図書館の長谷川正子氏、パリ日本文化会館図書館の杉田千里氏の御協力を得たことを、書き添えます。

参考文献一覧

木々康子『林忠正　浮世絵を越えて日本美術のすべてを』（二〇〇九年四月、ミネルヴァ書房）
尾本圭子、フランシス・マクワン『日本の開国——エミール・ギメ、あるフランス人の見た明治』（一九九六年二月、創元社）
Beillevaire, Patrick, *Le Japon en langue française*, Éditions Kimé, Paris, 1993

『パリ日仏協会会報』総目次

フリドマン日出子＝編

第一号（一九〇二年四月）
定款（パリ日仏協会）　5
協会会員アルファベット順リスト　9
名誉会員　13
賛助会員　13
評議会　14
事務局　14
一九〇二年二月三日の年次総会　15
会長挨拶　15
事務局長報告　16
会計担当報告　19

第一号―二（一九〇二年末）
＊裏表紙［一九〇二年の記録］
一九〇二年の第一回年次総会（二月三日）
三月一五日　サンクトペテルブルグに出発する、パリ代表部の秋月（左都夫）／一等書記官を送る昼食会　於識者会館のレストラン
五月一〇日　レイモン・ケクラン副会長の講演「日本美術」
五月一四日　本野（一郎）公使閣下に捧げる昼食会、「識者会館」レストラン
六月一〇日　小松宮（彰仁）元帥殿下に捧げる夕食会、於「フランス陸海軍サークル」レストラン
七月五日　フェリックス・レガメー事務局長の講演「日本に於ける素描画とその教育」於書店協会。／講師の最近の訪日の際に集められた、東京の小学生の素描の展覧会で、本野（一郎）公使閣下臨席の元で、開会式
一〇月二一日　サンクトペテルブルグに出発する明石（元二郎）公使館付武官を見送る昼食会　於フランス陸海軍サークル会館
一二月一〇日　パリ立寄りの、栗野（慎一郎）閣下と、大使館付海軍武官として日本に出発するレイモン・マルチニ海軍大尉の為の昼食会

＊　＊　＊

「ル・ジャポン（日本）」　一九〇〇年万国博覧会日本総コミッショナー、林忠正氏の講演　3
五月一四日　本野（一郎）公使閣下に捧げる昼食会、「識者会館」レストラン　19／六月一〇日　小松宮（彰仁）元帥殿下に捧げる夕食会、於「フランス陸海軍サークル」レス

325 　『パリ日仏協会会報』総目次

レガメー「テミスと天照」

当該報は、一九〇二年十二月三一日以前に入会した会員には全員無料配布。それ以後入会の会員には、一フラン徴収、非会員は、グルネル通四五番地の協会事務局にて二・五〇フランで、購入可能。(責任者：フェリックス・レガメー)

＊　＊　＊

第二号（一九〇三年四月）

定款（パリ日仏協会）　5
名誉会員　7
事務局　8
評議会
会員（アルファベット順）　9
一九〇三年二月二五日の年次総会　17
会長挨拶　17
事務局長報告　18
会計報告
会議録　21
講演

第三号（一九〇三年末）

エドゥアール・メーヌ博士「日本の武具と武具製造人」　5

フェリックス・レガメー「先祖の霊に」／フェリックス・レガメー（宮彰仁親王）元帥殿下の紋章／小松金岡、九世紀末／四、満月菩薩―九世紀／五、地蔵菩薩―百済河成、九世紀／小松（宮彰仁親王）元帥殿下の紋章／フェリックス・レガメー「先祖の霊に」／フェリックス

世紀／二、伎楽面―聖武八世紀／三、玄奘三蔵―百済河つき五枚（本文と別）〈一、弥勒菩薩―止利仏師、六―七

三、『風俗画報』（隔週刊）
一、『国華』（隔週刊）／二、『丸々珍聞』（週刊）／

定期刊行物寄贈
図版　桐（Paulownia Tomentosa）／日本の森の中／講演に
日本の雑誌購送（海軍司令官室長、小山田氏の仲介による）

ビング副会長
エドゥアール・メーヌ氏／ユッグ・クラフト／サミュエル・
ローラン・エミール・デエ氏／MEGATA Tanetarou氏／
ユール・ディオジー氏／ギュスターヴ・ボアソナード氏／
ド・リュシー・フォサリュー神戸領事／林忠正氏／アーチ
寄贈者　ジャパン・ソサエティ・ロンドン／ピエール・

出版物（協会設立以来受贈した、日本関係書）27

からの返礼書簡も掲載
素描と共に、お祝いの書簡を送付。ボアソナード名誉会長
ックス・レガメー事務局長の描いたテミスとアマテラスの
誉会長博士号取得50年記念会にて、ベルタン会長がフェリ
トラン　21／七月一三日、同月一六日の、ボアソナード名

山田貞三郎〈帝国書籍会社社長〉「日本の出版と書店の現状」（通訳　樋口（勘次郎）東京高等師範学校教授　一九〇三年二月二五日）　37

三月一四日　在仏日本帝国代表団安達（峰一郎）一等書記官の帰京に際しての帝国陸海軍将校クラブに於ける昼餐会　46

五月六日　E・町田、K. MUNESUKE、郵便電信局長且つ神戸日仏協会両会員を囲んでの識者会館での晩餐会　49

六月五日　梨本宮（守正）殿下に捧げる帝国陸海軍将校クラブに於ける昼餐　49

六月二八・二九日　電報二通　50

一一月七日　上原（勇作）将軍、島津（久家）公爵、三輪教授、ド・ジョンキエール海軍少将、アンリ・カンボン大使館書記官昼餐会　50

一二月三日　天一師による日本の手品演芸会　51

お知らせ　51

参考文献　52

図版　53

（エドゥアール・）メーヌ博士蒐集品、十六点／安達（峰一郎）氏（ポートレート）／パリ日仏協会章／日本赤十字社

入会書式　55

第三号（一九〇五年六月）

定款　5

名誉会員　7／事務局・評議会　8／会員（アルファベット順）　9／故人会員　14

一九〇四年三月二二日アリアンス・フランセーズに於ける年次総会　15

一九〇五年二月一五日日仏協会（識者会館）に於ける年次総会　19

一九〇四―一九〇五評議会（四回／年）記録抜粋　25

講演会・宴会・レセプション　28

外国「ジャパン・ソサエティ」第一四年次晩餐会　37

トレヴォー・ローランス卿の乾杯の辞／フェリックス・レガメー氏の答辞

雑報（図書館に寄贈された定期刊行物）　39

パリ日仏協会会員に寄贈された出版物のリスト　40／同　寄贈書紹介　41

「ジル・ブラ（GIL Blas）」紙（日露戦争詳細：同協会会員の購読料半額）

第四号（一九〇六年六月）

協会定款　5

事務局及び評議会の名誉会員／会員リスト（アルファベッ

ト順）
一九〇五年一一月一一日新年昼食会の会長挨拶
一九〇六年三月七日年次総会　16
会長挨拶／事務局長及び会計職の報告／講演　（アンドレ・）ベルソー氏「若い離婚女性の告白」／長岡（春一）氏「初期の日欧国際関係」
本野（一郎公使）閣下の離仏　49
一九〇六年二月一三日　日本代表部でのレセプション（田付〈七太〉一等書記官の説明及び本野夫人による茶の湯デモンストレーション）／一九〇六年二月一七日　本野閣下に捧げるお別れ晩餐会（陸海軍将校クラブ）（エミール・ベルタン会長乾杯の辞［及び］本野閣下の答辞）

第五号（一九〇六年一二月）

林忠正―レイモン・ケクラン（追悼文）及び実写真　7
日本での一四／〇七（革命記念日）―写真（神戸―舞子）16
年間の会合　19
六月一六日　久松（定謨）司令官伯爵に捧げる昼餐会／一〇月二九日　梨本宮（守正）殿下に捧げる晩餐会／一一月二〇日　ボン・ダンティー夫人の読書会「揚子江下り―日本からシベリア鉄道を通って帰仏」／一二月四日　読書会二件―エドゥアール・メーヌ博士「日本の漆工芸についての簡略な考察」（写真十一点共）、フェリックス・レガメー氏「マズリエール侯爵の日本についての新刊本の一章」／一二月一八日　ピエール・ド・リュシー＝フォサリユー氏の講演会と映写会「日本に於けるフランスの記念建造物」　52
パリ日仏協会募金の結果（一九〇四年の日本赤十字の日露戦争犠牲者と、一九〇五年の東北飢饉のため）　53
日本の素描と芸術品の売価（十三点）　54
雑感　59

第六号（一九〇七年三月）

A・ヴィシエール「中国皇帝の絶句」　5
ピエール・ド・リュシー＝フォサリユー講演会「日本に於けるフランスの十一記念建造物」（写真十三点）　11
日本のニュース　日本の日刊紙のメモと抜粋、その他　52
書評　56
ラフカディオ・ハーン「こころ」／E＝ゴメズ・カリロ「遠い国」／アンドレ・ベルソー「日本の日中と夜」／サン・モーリス伯爵「日本の公的並びに私的財産」
最近の会合　60
アンリ・ノック氏に捧げる晩餐会／帰国する一条（定輝）

大使館付武官海軍大佐に捧げる昼餐会（図版二点）
雑感　63

第七号（一九〇七年六月）

アンリ・ノック「フェリックス・レガメー、画家、作家、且つ教師、パリ日仏協会事務局長　一九〇七年五月五日逝去」　5
フェリックス・レガメー氏の葬儀　11
エミール・ベルタン「軍事封建制以前の日本　古い家族と旧制度」　13
一九〇七年四月一五日の年次総会　41
アーカンボー資料・図書担当の報告／日仏協会会長挨拶／事務局長報告／会計報告
ピエール・ローゼンタール博士講演会「柔術雑話」　47
最近の会議　伏見宮（依仁）殿下に捧げる晩餐会　52
伝記録　56
伏見宮殿下／山本（権兵衛）海軍大将男爵／西（寛二郎）陸軍大将男爵
日本のニュース　58
出版物　63
エドゥアール・クラヴリー／ジャン＝ジャック・マチニオン博士／リシャール・グロー博士教授
雑感　66

第八号（一九〇七年九月）

年報　5
日仏協会定款／名誉会員、事務局、評議会／会員名簿
評議会　一九〇七年七月四日議事録　15
エドゥアール・メーヌ博士（日仏協会副会長）「日本の武具の段階的変容」（写真七枚）　17
雑録　65
老いた乞食（写真一枚）
日本のニュース　69
出版物　73
雑感　75

第九号（一九〇七年一二月）

ジャン＝ジャック・マチニオン博士講演会（一九〇七年一二月二一日パリ日仏協会）「日本軍の満洲野戦の思い出」（写真七枚）　5
S・山下　日仏協会通訳兼事務局職員「掛け物」（写真三枚）　28
日本の経済及び財務年報（一九〇七）　貿易と航海　35
日本のニュース　50

出版物　53
ジャック＝エドモン＝ジョゼフ・パピノ神父『日本歴史・地理事典』／アンリ＝L・ジョリー『伝説の日本美術』
書簡　G・ルメール夫人「（一九〇七年一二月一〇日　日本語教室について）」　58
雑感　59
索引　63

第一〇号（一九〇八年三月）

シェヴレー・ラモー全権公使講演会「一八六四年の日本」　5
エドモン・テリー（作家）講演会「日本の経済興隆」　12
エドゥアール・クラヴリー領事「極東に於ける日本の経済発展と競争」　19
エドモン・アーカンボー「一九〇七年の日本」　36
一九〇八年三月二四日の年次総会（アリアンス・フランセーズ）　42
議事録／会長挨拶／会計報告／事務局長報告
一九〇八年二月八日、マリニー劇場マチネー（川上音二郎と貞奴）　50
日本のニュース　54
フェリックス・レガメー記念碑設立募金（第一、及び、第二リスト）　57
出版物　58
エドモン・テリー「一九〇四―一九〇五　日露戦争後の日本の経済、財政状況」／ラウール・アリエー「日本の新教（一八五九―一九〇五）」／交換定期刊行物
雑感　61

第一一号（一九〇八年六月）

年報　5
定款／名誉会員、事務局局員及び評議会委員／協会会員アルファベット順名簿
ルボン神父「日本に於けるフランス人聖母会修道者の教育事業」（写真四枚）　17
エドゥアール・メーヌ博士「古い日本刀の装飾―第一部」（写真四枚）　39
エドモン・アーカンボー「エヌリー美術館開館」　64
協会図書館訪問　65
日本のニュース　67
通信録　71
出版物　72
末松（謙澄）男爵『日出ずる国』／エドゥアール・クラヴリー『日本の財政状態』／ヴィユター・ド・ラゲリ『大山

（巌）元帥と共に三ヶ月　勝利の原因』／姉崎正治『日本人の宗教心情』／交換雑誌

雑感　76

第一二号（一九〇八年九月）

エドゥアール・メーヌ博士「日本刀の古装飾（続き―終）」　5

滝村龍太郎「一九〇八年三月二四日パリ日仏協会での講演会」「日本国民の心理的素描」　43

日仏協会の風諭画（一枚）　55

ウジェーヌ・ルメール「アンリ・ディエー東京高等技術学校元校長の論文「日本の技師の芸術」」　57

エドモン・アーカンボー「日本の財政・経済録」一九〇八年（八年目）　65

日本のニュース　81

出版物　85

ガストン・ミジオン『日本―芸術の聖域散歩』／ジャック・ド・プータレ伯爵及びエマニュエル・ソテール「「一九〇七年東京のキリスト教学生についての一般講義」並びに「日本での伝道活動」」／有賀長雄『国際的見地からの日露戦争』『大陸的及び国際法的見地からの日露戦争』／高橋作也「戦時捕獲物審判所決定を以て、日露戦争に適用された国際法」／F・フォン・ヴェンクシュテルン「日本帝国の資料」／交換定期刊行物

雑感　94

第一三号（一九〇八年一二月）

ジュール・アルマン大使「ピエール・ド・リュシー＝フォサリユー事務局長の思い出」　5

ガストン・ミジオン（ルーヴル美術館学芸員）「杉浦俊香―同主題への註」（作品六点）　11

一人の日本人「教育者　乃木大将」　27

モーリス＝L・ド・ヴィユモラン「菊―同主題についての註」　31

エドゥアール・メーヌ博士「日本美術の中の菊」　36

フェリシアン・シャレイ「日本の道徳」　44

日本のニュース　47

日本の新財政計画（桂内閣）／一九〇八年一〇月一三日の天皇勅書／アメリカ艦隊日本入港／日米共同声明　一九〇八年一二月一日ワシントンにて調印

知識及び産業界の日本のニュース　53

エヌリー美術館の所蔵品一覧表　61

財政録（サン＝モーリス伯爵）　66

出版物　71

G・ブルゴワ海軍士官「表意文字」／R・ブリュゼ海軍大佐「一九〇八年の日本軍隊」／アンドレ・シェラダム「日露戦争と世界」
交換定期刊行物　73
「極東（Extreme-Orient）」／「フランス極東学院報」／「フランス・アジア委員会報」
蓋棺録　77
ギュスターヴ・カネ／越山弥一郎砲兵大尉
協会予告　第四七回レンヌ・知人会議　81
雑感　85

第一四号（一九〇九年三月）

年報　5
定款／名誉会員／事務局局員と評議会会員／会員アルファベット順名簿
一九〇九年三月二日年次総会　17
アンリ＝L・ジョリー「日本刀の鍔の研究入門」（図版及びその説明共）　31
ド・ラ＝マズリエール侯爵「日本の革命を起こさせた思想」　85
レイモン・ケクラン「日本の初期版画展覧会」（二月四日装飾美術館での講演概要）　109
ウジェーヌ・ルメール「一九〇九年―一九一〇年の日本の財政と予算の新計画」　113
二月二〇日　日本帝国大使館田付（七太）一等書記官のお別れ昼食会　119
三月二〇日　梨本宮（守正）殿下に捧げる昼食会　125
三月二四日　天皇陛下からの美術品を贈呈の為の、栗野（慎一郎）男爵によるアーマン・ファリエール大統領訪問　126
雑報　127
三月八日、アリアンス・フランセーズでの会合／東京での大隈（重信）伯爵宅のレセプション

第一五号（一九〇九年六月）

イヴ・ギヨ元土木大臣「日本―世界政治の要因」　7
ジュール・アルマン大使「日本の森」　21
ダークール大佐「渋谷の日本赤十字の模範病院」　39
ウジェーヌ・ルメール「日本の知識・産業界ニュース―専売特許権の保護」　43
出版物　東京大学学術出版会　44
日本の財政　49
桂（太郎）侯爵の財政政策と一九〇一年～一九一〇年の予算／日本の借款／ロンドン市場での大阪市と名古屋市の市債（ファイナンシアル・タイムズ、一九〇九年五月八日よ

り）／一九〇八年の日本銀行／フランス資本と製造企業／サミュエル借款　サミュエル会社より日清紡へ／東京証券市場　一九〇九年六月揺り戻し
日本のニュース　59
中国と日本／日本製糖疑獄事件／関税の見直し／日本に於けるヨーロッパ商人の現状／フランスに於ける日本の絹紬（羽二重が不評、生糸増加）／法庫門鉄道／一九一〇年ロンドン日英博覧会／日本の美術界状況／日本の児童及びその生活について／教師と生徒／日本の教育／フランスと日本の（孤児院への寄付）事業の比較
雑報　79
訂正　安達氏は参事官／山下氏から国立図書館版画部に版画十二枚を寄贈／本郷（房太郎）陸軍少将の訪仏（インタヴュー）／日仏協会に関する外交時報の記事／町田（経宇？）大佐の離仏／一九〇九年六月一九日久邇宮（邦彦）殿下のための昼食会　85
通信録　89
書簡―神戸のモーリス・シャルパンチエ副領事／杉浦俊香の謝意を伝える波多野（貞夫）海軍大尉の書簡
出版物　93
日本の従軍規則　コルヴィザール大佐訳注／フランス極東学院報／フランス、ベルギー、並びにアメリカの雑誌の最近の記事
協会ニュース　101
一九〇九年一月六日、二月四日、三月四日、四月一日、五月七日、六月三日の運営審議会報告　101／講演会　日本の社会主義についての五来欣造（明治大学）教授の講演と日本の古数学についてのブルジュオ氏の講演の分析／宴と遠足　一九〇九年五月一九日のシャンティイーへの遠足
蓋棺録　115
有吉（明、二等書記官）夫人／監査役レイモン・マルチニ氏／ジュール・デュブワ氏
雑感　119

第一六号（一九〇九年九月）

エドゥアール・メーヌ博士（パリ日仏協会副会長）「日本の古武具」　7
エドモン・アーカンボー「日本の財政・経済録」（第九年目一九〇九年）　41
東京の新日仏協会（東京―横浜と京都―大阪―神戸両日仏協会が合併）　83
フェリシアン・シャレイ「近代日本と欧州文明―若返りの泉」　89
貞奴「東京明治座での興行」　91

ウジェーヌ・ルメール「知識及び産業界の日本のニュース」

和田垣安蔵による海水タービンの経済的使用のための方法／東京大学科学出版物、等々／ジャン・ノーヴァル「日本の財政動向」「日本国債の海外投資」「国鉄債の一九〇八―一九〇九年の収益／京都と横浜の市債とパリ、ロンドン市場／在ロンドン日本産業銀行新支店長就任／日本銀行日本のニュース（新しい日支関係） 115

一九〇九年九月四日の北京講和条約（満州での共通の利益に関して、青島について）／伊藤（博文）殿下の退官／韓国統監府統監の交代（一九〇九年六月一四日勅令）／日本の新しい新聞条例（一九〇九年五月五日第四一法令）／日本の財政・対外政策／合衆国と日本／横浜開港五〇年―オーギュスト・ジェラール在日フランス大使挨拶、回顧展覧会／増上寺火災（一八七三年に本堂全焼）／大阪の火災（一九〇九年八月一日）／地震（一九〇九年八月一四日）

雑報 135

極東の磁器の競売（一九〇九年六月三〇日―七月二日、ヴィラ・サイド）／日本旅行―振興団体―貴賓会（蜂須賀正昭侯爵、渋沢栄一男爵）

出版物 141

菊池大麓男爵「日本の教育」（一九〇九年、ロンドン大学での講演／サン・モーリス伯爵『日本の経済力』／リュドヴィック・ノドー『近代日本―その興隆』／『フランス極東学院季刊報』（一九〇九年四月―六月）／ジョセフ・ドート ルメール領事『源平時代の歌と逸話―源平盛衰記より』／ジャン・ノーヴァル『日本の対外政策の方向』、『日本の結婚と離婚』／バードノー陸軍中佐『日露戦争研究―鴨緑江から遼陽へ』／『特許、デザイン、商標に関する法令』（一九〇九年、帝国特許許可局）

協会ニュース 169

有吉（明）二等書記官離仏／シャンティイー遠足会（一九〇九年五月一九日）

蓋棺録 171

エミール・シェニンゲー氏（一九〇九年八月四日逝去）

雑感 173

第一七号（一九〇九年一二月）

伊藤（博文）殿下の最近五〇年の日本歴史に於ける役割及び履歴 7

エドゥアール・クラヴリー「日本美術と西洋美術」　77

エドモン・アーカンボー「次回の日英博覧会」　87

「欧州圏外の絹織物と関税の見直し」（『討論ジャーナル』一二月八日）　95

金融情報　101

一、日本

一九〇九年初頭以来の外国資本の導入／買収した鉄道網の拡大の結果―再編成計画／日本の金融・産業機関の債券―外国金融機関からの最近の借り入れ

二、朝鮮

中央銀行（韓国銀行）／鉄道

日本ニュース　111

樺太問題／日本の徴兵制度／日露戦争の統計の一端（ロシア兵・五九万、三二万戦死、日本兵・五四万、三九万戦死）／北白川成久殿下と房子妃（第七皇女）の御成婚／新刑法／日本通信／新潟のオーロラ／新宗教／京都東本願寺所蔵美術品即売会／東京の日仏結婚／アリアンス・フランセーズ（横浜支部）／赤坂離宮の観菊会

雑報　125

日仏関係　外務省予算についてのポール・デシャネル氏の報告書概要／日本の聖母会経営の初・中等学校／科学アカデミー　海軍大臣斎藤（実）男爵海軍司令官より写真集贈呈／フランスへの日本の栗の木の移植について／（ポール・）ペリオ探検隊／アンリ＝L・ジョリー氏のロンドン・ジャパン・ソサエティでの講演会

通信録　131

出版物　135

ド・ラ＝マズリエール侯爵『日本・歴史と文明―第四巻・近代日本』（著者寄贈）／『国家』第二〇巻の概要／デエ氏「エヌリー美術館の香合」（『美術と装飾』誌掲載論文）

協会ニュース　147

一、一九〇九年一一月四日（木）の運営審議会／二、一九〇九年一二月二日（木）の夕食会／三、ピエール・ド・リュシー＝フォサリユー氏の葬儀／四、当該協会報の国内外の評価

三井使節団　153

雑感　159

一九〇八年―一九〇九年の目次録　161

本文外の図版二枚

杉浦俊香の肖像写真　129

ピエール・ド・リュシー＝フォサリユー氏の肖像写真　150

特別号（一九〇九年）

エドモン・アーカンボー氏筆「日本の財政・経済年報（第九

年目）」（一九〇七年―一九〇年の財政・経済状態）　1
A．一九〇八年の日本の財政・経済状況―財政概要、経済状況概要／B．財政　一九〇九―一九一〇年の予算説明―税と所得に関する説明／C．農・産・商業／D．海外貿易／E．銀行と外貨市場／F．通信・交通／G．台湾／H．樺太／I．朝鮮の財政・経済の概要／J．関東州の財政と経済

第一八号（一九一〇年三月）

年報　7
規約／名誉会員／評議会及び事務局構成員／アルファベット順／会員リスト／協会で受領した定期刊行物
一九一〇年三月一日の年次総会　21
T・石川「日本の女流歌人とその作品―清少納言と枕草子」　37
ジョルジュ・ド・トレッサン伯爵「日本刀の鍔の発達―その出現から一五世紀迄」　53
ウジェーヌ・ルメール「日本の科学・産業ニュース」　75
アンリ＝L・ジョリー「化け物―日本の迷信」（一九〇九年一二月と一九一〇年一月ロンドンで行われた二回の講演概要）　89
関天来「日本の猫」　98
日本ニュース　99
一、日本
パリの洪水と日本／一月二七日の小村（寿太郎）伯爵の代議院での演説／外国人の不動産所得認可の法／日本の関税法案とフランス
二、満洲事変
雑報　113
日本の尾長鶏の繁殖／日本のカルタ遊び／フランスへの大豆移植／中央アジアの考古学探検調査　橘瑞超探検隊
金融動向　117
一九一〇年～一九一一年の日本の予算／桂（太郎首相兼蔵相）侯爵の国債の低利借り換えへの変更計画／製鉄会社／日本銀行（特権継続、増資）／日本工業銀行
三月一七日、伏見宮博恭殿下のための昼食会　127
通信　131
波多野（貞夫）海軍大尉の書簡　131／「天一坊」（歴史物語、ロジェ・ブリリンスキー海軍大尉による「大岡政談」からの翻訳及び翻案）　133
出版物　153
ド・ラ＝マズリエール侯爵『「近代日本」第五巻』／P・キュルマン大佐『極東戦争の一般的特色についての研究』／エドゥアール・クラヴリー『インド、その現状』／ジャック・

ドートルメール『日本帝国とその経済生活』／E・フルニエ海軍中将『海軍政策とフランス海軍』／定期刊行物
中国と日本の美術品即売会　191
一、パリ　二、ロンドン
協会ニュース　195
質疑応答　197
雑感　199

第一九―二〇号（一九一〇年六月〜九月）

ジョルジュ・ド・トレッサン伯爵「一五世紀末から一七世紀初頭迄の日本刀の鍔の発達」　7
シャルル・ルルー「日本の伝統音楽」（本文及び分冊内に三五枚の図版）　37
ロジェ・ブリリンスキー海軍大尉「天一坊」（第二部）　59
日本ニュース　113
日露郵便協定／日本軍／日本の英雄／日本赤十字社／新しい政党の結成／ドイツと日本／ロシアと日本／辰清―愛琿／朝鮮に於ける日本人居住区
金融動向　123
利率引き下げの債券／鉄道の発達／一九〇八―一九〇九と一九〇九―一九一〇の予算の比較／日本の新関税
雑報　135
著作権、商標、特許、デザインに関する、中国での相互防衛のための日仏協約／日本経済についてのアレクサンドル・アロ氏の論文／日英博覧会の開会／日本展開会式／川村（景明）陸軍大将子爵、パリ日本商工会議所会頭、徳川（家達）殿下、尾崎（行雄）東京市長、三井宗家宗主三井（高棟）男爵の為の六月二〇日の饗宴
通信録　151
神戸便り
出版物　157
フルニエ海軍中将『フランス海軍の政策』／ジャック・ドートルメール『日本帝国』／シャルル・シャノワンヌ将軍『日本と日露戦争後』／受贈出版物
極東美術展と即売会　179
一、装飾美術館での中国展／二、パリとロンドンの即売会
協会ニュース　191
一、運営審議会／二、講演会
ピエール・ド・リュシー＝フォサリユー氏、及び、フェリックス・レガメー氏を讃える記念碑の除幕式　199
質疑応答　207
一、一八二〇年にパリで出版された、日本についての作品の中に複製された北尾政信（山東京伝）の版画六点／二、前号の質問への回答

付録　シャルル・ルルー氏の「日本の伝統音楽」についての論文と図版

第二一号（一九一一年三月）

年報　7
規約／名誉会員／評議会及び事務局構成員／アルファベット順会員リスト／協会で受領した定期刊行物
一九一一年三月七日の年次総会　23
ロジェ・ブリリンスキー海軍大尉「天一坊事件」（第三―四部、終）　39
ジョルジュ・ルボン将軍「四〇年前の日本にて」一八七二年一一月の書簡二通　113
ポール＝アンドレ・ルムワンヌ「日本の版画師」　119
L・エラリー「日本の愛国主義」　123
ド・ラ＝マズリエール侯爵「名誉会長、ギュスターヴ・ボアソナード氏」　127
出版物　135
一、アーサー・ロイド神父『親鸞とその業績』／ジャン＝ジャック・マチニオン『竜の国に十年』／ジャン＝シプリアン・バレ『軍国日本』／一九一〇年ロンドン日英博覧会事務局より協会に寄贈された出版物
二、フェリシアン・シャレイ『近代日本の対外政策』
中国と日本の展覧会と即売会　155
一、第三回日本版画展　清長、写楽、文兆（於マルサン館）／レイモン・ケクラン氏の講演／アルフォンス・イザック氏の錦絵の保護のために使われている技術についての発表／日本刀の装飾と印籠の展覧会
二、ストックホルム日本美術展　ティージュ・モレー氏の報告　163
協会ニュース　171
一、一八七八年パリ博覧会での日本コミッショナーで商工会議所会員、前田正名氏のための一九一〇年一二月八日の昼食会　171
二、一九一〇年一二月八日の音楽の夕べ
シャルル・ルルー氏の講演会／「日本美術と職業の歴史」アンリ・L・ジョリー氏によるロンドン大学での八回連続講義
通信録　187
モン・カルム号の神戸寄港／一九一〇年六月、ド・カストリー海軍少将と乗組士官のための饗宴／神戸支部長・長谷川大阪造幣局長と、大阪支部長・稲畑（勝太郎）氏の書簡「日本の最初の太陽暦のお正月、和蘭正月」（一七九四年一月一日）写真（ル＝ゴッフ博士寄贈リトグラフィーの複製）
質疑応答　198

シブレ博士の書簡「米の栄養価について」／人見氏の本（Larose、一九〇〇）
雑感　199

第二二号（一九一一年六月）

アレクサンドル・アロ（在ブリュッセル日本帝国領事）「台湾—日本植民地」（写真五葉共）　7
ジョルジュ・ド・トレッサン伯爵「日本刀の鍔の発達—一二世紀から現在迄」（三二の図版と添付地図一枚）　25
エミール・デエ・エヌリー美術館学芸員「ロンドンの日本美術回顧展」（一九一〇年五月—一〇月）　75
アンリ・ヴェヴェー「近代装飾美術に日本美術の与えた影響」　109
一九一〇年協会のロンドン旅行　121
一、日本商農相、大浦（兼武）男爵のための七月七日の饗宴での協会代表団／二、回顧展出席のための九月五日—一〇日の団体旅行（写真四葉）
日本のニュース　141
桂（太郎）公爵と中国債／フランスへの同情—モーリス・ベルトー事故死に対する弔電等／インドシナと日本／日本との通商交渉
出版物　145
エミール・ベルタン『近代海軍』／ジュール・アルマン（名誉大使）『支配と植民地化』／大隈（重信）伯爵『新日本の五〇年』（ロンドン、ジャパン・ソサエティ副会長マーカス・B・ハイシュ訳）／ミッシェル・ルボン『古代から二〇世紀の日本文学選集』／ラウル・ポンテュス『中国のベルギー特使』／アレクサンドル・ベナゼ『日本人以前の日本（蝦夷のアイヌ）』／『神戸日仏協会年報』／受贈書リスト
ティージュ・モレー「展覧会と競売　極東の美術品」　169
浮世絵一〇〇点／チェルヌスキー美術館の中国刺繍／アレクシス・ルアーの日本・中国の美術品（ドルオー競売館）／英国での浮世絵競売（サザビー競売館）
経済録　191
一九一一年国債換算率／一九一一—一九一二の予算／公債と有価証券／国鉄償還／日露戦争後の海軍の現状
陸海軍将校クラブにて重砲兵旅団長山口（勝）陸軍少将に捧げる晩餐会
通信録　205
神戸からの書簡三通／一九一〇年一二月五日発（年次総会報告）／一九一一年二月九日晩餐会（モーリス・シャルパンチエ副会長、G・ツールード参事、T・原田事務局長の挨拶）
質疑応答　213

三味線について／大槻盤水に関する註／河豚について
雑感 217
＊N.B. 各論文の責任は著者にあって、当該会報は、その内容については不問とする。

第二三―二四号（一九一一年九月―一二月）

ポール・マロン「一七世紀末から一八世紀前半の日本の木版」（初期の版画一二点） 7
宮本平九郎「能―日本の叙情演劇」（図版及び図面各一枚、一九一一年三月七日の協会年次総会の後で開催された講演会のテキスト） 35
ラファエル・ペトルッチ「極東の考古学ニュース」 49
アルフレッド・ウェスター「邦楽の発見」（図版一枚、楽譜三枚） 61
ジュール・ガーソン「日本の鉱床」 91
フランクフォー将軍「赤十字と極東」 95
日本ニュース 103
「新日英同盟」（七月一三日、第一回同盟　一九〇二年一月三〇日、第二回同盟　一九〇五年八月一二日）／一九一一年八月一九日　日仏通商条約／一九一一年八月二五日　第二次西園寺（公望）内閣発足／一九一一年九月二五日の戦艦「リベルテ」の爆発事故に日本から弔電
雑報 111
リセ・コンドルセの授賞式でのジョルジュ・ルボン将軍の式辞／ジャンヴァル（ベルギーのブラバン地方）のヴァン・デン・ブロック氏のアルプス・日本庭園／Yeutchi Shun-cho（日本人装飾家且つモンマルトルの画家）／ジャック・ドゥーセ・コレクション（日本美術・考古書籍）／食用海草（海苔、昆布、寒天など）
出版物 123
トレッサン侯爵「オルト・クンメル博士『日本の産業美術』」／アレックス・ベナゼ「ミッシェル・ルボン『神道』」／エドゥアール・クラヴリー「ジョゼフ・ドートルメール『揚子江』」／エドゥアール・クラヴリー「姉崎正治東京大学宗教史教授『停雲集』」／E・A「デュヴァル陸軍大尉『日本の軍隊についての講演二回』」／大蔵省『一九一〇年の日本帝国の海外通商の現状』／ルドルフ・ランゲ博士『日本文字の読み書きの練習』（第二二章迄フルニエ陸軍砲兵大佐により翻訳済み）／定期刊行物
ティージュ・モレー「展覧会と競売ニュース」 137
チェルヌスキー美術館の中国美術回顧展他
エドモン・アーカンボー「一九一一年の日本経済・財政年報の要約」 145
エドゥアール・クラヴリー「財政・経済録」 185

一、財政／二、経済／三、鉄道

一九一一年七月二六日　嶋村（速雄）海軍中将と日本海軍部将校に捧げる晩餐会　195

嶋村（速雄）海軍中将、安保（清種）海軍中佐男爵、石井義太郎・山口九十郎海軍大佐の経歴／嶋村海軍中将指揮下の巡洋艦鞍馬及び利根より成る艦隊の一九一一年四月から一一月までの航海記録

一九一一年一〇月一九日　オーギュスト・ジェラール在日フランス大使、及びアルベール・サロー・インドシナ総督に捧げる新任祝賀晩餐会　207

一九一一年七月二―八日　陸軍大将乃木（希典）伯爵のパリ滞在　213

六月二二日、ロンドンに於けるジョルジュ五世の戴冠式に出席した日本使節団　東伏見宮（依仁）殿下御夫妻、東郷（平八郎）海軍大将伯爵閣下、乃木陸軍大将伯爵殿下

講演　217

モーリス・ド・ペリニー伯爵「アイヌの国、北海道について」／ジャン＝レオポルド・クールセル＝スヌイユ退役海軍中佐「一八六七―六八の日本について」

蓋棺録　219

T・高平（＊元漆塗師、一九〇〇年の博覧会の時に訪仏、パリに滞在していた。河鍋暁斎の従兄弟で、北斎が暁斎に与えたデッサン、絵等を所有していた）／ポール・シブレ博士（＊クレルモン・フェラン在住の博学の眼科医日本美術愛好者）／ジュール・ブリュネ海軍少将（＊ニューヨーク・ヘラルドの一九一一年八月二〇日版に掲載された記事）

通信録　227

神戸日仏協会のモーリス・シャルポンチエ事務局次長からパリ日仏協会エドゥアール・クラヴリー事務局長宛書簡／日仏協会報のコレクションを受領した国会議員のアルベール・ルブラン植民相の礼状／暁星学園園長のアンリ神父と東京外国語学校の村上（直次郎）校長からの生徒価格で頒布した当協会教科書への礼状

質疑応答　231

御歯黒の旧習について／三番叟と翁の言葉の定義／東京の気候

雑感　235

一九一二年四月九日―一三日迄開催された、五〇周年記念識者学会

目次　239

一九一〇―一九一一（第一八号―第二四号）

第二五号（一九一二年三月）

定款　7

名誉会員／事務局／評議会／会員（アルファベット順）／受贈定期刊行物
一九一二年三月五日パリ日仏協会第一二回年次総会　25
議事進行／会長挨拶／事務局長報告／会計担当報告
ジョルジュ・ド・トレッサン侯爵「日本刀の鍔の発展について―徳川時代」（第四―最終回、一二三枚の写真と二五枚の作家の書き判共）　43
アンリ・ミレー「日本の景色」（六葉の写真共）　79
講演会　95
モーリス・ド・ペリニー伯爵「琉球と朝鮮―旅行の印象」（二五枚の写真共）
ラファエル・ペトルッチ「極東美術に於ける自然の哲学」（＊一九一一年刊の中から「日本絵画」の章についての記述を転載）　109
Ⅰ　日本絵画の構造と発達　109
第一章　シナ哲学―道教と儒教／第二章　宋代のシナ哲学／第三章　仏教／第四章　日本の自然の哲学―神道と大陸の影響／第五章　詩の中の自然哲学／第六章　宗教的感情の自然哲学／第七章　極東美術の根源と形式／第八章　仏教渡来前の中国美術／第九章　仏教渡来後の中国美術―写生絵画／第一〇章　日本絵画の形式と発達／第一一章　写生絵画と技法／第一二章　写生絵画と発想―道教的発想、象徴画、植物寓意画（竹、梅）―孤独の発想
Ⅱ　極東の考古学史　121
エドゥアール・クラヴリー「史料編纂係」　127
エドモン・アーカンボー「一九一一年八月一九日締結の日仏通商航海条約」　139
オットー・クンメル博士「奈良正倉院の国宝と一九一〇年ロンドン展覧会の日本絵画の名品」（一九一〇年四―五月の日独知識人講演会、G・マルトー氏訳）　153
ティージュ・モレー「即売記録」　159
一、一九一一年一二月於ギャラリー・デュラン・リュエルの中国絵画展覧会／二、チェルヌスキー美術館の第二回アジア美術展覧会／三、即売記録
日本ニュース　171
小村（寿太郎）侯爵／一九一一年の日本／大阪の大火／内務大臣と宗教／中国問題／ギュスターヴ・ボアソナード氏の記念碑／一九一七年の東京博覧会
雑報　177
サンクトペテルブルグの日露協会発足／東京暁星学園園長エンリッシュ神父にレジオン・ドヌール、シュヴァリエ勲章授与／日本の栗の木／日本のフランス語…一九一二年一月一五日アリアンス・フランセーズ報の抜粋／パリの慈善施設本部を、柿原大阪裁判所所長が訪問／フィガロ紙のパ

リ日仏協会についての記事／ポール・ドゥシャメル氏と日本に於けるその事業／赤十字と中国／サン・シール飛行場への日本軍人訪問団　飛行機と飛行船の発達／日本南極観測隊／ブリュッセル日本書籍展

ヴィクトル・ストロース氏「財政録」（現在の日本の借款状況）187

エドゥアール・クラヴリー「経済録」193

一、日本の新関税／二、日本産絹の蚕の分泌物除去による損失／三、その他の情報　日本の新産物—蟹の缶詰、白熱電球のフィラメントの輸入（フランスからの）

第四回日本版画展と併設展（於装飾美術館）201

一、二月八日のレイモン・ケクラン氏の講演／二、歌麿、日本の漆器（一七—一八世紀）、ジョルジュ・ド・トレッサン侯爵の説明／三、中国の古代彫刻の版型作り　ガストン・ミジオン氏の論文

出版物　215

テッサン公爵「アーサー・モリソン『日本絵画史』」／エドゥアール・クラヴリー「和田垣（謙三）教授『落ち葉籠』」／エドモン・アーカンボー「アンリ・ラブルー『日本帝国主義』」／フリッツ・クンメル「日出ずる国にて—日本便り」／ジュール・アーヌー「日本国民」／エドモン・アーカンボー「ロベール・E・ポーテール『日本礼賛』」／エドゥアール・クラヴリー「シャルル・ウッド・ボナン『雪の王国』」／シャロン神父「日本に於けるフランス語学習書」数点（大隈為蔵）／ジャック＝エドモン＝ジョゼフ・パピノ神父「日本歴史・地理辞典」／定期刊行物『北米雑誌』、『一九一二年の外交・植民地問題』、『フランス人雑誌』、『海洋研究所報』、『東アジア時報』

資料　239

一九一一年七月一三日の日英条約—一九一一年八月一九日の日仏協約

外交・植民地問題に関する二論文　249

協会ニュース　253

質疑応答（写真二点共）255

注：各論文の責任は、著者にあり、当該会報は、その内容については不問。

第二六—二七号（一九一二年六～九月）

エドモン・アーカンボー「睦仁天皇陛下の遺影」7

在パリ日本大使館に当協会の弔辞　52

一九一二年九月日大葬へのルボン大将の派遣　54

アレクサンドル・アロ「（講演）朝鮮に於ける日本の植民地化」（写真・デッサン八枚共）61

エドゥアール・クラヴリー「リヨン・ギメ美術館の白鳥の間」

（一一枚の写真と製図等）　75
ジョルジュ・ド・トレッサン侯爵「原始的な刀の鍔について」　99
ラファエル・ペトルッチ「極東の考古学記録」　103
エドモン・アーカンボー「石井男爵閣下：新在仏日本大使」　111
日本のニュース　115
桂（太郎）公爵の海外視察／東京日仏協会会合／シャルル＝ミッシェル・ド・エペ神父の生誕二〇〇年／暁星学園拡張の為の募金／雀の戦い／パリの与謝野夫妻／ギュスターヴ・ボアソナード氏の記念碑建立／次期在日フランス大使アレクサンドル・マルセル氏の日本への赴任／九月二二―二三日の台風
X…京都の工事完成（琵琶湖疏水等）　フランスからの借款により一九一二年六月一五―一六日竣工式　123
X…一九一二年五月一〇日　遊園地「マジック・シティ」の日本祭　127
ティージュ・モレー「展示と即売記録」　131
チェルヌスキー美術館の第三回アジア美術展／ドルフュス・コレクションのカタログ（レイモン・ケクランの前書）／フランスの即売会、英国の即売会
ヴィクトル・ストロース「日本の鉄道国有化」　151
ジャン・ノーヴァル「財政録」　159
エドゥアール・クラヴリー「経済録」　167
ジャン・ノーヴァル「日本人の商業行為的名誉」　187
出版物
一、単行本　191
エドゥアール・クラヴリー「『教育勅語』」／（同上）「W・コーン博士『日本絵画に於ける様式分析概論』」／（同上）「W・ボウイ『日本絵画の法則について』」／エドモン・アーカンボー「ラフカディオ・ハーン『怪談或いは奇妙な事象の物語と研究―光は東洋から来る』（マーク・ロジェー訳）」／フェルナン・ピラ「商務担当官としての報告」／エドモン・アーカンボー「杉村陽太郎『国際公法的見地での宣戦布告について』」／エドゥアール・クラヴリー「『日本海軍参謀本部―日露戦争海戦第二部及び第三部』（モンコンデュイ海軍大尉とルヴィエー海軍中尉訳）」／（同上）「クローディウ・マドロール『北シナと朝鮮の鴨緑江谷』（第二版）」／（同上）「アンドレ・カザミオ『帆を上げて』」／（同上）「ガイヨー『息子、侍の子供』」／（同上）「ヴィクトル・ユゴー『詩抄』」
二、定期刊行物　228
「日本の名誉」／「時代」／「二つの世界」／「歴史雑誌」／「進歩の記録」／「装飾美術」／「中仏友好協会報」／「美術と飾」

／「海軍士官友好協会報」／「外交・植民地問題」／「フランス・アジア委員会報」／「軍隊の医薬資料」／「極東学院報」／「ジャパン・ソサエティ報告書」／「東アジア時報」／「東北帝国大学農業ジャーナル」
協会ニュース　235
装飾美術連合会に捧げる三月二八日の昼餐会／安達（峰一郎）日本大使館経済担当全権公使閣下離仏を祝しての一九一二年六月八日（土）の晩餐会／五月三〇日ギメに於いての、アルフレッド・ウェスタープ氏の音楽の東洋的起源についての講演／九月一九日の安達夫妻の出発／アンリ・ミレス「外国での三ヶ月、日本での一ヶ月」／JTB観光事務所／パリ―東京一三日間半（奉天―安東定期鉄道線開通）／郵船会社の極東ライン改組
外交補足資料　一九一一年八月一九日付日仏商業航海協定　257
質疑応答（四枚の挿絵）　263
雑感　269
N.B. 各論文の責任は著者にあり、当該会報は、その内容については不問。

第二八号（一九一二年一二月）

モーリス・ベッソン海軍中将「日本の思い出（一八六八―一八六九）」（講演）　7
ルネ・モメジャ「日本の菊」（一四枚の図版と三枚の版画）　25
レイモン・ケクラン「ベルリン芸術アカデミーでの日本美術展」　49
アンリ＝L・ジョリーによる、「ノルデンショルド日本図書カタログの『吐蕃新品図鑑』」の刀の鍔についての原稿（図版二枚）　53
レオン・ファロー「陸軍大将乃木（希典）伯爵の詩と歌」（遺影一枚、書三点）　67
ジャン・ド・ヴァルジュワ「切腹の日本精神」　71
ラファエル・ペトルッチ「極東の考古学録」　77
ウジェーヌ・ルメール「御伽噺三話」　81
日本のニュース　83
新内閣／日本の航空事情／東京日仏協会
アンリ・ミレス「極東での一時」（演劇鑑賞）　87
ウジェーヌ・ルメール「日本の産業及び知識人に関するニュース」　91
ヴィクトル・ストロース「北海道の植民地化」　99
エドゥアール・クラヴリー「日本の海洋漁業」　105
エドモン・アーカンボー「日本の財政・経済年報　一二年目」　111

出版物

一、単行本

サント＝クレール・ドゥヴィル大佐『日露戦争海戦（続）』サント＝クレール・ドゥヴィル大佐『日露戦争海戦（続）』／ラファエル・ペトルッチ『中国の画家』／アンリ・バルビエ「マーキュス＝B・ユイッシュ『日本とその芸術』」（同上）「アンリ・ミレース『極東アジアのスケッチ』」／エドモン・クラヴリー「ジョゼフ・ドートルメール『模範的植民地、英国支配下のビルマ』」／『日本に於ける独占資本化に関する完全レポート』

二、定期刊行物——東アジア時報

「日本便り」《国際音楽協会誌》 138

神戸のド・ケリリス海軍大将の艦隊 143

一九一二年一一月二二日の石井（菊次郎）日本大使閣下に捧げる晩餐会 147

展覧会と即売会記録 151

ティージュ・モレー「北斎」／アルフォンス・イザック「バラモン教」／アンドレ・ポルティエ「ドルーオ館での即売会記録」

講演会 161

モーリス・ベッソン海軍大将／ルカ・ポンチエ氏

蓋棺録 164

エドゥアール・メーヌ博士（日仏協会副会長）／エミール・ベルタン学士院会員／エドゥアール・メーヌ博士／美術品収集家ジョルジュ・ド・トレッサン侯爵

雑報 167

宮城県から協会に贈られた銀杯／日本大使館三浦（弥五郎）一等書記官の書簡／協会図書館での雑誌『国華』編長滝［精一］氏のレセプション／ジャパン・ソサエティ副会長ウィルソン・クルードソン氏「和荘兵衛」の英訳について［書簡］／大住舜氏寄贈の絵葉書の忠臣蔵四十七士と主要人物／エンリッヒ神父の業績へのフランス学士院からの授賞／東京での、漆器、青銅等作品の即売／ワルツを踊るネズミ／第五一回賢人会議

質疑応答 173

一、唐丸について／二、中国の故事を題材に取った版画について（アンリ・L・ジョリー）

雑感 175

一九一二年版詳細分析付目録（二五号から二八号迄） 177

第二九号（一九一三年四月）

年報 7

協会の規約／名誉会員／事務局と評議会の構成／会員リスト

議事進行／副会長挨拶／事務局長報告／会計担当報告
ジョルジュ・ルボン将軍「日本特任大使としての回想」　33
フェルナン・ピラ「明治天皇大葬」　55
レイモン・ケクラン「歌麿」　61
ド・ラ＝マズリエール侯爵「明治時代の日本文学」　85
レイモン・ケクラン「第五回日本版画展」　97
渡辺陸軍大佐からの寄贈（パリ日仏協会図書館に）　105
日本のニュース　107
桂（太郎）内閣倒閣と山本（権兵衛）内閣組閣／東京外国語学校／西本願寺の即売会／日本最初の重大航空事故／絹織物協会年次会／木戸川水力電力会社債
出版物
一、単行本　113
エドモン・アーカンボー「ラウール・ポンテュス『明治―明治天皇の治世と日本近代』」／（同上）「桜井忠温陸軍少将『肉弾―旅順駐屯の話』」／（同上）「フランソワ・ブヌワ『建築　中世と近代の東洋』」／アンリ・ミレース「アーチュール・ディオジー『日本の英雄少年義経』」／アンリ・バルビエ「ボネ・モリー『宗教の道徳単位』」
二、定期刊行物　121
（同上）『芸術と装飾』（一九一三年二月）／『コメディア』（一九一三年五月二二日（木））／エドモン・アーカンボー「『仏領アジア報』（一九一三年四月）」／アンリ・バルビエ「『海運情報』（一九一三年二月一〇日）」／「『中仏協会報』（一九一三年一月）」／「『日本とベルギー』（一九一三年四月）」／『仏ペルシャ協会報』
展覧会と即売会　125
ティージュ・モレー氏「エドワール・メーヌ博士の鉄製美術品即売会」／即売記録
協会ニュース　135
一、一九一三年四月九日松村（菊勇）海軍大佐帰国と日仏銀行に捧げる昼餐／二、些細なニュース
質疑応答　139
ジョルジュ・ド・トレッサン侯爵「アンリ＝L・ジョリー氏の「唐磨考」への回答」
協会に受贈された定期刊行物　141
雑報　143

当協会副会長故エドワール・メーヌ博士の所蔵品について、第一回即売会の素晴らしいカタログに使われた、当協会会員アンドレ・ポルチエ氏撮影の美しい写真を提供して頂いたことに、パリ日仏協会の名において感謝の意を表します。

第三〇号（一九一三年七月）

滝精一「日本画の二大派―大和絵と漢画」　7

レイモン・ケクラン「春信、湖龍斎、春草」 11
H＝ダーデンヌ・ド・ティザック「チェルヌスキー美術館の仏教美術」 27
エドモン・アーカンボー「チェルヌスキー美術館とアジア美術展」 39
エドゥアール・ゴチエー「『日本の名誉』―オデオン座の成功」 47
渡辺千冬「台風について（日本の印象）」 59
ヴァランティーヌ・チロル「日本とアメリカ」 69
日本と文明世界　人種偏見 74
ジョルジュ・クレマンソー「極東の復讐」／イヴ・ギヨ「日本と合衆国」／ロベール・ド・ケ「合衆国と日本」／柳「日本便り―カリフォルニア問題」／アンリ・シュヴァリエ「日本政府による朝鮮の改革と展望」／T・浦上「日本の死亡率」
日本のニュース 103
有栖川宮（威仁親王）殿下　パリ日仏協会に寄贈／林（董）伯爵／日本と中国　日本政府声明／中国の日本人顧問／支出の削減／一九一二年の日本の海外貿易／日本の産業への国家援助／一九一二年一二月三一日付朝鮮の家屋及び国民の国勢調査／欧州への日本の新しい商船航路／新太平洋商船航路開設／ギュスターヴ・ボアソナード氏の功績を記念する彫像／ジョルジュ・ルボン将軍に捧げる記念碑の建立
出版物
一、単行本 113
ジョルジュ・ド・トレッサン侯爵『歌川派と日本の版画』／エドゥアール・クラヴリー「ラファエル・ペトルッチ『芥子図画伝（Encyclopédie de la peinture chinoise）』」／エミール＝アンリ・バルビエ「桜井忠温『肉弾』」（コルヴィザール陸軍准将訳）／（同上）「徳富健次郎「不如帰（Plutot la Mort!）」」（ル・パラダン氏訳）／エドモン・アーカンボー「ジュール・パテノートル『或る外交官の追想―嘗ての海外旅行』」（第一巻）／（同上）「ヴィアラットとクローデル『二つの世界の政治生活』」（第六年目、一九一一―一九一二）
二、雑誌と定期刊行物 150
ヴェヴェー「W・コーン博士「奈良時代の彫刻について」」（『東アジア時報（極東）』一九一二年一〇月―一九一三年一月）／エミール＝アンリ・バルビエ「原田治郎教授「日本の彫刻の近代的傾向」」（『ル・ストゥディオ』（Le «Studio»）一九一三年六月）／「ジャコビー博士「日本と西洋的理想について」」（『ザ・ジャパニーズ・タイムズ』ニューヨーク版、一九一三年四月五日）」／（同上）「一九一二年の日本の海外貿易と経済状態」／「日本の友情」（『ニューヨーク・商業ジャーナル』一九一三年四月二五日）／エミール＝アンリ・バルビエ「ドワネル海軍将校による「春の日本旅行記」（『世界一周』一九一三年六月一六日及び二一日）」／H・ド・ヴァリニー「「日本の胆石」（『討論』一九一三年六月一二日）」

展覧会と即売会記録　167

ティージュ・モレー「ヴィニエー・コレクションの展覧会」／即売会

協会ニュース　173

一九一三年六月一二日のエドゥアール・クラヴリーのパリ／立ち寄りの際に捧げられた昼餐／協会の寄付会員、石井（菊次郎）男爵閣下／レジオン・ドヌールのシュヴァリエ勲章受賞のエドゥアール・クラヴリー氏／年報の加筆・訂正／リヨンのギメ美術館／ニューヨークのジャパン・ソサエティから協会図書館への寄贈／サイエンス（日本の科学雑誌）／「装飾美術」を協会図書館にて受贈／「日本に」「朝鮮」チラシ二枚を大使館から受贈／ベーレンス・コレクションの即売会

質疑応答　181

「唐丸について」（アンリ＝L・ジョリー氏からジョルジュ・ド・トレッサン侯爵に回答）

雑感　183

パリ日仏協会報補遺「コーカサス、エジプト、ペルシャ、中国、日本、並びに南アメリカの古美術に関する論文」

当該報掲載の図版は、「装飾美術」フェルナン・ロッシュ編集長、「パリジア」のデマジエール編集長伯爵、一九一二年「テアトロ」のエドゥアール・ゴチエー編集長の好意により提供を受けた。パリ日仏協会の名に於いて、上記三名の方々に深謝の意を表します。

＊　＊　＊

注：各論文の責任は著者にあり、当該会報は、その内容については不問。

第三一―三二号（一九一三年一〇月―一九一四年一月）

東京の、ジョルジュ・ボアソナード氏記念碑除幕式　元司法大臣岡部（長職）子爵とフランス大使オーギュスト・ジェラール大使の挨拶　7

ウジェーヌ・ブリウ（アカデミー・フランセーズ）「東京での講演」　11

エドモン・アーカンボー「日本の詩と赤とんぼの歌」　17

ジュディット・ゴチエ氏「赤とんぼの歌」　25

レイモン・ケクラン「清長、写楽、文笑」　57

ジョルジュ・ド・トレッサン侯爵「版画史に関する日本資料」　87

J・ルゴフ博士「野口英世博士」97

マリー゠マドレーヌ・ヴァレ「日本の芸術家によるフランス芸術研究」109

レオン・ファロー「サロン・ドートンヌの Yeuchi Shun-sho」119

「リヨンの日本の祝日」121

アンリ・シュヴァリエ「帝国政府による朝鮮の改革と発展（第二部）」137

E・グリュンフェルト「日本人移民」153

ヴィクトル・ストロース「日本の貯金局」165

エドモン・アーカンボー「日本の財政・経済年報（第一三年目）」169

雑報 179

桂太郎／最期の将軍の死／シャロン・スュール・ソーヌでの日本の潜水艦の進水／日本の安達公使のメキシコ到着／メキシコへの日本人の親近感／読売新聞の四〇年／日本の文明／一九一四年東京での大正博覧会／日本の電力企業の発達／日本の真珠産業

出版物 195

エドモン・アーカンボー「ド・ラ・マズリエール侯爵『日本——歴史と文明』」／レイモン・ケクラン「シャヴァンヌと日本」／ラファエル・ペトルッチ出版社『アジアの美術』／アンリ・バルビエ「ド・トレッサン侯爵『東洋と極東の美術』」／（同上）「フェルナン・ピラ『一九一一年～一九一二年の日本の生産と消費の発達——フランスとの関係』」／（同上）「ル・ブルジョワ『日本の古数学』」／エドモン・アーカンボー「リヨンのギメ美術館図版入りガイドブック』／（同上）『民族誌学』」／（同上）「アンコールに向けて、サイゴン～プノンペン』（マドロル・ガイドブック）」／『東アジア時報』

ティージュ・モレー「即売記録」207

協会ニュース 213

一九一三年一一月二四日（月）新学期昼食会／神戸日仏協会／脱会者／雑記

雑感 219

付録「アジア美術（アール・アジアティカ）」221

二九、三〇、三一—三三号の目次分類表

第三三号（一九一四年四月）

エドモン・アーカンボー「昭憲皇太后の逝去」7

年報 11

定款／名誉会員／事務局と評議会／アルファベット順会員リスト

議事進行／副会長挨拶／事務局長報告／会計担当報告

アンリ＝L・ジョリー「南蛮鉄とその様式」　39

ジョルジュ・ド・トレッサン侯爵「日本刀の鍔の歴史研究への新しい貢献」　43

ジョルジュ・ルボン将軍記念碑の建立式（一九一三年五月三一日、日本）　93

エドモン・アーカンボー「暁星学園」　97

出版物　101

エドモン・アーカンボー「ウジェーヌ・ブリウ『日本へ——ジャワ、中国から朝鮮を通って』」／（同上）「エルネスト・フェネロサ『日本と中国の美術』」／（同上）「『東アジアに関する記録』」／（同上）「ピエール・バーブトー『日本の大衆絵画』」／アンリ＝L・ジョリー「フィリップ・テリー『日本帝国』」／エドモン・アーカンボー「フェリシアン・シャレイ『絵入り日本案内』」／（同上）「『峨眉山』（マドロル・ガイドブック）」／（同上）「フェルナン・ファージネル『中国革命を通して』」／エドゥアール・クラヴリー「ジュール・パテノートル『或る外交官の回想』」／ヴィクトール＝F・ヴェヴェー「『東アジア時報』（一九一四年一—三月、極東）」

協会のニュース　133

一九一四年三月二四日の昼食会／サント＝クレール・ドゥヴィル大佐の辞職／フェルナン・スアール元全権公使の事務局長任命／堀田氏の評議会脱会／菊池氏の評議会入会／極東と東方美術作品輸入の統括／訂正

「パリ日仏協会報」付録「絵入り日本案内」広告

＊　＊　＊

アンドレ・ポルチエ氏が、アーチュール・ケイ即売会に出品された作品の写真を、挿絵に提供されたことに、深謝。

＊　＊　＊

注：各論文の責任は著者にあり、当該会報は、その内容については不問。

第三四—三五号（一九一四年七月—一九一五年一〇月）

オーギュスト・ジェラール元在日フランス大使「明治天皇桃山御陵」　7

レイモン・ケクラン「（鳥文斎）英之、（栄松斎）長喜、北斎」　9

ジョルジュ・ド・トレッサン侯爵「日本の浮世絵師・彫師事典」　37

エドモン・アーカンボー「大正時代内閣の第三危機（大隈伯爵内閣）」　77

レイモン・ケクラン「第六回日本版画展」（講演会—見学会）　93

たことに深謝。

＊　　＊　　＊

注：各論文の責任は著者にあり、当該会報は、その内容については不問。

協会ニュース　97

一九一四年六月一八日（木）昼食会／一九一四年年報／城島（Kozo）会員によるリヨン支部結成／パリ日仏協会会員の呼びかけによる東京フランス図書館設立／ミュンヘン図書展

ティージュ・モレー「極東即売会報告」（一九一四年前期）

付録号（一九一四年八月—一九一五年一〇月）　103

外務大臣石井（菊次郎）男爵閣下と在仏日本大使館／編集前書／「日本へ」石井（菊次郎）大使を召還して、大隈（重信）内閣外務大臣に任命（エドモン・アーカンボー）

協会ニュース

第一五回年次総会（一九一五年五月六日（木））／事務局長の報告／会計報告／一九一五年二月一三日（土）日本赤十字によって、フランスに送られたメンバーのための贈られた昼食会／アストリア・ホテルに設置された日本の救急隊／八月二六日（木）石井男爵閣下の出発を祝し捧げる昼餐／石井男爵の出発　九月四日（土）

＊　　＊　　＊

エヌリー美術館学芸員ローラン＝エミール・デエ氏、出版家のエルネスト・ルルー氏の好意により、同美術館のカタログ（郎）男爵閣下に捧げる昼餐／パリ日本名誉領事にアンリ・シュヴァリエ氏を任命に掲載された写真の複製を当該会報の挿絵として使用許諾を得

第三六—三七号（一九一六年一月—九月）

協会の第一六年目の年次総会　27

松井慶四郎大使閣下着任　33

アンリ・シュヴァリエ「朝鮮に於ける教育改革」　37

エドモン・アーカンボー「大正天皇即位式」（一一月一〇日—一二月一〇日）　53

オーギュスト・ジェラール「日本の努力」（一九一六年六月一八日のリヨンでの講演会）　57

日本赤十字救急隊のパリ出発　77

オーギュスト・ジェラール「日本—東洋と西洋の間にあってのその使命と役割」　83

協会ニュース　93

一九一五年一一月一三日の昼食会（田付七太臨時代理大使に捧げる）／一九一六年三月二三日の松井（慶四郎）日本大使に捧げる昼食会／一九一六年六月一〇日の阪谷（芳

雑報　103

日本の石炭の採掘（フランスの技術者協会記録抜粋　一九一五年一〇―一二月報）／一九一五年日本の輸出の手引き／一九一四―一九一五の日本の鉱産業（日本、朝鮮、台湾）／船舶工業会による日本の商船産業に及ぼした戦争の影響／フランス語版雑誌「極東情報」の東京での発刊

蓋棺録　106

ローラン＝エミール・デエ氏（日仏協会創立者の一人）／ド・リュシー＝フォサリユー伯爵／マルトー評議会委員

＊　＊　＊

エヌリー美術館学芸員のデエ氏、出版社のエルネスト・ルルー氏の好意により、同美術館のカタログ掲載の写真数点を、当該報の挿絵として使用許諾を得たことに深謝。

＊　＊　＊

注：各論文の責任は著者にあり、当該会報は、その内容については不問。

第三八―三九号（一九一七年一月―九月）

第一七回協会年次総会　13

マリー＝マドレーヌ・ヴァレ女史「ラファエル・コラン（フランス芸術アカデミー会員）」　19

イヴ・ギヨ「政治・経済備忘録」　25

ポール・ラベー「日本の忠義と努力」（ソルボンヌで行われた講演）　31

アンリ・シュヴァリエ「日本の努力」（一九一七年五月五日にロリアンで行われた講演）　51

協会ニュース　53

一九一七年五月五日の昼食会／協会図書館司書に、ドプフェルト氏を任命

雑報　55

日本の技師養成／アンリ・シュヴァリエ氏によってチュニスとアルジェでなされた講演会／日本の巡洋艦「浅間」（座礁）の救助／一九一六年の日本のカンフルと澱粉の輸出／一九一六年の日本の米の収穫

蓋棺録　60

エドモン・アーカンボー

＊　＊　＊

エネリー美術館学芸員ローラン＝エミール・デエ氏、出版家のエルネストルルー氏の好意により、同美術館のカタログに掲載された写真の複製を当該報の挿絵として使用許諾を得たことに深謝。

＊　＊　＊

注：各論文の責任は著者にあり、当該会報は、その内容については不問。

第四〇―四一号（一九一八年一月―九月）

第一八回目の協会年次総会　13

マリー＝マドレーヌ・ヴァレ女史「お姫蛍」　19

ユッグ・ルルー「フランスと東京」（一九一五年一一月東京での講演）　35

ウジェーヌ・ルメール「産業と研究についての日本のニュース」　41

オーギュスト・ジェラール「日本の叙情劇　能」　55

レオン・ユール「日本の歌三曲」　77

アンリ・シュヴァリエ「日本の生活費」（東北帝国大学森本厚吉助教授著『日本に於ける標準生活』（バルチモア、一九一八年）による）　79

協会ニュース　85

雑報　87

蓋棺録　89

＊　＊　＊

エネリー美術館学芸員ローラン＝エミール・デエ氏、出版家のエルネスト・ルルー氏の好意により、同美術館のカタログに掲載された写真の複製を当該報の挿絵として使用許諾を得たことに深謝。

＊　＊　＊

注：各論文の責任は著者にあり、当該会報は、その内容については不問。

第四二―四三号（一九一九年一月―九月）

年報　11

協会会員アルファベット順リスト

第一九年目の協会年次総会　27

マリー＝マドレーヌ・ヴァレ（嬢）「御姫蛍」　33

一九一九年五月二二日ソルボンヌでの講演「日仏の親愛」　66

桜井省三（日本海軍退役軍事技官）、黒川勇熊、辰巳一（フランス船舶工学校卒業生）共著「戦艦と商船の歴史的発達」　87

協会ニュース　117

一九一八年一〇月三〇日フランス空軍日本訪問隊に捧げる昼食会等

雑報　125

在日フランス商工会議所開設／フランス書店東京支店開店／雑誌「極東時報」の改編／日本旅行／一九一九年の日本船舶建造／撫順の石炭鉱山（満洲）／日本に於ける鯨漁／日本の植物油産業／運送用麻袋生産会社設立／羊毛用羊の日本への輸入／日本製鉛筆／日本の二つの港開港計画／上海中日商工博覧会／神戸帝国製鉄／関門海峡トンネルの建

設プロジェクト／コンクリート製船の建造（艀又は牽引船としてのみ）

蓋棺録　132

本野（一郎）子爵／エミール・ギメ氏／ヴィクトル・デュガン氏

出版物　134

「月間出版目録」／「厳島名所図会」／ラゲ神父「仏日辞典」（改訂版）

第四四―四五号（一九二〇年一月―九月）

パリ日仏協会定款　7

第二〇回協会年次総会　11

ジョゼフ・ドートルメール氏「浄土真宗」　12

桜井省三、黒川勇熊、辰巳一氏「戦艦と商船の歴史的発達」（続）　19

協会ニュース　141

日本海軍練習船の堀内海軍大将に捧げる、一九二〇年二月二回目の日仏協会のレセプション／日本軍のための航空機購入のために、欧州に派遣された長岡（外史）陸軍中将を囲んでの一九二〇年三月一一日の昼食会／一九二〇年六月二六日の、パリ市一六区の映画館での「四十七士」の映画会に、四〇〇人出席

雑報　154

日本の繊維産業／日本の塩の専売／日本の米作／日本の化学産業の発達／カンフルの輸出／日本の紙産業／日本の電気産業の発達／一九一三年―一九一九年の期間の横浜港に出入りした商品の動静／日本の物価

出版物　161

ミッシェル・リボー「日本について　第一次世界大戦時の日本」／ベルギー調査拡張研究協会「一九二〇年植民地、商業、投資、海運のベルギー」／日本観光局「日本のミニ鉄道ガイドブック」／ジェラール在日元大使「私の日本滞在記　一九〇七～一九一四」

第四六号（一九二〇年一〇月―一二月）

田中館愛橘帝国学士院会員「日本語のローマ字記述の勧め」　7

桜井省三、黒川勇熊、辰巳一「戦艦と商船の歴史的発達」（終）　21

ピエール・ド・ラ＝マズリエール侯爵「日英同盟の発端」　29

ジョゼフ・ドートルメール氏（フランス総領事）「浄土真宗」　72

協会ニュース　75

一九二〇年九月二五日日本大使松井慶四郎男爵閣下離仏／一九二〇年九月三〇日日本大使石井（菊次郎）子爵閣下パリ着／一九二〇年一一月九日日本大使石井子爵閣下に捧げる昼食会／大使館長岡（春一）参事官の離仏／叙勲

雑報　83

日本の茶生産／日本のセメント産業／満洲の野生蚕の産業／日本の大根

蓋棺録　85

ジョリー氏／ビング氏／ディレ退役陸軍中佐

出版物　86

『第一九年目の日本の経済・財政年報』（一九一九年）

第四七号（一九二一年一月―三月）

原敬首相「日本の問題とその解決策」（『太平洋横断』一九二一年三月）　7

蔵相高橋是清子爵「日本経済の将来計画（銀行、商社、産業の統合）」　9

ジョルジュ・ブロンソン＝レア「日本の存在権」（『極東雑誌』一九二〇年一〇月）　17

オデット・スアール「赤い紅葉の下で」　23

協会ニュース　53

一九二一年三月一五日（火）東久邇宮（稔彦）殿下の為の昼食会／エドゥアール・クラヴリーの任命／東洋友の会

蓋棺録　57

副会長ジュール・アルマン氏

雑報　59

日本に於ける労働者の継続的給与上昇／日本のソーダ工業／朝鮮の漁業／日本のセルロイド工業／日本の石油工業／日本の石炭生産／日本―アメリカ間の電信・電話／日本のマッチ製造／日本の商船／日本のメートル法日本の新航路開設計画

出版物　69

エドゥアール・クラヴリーによる分析「一人のブラジル人の日本についての印象」

第四八号（一九二一年四月―六月）

アンリ＝ワルワース・キニー「フランスの貿易復興に於ける日本の役割」　7

藤島了穏「日本仏教」（メゾンヌーヴ出版社、一八八九年版からの抜粋）　17

坪内逍遥「浦島―昔話翻案三幕物」（吉江喬松訳）　37

オデット・スアール女史「大本教（近代の多神教）」　89

マリー＝イヴォンヌ・ルメール女史「日本の盆栽」　93

日本の真珠産業―御木本幸吉　97

日本の裕仁皇太子殿下のガンブスエム（アルザス）訪問　109
協会ニュース　111
第二一回パリ日仏協会年次総会―一九二一年四月二一日（木）
（付録）エミール・ベルタン氏「古い日本」（一九二一年四月リヨン地理学会での講演）　1

第四九号（一九二一年七月―九月）

田中都吉（外務省通商局長）「日本貿易の将来」　7
井上準之助（日本銀行頭取）「生産費削減のみが日本を救い得る」　11
日本の労働者運動　17
ジョルジュ・ブロンゾン＝レア氏「一九二一年の山東省」　23
ジョゼフ・ドートルメール氏「鎌倉―源頼朝の首府」　29
日本の裕仁皇太子殿下の訪仏（一九二一年五月三〇日）　33
協会ニュース　41
　一九二一年四月一一日於リヨンの昼食会／同年六月六日日仏協会から皇太子殿下に捧げる昼食会／同年六月八日東京日仏協会会長、閑院宮（載仁）殿下に捧げるレセプション
雑報　54
　満洲の休暇村／日本の電気産業／バウルの仏教／一九二二年の東京都博覧会／主要日本船舶会社／日本の紙産業／カンフル貿易／一九二〇年日本の磁器産業
出版物　55
　ミュレ・メリック、フランク＝エロン・スミス等「写真集現代朝鮮」／農商業省「一九二一年の農商業統計」

第五〇号（一九二一年一〇月―一二月）

エディット・ウィル氏「新日本の女性企業家」　7
ジョーン・バシュロー氏「アイヌとその民謡」　15
大住舜東洋大学教授「仏教とその日本への文化的影響」　25
本多静六博士「日本庭園―日本的価値の表現」　33
アンリ・シュヴァリエ領事「日本の技術教育」　41
エマニュエル・トロンクワ「古代中国詩」（仏語訳）　49
雑報　79
　日本のワイン／日本の自動車／ポール・クローデル大使の、皇居に於けるレセプション

第五一号（一九二二年一月―三月）

日本人ジャーナリスト「日本の雑誌と新聞」　7
「僧とその杖」（能）　13
「日本の鉄道開設五〇年」　17
駒井権之助「民主主義と歌」（一九二二年の歌会始）　21
「フランス派遣日本経済使節団」（一九二二年二月一日―三日

於パリ）　23
一九二二年二月二日　フランス生産総同盟より捧げられた昼食会での稲畑（勝太郎）氏の演説　26
同上　パリ銀行連合会から捧げられた夕食会での同氏の演説　28
同上　フランソワ・マーサル氏の演説　29
一九二二年二月三日　国際商工会議所から捧げられた昼食会での稲畑氏の演説　31
同上　日仏銀行から捧げられた夕食会での元大蔵大臣、日仏銀行総裁シャルル・デュモン氏の演説　32
一九二二年二月三日の日仏銀行から捧げられた夕食会での元公共事業相、ル・トロッケー氏の演説　35
同上　稲畑氏の演説　37
雑報　39
　日本の化学製品産業／発明特許に関する日本の新しい法律／日本のガス産業
協会ニュース　44
　一九二一年一二月一三日　日本の海軍兵学校士官の為の茶会／在プラハ全権公使、長岡（春一）氏の任命／在パリ公館付武官、渡辺（寿）陸軍大将の離任と渋谷（伊之彦）陸軍中将の就任
蓋棺録　47
　原敬首相の暗殺／ルイ・ゴンス氏（美術評論家）／フルニエ氏（退役砲兵陸軍大佐）／セル氏（『ボーザール』紙元編集長）／レオン・ド・タンソー氏（作家）／エルテル氏（退役海軍中佐）
出版物　51
　「日本と東シベリア」／「日本と東シベリア　ダヴィドール『東シベリアの政治状況』」（『コンテンポラリー・レヴュー（現代雑誌）』所載の記事の転載）／ウィンザー「日露経済関係」

第五二号（一九二二年四月―六月）

パリ日仏協会規約　7
同　事務局と評議会の成員　9
同　新会員のアルファベット順リスト（一九一九年一月―九月第四二―四三号のリストの補充）　11
国際美術協会サロンの日本美術展示（一九二二年四月二〇日―六月三〇日於パリ）　15
東京平和博覧会開会（一九二二年三月一〇日）　25
大住舜東洋大学教授「浄土真宗の主要な教義」　29
雑報　58
　山東省に於ける日本の産業と商業活動
協会ニュース　59

第二二回年次総会（一九二二年三月三〇日於パリ）／一九二二年六月一五日北白川宮（成久）殿下に捧げる昼食会／一九二二年四月八日釈尊誕生記念の東洋友の会の祝賀会／イヴ・ギヨ氏の副会長任命／会計担当且つ在パリ日本領事アンリ・シュヴァリエ氏総領事に昇進

出版物　67

『満洲と日本』　67／『日本の社会生活』　69

第五三号（一九二二年七月—九月）

日本の労働賃金上昇の原因——労働者の家庭生活困窮の増大　7

東京平和博覧会の印象（一九二二年五月の「太平洋横断」による）　21

東京平和博覧会に於ける日本工業の発展（一九二二年四月—五月の「ジャパン・マガジン」による）　27

樺太問題　39

日本の憲法制度成立の主要な過程　42

摂政皇太子殿下と久邇宮良子妃殿下の御成婚　46

ジャン・フランソワ・シャンポリオンによるヒエログリフ解読と、アジア学会創設一〇〇年記念会（一九二二年七月一〇—一三日於パリ）　49

雑報　52

日本の鉄道の電化／日本のリノリウム工業／日本の楽器製造と販売／日本の自動車製造／大阪商工博覧会（一九二三年三月一五日—五月三一日）

蓋棺録　56

ノエル・ペリ氏

第五四号（一九二二年一〇月—一二月）

ルイ＝エミール・ベルタン氏「根付の歴史」　7

雑報　23

日本のマッチ貿易／養殖真珠、所謂日本真珠／日本の無線電信／極東に於けるフランス書籍の状況／アルベール・メボン氏による「日本のフランス書籍」／日本の2大定期航空路の開設／日本の人絹輸出／アメリカ式の秩父鉄道電化／日本の鉱産業／日本海軍の電気スクリュー付石炭船

協会ニュース　41

在仏日本大使の休暇／芦田（均）氏の離仏／シャルル・ローラン氏の在パリ日本領事任命／エドモン・バプスト元在日フランス大使の当協会運営審議会委員任命

蓋棺録　43

九月一七日、オーギュスト・ジェラール副会長、元フランス大使の逝去／九月二六日、ジュール・ジークフリード国

会議員の逝去／一〇月二六日、ヴィクトル・コラン退役全権公使の逝去

第五五―五六―五七号（一九二三年一月―九月）

パリ日仏協会の事務局及び評議会の構成　7
同協会会員アルファベット順リスト　9
S・小山田氏「渡辺崋山―日本開国の先駆者」　19
イヴ・ギヨ氏「日本の金」　27
ジョゼフ・ドートルメール氏「絵師（河鍋）暁斎（一八三一―一八八九）」　31
日本演劇の源（「The Views and Reviews of Japan（日本についての評論）」より）　35
プルニエ氏「日本の北白川宮家にて」　37
ポール・ド・シャンモラン氏「東京の暁星学園」（一九二三年一月一五日付アリアンス・フランセーズ会報第一二号から）　41
一九二三年三月一八日東洋友の会開催の地理学協会での、ノエル・ペリ氏を偲ぶ会　49
リヨンでの日仏協会会合（一九二三年四月一日）　55
チュニジアの冨と未来経済（一九二三年六月一九日パリ日仏協会でのドージヴァル氏の講演）　61
国立海外貿易審議委員会による、藤山日本商工会議所連盟会長のレセプション（於パリ、一九二三年七月一八日）　63
雑報　67
一九二二年の日本の商船建造状況／日本の石炭生産／台湾の石炭生産／日本種導入によるフランスの栗の木の再生化／日本のビール産業／日本の香水貿易／日本のカナリア飼育と商業／日本の製紙用パルプ産業／日本郵船蒸気船欧州航路の改良（四三日から四〇日に）／第五回ハノイ博覧会（一九二三年一二月二―一六日）
協会ニュース　78
一九二三年一月二七日の朝香宮鳩彦王殿下に捧げる昼食会／一九二三年二月一〇日の協会主催舞踏茶会／第二三回パリ日仏協会総会（一九二三年三月二二日於パリ）／一九二三年六月一九日（火）の同臨時総会／石井在仏日本大使のパリ帰任／大使館付海軍武官一条（実輝）大佐の帰任と寺島健大佐の赴任／アーマン・ロジェ氏の旭日双光章受賞
蓋棺録
北白川宮（成久）殿下／前田（漾子）侯爵夫人／エミール・タッセル教授／アルフレッド・クワゼ（ギリシャ学者、フランス学士院会員）／ピモダン伯爵／オッペンハイマー氏／デュフーマンテル評議会委員夫人
出版物　97
レオポルド・ドール『比較海事法雑誌』／ロベール・ショ

ヴロ『微笑する日本』／『関東大震災被災者救済基金のための日仏銀行への寄付名簿』

第五八号（一九二三年一〇月―一二月）

ジョゼフ・ドートルメール氏「日本仏教改革者日蓮（一二二二―一二八二）」　7

フランソワ・ポンスットン氏「日本刀の鍔について」　17

「日本に於ける菓子製造」（一九二三年一一月「ツーリスト（Tourist）」所載I・R・藤田氏の論文）　27

イヴ・ギヨ副会長の傘寿の祝いの為の記念品贈呈（一九二三年九月六日）　31

協会ニュース　41

震災被災者のための寄付名簿　41／フランシスコ・ザヴィエル記念碑建立の為の寄付募集　43

雑報　45

一九二三年日本に於けるマッチ貿易／一九二三年日本の米の収穫／朝鮮の自動車事情

蓋棺録　49

協会副会長ジョルジュ・ルボン将軍／大住舜教授

出版物　51

『フランス極東金融年報』（一九二二―一九二三）／『日本鉄道ガイドブック』（一九二三年）／『日本の昔話』（若月馥次郎訳）／『新日本』（リヨン地理学会報）／『日本と極東』

第五九―六〇―六一号（一九二四年一月―九月）

第二四回日仏協会総会一九二四年三月二日　9

マリー＝マドレーヌ・ヴァレ女史講演「日本美術」（一九二四年五月二二日於グランパレ）　15

ジョゼフ・ドートルメール氏「熊、人を助く（越後雪譜より）」　61

マリー＝マドレーヌ・ヴァレ女史「競売記録」　65

訪日フランス経済使節団　73

協会ニュース　75

一九二四年一月一二日映画会／一九二四年七月五日和田（亀治）陸軍中将率いる日本使節団歓迎昼食会／日本大使館軍事担当官、渋谷（伊之彦）陸軍大佐の離仏と、後任の大平（善市）陸軍少将の赴任／大使館付商務官、奥山氏の離仏

雑報　79

日仏貿易／満洲の頁岩油探索／日本へのメートル法の導入（一九二五年一月一日）

蓋棺録　83

アルフォンス・イザック氏（評議会委員）／ジャック＝ポール・フォーレ元空軍大将

第六二号（一九二四年）

第六三—六四—六五—六六号（一九二五年）

日仏協会の規約 7

一九二六年六月三〇日付協会名簿 12

一九二五年三月二六日年次総会（年次報告） 21

一九二六年四月二二日年次総会（年次報告） 29

ジャック・ドートルメール（フランス総領事且つ東洋語学校教授）「笑い茸、舞茸（笑わせる茸と躍らせる茸）」 37

ミッシェル・リボー神父（パリ日仏協会会員）「日本とギリシャ」 41

ヴィアトール「日本の商業の大財閥についての研究」 53

佐藤紅緑「日の出ずる国」（戯曲二幕物） 71

政治経済学会　一九二六年四月九日同学会会長イヴ・ギヨ氏の挨拶 97

日本　ルイ・ストロース氏の講演

ジャン・マルタン・シャルコ教授生誕一〇〇年の祝賀会（一九二五年五月一五日於東京） 105

一九二五年パリの装飾・工業デザイン美術国際博覧会への日本の参加 107

即売会 109

若月（馥次郎）（在リヨン領事の講演録）『桜と絹の国』／次回出版予定のジャック・ドートルメール氏『日本の歴史』

マリー＝マドレーヌ・ヴァレ女史（『ボー・ザール誌』の美術評論家）

出版物 85

若月（馥次郎）（在リヨン領事の講演録）『桜と絹の国』／次回出版予定のジャック・ドートルメール氏『日本の歴史』

マリー＝マドレーヌ・ヴァレ女史（『ボー・ザール誌』の美術評論家）

本の参加 107

即売会 109

協会ニュース 113

雑報 115

日本の関東大震災被災者へのフランス政府援助／鉄鉱石の日本の豊富さ（在日本フランス商工会議所会報から）／マリー＝マドレーヌ・ヴァレ日本美術講師に捧げられたフランス芸術家協会のメダル 116

蓋棺録 117

エミール・ベルタン日仏協会会長／アンリ・シュヴァリエ同会会計担当／シャルル・アレヴェック同会事務次長／メートル事務局長／ルノー元フランス大使夫人／作曲家シャルル・ルルー氏

出版物 123

若月馥次郎、ヨアネス・デヴィンヌ共訳『日本の昔話』／『フランコ・ニッポン』雑誌／福田徳三『経済生活と経済政治の循環性』／『日本経済情報』月報／シャルル・ヴィニエ『東洋美術評論』

第六七号（一九二六年）

蓋棺録
　大正天皇陛下
オデット・スアール女史「花嫁の写真」　9
レオン・ユール氏「フランス規則の俳句」　21
ジャック・ドートルメール氏「日本語とウラル・アルタイ、ポリネシア語」　23
福田徳三（経済政策学会会員、東京商科大学教授、フランス学士院会員）「一八六八年と一九二五年の間の外国との関係に於ける日本の発展の例で分る経済生活と経済政策の「Cyclisme」」　25
協会ニュース　63
　山本（英輔）海軍中将率いる巡洋戦艦八雲及び出雲の日本艦隊のためのパリ日仏協会のレセプション一九二六年一〇月一三日（水）
雑報　71
　ラクロワ氏「東京汎太平洋会議のフランス学士院事務局長の出席」／エジプトの日本領事館開設／一九二六年フランスから日本への無線電信開設／日本の人口／樺太の石油開発／日本のボタン産業
出版物　75
　『京都大学経済学月刊誌』（一九二六年七月発刊）

第六八号（一九二七年）

一九二七年三月二七日の第二七回年次総会　7
一九二七年四月二八日の臨時総会　13
パリの日本美術　15
　レオン・ユール「ヴュー・コロンビエ」座の日本の映画と舞踊／レオン・ユール「ユニヴァーサル劇場の日本の演劇芸術（岡本綺堂の修善寺物語からの翻案）」／ポール・サンテナック「画家 FUJITA」
山本有三、レイモン・マルチニ訳「海彦山彦（漁師と猟師）」　28
一九二五年の日本の労働監査　38
シャルル・アシャールパリ大学医学部教授「極東に於ける医学調査」　43
鮎沢 巖、フレデリック「日本の人口と産業化の問題」　50
協会ニュース　64
　一九二七年四月二八日運営審議会がマルセル・ジョーダン事務局長を任命／一九二七年五月六日ホテル・リュテシアで稲畑勝太郎氏の為の昼食会／三菱パリ代表の久我貞三郎氏の離仏／洪泰夫帝国大使館付武官海軍中佐の離仏／一九二七年六月二三日「今日と明日の日本」（アルベール・ミヨー氏）と一二月八日の講演会「太平洋問題と日本の役割」（ボルドー大学マクサンス・ビビエ教授）に協力／李

垠皇太子閣下御夫妻のレセプション（一九二七年七月一三日）／在パリ日本大使石井（菊次郎）子爵の離仏／在パリ日本大使館書記官、本野（一郎）子爵のハーグ日本大使館への任命／パリ大学都市の日本学生館の礎石設置（一九二七年一〇月一二日）／パリ大学シャーレッティ学区長の挨拶／若月馥次郎在リヨン日本領事の離仏／小川昇在リヨン日本領事の赴任／友田二郎在パリ日本大使館外務書記官、マルセイユ領事に任命／一九二七年一二月二〇日、法王庁勤務の途次にある、長崎の早坂司教閣下のための昼餐会／日仏協会フェルナン・スアール会長の挨拶／神学校校長及び海外布教協会会長のゲブリアン司教閣下の挨拶／早坂長崎司教閣下の挨拶／安達（峰一郎）在仏日本大使の任命

雑誌及び定期刊行物　77

オデット・スアール「トーミア『日本旅行』」／「鳥居龍蔵『朝鮮のドルメン』」／ジャック・ドートルメール「本庄（栄治郎）教授『徳川封建制度下の日本の農業』」／同上『京都大学経済専門誌』」／「ドゥガレフスキーがフランスに向かう時の不思議な日ソ関係」／ウジェーヌ・ルメール「硫酸ナトリウム又は塩化ナトリウムから生成するシアン化ナトリウム化合物」／同上「姉崎正治氏『一七世紀日本のカトリック宣教師の関わった地名』」／同上「一七世紀前半の日本人カトリック教徒の根絶とその子孫」／同上「一七世紀後半の迫害された日本人カトリック教徒に関するその他の数点の資料」／同上「布教の成功に関する亡命の効果：迫害下の幾つかの効果の例」／同上「空洞の長い筒の壁に掛かる圧力と熱の配分」／同上「圧搾装置と真空ポンプのエネルギー消費」／同上「奇数炭素脂肪酸を含む人口油脂の栄養価」／同上「水力発電機の排水路の水泡によるエネルギーの損失」／同上「X線と紫外線の、ビタミンA、コレステロール、脂肪物体、その他の固形物への変容」／同上「一九二三年の関東大震災」／同上「ル・ラップ」（美術品カタログ）

雑報　97

レオン・ユール「日本の歌」／トーミア＝ジュヌヴィエーヴ・モリタ「さつ子の大きな驚き」

ニュース　103

ウジェーヌ・メール「世界工学会（一九二九年一〇月、於東京）の予告」

第六九号（一九二八年）

協会の規約　7

パリ日仏協会評議会事務局組織　9

同協会　アルファベット順会員リスト　11

在仏日本大使「安達峰一郎閣下について」　21

クロード・ファレル氏「日本の魂」　25
夏目漱石（レイモン・マルチニ氏訳）「我輩は猫である」　27
国会議員マクサンス・ビビエ氏「太平洋問題に於ける日本の役割」　58
「日本美術の幾つかの展覧会」　75
ポール・サンテナック「日本に讃えられたジャック＝ポール・フォール空軍大将」　79
エドゥアール・クラヴリー「コロンビアへの日本移民プロジェクト」　80
協会ニュース　83
一九二八年三月三〇日年次総会／一九二八年三月四日安達大使閣下ご夫妻のための夕食会／六月二日の夕食会
蓋棺録　101
パリ日仏協会副会長イヴ・ギヨ氏／武田額三陸軍少将（大使館付武官）／若月、デュメイ、エラリー氏／学士院会員エミール・セナー氏／ジャン＝ジャック・マチニオン博士
出版物　105
フランソワ・ド・テッサン『古い日本と新しい日本』／夏目漱石『門』（レイモン・マルチニ氏訳）／オレスト・プレネー東洋語学校教授『日本の農地問題』　107

注：各論文の責任は著者にあり、当協会会長は、その内容は不問。

第七〇号（一九二九年）

昭和天皇の即位　7
一九二八年一一月一〇日の詔勅／一、一九二八年一一月一〇日―一二日の京都及び日本全国の式典／二、パリの日本大使館での同日の式典とレセプション　14
山田三良「日本帝国学士院、東京大学名誉法学部長の講演会」　18
一、一九二九年五月六日　日本の外国人の法的現状　於パリ大学法学部／二、一九二九年六月八日　シテ・ユニヴァーシテールの薩摩会館にて、東京日仏会館から、日仏会館へ　31
野口米次郎「裸足の女」（レイモン・マルチニ訳）　39
ポール・サンテナック「日本美術の小展覧会とサロン」　45
伝聞　53
日本のシェークスピア、パリ・テアトル・フェミナの日本舞踊、東京の洋楽／国際連盟　安達峰一郎大使を議長とするマドリッド会議、ケロッグ条約、日本による修正、田中（義一）内閣の失墜と危機／海軍軍縮、太平洋に於ける武力均衡／南米への日本人移住、帝国内閣の決定、大砲設備／日仏イヴェント―日本のフランス現代美術展

ローザ・マラメ「蓮」（詩）／L＝A・ニュミール「日本の菊栽培」／トーミア＝ジュヌヴィエーヴ・モリタ夫人「料理ガイド」／（ジュール・）コレアー氏　横浜フランス商工会議所事務局長「日仏貿易について」 68

招待者　林春雄、山田三良東京帝国大学教授 71

協会ニュース 86

国際連盟の分科会と専門家会議での日本代表のための茶会／シテ・ユニヴェルシテールの日仏会館除幕式／フェルナン・スアール会長への旭日大綬章授賞

出版物 91

ジャック・ドートルメール「本庄（栄次郎）教授『徳川時代の農民』」／ウルリッヒ・オダン氏の日本とフランスの絵画コレクション／ミッシェル・リボー『若きスタニスラスの日本旅行、又は、日本文明についてのエッセー』／エドゥアール・クラヴリー（以下全て、クラヴリー氏のコメント）「アニー＝シェブレイ・オオモリ、コウイチ・ドイ、アミー・ローウェル『古代日本宮廷女性達の日記』（マルク・ロジェ訳、英訳から）」／紫式部『源氏物語』（キク・ヤマタ訳）／アルベール・メボン、キク・ヤマタ『日本美術展カタログ』（ジュー・ド・ポーム美術館）

ミジオン「一、日本美術」「三、日本版画」「三、日本の神社探訪」M・J・バロ『日本の磁器』／アルベール・メボン『日本の寺院、建築と彫刻』／アンリ・フォション『北斎』／セルジュ・エリセーエフ『日本の現代絵画』／エルンスト・グロッセ『極東の墨絵』／日本美術推薦本、一幽斎広重「東都名所雪景色」／エドゥアール・クラヴリー「宮島綱男『文楽研究への貢献』」／エドゥアール・クラヴリー「オスカー＆セシリー・グラフ『日本の幽霊についての本』」／エドゥアール・クラヴリー「織田萬『日本行政法論』」

第七一号（一九三〇年）

外交官且つ法律家の安達峰一郎日本大使閣下のために 7

履歴概要／二月一三日安達閣下御夫妻の離仏

芳澤謙吉在仏日本大使閣下の赴任 13

ジョゼフ・ドートルメール「浄土宗と浄土真宗――一三世紀の仏教改革」 15

シルヴァン・レヴィ「東京日仏会館」 23

ポール・サンテナック「パリ大学都市日本館」 37

宮島綱男「日本の文楽研究」 45

歴史／技術／作品の分析（菅原伝授手習鑑、出世景清、道行初音旅）

エドゥアール・クラヴリー「散文と詩」57

エミール・リュッツの俳諧／俳諧や短歌をフランスの詩の中に移植する幾つかの試み／哲学博士、W＝L・シュヴァルツ氏の著作について／日本語に訳されたプルースト

本多辰次郎「江戸時代の文学と芸術に及ぼした朝廷の影響」（セルジュ・エリセーエフ訳）65

ジャン・スリアック「日本の時間　京都での芸者との一夕」71

ポール・サンテナック「日本美術展」83

エドゥアール・クラヴリー「リュクサンブール美術館の日本絵画寄贈」「一九二九年一二月三〇日ルーヴルでの贈呈式」「シルヴァン・レヴィと教育相の挨拶　川村清雄画伯の作品」93

エドゥアール・クラヴリー「美術ノート」97

洋画家岡見富雄画伯／コルマールのウンターリンデン美術館へのランヴェイユ夫人の寄贈による極東展示室、及び、ジャック・ヴァルツ氏前書のカタログ出版／一九三〇年二月一日、日本大使館での余興歌唱　メゾ・ソプラノ佐藤美子

伝聞 107

エコール・ポリテクニックと日本　曾我（祐準）子爵（陸軍中将）と学士院／エドゥアール・クラヴリー「会員（ジョルジュ・）ペリエ将軍参加の東京土木工学学会開催」／F・C「ジュネーヴのアリアナ美術館から東京品川寺に（行方不明の）大釣鐘　五〇年後里帰り　代わりに、灯篭二脚と鐘のレプリカを寄贈」／エドゥアール・クラヴリー「メッツと江戸　火事と花」／衆議院議員選挙／社会博物館でのジャン・グラーシー氏の講演「東京市の整備と拡大計画」／「芸者」の定義について

協会ニュース 115

安達日本大使閣下御夫妻の離仏

蓋棺録 119

一九一九年ジョルジュ・クレマンソー名誉会長の逝去／レオン・モリ氏／ジャック・ドゥーセ氏／佐分利（貞男？）駐中国参事官／三浦（弥五郎）海軍大佐／アーノルド・ヴィシエール東洋語学校中国語教授

出版物

一、新着単行本と短編 123

「G・スリエ・ド・モラン『忠義な侍或いは四十七士の物語』」／「シルヴァン・レヴィ夫人『インドにて』」／「ハルトムート・ピペー『日中国民の生活発展の法則』」／「シャルル・ジャコブ大佐『近松名作集―シルヴァン・レヴィ前書付』」／「ジョルジュ・ボノー『現代フランス詩に於ける象徴主義』」／「ジャン＝マリー・マルタン神父『神道研

究』」（以上、エドゥアール・クラヴリー）

二、定期刊行物　137

『パリ日仏会館年報』

知的交流　世界の出版状況

エドゥアール・クラヴリー「伊勢の遷宮について」（『ツーリスト』第一七号、一九二九年一〇月）／「サイゴン」（『極東アジア』）／『パリ通信』（第九号、一一月二〇日（R・M・））／『フランス極東学院報』（第二八号、一九二八年一月―六月）／『日本アジア学会会報』（一九二八年一二月）／『ロンドン・ジャパン・ソサエティ会報』（一九二八年―一九二九年）／『東洋文学』（一九三〇年四月）／『児童』（第三〇一号（一九二九年四月―五月―六月）／『形』（第四号、一九三〇年四月）／エドゥアール・クラヴリー「『フランコ・ニッポン』（第一二号、一九三〇年二月）」／『横浜日仏商工会議所会報』（一九二九年八月―一九三〇年二月）／エドゥアール・クラヴリー「『イラストレーション』（クリスマス特別号、一九二八―一九二九）」

第七二号（一九三〇年の第二号）

芳澤（謙吉）日本大使閣下「新世界の五カ国の解放者―シモン・ボリヴァーを讃えて」（ジュネーヴ国際連盟会議での講演、一九三〇年一〇月二日午前）　7

ミッシェル・リボー神父「聖地高野山への旅行」　11

アンドレ・ルキュ氏「四〇年前の日本内陸一週間旅行―東京から諏訪湖まで」　39

レイモン・マルチニ少佐「柳亭種彦とその傑作「田舎源氏」」　69

ポール・サンテナック「四箇所での日本画家の作品展」　75

M・ユベール「一九三〇年九月東京での国際統計研究所第一九回会合　81

ウジェーヌ・ルメール氏「日本の科学・技術ニュース」　85

ガルニエ海軍砲兵技官「一八六五年―一八七五年の日本海軍付医官ポール＝アメデー＝リュドヴィック・サヴァチエ氏の植物研究」　99

伝聞　101

安達（峰一郎）閣下のハーグ国際裁判所裁判官及び同裁判所所長任命／徳川（家正）公閣下の国民議会訪問／ジュネーヴ・アリアナ美術館の大釣鐘の日本への返還／国勢調査六四四四七〇〇〇人（一九三〇年一〇月）／ローラン・エイナック航空相に帝国飛行協会の金メダルを授与／一九三〇年九月一四日ギメ美術館にて仏教法会（曹洞宗）／仏教とその影響について（エドゥアール・クラヴリー氏の講演）／池野誠一郎教授を、フランス学士院会員に選出／ソルボンヌ大学で二人の日本人が博士号取得　大学博士号　好富正臣氏「古代日本の経済史研究―太古から二世紀迄」、文学博士号　松本信広氏（神話学）「日本人とアジア・オーストリア言語」

協会ニュース　111

一九三〇年三月二八日年次総会／若槻（礼次郎）閣下の為の昼食会／徳川（家正）公のためのレセプション／芳澤（謙吉）日本大使閣下のためのレセプション／高松宮（宣仁）殿下御夫妻のためのレセプション／在仏日本大使館河合（博之）参事官のワルシャワ大使館特命全権公使就任

蓋棺録　120

ガストン・ミジオン国立美術館連合名誉会長（レイモン・ケクラン副会長挨拶）

波多野（貞夫）海軍中将率いるヨーロッパ使節団　122

アンドレ・ルナー「中谷治宇二郎東京大学教授による、日本の先史時代」　127

出版物

単行本とエッセー　130

「『近松の傑作』」（ジャコブ大佐訳）／「『日本美術年鑑　一九二八年』」（東京）／「『日本経済・財政年鑑　一九二九年』」大阪／エドゥアール・クラヴリー「Hitono — Matsu『日の出』」／（同上）「杉本・稲垣　鉞（えつ）『えつ　侍の娘』」／（同上）「シルヴァン・レヴィ『インドと世界』」／（同上）「正宗白鳥『冷涙』」（S・浅田、シャルル・ジャコブ共訳）／（同上）「ガストン・ミジオン『ルーヴル美術館の極東蒐集品』」

定期刊行物　139

H・ルクヴレー「アンジェーのテュルパン・ド・クリッセー美術館の日本の版画コレクションについて」（『パンセー美術館カタログ』第八号）／『世界の鏡』（第四七号、一九三一年一月二四日）／『ジャパンソサエティ議事録』（第二七巻、一九二九―一九三〇）／『日本のフランス商業会議所会報』（一九三〇年一〇月―一一月）／ノエル・ヌエ「今日の日本の地方に於ける生活の様子」（『週刊雑誌』一九三〇年八月二四日、三一日、九月六日）／その他／「京都の景色」（一二枚の現代版画家の作品）

注：各論文の責任は著者にあり、当協会会長は、その内容は不問。

第七三号（一九三一年）

協会の規約と名簿　7

柳亭種彦「偐紫田舎源氏―第一章」（レイモン・マルチニ翻訳）19

W・アエー「ブリュッセル王立美術館付「日本刀」」　29

美術ノート　47

遠山ようこ「ウルリッヒ・オディンのパリ発書簡」／木下夫妻の展覧会／木下（義謙）画伯夫妻の作品展／チュイリーのサロン——Masako 松本氏／パリの日本演劇 C・メイリ氏のデッサン

日本海軍遠洋演習航海 50

一九三一年五月のフランス寄港／日本帝国海軍青年将校の養成について

一九三一年八月、二人の日本人飛行士のパリ訪問 55

伝聞 61

一九三〇年一〇月 最近の国勢調査の結果／日本人女性の参政権／日本からアメリカ西海岸への太平洋横断飛行／台湾の暴動／法王庁美術館に日本人画家の作品三八点寄贈／パリ東京長距離飛行／コレージュ・ド・フランス創立四〇〇年記念祭（市河三喜、後藤末雄両氏が東京帝国大学及び法政大学を代表して参加）／「日本の奇蹟」の説明 国民の犠牲の上に国力の高揚が可能／神道についての授業（パリのインスティテュー・カトリックでミッシェル・リボー神父が開始）

協会ニュース 67

一九三一年二月二七日年次総会／局長の報告／大使館付武官、長岡（春一）陸軍中将／左近司（政三）海軍中将、将校並びに士官候補生のためのレセプション

蓋棺録 75

ボーモン伯爵

出版物 77

『フランス極東学院報』（第三九巻、一九二九）／後藤末男「極東と西洋の初期文明交流」／市河三喜「英語とその他のヨーロッパ言語の日本語への影響」／後藤末男、モーリス・プルニエ共著『平家物語のエピソード／その他、受領図書について、エドゥアール・クラヴリー氏のコメント／フエリシアン・シャレイ「日本の昔話」／キク・ヤマタ「乃木大将の人生」／井原（エバラ）西鶴「男色大鑑—一二世紀（ママ）の日本」／Karl ＝ Kiyoshi・川上「日本と世界の平和」（近代国家コレクション、一九二二）／エチエンヌ・ミカール「日本」（経済単行本コレクション、一九二八）／T・榎本「ヴィクトル・ユゴーの抜粋」（一九一五）／T・榎本「エミール・ゾラの小品抜粋」（一九二三）

第七四号（一九三二年）

エミール・アンリ・バルビエ「ゴンクール兄弟のジャポニズム」 7

G・フルリー夫人「ジャン・フルリー（アンドレ・フロリーのペンネーム）『カメリア―日本起源の植物』」／日本の帝国大学／日本の天皇陛下の寄付／国勢調査／東京日仏会館のJ・アッカン夫妻／日本に於けるレイモン・マルチニ司令官／日本の空軍

美術ノート　33

木下義謙「画家」（作品「静物」写真共）／岡見富雄の日本旅行／ウルリッヒ・オディン氏コレクションのギメ美術館での展覧会／Masako 松本女史／エヌリー美術館でのサンテナック氏の講演会

ルネ・ド・ヴォーヴィエー「日出ずる国」「芸者」（ソネット二作）　39

協会ニュース

芳澤（謙吉）大使閣下の離仏　41／長岡（春一）大使閣下の赴任　42

蓋棺録　45

レイモン・ケクラン協会副会長／アンリ・シュモル元司令官

出版物

単行本　47

フランシス・リュエラン高等研究院助教授「地理学と地質学の幾つかの問題についてのメモ」（一九二六―一九三〇訪日研究）／ジョルジュ・モンタンダン博士「アイヌ文明」／レイモン・ケクラン「極東の老いた素人芸術家」／ジョルジュ・ボノー「我々の心」（フランスの歌と物語）／リシャール・ブラッケー「コンパスの守護人　ウイル・アダムス」／その他　N・坂本　50／松岡洋右／ジャン＝シプリアン・バレ／ジョルジュ・ボノー「日本と満洲」　51

定期刊行物

『横浜フランス商工会議所報』／「北里柴三郎（六月一三日逝去）」（『医学専門誌』、一九三一年七月一八日号）

注：各論文の責任は著者にあり、当協会は、その内容は不問。

『フランス・ジャポン』関連年表

和田桂子＝編

年表作成にあたって、加藤聖文『満鉄全史―「国策会社」の全貌』（講談社、二〇〇六年）、蘇崇民著、山下睦男・和田正広・王勇訳『満鉄史』（葦書房、一九九九年）、和田博文ほか『パリ・日本人の心象地図一八六七―一九四五』（藤原書店、二〇〇四年）を参考にした。

一九〇六（明治39）年

一月　在仏日本公使館が大使館に昇格（29日）。**七月**　日本政府、児玉源太郎を南満洲鉄道株式会社設立委員長に任命（13日）。児玉源太郎、死去（24日）。日本政府、陸軍大臣寺内正毅を満鉄設立委員長に任命（25日）。**九月**　満鉄事務所設立（10日）。**一一月**　後藤新平が初代満鉄総裁兼関東都督府顧問に就任（13日）。満鉄設立大会（26日）。満鉄、本社を東京に設置（27日）。この年、E. Papinot, *Dictionnaire d'histoire et de géographie du Japon* 東京で刊行。Tei-San, *Notes sur l'art japonais II La sculpture et la ciselure* パリで刊行。

一九〇七（明治40）年

三月　満鉄本社を大連に移し、東京に支社を設置（5日）。**四月**　満鉄、正式開業（1日）。**七月**　満鉄、東清鉄道との接続業務条約調印（21日）。第一回日露協約調印（30日）。**一〇月**　満鉄、附属地行政を開始。**一一月**　大連で『満洲日日新聞』発行（3日）。この年、Michel Revon, *Le Shinntoïsme: Les Dieux de Shinnto* パリで刊行。

一九〇八（明治41）年

七月　第二次桂太郎内閣成立。後藤新平、逓信大臣に就任（14日）。**八月**　大連のヤマトホテルが営業開始（1日）。**一二月**　満鉄、電気作業所・ガス作業所を設置（15日）。中村是公、第二代満鉄総裁に就任（19日）。

この年、J. C. Balet, *Grammaire Japonaise Langue Parlée* パリで刊行。Nagao Ariga, *La guerre russo-japonaise au point de vue continental et le droit international d'après les documents officiels du grand état-major japonais* パリで刊行。Michel Revon, *Le rituel du feu dans l'ancien Shinnto* パリで刊行。Le Comte de Saint-Maurice, *La civilisation économique du Japon: son expansion en Extrême-orient* パリで刊行。

一九〇九（明治42）年

二月　パリで『新フランス評論』*Nouvelle Revue Française* 創刊。**五月**　満鉄、奉天公所設置（1日）。**七月**　満鉄、附属地内に公学堂設置。**九月**　夏目漱石、大連に到着（6日）。**一〇月**　伊藤博文、ハルビンで暗殺される（26日）。

この年、一八八六年に日本で創設された仏学会が日仏協会と改称される。Claude Farrère, *La Bataille* パリで刊行。Takeshi Ishikawa, *Étude sur la Littérature impressionniste au Japon* パリで刊行。Charles Vignier, *Estampes japonaises primitives exposées au Musée des Arts Décoratifs en février 1909* パリで刊行。

一九一〇（明治43）年

七月　第二回日露協約調印（4日）。**八月**　日韓併合条約調印（22日）。

この年、Michel Revon, *Anthologie de la Littérature japonaise des origins au XXe siècle* パリで刊行。B. H. Chamberlain, *Japanese Poetry* ロンドンで刊行。Charles Vignier, M. Inada, *Harunobu, Koriusai, Shunsho: Estampes japonaises: catalogue de l'exposition au Musée des Arts Décoratifs en 1910* パリで刊行。Charles Leroux, *La Musique classique japonaise* パリで刊行。

一九一一（明治44）年

六月　満鉄、奉天に南満医学堂を開設（15日）。**八月**　第二次西園寺公望内閣成立（30日）。**一〇月**　上海事務所設置。辛亥革命（10日）。

この年、Charles Vignier, M. Inada, *Kiyonaga, Buncho,*

Sharaku, Catalogue de l'exposition d'estampes japonaises au Musée des Arts Décoratifs パリで刊行。Olivier le Paladin, *Plutôt la mort*(徳富蘆花『不如帰』)パリで刊行。

一九一二（明治45・大正元）年

一月　中華民国成立（1日）。**三月**　ジャパン・ツーリスト・ビューロー設立（12日）。**七月**　第三回日露協約調印（8日）。明治天皇死去。「大正」に改元（30日）。**一二月**　第三次桂太郎内閣成立（21日）。

この年、Henri Cordier, *Bibliotheca Japonica* パリで刊行。

一九一三（大正2）年

一月　フランス人コットが東京にフランス語の私塾（のちのアテネ・フランセ）開設。**二月**　第一次山本権兵衛内閣成立（20日）。**四月**　満鉄、教育研究所を開設。**六月**　藤田嗣治渡仏。**七月**　中国第二革命（12日）。**一〇月**　満蒙五鉄道協約成立（5日）。**一二月**　野村龍太郎、第三代満鉄総裁に就任（19日）。

この年、レオン・ドゥーベル死去。Charles Vignier, M. Inada, *Utamaro: Estampes japonaises exposées au Musée des Arts Décoratifs en 1912* パリで刊行。*Mitraille humaine: récit du siège de Port Arthur*（桜井忠温『肉弾』）パリで刊行。

一九一四（大正3）年

四月　大隈重信内閣成立（16日）。**七月**　中村雄次郎、第四代満鉄総裁に就任（15日）。第一次世界大戦勃発（28日）。**八月**　大連ヤマトホテル新館が開業（1日）。

この年、Yone Noguchi, *The Spirit of Japanese Poetry* ロンドンで刊行。Louis Aubert, *Les Maîtres de l'estampe japonaise* パリで刊行。Charles Vignier, J. Lebel, M. Inada, *Yeishi, Choki, Hokusai: Estampes japonaises exposées au Musée des Arts Décoratifs en janvier, 1913* パリで刊行。

一九一五（大正4）年

一月　日本、中国に二十一カ条の要求（18日）。**五月**　二十一カ条に調印（25日）。

一九一六（大正5）年

六月　袁世凱死去（6日）。**七月**　第四回日露協約調印（3日）。**一〇月**　寺内正毅内閣成立。

一九一七（大正6）年

三月　満鉄、哈爾濱公所を設立（1日）。ロシア二月革命（15日）。満鉄、奉天に南満中学堂を設立（28日）。**七月**　寺内内閣が拓殖局を新設。中村雄次郎が関東都督に就任し、満鉄を統裁。満鉄は「総裁」を廃止し、国沢新兵衛を理事長（第五代満鉄首脳）に就ける（31日）。**九月**　孫文、広東に軍政府を樹立（10日）。**一一月**　ロシア十月革命（7日）。

この年、A. K. Reischauer, *Studies in Japanese Buddhism* ニューヨークで刊行。Paul Claudel, *Connaissance de l'Est* パリで刊行。

一九一八（大正7）年

一月　満鉄、北京公所を設置（15日）。**四月**　満鉄、吉林公所を設置（1日）。**五月**　満鉄、鞍山製鉄所を開設（15日）。**八月**　日本、北満へ出兵（15日）。**九月**　満蒙四鉄道協約成立（24日）。原敬内閣成立（29日）。**一一月**　第一次世界大戦終結（11日）。

一九一九（大正8）年

四月　満鉄、ニューヨーク事務所開設。／関東都督府が撤廃され、関東庁と関東軍司令部が設立される。関東庁が満鉄の直接監督機関となる。野村龍太郎、満鉄社長（第六代首脳）に就任（12日）。**六月**　ヴェルサイユ講和条約調印（28日）。

この年、西園寺公望が全権委員としてパリ講和会議に出席。Kikou Yamata, *Ballades et Promenades* 東京で刊行。A. Gérard, *Ma mission au Japon* パリで刊行。

一九二〇（大正9）年

一月　国際連盟設立。**三月**　満鉄、第一次増資。資本金が二億円から四億四千万円に。**四月**　東久邇宮稔彦が皇族留学の制度でフランス留学。**七月**　満鉄と関東庁が満蒙文化協会を設立。**九月**　『新フランス評論』でハイカイ特集。

この年、町田梓楼が朝日新聞社特派員としてパリに赴く。Yoshie Takamatsu, *L'ermite, légende dramatique en trois actes*（坪内逍遥『夜の行者』）パリで刊行。

一九二一（大正10）年

五月　早川千吉郎、満鉄社長（第七代首脳）に就任（31日）。**六月**　ギメ美術館より *Bulletin de l'Association Française des Amis de l'Orient* 創刊。**一一月**　ポール・クローデル、駐日大使着任。／原首相暗殺、高橋是清内閣成立（4日）。ワシントン会議開始（12日）。

この年、東京帝大地震研究所所長・石本巳四雄がパリのP・ランジュヴァン教授研究室へ。Masaharu Anesaki, *Quelques pages de l'histoire religieuse du Japon* パリで刊行。Noël Peri, *Cinq Nô, drames lyriques japonais* パリで刊行。Nico-D. Horigoutchi, *Tankas, petits poèmes japonais* パリで刊行。

一九二二（大正11）年

二月　ワシントン会議で九カ国条約調印（6日）。**五月**　南満医学堂が南満洲医科大学に昇格（10日）。**六月**　加藤友三郎内閣成立（12日）。シベリア撤兵を決定（23日）。**七月**　東久邇宮稔彦がパリの陸軍大学を卒業。／満鉄、上海航路を大連汽船会社に譲渡（1日）。満鉄、斉斉哈爾公所を開設（26日）。**八月**　国際連盟の諮問委員会として国際連盟知的協力委員会が、新渡戸稲造を幹事長として創設される（1日）。**一〇月**　川村竹治、満鉄社長（第八代首脳）に就任（24日）。**一一月**　松尾邦之助、渡仏（28日）。**一二月**　ソヴィエト社会主義共和国連邦成立（30日）。

この年、里見宗次が渡仏。Tsuguharu Foujita, *Les légendes japonaises: l'eau, la terre, le ciel, le feu* パリで刊行。René Grousset, *Histoire de l'Asie* vol. 3 パリで刊行。M. Mitsukuri, *La vie sociale au Japon* パリで刊行。Takamatsu Yoshie, *Ourashima*（坪内逍遥『浦島』）パリで刊行。

一九二三（大正12）年

三月　日本は義和団事件の賠償金などを基金に、日中の学術文化交流のための「対支文化事業特別会計法」を制定（30日）。**四月**　満鉄、哈爾濱公所と哈爾濱運輸事務所を合併し、哈爾濱事務所を設立、その中に調査課を新設（21日）。**五月**　外務省内に「対支文化事務局」（のちの文化事業部）設置。**九月**　関東大震災（1日）。第二次山本権兵衛内閣成立（2日）。**一二月**　パリ日本人会創立。*Japon et Extrême-Orient* パリで創刊。

この年、キク・ヤマタ、パリへ。早川雪洲が映画「戦闘（ラ・バタイユ）」製作のためパリ入り。映画完成。杉村陽太郎が駐フランス大使館一等書記官に。北白川宮成久王がパリ郊外で自動車事故により死去。W. M. McGovern, *A Manual of Buddhist Philosophy Vol. I Cosmology* ロンドンで刊行。Fukujiro Wakatsuki, *Légendes japonaises* リヨンで刊行。Victor-Frédéric Weber, *Ko-jï-ho-ten: dictionnaire à l'usage des amateurs et collectionneurs d'objets d'art japonais et chinois* パリで刊行。Serge Elisseev, *La peinture contemporaine au Japon* パリで刊行。C. Marchand, *Le lavis en Extrême-Orient par Ernst Grosse* パリで刊行。N. Ogata, *Botchan ou Jeune homme irréfléchi*（夏目漱石『坊っちゃん』）東京で刊行。Torahiko Kôri, *Yoshitomo: tragédie en trois actes de l'ancien Japon* パリで刊行。

一九二四（大正13）年

一月　清浦奎吾内閣成立（7日）。**二月**　満鉄、埠頭事務所上海支所を撤廃し、上海事務所を設立（19日）。**三月**　渋沢栄一子爵を理事長とし、フランス大使ポール・クローデルを名誉理事長として、日仏会館が東京に創立される（7日）。**四月**　鶴見三三が国際連盟保健委員会・公衆衛生国際事務局委員会の日本代表となる。**五月**　パリ・オリンピック開催（4日）。フランス下院総選挙で社会党・急進社会党が過半数を獲得（11日）。中ソ国交回復（31日）。**六月**　加藤高明内閣成立（11日）。安広伴一郎、満鉄社長（第九代首脳）に就任（22日）。調査課洮南派出所が洮南公所に昇格（23日）。

この年、ルイ＝エミール・ベルタン死去。日本劇「ラ・

バタイユ」のオデオン座初演。Kikou Yamata, *Sur des lèvres japonaises* パリで刊行。Serge Elisséev, *Neuf nouvelles japonaises* パリで刊行。Masaomi Yoshitomi, *Femmes japonaises et leur littérature, Anthologie de la littérature japonaise contemporaine* パリで刊行。H. De Winiwarter, *Kiyonaga et Choki, illustrateurs de livres* パリで刊行。G. Ripert, Sozo Komachiya, *Code de Commerce de l'Empire du Japon* パリで刊行。Albert Maybon, *Le Japon d'aujourd'hui* パリで刊行。

一九二五（大正14）年

三月　松尾邦之助がパリ日本人会の書記となる。／孫文死去（12日）。**四月**　パリにて現代装飾美術産業美術国際博覧会（28日）。**五月**　松尾邦之助がギメ美術館の「東洋友の会」でスタイニルベル＝オーベルランと知り合う。**六月**　環太平洋諸国の相互理解を目的とする「太平洋会議」開催（30日）。**七月**　日中両国委員による東方文化事業総委員会が発足。東京で『日仏芸術』創刊。／太平洋問題調査会が正式発足（11日）。**八月**　パリにて石黒敬七編集『巴里週報』創刊（1日）。加藤高明の憲政会単独内閣成立（2日）。**一〇月**　第一回在パリ日本人美術家展（3日）。

この年、藤田嗣治がレジオンドヌール勲章受章。Kikou Yamata, *Masako* パリで刊行。Marc Logé, *Journaux intimes des Dames de la Cour du Vieux-Japon*（『更級日記・紫式部日記・和泉式部日記』）パリで刊行。S. Asada, Charles Jacob, *Puisque je l'aime*（谷崎潤一郎『愛すればこそ』）パリで刊行。A. Maybon, *Le Théâtre japonais* パリで刊行。

一九二六（大正15・昭和元）年

一月　第一次若槻礼次郎内閣成立（30日）。**二月**　パリにて松尾邦之助編集『ルヴュ・フランコ・ニッポンヌ』*Revue Franco-Nipponne* 創刊（15日）。**一一月**　第二回在パリ日本人美術家展（10日）。**一二月**　大正天皇死去。「昭和」に改元（25日）。

この年、西條八十、フランスから帰国。楢橋渡が東京弁護士会・日本弁護士協会より陪審法調査の依頼を受け、渡仏。フランシス・リュエランの発案で、フランス大使の協力により、日仏文化協会設立。国際連盟知的協力委員会に対応する国内組織として、山田三良を委員長とする学術協力国内委員会が創設される。Fukujiro Wakatsuki, *Le Japon traditionnel* パリで刊行。Emile Steinilber-Oberlin, Hidetaké Iwamura, *Chansons des Geishas* パリで刊行。M. Yoshitomi, Albert Maybon, *Cette Femme-là*（有島武郎『或る女』）パリで刊行。Katsuro Hara, *Histoire du Japon des origins à nos jours* パリで刊行。

一九二七（昭和2）年

三月　金融恐慌（14日）。**四月**　柳沢健がフランス日本大使館よりスウェーデン日本公使館に異動。／満鉄、情報課を設置（1日）。田中義一内閣成立（20日）。**五月**　松尾邦之助、オート・エチュード・ソシアル卒業免状を受ける。日仏会館より税所篤二編集『日仏文化』創刊。／岡本綺堂『修善寺物語』、「ル・マスク」としてコメディ・デ・シャンゼリゼ座で上演（24日）。第一次山東出兵（28日）。**六月**　川路柳虹、パリへ。松尾邦之助、アンドレ・ジッド宅訪問。／東方会議（27日）。**七月**　日仏会館より *Bulletin de la Maison Franco-Japonaise* 創刊。／田中義一首相、東方会議で対中政策要綱を発表（7日）。第二回太平洋会議開催（15日）。山本条太郎、満鉄社長（第一〇代満鉄首脳）に就任（19日）。**一〇月**　パリの中央文献資料協会にて「日本の会」（21日）。**一一月**　第三回在パリ日本人美術家展（7日）。

この年、パリでスタイニルベル＝オーベルラン、ルネ・モーブラン、松尾邦之助、川路柳虹らによって日仏文化連絡協会設立。佐藤尚武が国際連盟帝国事務局長、杉村陽太郎が事務局次長に。京都に関西日仏学館、開館。出島春光、パリへ。William Leonard Schwarz, *The Imaginative Interpretation of the Far East in Modern French Literature* パリで刊行。Inazo Nitobe, *Japanese Traits and Foreign Influences* ロンドンで刊行。Charles Jacob, *Le Bushido, l'âme du Japon*（新渡戸稲造『武士道』）パリで刊行。Daisetz Teitaro Suzuki, *Essays in Zen Buddhism 1st series* ロンドンで刊行。Gabriel Mourey, *Le livre de Thé*（岡倉覚三『茶の本』）パリで刊行。Serge Elisséev, *Le Jardin des Pivoines, suivi de cinq récits d'écrivains contemporains*（永井荷風『牡丹の客』他）パリで刊行。Kuni Matsuo, E. Steinilber-Oberlin, *Les Haï-Kaïs de Kikakou*（『其角のハイカイ』）パリで刊行。Suéo Goto, M. Prunier, *Extraits du Heike Monogatari*（『平家物語』）パリで刊行。R. Martinie, *La Porte*（夏目漱石『門』）パリで刊行。Kikou Yamata, *Le Shoji*, *Les huit renommées*, *Vers l'Occident* パリで刊行。N. Yoshitomi, *Études sur l'histoire économique de l'ancien Japon des origines à la fin du VIIe siècle* パリで刊行。Charles Vildrac, *D'un voyage au Japon* パリで刊行。Georges Montandon, *Au pays des Ainou* パリで刊行。Ken Sato, *Contes d'amour des samouraïs*（井原西鶴『男色大鑑・武道伝来記・武家義理物語』）パリで刊行。Juntarô Maruyama, *Mumyô et Aizen, l'éternelle idole*（谷崎潤一郎『永遠の偶像』）*L'amour est une maladie*（菊池寛『恋愛病患者』）*La providence du moment*（菊池寛『時の氏神』）*Le nez et autres contes par Akutagawa Ryûnosuke*（芥川龍之介『鼻』他）東京で刊行。

一九二八（昭和3）年

一月　辻潤、読売新聞社パリ文芸特置員として渡仏。**四月**　第二次山東出兵（20日）。**五月**　第三次山東出兵（9日）。東方文化事業総委員会に中国側が辞表提出（13日）。**六月**　張作霖、爆死（4日）。パリにて日本美術大展覧会（8日）。国民革命軍北京入城（9日）。**一〇月**　蒋介石、国民政府主席就任（8日）。**一一月**　第四回在パリ日本人美術家展（9日）。

この年、松尾邦之助、帰国。東京市仏貨公債事件発生。姉崎正治、レジオンドヌール勲章受章。名取洋之助、ドイツへ。Kikou Yamata, *Le Roman de Genji*（紫式部『源氏物語』）パリで刊行。F. A. Lombard, *An Outline History of the Japanese Drama* ロンドンで刊行。B. H. Chamberlain, *The Language, mythology and geographical nomenclature of Japan, viewed in the light of Aino Studies, including an Aino Grammar by John Batchelor and a catalogue of books relating to Yezo and Ainos* 東

京で刊行。Emile Steinilber-Oberlin, Kuni Matsuo, *Les Notes de l'Oreiller*（清少納言『枕草子』）パリで刊行。Jules Sion, *Asie des moussons* Vol. 1 パリで刊行。Serge Elisseev, *Japon, histoire et historiens depuis cinquante ans* パリで刊行。Yorodzu Oda, *Principes de droit administratif du Japon* パリで刊行。Nobuhiko Matsumoto, *Essai sur la mythologie japonaise, Recherches sur quelques thèmes de la mythologie japonaise, Le Japonais et les langues austroasiatiques-étude de vocabulaire comparé* パリで刊行。

一九二九（昭和４）年

二月　有島生馬、帰国。**三月**　日仏仏教協会発会式（20日）。**五月**　キク・ヤマタ、帰国のためパリを発つ。／満鉄鉄道部、坂本直道を駐パリ特派員に任命。松尾邦之助、読売新聞社パリ文芸特置員としてパリに戻る（8日）。パリ国際大学都市日本館の開会式（10日）。**六月**　パリにて日仏文化連絡協会より『巴里旬報』創刊。**七月**　浜口雄幸内閣成立（2日）。中ソ国交断絶（18日）。**八月**　満鉄「総裁」を復活させ、仙石貢、第一一代満鉄総裁に就任（14日）。**九月**　藤田嗣治、帰国。**一〇月**　フランス日本美術家協会展。／第三回太平洋会議にて満洲問題が議論される（23日）。世界恐慌（24日）。**一二月**　中ソ、中東鉄道に関する協定に調印（22日）。

この年、川路柳虹、帰国。J. Ingram Bryan, *The Literature of Japan* ロンドンで刊行。E. Steinilber-Oberlin, Kuni Matsuo, *Le livre des Nô* パリで刊行。E. Steinilber-Oberlin, Kuni Matsuo, *Drames d'amour*（岡本綺堂『修禅寺物語・キリシタン屋敷・鳥辺山心中』）パリで刊行。Kikou Yamata, *Shizouka, Saisons suisses* パリで刊行。Asataro Miyamori, *Chef-d'oeuvre de Tchikamatsou: le grand dramaturge japonais* パリで刊行。Paul Claudel, *L'Oiseau noir dans le soleil levant* パリで刊行。

一九三〇（昭和５）年

一月　『ルヴュ・フランコ・ニッポンヌ』終刊。藤田嗣治、パリに戻る。**四月**　鉄道省国際観光局創設。**七月**　国際観光委員会創設。**一一月**　浜口首相狙撃される。**一**

二月　キク・ヤマタ、パリに戻る。

この年、松尾邦之助がアンドレ・ジッドにカフェ・ロトンドでインタビュー。ソ連のプロパガンダ誌 *USSR in Construction* 創刊。日仏文化協会が財団法人となる。アレクサンドル・サハロフ夫妻、来日。René Grousset, *Les Civilisations de l'Orient, tome IV le Japon* パリで刊行。Masaharu Anesaki, *History of Japanese Religion* ロンドンで刊行。E. Steinilber-Oberlin, Kuni Matsuo, *Les Sectes Bouddhiques japonaises* パリで刊行。Charles Jacob, *Chefs-d'oeuvre de Tchikamatsou, le Shakespeare japonais* パリで刊行。S. Asada, Charles Jacob, *Larmes Froides*（正宗白鳥『冷涙』）パリで刊行。S. Goto, M. Prunier, *Episodes du Heike monogatari*（『平家物語』）パリで刊行。Kikou Yamata, *Japon, dernière heure, Trame au Milan d'or* パリで刊行。R. de Cérenville, *Etsu, fille de Samouraï*（杉本鉞子『武士の娘』）パリで刊行。

一九三一（昭和6）年

二月　小松清がガリマール書店でアンドレ・マルローと初めて会う。／松尾邦之助、アンドレ・ジッド訪問（15日）。**四月**　第二次若槻礼次郎内閣成立（14日）。**六月**　内田康哉、第一二代満鉄総裁に就任（13日）。**八月**　小松清が『新フランス評論』日本特派員の肩書きで日本へ。／満鉄、ニューヨーク事務所撤廃を決定（1日）。**九月**　柳条湖事件より満洲事変勃発。満鉄パリ派遣員で帰国直前の坂本直道が、パリに留まるよう要請される（18日）。満鉄、臨時時局事務所を開設（19日）。**一〇月**　第四回太平洋会議にて満洲問題が議論される（21日）。**一二月**　国際観光協会創設。／犬養毅内閣成立（13日）。

この年、東京市仏貨公債事件が国際問題となり、楢橋渡が東京市代表としてパリに派遣されることが決定。アンリ・カピタン来日。G. B. Sanson, *Japan, a Short Cultural History* ロンドンで刊行。Inazo Nitobe, *Japan* ロンドンで刊行。B. H. Chamberlain, *Moeurs et Coutumes du Japon* パリで刊行。Genchi Kato, *Le Shinto, religion nationale du Japon* パリで刊行。Félicien Challaye, *Contes et Légendes du Japon* パリで刊行。Kikou Yamata,

La Vie du Général Nogi パリで刊行。Kisao Ikemoto, *La Restauration de l'ère de Meiji et sa répercussion sur les milieu agricoles japonais* パリで刊行。Albert Maybon, *Les temples du Japon* パリで刊行。Tsunao Miyajima, *Contribution à l'études du théâtre japonais de poupées, 3e ed.* 京都で刊行。

一九三二（昭和7）年

一月　満鉄斉斉哈爾公所が斉斉哈爾《チチハル》事務所と改名。第一次上海事変。／満鉄、経済調査会を設置（26日）。**二月**　リットン調査団来日。／満鉄、ニューヨーク事務所存続を決定（10日）。**三月**　満洲国建国宣言（1日）。**五月**　フランス下院総選挙で左翼進出（8日）。犬養首相暗殺（五・一五事件）（15日）。斎藤実内閣成立（26日）。**六月**　フランスでエリオ急進社会党内閣成立。キク・ヤマタ、コンラッド・メイリと結婚（4日）。満鉄パリ派遣員の坂本直道、松岡洋右にフランスの対日認識に関する意見書を送付（27日）。**七月**　松岡洋右が国際連盟臨時総会代表内諾と報道（24日）。林博太郎、第一三代満鉄総裁に就任（26日）。ドイツ議会選挙でナチス第一党に（31日）。**九月**　松岡洋右、坂本直道に返信（9日）。日満議定書調印（15日）。**一〇月**　リットン調査団が日本による侵略行為を非難する報告書を提出。**一一月**　松岡洋右がベルリンに到着し、坂本直道と会談。楢橋渡がフランス議会両院各派の代議士を招いて東京市の立場を説明（10日）。楢橋渡がパリ大審院に出頭、東京市が敗訴した裁判を再上告（14日）。松岡洋右、ジュネーヴに到着（18日）。仏ソ不可侵条約成立（29日）。**一二月**　朝日新聞社より *ASAHIGRAPH OVERSEAS EDITION* 創刊。／満鉄、奉天公所を撤廃（1日）。

この年、里見宗次がパリ見本市のポスターコンクールで一等賞受賞。名取洋之助、ウルシュタイン社から日本紹介写真の撮影を命じられ、帰国。E. Steinilber-Oberlin, Kuni Matsuo, *Le Prêtre et ses Disciples*（倉田百三『出家とその弟子』）パリで刊行。Asataro Miyamori, *An Anthology of Haiku, Ancient and Modern* 東京で刊行。A. Andréadès, *Les finances de l'Empire japonais et leur évolution 1868-1931* パリで刊行。

一九三三（昭和８）年

一月　ヒトラー、ドイツ首相就任（30日）。**二月**　国際観光協会機関誌『国際観光』創刊。／国際連盟臨時総会にて対日勧告案に賛成四二、反対一、棄権一、欠席一二で可決される。松岡洋右が宣言書を読み上げ、退席。松岡は帰国前にパリに立ち寄り、坂本直道らと会談（24日）。**三月**　満鉄第二次増資、資本金八億円へ（6日）。日本、国際連盟脱退（27日）。**四月**　フランス下院内に「グループ・フランコ・ジャポネ」結成。**五月**　ソ連、北満鉄路譲渡を正式提案（2日）。満洲事変終結（31日）。**七月**　ドイツでナチスの一党独裁体制成立。**八月**　第五回太平洋会議にフランスが正式参加、満洲問題が議論される（14日）。**九月**　*ASAHIGRAPH OVERSEAS EDITION* が *JAPAN IN PICTURES* に改題。**一一月**　藤田嗣治、帰国。**一二月**　三井合名会社、パリ大学日本学研究所に寄付金一万円の支払いを決定（1日）。東京に国際仏教協会創立（16日）。

この年から姉崎正治は、国際連盟学術協力委員会日本代表として、毎年ジュネーヴやパリに赴く。佐藤尚武が駐フランス特命全権大使に。杉村陽太郎が国際オリンピック委員会委員に。名取洋之助、ウルシュタイン社特派員として満洲の日本軍に従軍、帰国後、日本工房を設立。シャルル・ペシャンが『国際連盟対日本』*La Société des Nations contre le Japon* を刊行、日本を擁護。大井一哲著『連盟脱退と日本の根本国策』刊行。シモン・ギャンティオン著、小松清・長谷川善雄訳『マヤ』刊行。Daisetz Teitaro Suzuki, *Essays in Zen Buddhism 2nd series* ロンドンで刊行。S. Ohno, F. A. Orel, *Le Quartier sans Soleil*（徳永直『太陽のない街』）パリで刊行。Edgar Snow, *Far Eastern Front* ニューヨークで刊行。Agnes Smedley, *Chinese Destinies* ニューヨークで刊行。Georges Bonneau, *L'expression poétique dans le folklore japonais*, *Rythmes japonais*, *Le monument poétique de Heian: Le Kokinshu I*（『古今和歌集』）パリで刊行。Aleksander Iacovleff, Serge Elisseeff, *Le Théâtre japonais* パリで刊行。

一九三四（昭和9）年

二月　フランスでドゥーメルグによる「休戦・鎮静・正義」内閣成立（9日）。フランス労働総同盟・統一労働総同盟が反ファシスト二四時間ゼネスト決行（12日）。**三月**　東京にて巴里会機関誌『巴里』（のちの『あみ・ど・ぱり』）創刊（7日）。**四月**　国際文化振興会創設。坂本は一旦帰国（11日）。**五月**　木村伊兵衛、伊奈信男、原弘、岡田桑三が中央工房を設立。**六月**　満鉄、パリ事務所を設立、坂本直道が所長となる。坂本は一旦帰国。／フランス共産党が社会党との統一戦線政策を採択（23日）。日仏医学委員会、パリにて創立（28日）。**七月**　岡田啓介内閣成立（8日）。東京にて日仏同志会設立発起人会開催。引き続き総会開催、総裁に徳川家達、会長に曾我祐邦が就任。パリの満鉄事務所に支部を置くことになる（9日）。姉崎正治がジュネーヴのラジオ放送で「東洋と西洋」を講演（20日）。**八月**　木村伊兵衛、伊奈信男、原弘、岡田桑三が国際報道写真協会を設立。／ヒトラーがドイツ総裁を兼任（19日）。**九月**　坂本直道、パリに戻る。**一〇月**　日本工房が『ニッポン』*NIPPON* 創刊。日本陸軍が「国防の本義と其強化の提唱」を発表。／『フランス・ジャポン』*FRANCE-JAPON* 創刊号発刊。松尾邦之助、アルフレッド・スムラー編集。発行所はパリのシャンゼリゼ通りにある満鉄パリ事務所（15日）。**一一月**　日本外務省に第三課（国際学術関係）の設置決定、柳沢健が課長となる。／大連・長春間「あじあ」号特急列車運行（1日）。フランス急進社会党が大統領権限強化の憲法改正に反対し、閣僚を引き揚げ、ドゥーメルグ内閣が総辞職（7日）。『フランス・ジャポン』第二号発刊（15日）。**一二月**　外務省の外郭団体として国際学友会創立。／『フランス・ジャポン』第三号発刊（15日）。日仏同志会臨時総会（21日）。

この年、満洲事変以来悪化していた日米関係の改善のため、日米学生会議が創設される。満洲国に恩寵普済会が設立される。アレクサンドル・サハロフ夫妻、来日。朝日五十四著『日貨進出の秘鑰』*The Secret of Japan's Trade Expansion* 東京で刊行。松岡洋右述『国際連盟脱退一周年　日本孤立せず』東京で出版。Agnes Smedley, *China's Red Army Marches* ニューヨークで刊行。

Daigaku Horiguchi, Georges Bonneau, *Kokoro: Le pauvre coeur des hommes*（夏目漱石『こころ』）東京で刊行。Léon Quennehen, *Sonnets Japonais* パリで刊行。Antoine Zischka, *Le Japon dans le monde* パリで刊行。Général G. Becker, *Le Japon va-t-il faire la guerre?* パリで刊行。André Beaujard, *Séi Shonagon, son temps et son oeuvre, Les notes de chevet de Séi Shonagon, dame d'honneur au palais de Kyoto*（清少納言『枕草子』）パリで刊行。Georges Bonneau, *Le monument poétique de Heian: Le Kokinshu II*（『古今和歌集』）パリで刊行。Noël Peri, *Essai sur les gammes japonaises* パリで刊行。

一九三五（昭和10）年

一月　クロード・ファレルがブダペストとベルンで「日本――古代と現代」の演目で講演。／『フランス・ジャポン』第四号発刊（15日）。**二月**　『フランス・ジャポン』第五号発刊（15日）。バジル・ホール・チェンバレン死去（15日）。**三月**　『フランス・ジャポン』第六号発刊（15日）。北満鉄路譲渡協定調印（23日）。**四月**　『フランス・ジャポン』第七号発刊（15日）。**五月**　ルイ＝エミール・ベルタンを記念する会がパリで開催される。国際観光局、「東洋観光会議」を開催。／『フランス・ジャポン』第八号発刊（15日）。**六月**　駐日フランス大使ボンマルシャン、フランスに向けて東京を発つ。フランスの東洋学者ペリオ来日。パリ文化擁護国際会議開催。北白川宮成久王の碑が日本人有志によって事故現場に建立される。／『フランス・ジャポン』第九号発刊（15日）。**七月**　杉村陽太郎が国際オリンピック委員会委員を辞任。レオン・ドゥーベルの胸像除幕式。／パリで人民戦線派四〇万人が反ファシズムのデモ。巴里会が鎌倉でパリ祭を祝う会を催す（14日）。フランスの社会党・共産党・急進社会党が人民連合全国委員会を発足。『フランス・ジャポン』第一〇号発刊（15日）。モスクワで第七回コミンテルン大会、人民戦線路線採択（25日）。**八月**　松岡洋右、第一四代満鉄総裁に就任（2日）。**九月**　『フランス・ジャポン』第一一号発刊（15日）。東京にて渡仏人形使節送別会開催（18日）。**一〇月**　帰国していた楢橋渡が再度渡仏。／日本からの人形使節が横浜港を出発

（14日）。『フランス・ジャポン』第一二・一三号発刊（15日）。**一一月**　『フランス・ジャポン』第一四号（一一・一二月号）発刊。／満鉄、天津事務所設置（22日）。日本ペンクラブ創立（23日）。

この年、淡徳三郎が渡仏。シモン・ギャンティオン著『マヤ』を東京で美術座が上演。国際観光協会より『トラベル・イン・ジャパン』*TRAVEL IN JAPAN* 創刊。毎日新聞社より『ホーム・ライフ』*HOME LIFE* 創刊。クロード・ファレル、アカデミー・フランセーズ会員に。Lionello Fiumi, Kuni Matsuo, *Poeti Giapponesi d'Oggi* ミラノで刊行。Charles Eliot, *Japanese Buddhism* ロンドンで刊行。Entai Tomomatsu, *Le Bouddhisme* パリで刊行。Kuni Matsuo, *Histoire de la littérature japonaise dès temps archaiques à 1935* パリで刊行。Georges Bonneau, *Anthologie de la poésie japonaise, Le Haiku, Lyrisme du temps présent* パリで刊行。

一九三六（昭和11）年

一月　『フランス・ジャポン』第一五号（一・二月号）発刊。／フランスで人民連合綱領発表（12日）。**二月**　日仏対満事業公司の設立（25日）。二・二六事件（26日）。**三月**　『フランス・ジャポン』第一六号（三・四月号）発刊。／日本からの人形使節、パリにてお披露目会。／広田弘毅内閣成立（9日）。高浜虚子、パリに到着（28日）。**四月**　パリ日本人会で高浜虚子による俳句講演会（17日）。**五月**　フランス総選挙で人民戦線派が大勝（3日）。高浜虚子、ロンドンのペンクラブで講演（5日）。高浜虚子がロンドンからパリに戻り、ジュリアン・ヴォカンス宅を訪問（6日）。高浜虚子、パリを発つ（7日）。**六月**　フランス社会党ブルムの第一次人民戦線内閣が成立（4日）。次回オリンピック東京開催決定（31日、のちに中止）。**八月**　ベルリンでオリンピック開催（1日）。第六回太平洋会議にて、中国による対日批判（15日）。**九月**　東京にて国際映画協会第一回理事会（9日）。**一〇月**　満鉄、長春に新京事務局を設立、上海事務所に調査課を増設（1日）。翌年開催予定のパリ万博理事団伊能と嘱託の坂倉準三がパリに到着（14日）。**一一月**　パリ—東京間の飛行に挑戦したアンドレ・ジャピーが佐賀県で墜落、一命を取りとめる（19日）。『ライフ』*LIFE* 創刊（23日）。日独防共協定調印（25日）。**一二月** 『フランス・ジャポン』第一七号発刊。

この年、東京市仏貨公債事件のため渡仏中の楢橋渡がフランス側と基本協定を結ぶ。ジョルジュ・パテイが日仏会館滞在研究員として日本に滞在。André Gide, *Retour de l'U.R.S.S.* パリで刊行。Kuni Matsuo, Ryuko Kawaji, Alfred Smoular, *Histoire de la Littérature Japonaise* パリで刊行。Kuni Matsuo, E. Steinilber-Oberlin, *Haïkaï de Bashô et de ses Disciples* パリで刊行。Freda Utley, *Japan's Feet of Clay* ロンドンで刊行。Soetsu Yanagi, *Folk-Crafts in Japan* 東京で刊行。Tsung-ching Chen, *Les relations commerciales entre la Chine et le Japon depuis l'avènement de la République Chinoise à nos jours* パリで刊行。N. Matsudaira, *Les fêtes saisonnières au Japon* パリで刊行。R. Tajima, *Étude sur le Mahavairocana Sutra-Dainichikyo* パリで刊行。Gilberte Hla-Dorge, *Une poètesse japonaise au XVIIIe siècle: Kagano Tchiyo-jo* パリで刊行。

一九三七（昭和12）年

一月 『フランス・ジャポン』第一八号（一・二月号）発刊。／佐藤尚武駐仏大使、帰国のためパリを発つ（31日）。日仏同志会主催・満鉄協賛の「満洲国観光ポスターコンクール」実施のお知らせ。**二月** 米国で『ルック』*LOOK* 創刊。／林銑十郎内閣成立（2日）。日独合作映画「新しき土」（「サムライの娘」）日本で公開（4日）。**三月** 『フランス・ジャポン』第一九号（三・四月号）発刊。／満鉄パリ事務所、欧州事務所に改称（15日）。日独合作映画「サムライの娘」（「新しき土」）ドイツで公開（23日）。「満洲国観光ポスターコンクール」に寄せられた四一二枚のポスターから受賞作品を発表。**四月** 杉村陽太郎が駐フランス大使に。／飯沼操縦士・塚越機関士の乗った神風号が東京―パリ間の飛行に成功（6日）。パリでATT（知識労働者友の会）が「ハイカイの夕べ」開催（28日）。**五月** 『フランス・ジャポン』第二〇号（五・六月号）発刊。／パリ万博開催（24日）。**六月** パリ万博協会専門委員の和田三造がパリに向けて出発。

「仏教の友」主催第二回国際仏教大会がパリで開催され、松尾邦之助が日本代表として出席。／第一次近衛文麿内閣成立（4日）。パリのトロカデロ公園に日本館が完成、開館式（18日）。フランスで急進社会党ショータンの第三次内閣成立（22日）。**七月**　『フランス・ジャポン』第二一号（七・八月号）発刊。／大阪毎日新聞社・東京日日新聞社、『北支事変画報』を創刊。／盧溝橋事件より日中戦争勃発（7日）。パリで「芸術日本の夕」開催（12日）。**八月**　満洲映画協会設立（21日）。満鉄、天津に華北事務局を設立（27日）。パリ開催の万国議院会議出席のため、日本首席代表として鳩山一郎パリ到着（30日）。**九月**　『フランス・ジャポン』第二二号（九・一〇月号）発刊。／小松清、『報知新聞』欧州特派員としてマルセイユに到着。蔣介石の対日抗戦決定を受け、国民党・共産党により抗日統一戦線が結成される。『北支事変画報』が『支那事変画報』に改題。／アンリ・カピタン死去（21日）。日仏同志会理事の篠原陸朗がフランスに向け出発（23日）。**一〇月**　日本軍報道部より華字紙『新申報』創刊（1日）。『ライフ』が写真「上海南駅の赤ん坊」を掲載（4日）。満鉄パリ事務所がピエール・プルミエ・ド・セルビー通りに移転したのに伴い、『フランス・ジャポン』発行所もここに移る（15日）。小松清、はじめてアンドレ・ジッドと会う（22日）。**一一月**　ブリュッセルにて九カ国条約会議開催、日本非難の宣言が採択される。名取洋之助、内閣情報部の嘱託に。／清沢洌がロンドンペンクラブに出席（1日）。満洲国における日本の治外法権の撤廃及び満鉄附属地行政権譲渡条約に調印（5日）。日独伊防共協定（6日）。パリ万博視察を終えた田沼孝次が神戸に到着（13日）。『フランス・ジャポン』第二三号発刊。編集部員に満鉄本社から赴任した秋吉勝広、渡辺耐三が加わる（15日）。日仏同志会理事町田梓楼、国民使節としてパリに到着（24日）。**一二月**　名取洋之助、小柳次一ら戦場カメラマンとして中国へ。／日本軍の南京攻略（13日）。華北臨時政府成立（14日）。『フランス・ジャポン』第二四号発刊（15日）。日仏同志会の芦田均が国民使節としてパリに到着（30日）。この年、早川雪洲が映画「吉原」製作のためパリを訪れ、田中路子と同棲。佐藤尚武が外務大臣に。華北で反共民衆組織「新民会」結成。Georges Montandon, *La civilisation Ainou et les cultures arctiques* パリで刊行。André Beaujard, *Le théâtre comique des Japonais* パリで刊行。

一九三八（昭和13）年

一月　杉村陽太郎駐フランス大使、病気のため帰国。クロード・ファレルが四〇年ぶりに日本を訪れる。／『フランス・ジャポン』第二五号発刊（15日）。「爾後国民政府ヲ対手トセス」との第一次近衛声明が発表され、日本の中国に対する態度が明確に（16日）。満鉄華北事務局が北平に移り、北京事務所を撤廃（27日）。**二月**　南京に中華民国維新政府樹立。『アサヒグラフ　海外版』*ASAHIGRAPH OVERSEAS EDITION* が写真「上海南駅の赤ん坊」に反論。ロバート・キャパが写真撮影のため中国へ。／『フランス・ジャポン』第二六号発刊（15日）。内閣情報部が『写真週報』創刊（16日）。**三月**　藤田嗣治が東京からピカソに手紙を送る（2日）。A・オシュコルヌがギメ美術館で日本音楽論を発表（12日）。『フランス・ジャポン』第二七号発刊。編集部員としてクロード・ファレルが加わる（15日）。**四月**　日本工房より『コマース・ジャパン』*COMMERCE JAPAN* 創刊。／国家総動員法公布。満鉄新京事務局が新京支社に昇格（1日）。東京の巴里会で佐藤尚武会長歓迎晩餐会（14日）。『フランス・ジャポン』第二八号発刊。日本の国際映画協会解散（15日）。**五月**　松尾邦之助が「仏教の友」で「禅仏教とその影響」を発表（9日）。『フランス・ジャポン』第二九号発刊（15日）。田付辰子がクロード・ファレルへの公開書簡を『あみ・ど・ぱり』に載せる（20日）。**六月**　華中で反共民衆組織「大民会」結成。名取洋之助、プレス・ユニオン・フォト・サービス設立。／『フランス・ジャポン』第三〇号発刊（15日）。リュドヴィック・バルテレミーを中心とする親日の会「日本の友」、パリに結成（24日）。**七月**　オリンピック東京大会の中止決定。野口米次郎とラビンドラナート・タゴールとの論戦が始まる。日本に写真協会が設立される。『フランス・ジャポン』第三一号発刊（15日）。**八月**　『フランス・ジャポン』第三二号発刊（15日）。クロード・ファレルが田付辰子の公開書簡へ返信（24日）。**九月**　名取洋之助、サウス・チャイナ・フォト・サービスを設立。／『フランス・ジャポン』第三三号発刊（15日）。**一〇月**　藤田嗣治が海軍省嘱託として藤島武二らと漢口攻略戦に従軍。／財団法人満洲国赤十字社が設立される（1日）。『フランス・ジャポン』第三四号発刊。満鉄パリ事務所がアヴェニュー・オッシュに移転したのに伴い、『フランス・ジャポン』発行所もここに移る（15日）。**一一月**　国際文化振興会より『国際文化』創刊。日本工房より『シャンハイ』*SHANGHAI* 創刊。／近衛内閣「東亜新秩序」建設を発表（3日）。フランス人民戦線解体（12日）。『フランス・ジャポン』第三五号発刊（15日）。フランス労働総同盟ゼネスト失敗（30日）。**一二月**　汪兆銘、重慶を脱出。／『フランス・ジャポン』第三六号発刊（15日）。第一回パリ日本美術家展がベルネーム・ジューヌ画廊で開催（17日）。

この年、石本巳四雄がイタリアでの講演をすませ、再びパリへ。キク・ヤマタがサロン・ドートンヌで生け花を展示。アンドレ・ジッド著『田園交響曲』（*la Symphonie Pastorale*）を下敷きに東宝が映画「田園交響曲」を製作。Charles Péchin, *Pourquoi le Japon bombarde-t-il Canton?* パリで刊行。Freda Utley, *Japan's Gamble in China* ロンドンで刊行。Yosuke Matsuoka, *Building up Manchuria* 東京で刊行。Félicien Challaye, *La Chine, le Japon et les puissances* パリで刊行。Jean Escarra, *L'honorable paix japonaise, 5th ed.* パリで刊行。Georges Bonneau, *Le problème de la poésie japonaise: Technique et traduction* パリで刊行。Karl Petit, *La poésie japonaise* パリで刊行。

一九三九（昭和14）年

一月　土門拳、日本工房を辞め、国際文化振興会嘱託となる。大阪毎日新聞社より『ホーム・ライフ』*HOME LIFE* 海外版創刊。／平沼騏一郎内閣成立（5日）。『フランス・ジャポン』第三七号発刊（15日）。佐藤尚武、京都日仏学館にて「フランスの印象」を講演（21日）。**二月**　『フランス・ジャポン』第三八号発刊（15日）。内閣情報部「東亜新秩序建設に関する宣伝方策大綱」発表

（17日）。**三月**　日本宣伝人倶楽部結成。／『フランス・ジャポン』第三九号発刊（15日）。大村卓一、第一五代満鉄総裁に就任（24日）。駐仏日本大使杉村陽太郎、死去（24日）。**四月**　日本工房より『カントン』CANTON『華南画報』創刊。写真協会が財団法人に。映画法制定、文化映画上映の規定。／満鉄上海事務所、臨時南京駐勤員を設立（1日）。藤田嗣治がパリへ出発（6日）。『フランス・ジャポン』第四〇号発刊（15日）。アンドレ・ジッド原作東宝映画「田園交響曲」の公開試写会、パリで開催（18日）。**五月**　『フランス・ジャポン』第四一号発刊。国際文化振興会の協賛で、パリの国際ダンスアーカイヴにて日本舞踏博覧会開催。日本工房が国際報道工芸株式会社となる。／ノモンハン事件（11日）。**六月**　『フランス・ジャポン』第四二号発刊。『ジャパン・イン・ピクチャー』*JAPAN IN PICTURES*が『ザ・ピクトリアル・オリエント』*THE PICTORIAL ORIENT*に改題。／ドイツ軍がパリを空襲（3日）。第二回パリ日本美術家展、パリのシャルパンティエ画廊で開催（27日）。**七月**　『フランス・ジャポン』第四三・四四号（七・八月号）発刊。／楢橋渡、東京市仏貨公債事件を解決して帰国（8日）。アメリカによる日米通商航海条約の廃棄通告（26日）。**八月**　キク・ヤマタが国際文化振興会の招待で夫メイリと日本へ出発。／独ソ不可侵条約調印（23日）。阿部信行内閣成立（30日）。**九月**　小松清の妻子、帰国。／第二次世界大戦勃発（1日）。フランス共産党が非合法化（26日）。**一一月**　第七回太平洋会議開催、日本は参加を取りやめる（18日）。**一二月**　『フランス・ジャポン』第四五号発刊。編集部員として小松清と松平斉光が加わる。

この年、朝日五十四著『皇国の実力』*The Economic Strength of Japan* 東京で刊行。Kuni Matsuo, E. Steinilber-Oberlin, *Anthologie des poètes japonais contemporains* パリで刊行。

一九四〇（昭和15）年

一月　『フランス・ジャポン』第四六号発刊。アルベール・メボン死去。／米内光政内閣成立（16日）。満鉄、第三次増資、資本金一四億円へ（25日）。**二月**　『フランス・ジャポン』第四七号発刊。**三月**　『フランス・ジャポン』第四八号発刊。／汪兆銘政権樹立（30日）。**四月**　『フランス・ジャポン』終刊号発刊。坂本直道がパリから帰国の途につく。国際報道工芸株式会社が満洲の新京に支社（マンチュウコウ・フォト・サービス）を設立。『マンチュークォ』*MANCHOUKUO*『イースタン・アジア』*EASTERN ASIA* 創刊。／大連埠頭事務所が大連埠頭局に昇格（1日）。**五月**　ドイツ軍、西部戦線で電撃戦開始（10日）。藤田嗣治パリ脱出（23日）。**六月**　小松清らパリ脱出（12日）。岡本太郎、荻須高徳らが日本人最後の引揚船でマルセイユから帰国（13日）。ドイツ軍の無血入城、パリ陥落（14日）。親独のペタン元帥が組閣（16日）。独仏休戦協定調印。ボルドーに脱出していた松尾邦之助がパリに戻る（22日）。**七月**　満鉄、南京に上海事務所支所を設立。フランス政府がヴィシーに移転（1日）。ペタン元帥フランス国主席に就任（10日）。帰国した坂本直道が松岡洋右に「欧州動乱とソ連の動向」と題する報告書を提出（17日）。第二次近衛文麿内閣成立、松岡洋右が外務大臣に就任（22日）。**八月**　新日本漫画家協会結成（31日）。**九月**　日本軍、北部仏印に進駐開始。陸軍中将に依頼され、藤田嗣治がノモンハン事件の戦場跡地を取材。日本で報道技術研究会結成。／日本報道写真家協会結成（1日）。日独伊三国軍事同盟締結（26日）。**一一月**　満鉄欧州事務所、パリからベルリンへ移転（25日）。**一二月**　国際文化振興会が内閣情報局へ移管される。／満鉄、バンコク事務所開設を決定（19日）。

この年、Francis Ruellan, *Le Kwansai* パリで刊行。Georges Bonneau, *Histoire de la littérature japonaise contemporaine* パリで刊行。

一九四一（昭和16）年

一月　坂本直道が「日米国交調整の急務とその対策私見」と題する意見書を松岡洋右らに送る。**二月**　報道技術研究会主催「太平洋報道展」開催。**三月**　国防保安法制定。／満鉄総裁が満洲経済顧問を兼任（20日）。**四月**　日ソ中立条約調印（13日）。**五月**　松尾邦之助、読売新聞パリ支社を閉鎖して日本へ向かうも、ベルリン滞在中にソ連とポーランドの国境が閉鎖され、帰国不可能に（一九四六年一月帰国）。**六月**　ドイツ軍、ソ連に進攻（22日）。**七月**　坂本直道、満鉄を辞職。藤田嗣治が第二回聖戦美術展に「哈爾哈河畔之戦闘」を出品。／フランスのペタン主席、国民革命を宣言（8日）。第三次近衛文麿内閣成立（18日）。日本軍、南部仏印進駐（28日）。**八月**　満鉄、特務委員会を設立。**九月**　ドゴールが自由フランス国民委員会を組織（24日）。**一〇月**　関東軍、満鉄新京支社内に調査室別班を設立。藤田嗣治が帝国芸術院・国際文化振興会より東南アジアに派遣される。／東条英機内閣成立（18日）。**一二月**　情報局が日本報道写真協会を結成。日本報道写真家協会は解散。／真珠湾攻撃より太平洋戦争勃発（8日）。情報局が「大東亜戦争に対する情報宣伝方策大綱」発表（15日）。

この年、フランスで対独協力が行われる。Edgar Snow, *The Battle for Asia* ニューヨークで刊行。Kikou Yamata, *Le Christ de bronze*（長与善郎『青銅の基督』）東京で刊行。Jeannine Auboyer, *Les influences et les réminiscences étrangères au Kondo du Horyuji* パリで刊行。

一九四二（昭和17）年

一月　東方社が『フロント』*FRONT* 創刊。**三月**　戦争記録画制作のため藤田嗣治らの南方派遣が決定。／満鉄、タイ、ビルマ、香港への調査人員派遣を決定（17日）。**五月**　アッツ島にて日本軍玉砕（29日）。**六月**　ミッドウェイ海戦（5日）。情報局第三部が「対外宣伝雑誌評点査定会議」を開催（23日）。**七月**　『ホーム・ライフ』が『サクラ』*SAKURA* に改題。『太陽』創刊。／関東軍、満鉄に対する指示権の強化（14日）。**九月**　藤田嗣治が国民総力戦美術展に「アッツ島玉砕」を出品。『フジンアジア』創刊。／満鉄、新京支社の拡大（18日）。第一回満鉄調査部事件（21日）。**一〇月**　国際観光局廃止。**一一月**　Kikou Yamata, *Au pays de la reine* ハノイで刊行。／大東亜省を設立し、その下に満洲事務所を置く（1日）。ドイツ軍がフランス全土を占領（11日）。

一九四三（昭和18）年

一月　朝日新聞社が設立したジャワ新聞社より『ジャワ・バルー』創刊（1日）。汪政権が英米に宣戦布告（9日）。**二月**　特急「あじあ」号、運行停止（28日）。**四月**　満鉄総務局の下に防衛部を設立（1日）。**六月**　ドゴールがアルジェにフランス国民解放委員会を設置（3日）。**七月**　小日山直登、第一六代満鉄総裁に就任（14日）。第二回満鉄調査部事件（17日）。**八月**　ビルマ独立（1日）。**九月**　イタリア無条件降伏（8日）。**一〇月**　汪政権、日華基本条約改定。フィリピン独立（14日）。**一一月**　国際観光協会解散。／東京で大東亜会議（5日）。

この年、Agnes Smedley, *Battle Hymn of China* ニューヨークで刊行。

一九四四（昭和19）年

二月　満鉄本部機構、長春へ移転。**六月**　『国際文化』終刊。**七月**　サイパン陥落（7日）。小磯国昭内閣成立（22日）。**九月**　『ニッポン』終刊。**一一月**　満鉄、新京支社を撤廃（15日）。

この年、Noël Peri, *Le No* 東京で刊行。

一九四五（昭和20）年

一月　満鉄、第四次増資、資本金二四億円へ（20日）。**二月**　満鉄、経営総力動員会議を招集（21日）。**四月**　鈴木貫太郎内閣成立（7日）。**五月**　山崎元幹、第一七代満鉄総裁に就任（5日）。ドイツ無条件降伏（7日）。**七月**　ポツダム宣言（26日）。**八月**　ソ連、対日宣戦布告。満鉄、関東軍大陸鉄道司令官の指揮下に置かれ、戦闘指揮所を設立（9日）。終戦（15日）。東久邇宮稔彦王内閣成立（17日）。満洲国皇帝退位（18日）。**九月**　中国長春鉄道公司ソ連側代表が満鉄を接収（22日）。連合国最高司令部、満鉄の解散を指令（30日）。**一〇月**　幣原喜重郎内閣成立（9日）。**一二月**　満鉄全社員解雇（31日）。

日仏同志会臨時総会議事録

一、時日　昭和九年十二月二十一日自午後二時三十分至同三時四十分

二、場所　麹町区三年町華族会館

三、議事

一、会長臨時総会ノ開会ヲ宣シ、挨拶ヲ述ベラル

一、会長、定款第十条ニ依リ総裁ヨリ指名アリタル本会顧問並新理事ノ氏名ヲ披露（氏名別添第一号）

一、続イテ定款第十一条ニ依リ会長、本会評議員ヲ指名シ、総会ノ賛否ヲ求メタル処、満場一致ヲ以テ之ヲ承認ス（氏名別添第一号）

一、次ニ門野重九郎氏ヨリ、三菱ノ木村久寿弥太、串田萬蔵両氏ノ何レカヲ勧説シテ入会ヲ求メテハ如何哉トノ動議アリ、満場異議ナク同意ノ上、右両氏ノ中何レカ一名ヲ評議員ニ懇請スベキコトニ決定ス

一、次デ最近仏国ヨリ帰朝セル本会理事、医学博士、鶴見三三氏ノ別紙ノ如キ報告アリ（別添第二号）

一、次ニ会長ヨリ、本日ノ総会ヲ以テ本会役員全部ノ決定ヲ見、陣容整ヒタルニ付、明昭和十年一月ヨリ会費ヲ徴集センコトヲ提議シ全員ノ承認ヲ得

一、次イデ小林理事起チテ別紙ノ如キ所見ヲ述ベラル（別添第三号）

一、続イテ鶴見理事起チ、別紙ノ如キ希望ノ開陳アリ（別添第四号）

一、午後三時十分、会長臨時総会ノ終了ヲ宣シ、引続キ座談ノ形式ニテ、各自意見ノ交換ヲナシ、午後三時四十分散会。

（別添第一号）

昭和九年十二月二十一日華族会館ニ於ケル日仏同志会臨時総会ニ於テ決定サレタル役員氏名

一、顧問

定款第十条ニ依リ総裁ヨリ本会顧問トシテ左ノ諸氏指名

（ＡＢＣ順）

安達　謙蔵殿

伯爵　林　博太郎殿

子爵　石井菊次郎殿

公爵　近衛　文麿殿

鈴木喜三郎殿

男爵　富井　政章殿

男爵　若槻礼次郎殿

二、新理事

定款第十条ニ依リ総裁ヨリ本会新理事トシテ左ノ諸氏指名

松岡　洋右殿

結城　安次殿

三、評議員

定款第十一条ニ依リ会長ヨリ本会評議員トシテ左ノ諸

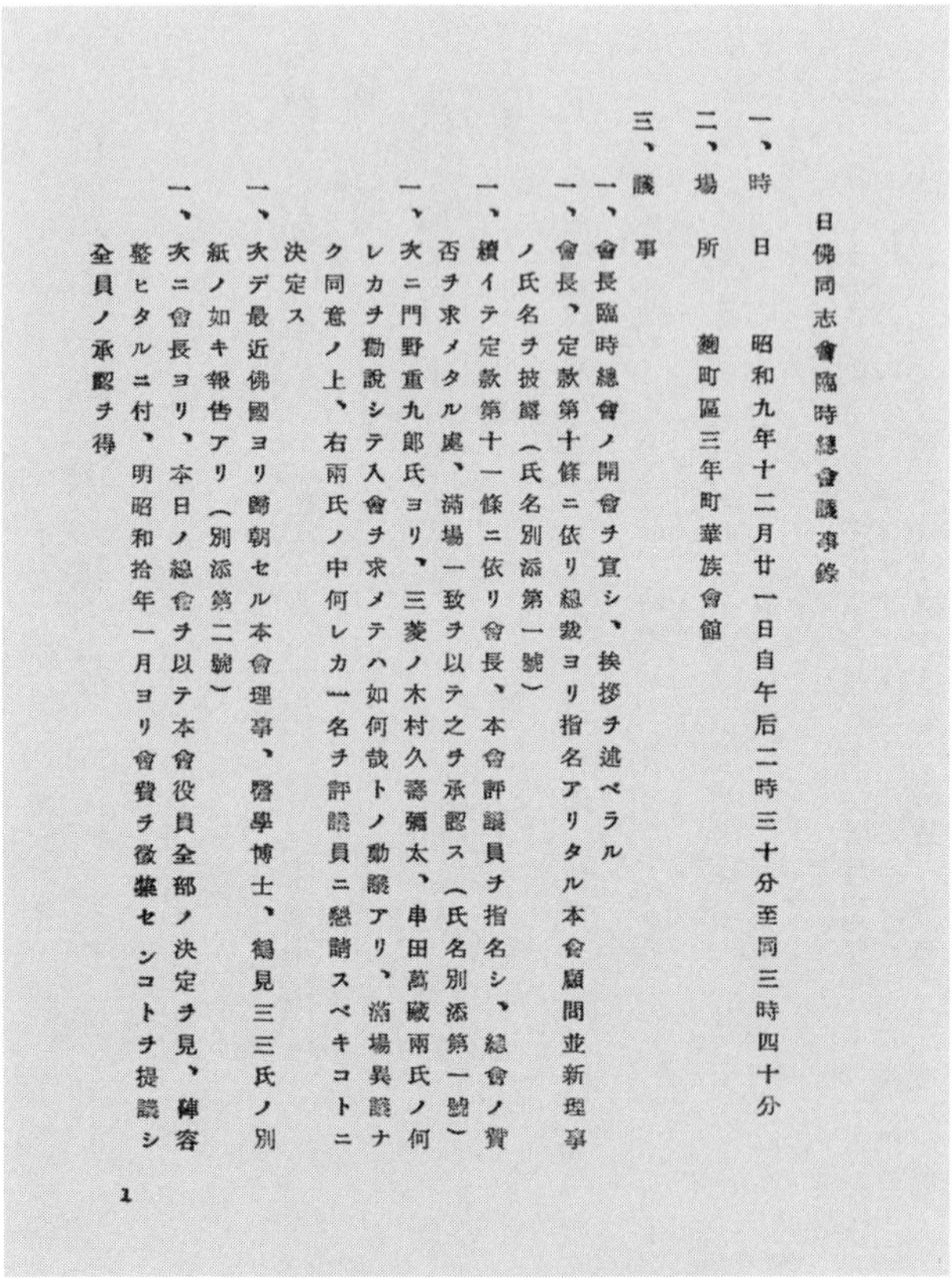

日佛同志會臨時總會議事錄

一、時　日　昭和九年十二月廿一日自午后二時三十分至同三時四十分

二、場　所　麹町區三年町華族會館

三、議　事

一、會長臨時總會ノ開會ヲ宣シ、挨拶ヲ述ベラル

一、會長、定款第十條ニ依リ總裁ヨリ指名アリタル本會顧問並新理事ノ氏名ヲ披露（氏名別添第一號）

一、續イテ定款第十一條ニ依リ會長、本會評議員ヲ指名シ、總會ノ贊否ヲ求メタル處、滿場一致ヲ以テ之ヲ承認ス（氏名別添第一號）

一、次ニ門野重九郎氏ヨリ、三菱ノ木村久壽彌太、串田萬藏兩氏ノ何レカヲ勸說シテ入會ヲ求メテハ如何哉トノ動議アリ、滿場異議ナク同意ノ上、右兩氏ノ中何レカ一名ヲ評議員ニ懇請スベキコトニ決定ス

一、次デ最近佛國ヨリ歸朝セル本會理事、醫學博士、鶴見三三氏ノ別紙ノ如キ報告アリ（別添第二號）

一、次ニ會長ヨリ、本日ノ總會ヲ以テ本會役員全部ノ決定ヲ見、陣容整ヒタルニ付、明昭和拾年一月ヨリ會費ヲ徵集セ　ンコトヲ提議シ全員ノ承認ヲ得

1

日仏同志会臨時総会議事録（実物）

氏ヲ指名シ総会ノ承認ヲ経テ決定

男爵　安保　清種殿
男爵　藤田平太郎殿
　　　藤山　雷太殿
　　　八田　嘉明殿
侯爵　細川　護立殿
　　　稲畑勝太郎殿
　　　門野重九郎殿
　　　児玉　謙次殿
　　　串田　萬蔵殿
　　　松田　道一殿
伯爵　松平　頼寿殿
男爵　松井慶四郎殿
　　　中島知久平殿
　　　南条　金雄殿
男爵　大井　成元殿
伯爵　酒井　忠正殿
　　　下村　　宏殿
　　　杉山直治郎殿

　　　高石真五郎殿
侯爵　徳川　頼定殿
子爵　渡辺　千冬殿
　　　芳沢　謙吉殿
　　　結城豊太郎殿

（別添第二号）

鶴見理事報告概要

蘇仏提携ト仏国ニ於ケル対日思潮ニ就テ

自分（鶴見理事）ハ本年七月、東京ノ坂本理事カラ、日仏同志会成立ノ電報ヲ受取ツテ喜ンダ。ソシテ総裁又ハ会長カラ、当然仏国同志側ニ、正式ニ電報通知ガアルコト、思ツテ居タガ、待テドモ待テドモ電報ハ来ナカツタ。依テ多分文書デ発送サレタノデアラウト思ツテ、之ヲ期待シテ居タガ一ケ月半タツテモ何ノ沙汰ニモ接シナカツタ。丁度ソノ頃、仏国デハ、バルトウノ親露政策ガ世評ニ上リ、猶太系新聞紙ヤ左系言論機関ナドハ、盛ニ之ヲ謳歌スル一方、極東デハ北鉄問題巴里デハ東京市債問題等ガアツテ、之ガ又蘇連ノ仏国ニ於ケル対日悪宣伝ノ好材料トナリ、日々ノ紙上ニハ日蘇間国交断絶ノ危機ガ旺ンニ伝ヘラレ、今ニモ戦争ガ勃発スルカノ如キ感想ヲ吾々ニ与ヘ憂慮ニ堪ヘナカツタ。ソコデ八月二十七日曽我会長宛、日仏同志会設立ノコトヲ至急仏国側ニ通知サレタキコト及巴里ニ於ケル露西亜ノ宣伝猛烈ナルニ鑑ミ同志会本部ヨリ積極的ニ働キ掛ケラレンコトヲ希望スル旨電報ヲ発シタ訳デアル。之ニ対シテ会長カラ「貴意ニ副フ様ニスルガ、取リ敢ヘズ、ソチラニアル当会成立関係書類ヲ以テ本部ノ代表トシテ仏国側ニ説明シ置カレタシ」トノ返電ニ接シ、吾等モ一先安心シ、早速定款ノ抄訳ニ取リ掛リ、之ガ出来上リ、印刷ニ付シテ十月ノ末頃、仏国側委員会主脳部、内閣大臣及一部ノ言論機関当事者ニ手交シ、同時ニ説明ヲ加ヘタ。

扨テ、前述ノ仏蘇接近ノ色彩ガ濃厚トナリ、排日宣伝ノ盛ナル頃、丁度瑞西公使ノ伊藤述史氏ガ休暇デ巴里ニ来ラレタ時、自分ハ楢橋渡、宮嶋幹之助博士、松尾邦之助等ノ諸君ト二回会合、伊藤氏ノ暗示ニ基イテ、先ヅ白分ト松尾君ト同行シテ衛生大臣ノルイ・マラン氏及ビ海軍大臣デバルトウ外相不在中ノ臨時外務大臣ピエトリ氏ヲ訪ネ、東京ニ於ケル日仏同志会成立ノ経過ヲ報告シ、併セテ、露仏接近ノ為メ、懸命セラル、ニ至タ日仏関係ニ就テ仏国側ノ底意ヲ探ツテ見タガ、彼等ハ、仏蘇ノ接近ハ純然タル欧羅巴政策、云ヒ換ヘレバ独逸牽制政策ヲ基調トシタルモノデ、之ニ依テ仏国ガ日本ニ対抗シヤウトスル様ナ意味ハ毛頭ナイノミナラズ、帝政露西亜ニ貸シタ十五億法ヲ失ツタ仏国民一般ノ与論ハ、寧ロ反蘇親日デアルト強調シ、其他デパ紙ノ外報部長モーリス・ラシヤン、ル・タン紙ノ極東担任論説記者デユポスク、親日家マルヴイツチ男等ニ就テ、其ノ所見ヲ質シテ見テモ、孰レモルイ・マランヤピエトリーノ云フ処ト大同小異デアルコトヲ確メ得タ。

坂本理事ノ帰巴ト事務所ノ設置

九月中旬ニ坂本理事ガ巴里ニ帰ツテ来テカラ、兎ニ角日仏同志会ノ巴里支部ヲ、満鉄ノ事務所内ニ設置スルコト、成ツタ。之ニ付テハ坂本理事ガ本社ノ了解ヲ得テ来タノデ、アヴニユ・デ・シヤンゼリゼー百三十六番ト云フ巴里ノ目抜キノ、非常ニ好イ場所ノ角屋敷ニ、比較的安イ借料デ、満鉄ノ事務所ヲ借入レ、ソコノ一室ヲ支部ノ事務所ニ宛テルコト、ナツタソコデ、巴里デモ兎ニ角支部ノ陣容ヲ整ヘネバナルマイト云フノデ、日本人会デ、日仏同志会支部設立総会ヲ開キ、坂本君ガ支部長ニナリ、従来ノ楢橋、松尾両君ノ外ニ、重徳、城戸、山中ノ三特派員トエンステイテユ・エンテレクチユエル・ド・コオペラシヨン・エンテルナシヨナルノ佐藤醇造君ガ理事トナリ、松尾君ガ幹事長兼任デ、支部トシテ活動ノ緒ニ著クコトニナツタ。是ハ見様ニ依テハ、本部ノ組織ニ対シ、屋上屋ヲ設クル様ナ嫌ガナイデモナイガ、本部ニ報告シテ其ノ承認ヲ得ルコトニナツテ居ル。

月刊情報雑誌発行ノ件

巴里支部ノ積極的活動ノ第一着手トシテ月刊情報雑誌フランス・ジヤポンヲ発刊スルコトニナツタ。其ノ方針トシテハ、現在ノ国際情勢上露骨ナ政治的宣伝ハ却ツテ不利ナ為メ、コ、当分ノ間文化的経済的方面ニ主力ヲ集注シ、漸次情勢ノ推移変化ヲ見タ上、必要ニ応ジ政治的宣伝ヲモ加味スルコト、シ、左ノ内容デ刊行スルコト、ナツテ居ル。

1　日本ノ文化紹介。
2　日本及満蒙ノ経済事情（満鉄ノ経済的及文化的活動ヲ含ム）紹介。
3　写真及統計ニ依ル日本及満蒙ノ紹介。
4　日仏満名士ノ論文掲載。

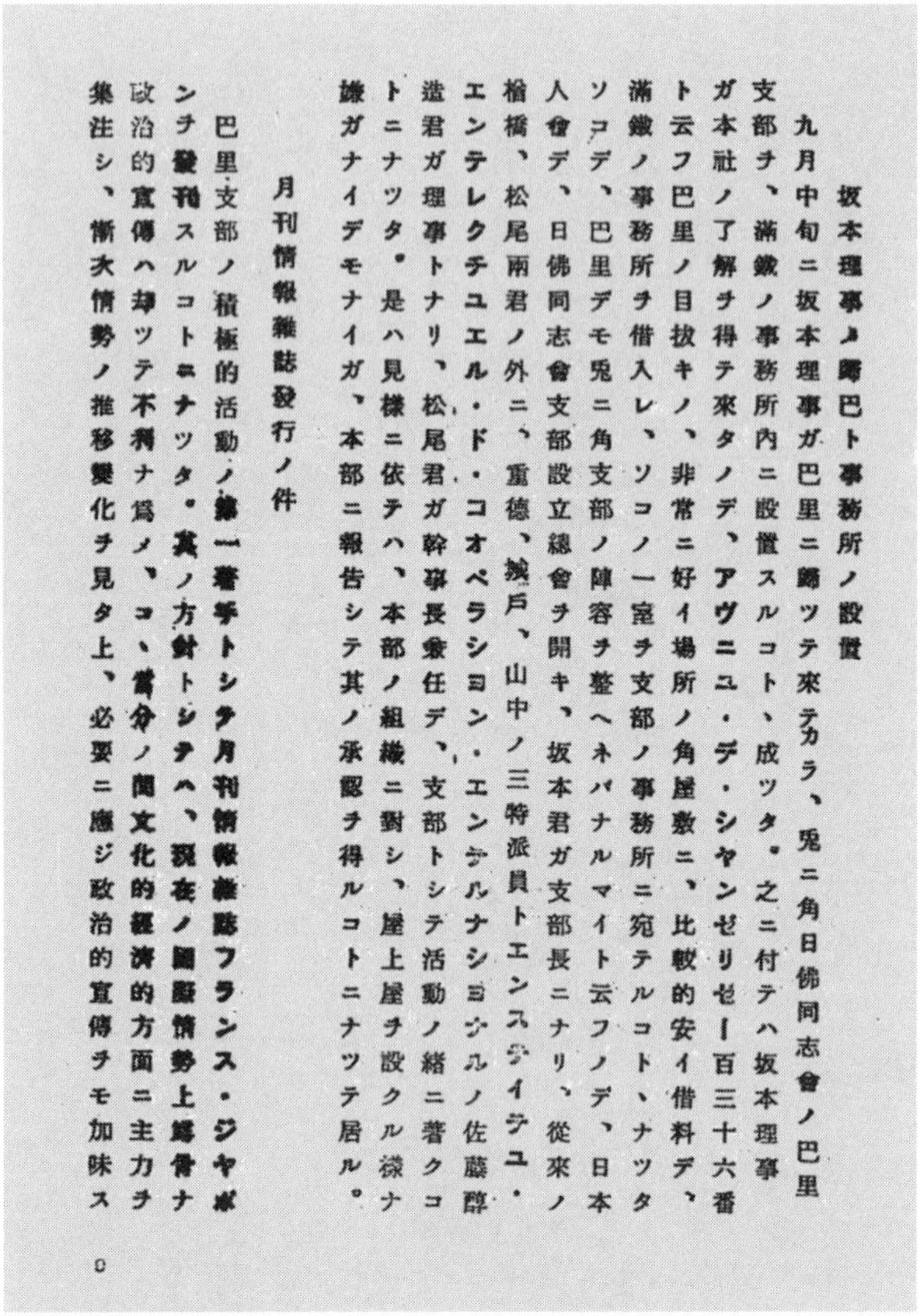

坂本理事ノ歸巴ト事務所ノ設置

九月中旬ニ坂本理事ガ巴里ニ歸ツテ來テカラ、兎ニ角日佛同志會ノ巴里支部ヲ、滿鐵ノ事務所內ニ設置スルコト、成ツタ。之ニ付テハ坂本理事ガ本社ノ了解ヲ得テ來タノデ、アヴニュ・デ・シャンゼリゼー百三十六番ト云フ巴里ノ目抜キノ、非常ニ好イ場所ノ角屋敷ニ、比較的安イ借料デ、滿鐵ノ事務所ヲ借入レ、ソコノ一室ヲ支部ノ事務所ニ宛テルコト、ナツタ
ソコデ、巴里デモ兎ニ角支部ノ陣容ヲ整ヘネバナルマイト云フノデ、日本人會デ、日佛同志會支部設立總會ヲ開キ、坂本君ガ支部長ニナリ、從來ノ稻橋、松尾兩君ノ外ニ、重德、城戸、山中ノ三特派員トエンスタイテユ・エンテレクチユエル・ド・コオペラシヨン・エンテルナシヨナルノ佐藤醇造君ガ理事トナリ、松尾君ガ幹事長兼任デ、支部トシテ活動ノ緒ニ著クコトニナツタ。是ハ見様ニ依テハ、本部ノ組織ニ對シ、屋上屋ヲ設クル嫌ナ謙ガナイデモナイガ、本部ニ報告シテ其ノ承認ヲ得ルコトニナツテ居ル。

月刊情報雜誌發行ノ件

巴里支部ノ積極的活動ノ第一著手トシテ月刊情報雜誌フランス・ジャポンヲ發刊スルコトニナツタ。其ノ方針トシテハ、現在ノ國際情勢上露骨ナ政治的宣傳ハ却ツテ不利ナ爲メ、コヽ當分ノ間文化的經濟的方面ニ主力ヲ集注シ、漸次情勢ノ推移變化ヲ見タ上、必要ニ應ジ政治的宣傳ヲモ加味ス。

（別添第２号）坂本直道のパリ赴任と事務局の設置、『フランス・ジャポン』の発刊について。

5　日本ヨリノ正シキ「ニュース」ヲ報導スルコト、但シ急ヲ要スル場合ハ謄写器ニテ印刷シ、之ヲ必要ト認ムル箇所ニ配布スル（不定期）

6　日本及満洲ニ於ケル、主要月刊雑誌及新聞記事ノ大要ヲ訳出報導スルコト。

7　日仏関係諸機関及人事上ノ消息。

8　日本及満洲ノ旅行案内、観光ノ記事。

9　満洲国時事問題ノ解説。

10　満洲国ニ対スル各紙ノ批判ヲ集メルコト。
11　満洲研究ノ学者ニ依ル興味アル記事。
12　満洲国ニ於ケル仏人ノ活動状態（宗教、経済）記事。

雑誌ノ発刊ニ関シ支部ノ希望

前述雑誌ノ発刊ニ関シ、本部ニ対スル支部ノ希望ハ左ノ通リデアル。

一、必要ニ応ジ前記雑誌掲載用トシテ、日仏同志会幹部ノ写真ヲ蒐集シ送付セラレタキコト。
二、日仏同志会関係者ノ日仏親善ニ関スルメッセージヲ送付セラレタキコト（前記雑誌掲載用トシテ）。
三、前記雑誌ニ掲載スル為メノ写真ノ中、満洲ニ関スル分ハ満洲国政府及満鉄ヨリ直接ニ送付ヲ受クベキモ、日本ニ関スル分（説明付タルコトヲ要ス）ハ同志会本部ヨリ直接日本ノ大新聞社（朝日及日々等）及新聞連合等ト御交渉送付方至急御配慮頻度シ（写真ハ基本的ノモノ、時事問題ノモノ、タルベキコト）。
四、前記雑誌ノ資料トシテ、同志会本部ヨリ定期的ニ左記雑誌ノ送付ヲ受クルコト。
改造、中央公論、経済往来、国際評論。

日仏同志会巴里支部及満鉄共同ノ対外宣伝ニ関スル案

1　仏文月刊機関誌フランス・ジャポンノ刊行配布。
2　十六ミリ映画ニ依リ、日本及満洲ノ現状ヲ紹介スルコト、但シ普通ノ映画（三十ミリ）ハ一般公開ノ方法ニ依ル。
3　日本及満洲ニ関スル写真展覧会ヲ催スコト。
4　機会ニ応ジ講演会ヲ催スコト。
5　レポート・オン・プログレス・イン・マンチユリアン仏訳刊行。
6　仏国及其ノ他ノ欧州新聞及雑誌社ヘ、日本及満洲ノ写真並資料提供。

（別添第三号）

小林理事ノ所見

一寸一言述べさせて頂き度い。本会は、会長始め、会員各位の御尽力の結果として本日、斯く目出たく陣容を整ふるに至りましたことは洵に欣快の至りであります。此の一九三五、六年の危機を眼前に控へ、本会の活動如何は、日仏関係に頗る重大なる意味を齎すものと思ふのであります。

御承知の通り仏国に於ては、上下両院議員中、多数有力なる親日議員が既に我が国に卒先して一つのグループを組織し、仏国政界内に組織的に親日的活動を展開し得る姿勢にあるのであります。之を相提携して我国内に親仏的活動を展開すべく組織されたのが本同志会であります。本同志会も本日を以て其姿勢が相整ひまして、仏国内に於ける「グループ・フランコジヤポネー」と相呼応致しまして、積極的に相支援し内に於ては必要に応じ我同志会内会員各位の御意見を一途に纏め得るに到れば、我政界は之に依て動き得るものと看做し得べき程、我が同志会は各方面の実に有力者を網羅してあるのであります。斯く考へまする と本会の成立と言ふものは将来の日仏関係に於て極めて有意義のものと信ずるのであります。

本日此芽出度き日に於て、御互が此の意義を充分に諒解し、之をして大なる成果あらしむる如く活動せしめなくてはならぬと思ふのであります。

又今後本会が如何に活動すべきやについては先程の会長のお言葉の如く、相当の資金も必要となつて来ます、夫に就きましては此処に居られます門野氏、藤田男、其他の方々の甚大なる御尽力を御願ひせんければならないこと丶思ふのであります、本会が単に儀礼形式的のものではなく、此の非常時局に際して本質的に如何に重要な存在であるかを特に認めて置いて頂き度いと存じまして甚だ潜越乍ら一言述べさせて頂いた次第であります。

以上

（別添第四号）

鶴見理事の希望概要

只今小林氏が述べられた如く、昨年五月仏国にグループ・フランコ・ジヤポネーが出来ました。我国に於ても之に対応する為に此の日仏同志会が生れたのであります。夫で本会成立に関する正式の通知を仏国側に出して頂き度いと思ひます。

本年七、八月頃、日露間の雲行が険悪の折に、私が巴里に在つて、東京本部宛に電報を発し、此事を希望致しました処、早速に、我々巴里に在るものが、仏国側に対して、本会の代表として、行動して欲しいとの御返事を頂きましたので、不取敢、本会定款、発起人会議事録等を仏訳し、仏国両院議員、其他必要と思はれる方面へ配布して置きました。併し、正式の通知は未だ出してないのであるから、役員も悉く決定し、形式が全く整つた今日、早速本会の成立を仏国側に対して正式に通告して頂き度いと思ひます。

日仏同志会役員及会員姓名表

昭和十四年十一月末日現在

日仏同志会役員及会員姓名表

東京　日仏同志会

日仏同志会役員及会員姓名表

本部役員

総裁　公爵　徳川　家達

会長　子爵　曾我　祐邦

顧問

（ＡＢＣ順）

安達　謙蔵

伯爵　林　博太郎

子爵　石井菊次郎

公爵　近衛　文麿

大村　卓一

鈴木喜三郎

男爵　若槻礼次郎

理事

（ＡＢＣ順）

芦田　均

河上　弘一

岸　衛

小林順一郎

楠山義太郎
町田　梓楼
松岡　洋右
中西　敏憲
楢橋　　渡
坂本　直道
佐藤　尚武
篠原　陸朗
鶴見　三三
吉武　正男
結城　安次

評議員

（ABC順）

男爵　安保　清種
男爵　藤田平太朗
八田　嘉明
侯爵　細川　護立
稲畑勝太郎
門野重九郎
児玉　謙次
松田　道一
伯爵　松平　頼寿
男爵　松井慶四郎
中島知久平
南条　金雄
男爵　大井　成元
伯爵　酒井　忠正
下村　　宏
杉山直治郎
高石真五郎
侯爵　徳川　頼貞
子爵　渡辺　千冬
芳沢　謙吉
吉田　義輝
結城豊太郎

幹事

森　新一

巴里事務所　仏国巴里市アヴェニユーオツシユ四十一番

日仏同志会代表　坂本　直道

幹事　松尾邦之助

会員（昭和十四年十一月末日現在）―八十三名

（ＡＢＣ順）

元海軍大臣、海軍大将、男爵　安保　清種

国民同盟総裁、衆議院議員　安達　謙蔵

日仏協会、日仏会館各評議員、枢密顧問官、医学博士　荒木寅三郎

ジャパンタイムス社長、日仏協会、日仏会館、各評議員、衆議院議員、法学博士　芦田　均

東京日日新聞社学芸部副部長　永戸　俊雄

藤田組社長、男爵　藤田平太郎

日仏協会、日仏会館各評議員、慶応大学教授、文学博士　後藤　末雄

元商工大臣、貴族院議員　八田　嘉明

貴族院議員、伯爵　林　博太郎

元日本銀行総裁、貴族院議員　土方　久徴

貴族院議員、子爵　保科　正昭

貴族院議員、侯爵　細川　護立

貴族院議員、伯爵　堀田　正恒

貴族院議員、公爵　一条　実孝

日仏協会、日本仏語法曹会各評議員、日仏会館理事、貴族院議員　稲畑勝太郎

元鉄道大臣、貴族院議員、工学博士、子爵　井上匡四郎

元外務大臣、枢密顧問官、子爵　石井菊次郎

大倉組副頭取　門野重九郎

日本興行銀行副総裁、日仏銀行取締役、日仏会館常務理事、日本仏語法曹会理事　河上　弘一

元台湾総督、貴族院議員　川村　竹治

元衆議院議員　岸　衛

衆議院議員　清瀬　一郎

エム・テー・エム共販株式会社取締役社長、日仏協会評議員　小林順一郎

元横浜正金銀行取締役頭取　児玉　謙次

元内閣総理大臣、公爵　近衛　文麿

貴族院議員、伯爵　黒木　三次

東京日日新聞社外報部長　楠山義太郎

立憲民政党総裁、元商工大臣、衆議院議員　町田　忠治

東京朝日新聞社論説委員、日仏協会評議員　町田　梓楼
宮内省御用掛、日仏協会、日仏会館各理事、日本仏語法曹会評議員、法学博士　松田　道一
貴族院議長、伯爵　松平　頼寿
日仏会館理事、貴族院議員、男爵　松井慶四郎
元巴里帝国大使館附武官、海軍中将　松村　菊勇
在巴里読売新聞支局長　松尾邦之助
元満鉄総裁　松岡　洋右
貴族院議員、子爵　前田　利定
貴族院議員　光永　星郎
貴族院議員、陸軍少将、伯爵　溝口　直亮
元巴里帝国大使館附武官、海軍中将　森山慶三郎
逓信大臣兼鉄道大臣、衆議院議員　永井柳太郎
日本赤十字社副社長　中川　望
元鉄道大臣、衆議院議員　中島知久平
貴族院議員、侯爵　中御門経恭
南満洲鉄道株式会社理事　中西　敏憲
衆議院議員　中野　正剛
三井物産常務取締役　南条　金雄
東京市法律顧問、弁護士　楢橋　渡
貴族院議員、子爵　西尾　忠方
貴族院議員、陸軍大将、男爵　大井　成元
南満洲鉄道株式会社総裁　大村　卓一
国際文化振興会常務理事、貴族院議員、子爵　岡部　長景
貴族院議員、伯爵　酒井　忠正
満鉄巴里事務所長、満鉄参事　坂本　直道
貴族院議員、侯爵　佐々木行忠
元外務大臣　佐藤　尚武
衆議院議員　佐藤　正
ヌベル・カレドニー鉱業株式会社取締役社長　瀬尾　昭
日仏会館評議員、法学博士　下村　宏
衆議院議員　篠原　陸朗
帝国飛行協会総務理事、日仏協会評議員、陸軍中将　四王天延孝
日仏協会理事長、日仏会館副理事長、国際映画協会長、日本仏語法曹会評議員、貴族

院議員、子爵　曽我　祐邦
貴族院議員、法学博士　鈴木喜三郎
日仏協会副理事長、日仏会館常務理事、日本仏語法曹会副会長兼常務理事、日仏文化協会理事、巴里大学名誉博士、東大教授、法学博士　杉山直治郎
日仏協会、日仏会館各評議員、貴族院議員、理学博士　田中舘愛橘
大阪毎日新聞社取締役兼編輯主筆　高石真五郎
貴族院議員、公爵　徳川　家達
貴族院議員、侯爵　徳川　頼貞
元国際連盟帝国保健代表、国際保健衛生事務局帝国代表、名古屋医科大学教授、医学博士　鶴見　三三
衆議院議員　鶴見　祐輔
衆議院議員　植原悦二郎
日仏会館理事長、日本仏語法曹会長、貴族院議員、男爵　若槻礼次郎
日仏協会理事、日仏会館評議員、日本仏語法曹会顧問、貴族院議員、子爵　渡辺　千冬
元巴里帝国大使館附武官、陸軍中将　渡辺　寿
元巴里帝国大使館附武官、陸軍中将　渡辺満太郎
住友合資会社東京支店長　矢島　富造
貴族院議員、法学博士　山川　端夫
在白耳義国帝国大使館一等書記官　柳沢　健
第一生命保険相互社長　矢野　恒太
満鉄総裁附参事、株式会社日仏事業公司取締役　吉武　正男
富国徴兵保険相互会社常務取締役　吉田　義輝
元外務大臣、貴族院議員　芳沢　謙吉
日本銀行総裁、前大蔵大臣、日仏会館理事、日本仏語法曹会顧問　結城豊太郎
大井川鉄道専務取締役、大井川電力取締役、貴族院議員　結城　安次

以上

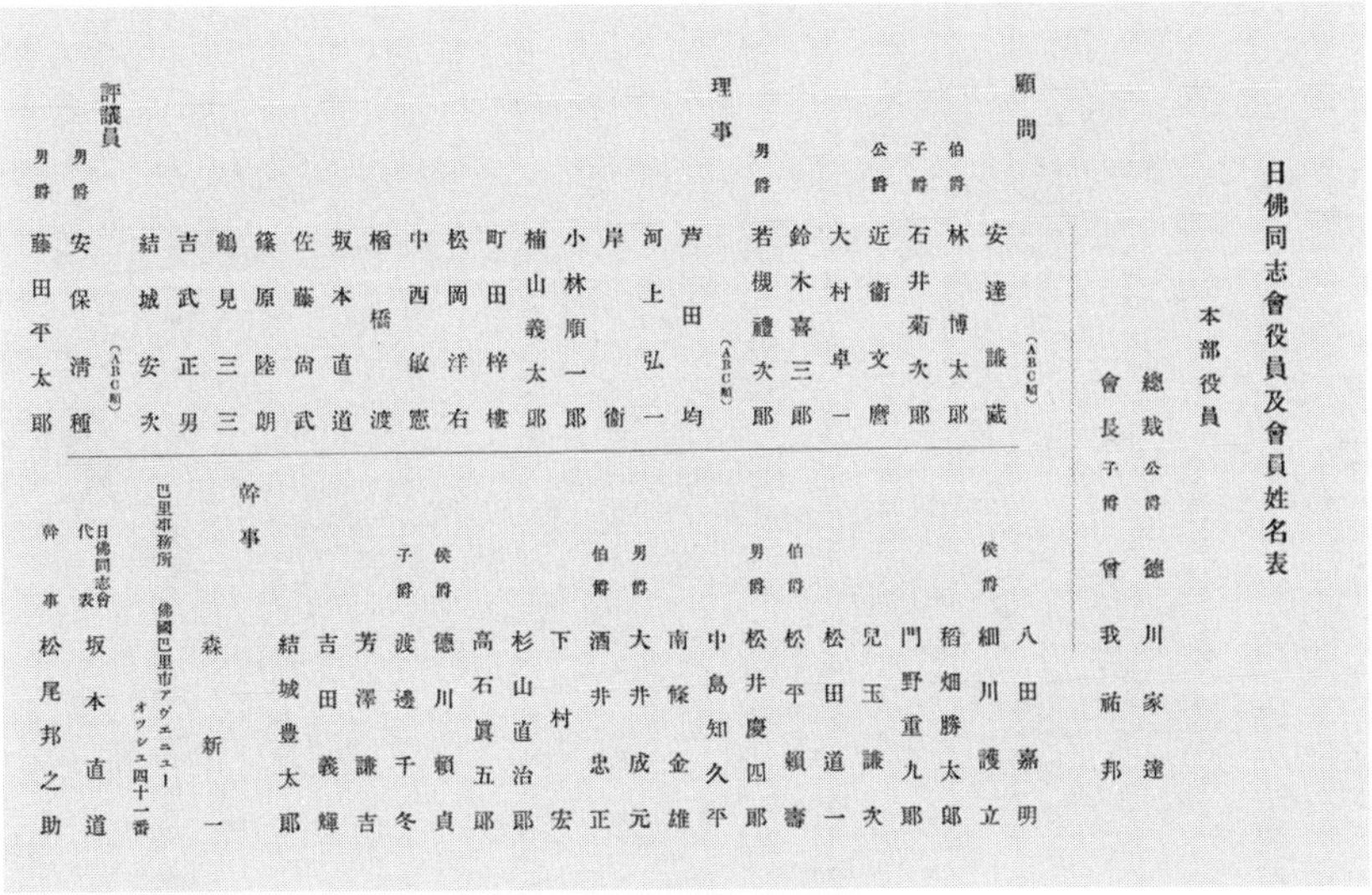

日佛同志會役員及會員姓名表

本部役員

總裁　公爵　德川家達
會長　子爵　曾我祐邦

顧問（ABC順）

安達謙藏
伯爵　林博太郎
子爵　石井菊次郎
公爵　近衛文麿
大村卓一
鈴木喜三郎
男爵　若槻禮次郎

理事（ABC順）

芦田均
河上弘一
岸衛
小林順一郎
楠山義太郎
町田梓樓
松岡洋右
中西敏憲
楢橋渡
坂本直道
佐藤尚武
篠原陸朗
鶴見三三
吉武正男
結城安次

評議員（ABC順）

男爵　安保清種
男爵　藤田平太郎

八田嘉明
侯爵　細川護立
稲畑勝太郎
門野重九郎
兒玉謙次
松田道一
伯爵　松平頼壽
男爵　松井慶四郎
中島知久平
南條金雄
男爵　大井成元
伯爵　酒井忠正
下村宏
杉山直治郎
高石眞五郎
侯爵　德川頼貞
子爵　渡邊千冬
芳澤謙吉
吉田義輝
結城豊太郎

幹事

森新一

巴里事務所　佛國巴里市アヴェニューオッシュ四十一番

日佛同志會代表　坂本直道
幹事　松尾邦之助

日仏同志会役員及会員姓名表（実物）

思いがけない発見
――スタイニルベル＝オーベルランの晩年

松崎碩子

本書出版を間近に控えたつい先日、ある書類を研究所で探していたところ、思いがけないものを目にした。薄手の紙の書類挟みに、ベルナール・フランク筆の字で、Steinilber-Oberlain と書かれている。開けてみると、まず白紙があり、その上部に、これまたベルナール・フランクの字で、「資料はエックスのメジャンヌ図書館で保存」とメモされている。そして次に一通の手紙のコピーが出てきた。読んでびっくりした。これまで一九四〇年以降行方不明になっていたスタイニルベル＝オーベルランの晩年のことが書かれているではないか！　まずは、この書簡の内容を要訳する。

「東洋学者エミール・スタイニルベル＝オーベルラン（一八七八年六月二〇日パリで生まれ、サン・レミ・ド・プロヴァンスにて約一〇年間晩年を過ごした後、一九五一年一月二二日ボケールで没す）の蔵書および資料の保存とその利用についてご連絡します。

スタイニルベル＝オーベルランは、研究書や翻訳（クニ・マツオとの共訳）により、日本の文学作品をフランスに紹介し、この分野に於けるパイオニアの一人でした。

彼は、もともと哲学者で、政界に入り、有望株として将来が期待されていましたが、重い病気を長期間患い、その道は断たれてしまいました。しかし、両大戦をはさむ期間には、フランス政府から極東やアフリカについての多くの重要な任務を託されていました。彼は晩年、『ジャン・ジョレスとの対話』『パスカルについてのエッセー』『素晴らしい人生への入門書』の三部作を執筆しましたが、出版はされず、現在『素晴らしい人生への入門書』（神秘主義の見事な書物）の原稿のみが残されています。

私はエミール・スタイニルベル＝オーベルランを非常によく存じていました。彼は、私の叔父エチエンヌ・フヴレ（数学者）の若い頃からの大の親友でした。叔父はパリのアベイ通り一四番地に六〇年間住んでいましたが、この叔父の家にオーベルランはよく来ていたので、そこで何度もお会いしたわけです。

オーベルランは子供も近親者もいないまま、亡くなりました。そして、叔父の病気や死亡（一九六九年）のため、オーベルランが遺した文献について私も関与するようになったのです。

私はオーベルランの著書が現在すっかり忘れられていることについて、以前から非常に残念に思っていますが、いつか彼の仕事が再び世に知られるようになることを強く願っています。

彼の著書は現在書店の店頭にはありません。私は叔父、Ｅ・フヴレ（オーベルランの包括財産受遺者）より受け継いで、彼の著書のほとんどを所有しております。現在残されているほかの資料につきましては、私は、最近、サン・レミ・ド・プロヴァンスの市役所からブーシュ・ド・ローヌ県立文書館を経てエックス・アン・プロヴァンス市立メジャンヌ図書館に移管させました。サン・レミ・ド・プロヴァンス市役所には一九五一年以来寄託されていました。

メジャンヌ図書館では、前館長のエステーヴ夫人と司書のペロ嬢が資料受領に立会い、近々資料の分類や登録などを行うはずです。ペロ嬢の話ですと、研究者には今からでも資料の閲覧が可能だそうです。

スタイニルベル＝オーベルランの生涯や著書についての情報でしたら、私が知っていることは何でも喜んで提供致します。」

この手紙の差出人はモーリス・フヴレ（エックス＝マルセイユ大学地理学研究所元所長）、受取人はベルナール・フランク（コレージュ・ド・フランス教授）、日付は一九八二年一二月一〇日である。

この手紙の情報により、今まで空白になっていたスタイニルベル＝オーベルランの没年（一九五一年）がはっきりした。オーベルランは、北アフリカに避難し、彼の地で死亡したという噂をよそに、南仏プロヴァンス地方のサン・レミ・ド・プロヴァンスで余生を送り、近くの町ボケールで七三歳の生涯を閉じていたのである。マルセイユ近郊から松尾邦之助宛に、「どんなことがおころうと、わたしのあなたへの友情を信じてください」とはがきを送った時は病床にいた。その後、サン・レミ・ド・プロヴァンスに辿りつき、そこで一〇年間を過ごした。戦時中は、逃亡の身のため、便りを出すことはできなかったであろう。しかし、終戦後、誰とも連絡を取らなかったのは何故か？　サン・レミ・ド・プロヴァンスの市役所は彼の資料を三〇年間も保管してくれた。これには何か理由があるのであろうか？

スタイニルベル＝オーベルランの行方が解ると、新たな謎が次々と出てくる。手紙の筆者モーリス・フヴレ教授は、オーベルラン関係の情報は何でも提供する、と言って下さっている。しかし、フヴレ教授は一九八五年に逝去している。また、フヴレ教授とフランク教授の間でその後手紙のやりとりがあったのであろうか？　フランク教授も他界しているのでこの点についても解らない。まずは、エックス・アン・プロヴァンスのメジャンヌ図書館に保存されているという資料にあたって多くの謎を解明していくよりほかない。なお、メジャンヌ図書館のサイトにはスタイニルベル＝オーベルラン関係資料についての記載は何もない。まだここで資料が保管されているのであろうか？　整理されて閲覧可能であろうか？　近く、調査する予定である。

あとがき

先に復刻刊行した日仏文化交流誌『フランス・ジャポン』について、本書では多くの執筆者の協力を得て、その内容を検証した。復刻し、解題をつけただけではわかりづらい点が多々あると思われたからである。それぞれ分野の異なる研究者が違った方向から光を当てることによって、『フランス・ジャポン』はさらに明るい輝きを放ったのではないかと思う。まだ検証が行き届かぬ部分もあり、思わぬ誤解もあるかもしれない。編集に際してなるべく表記の統一を図ったが、不十分なところもあるだろう。こうした不備は、すべて編者の責任である。

ただ、『フランス・ジャポン』に関する研究がほとんどない今日において、第一歩を示せたという点は、編者・執筆者全員の喜ぶところである。特に国際政治や外交のあり方について、今回の作業で考えさせられることが多かった。『フランス・ジャポン』以外にも、まだ埋もれた貴重な資料がいくつも存在し、それらが明るみに出ることによって、大げさにいえば歴史認識が変わるかもしれない。そのきっかけに本書がなれば幸いである。

復刻版および本書作成にあたっては、コレージュ・ド・フランスはもちろんのこと、フランス国立図書館、国際交流基金情報センターライブラリー、国立国会図書館、日仏会館図書館、外務省外交史料館にもお世話になった。長時間にわたりデスクやコピー機を占領し、係の人を何度もわずらわせたことを申し訳なく思う。清泉女子大学においては、『フランス・ジャポン』についてささやかな研究発表をさせていただいた。煮詰まっていた頭を整理するのによい機会であったと思う。

内容見本に推薦文を書いてくださったパリ第七大学教授セシル・マンク＝坂井氏、コレージュ・ド・フランス教授ジャン＝ノエル・ロベール氏にも感謝申し上げる。また渡部春子氏からは松尾邦之助に関する貴重な資料を拝借した。この場を借りて特にお礼を申し上げたい。

（和田桂子）

本書校正の折、掲載論文を読みながら、非常に深い感動を覚えた。日本が国際的に孤立化し、悲惨な戦争に向かってゆく時代に、『フランス・ジャポン』の編集者や執筆者たちが「日本文化」紹介を盾に平和を願った心持がひしひしと伝わってきたのである。思えば、パリ大学日本学研究所の創設は、日本が国際連盟を脱退した翌年である。創設者のアンドレ・オノラは、研究所創設まで多くの難関があった、と語っているが、パリ大学内にも当時の日本に対してこころよく思っていない人が多くいたであろう。しかし、オノラの信念により、パリ大学総長や事務長の協力を仰ぎ、理事会のメンバーには当時の超一級の学識関係者を迎え、研究所は晴れやかにスタートし、資金不足で活動が出来なくなるまでフランスの日本研究を支えてくれた。ここに、「異なる土地の出身で正反対の意見を持つ者同士が、意見の食い違いがあっても、それは友情への妨げにはならない」というオノラの言葉が強く響いてくる。

この研究所の後身であるコレージュ・ド・フランス日本学高等研究所には『フランス・ジャポン』が全号揃っている。これは、一九三九年に日仏会館フランス学長として東京に赴任した法制史家フレデリック・ジュオン＝デ＝ロングレ旧蔵のものである。ジュオン＝デ＝ロングレはもともとフランスやイギリスの法制史を専門としていたが、日本滞在中に太平洋戦争に巻き込まれ、一九四六年まで帰仏できず、その間、日本法制史（特に鎌倉時代）を研究し、戦後大著を出版した。日本には一九二五年、極東旅行の途上訪れており、これを機に日本に興味を持ち、『フランス・

ジャポン』を購読していたのであろう。いずれにしても、ジュオン＝デ＝ロングレが『フランス・ジャポン』を所有していたことは興味深い。

『フランス・ジャポン』復刻という素晴らしい企画を立てられた和田桂子、和田博文両氏、また出版を引き受けて下さった、ゆまに書房に深く感謝申し上げる。

（松崎碩子）

本書成立の経緯を二つ記しておきたい。二〇〇九年度から四年間、国文学研究資料館とコレージュ・ド・フランスを中心に、日本とフランスの研究者二〇余名が、科学研究費補助金基盤研究Ａ「日本文学における言説編成機能に関する日仏共同研究」を進めている。その最初のワークショップが二〇一〇年三月にパリ第七大学で開かれ、私も「『白人集』／フランス俳諧詩の翻訳／一九二〇～三〇年代のモンタージュ」を発表させていただいた。そのときに『フランス・ジャポン』を一冊回覧して、共同研究を呼びかけたところ、松崎＝プティマンジャン・碩子氏がコレージュ・ド・フランスに全冊所蔵されていることを調べてくださった。それが、本書の最初のステップである。この日仏共同研究がなければ、本書の刊行はもっと遅れていたに違いない。国文学研究資料館館長の今西祐一郎氏、研究代表者の谷川恵一氏、共同研究者の皆さんに、お礼を申し上げたい。

復刻版の第一号～第七号の部分の原本は当初、フランス国立図書館の蔵本を使用する予定でいた。ところが本文頁と広告頁が切り離されていて、元の形態が分からない。そこで二〇一一年三月にコレージュ・ド・フランスを訪れたときに、コピーをさせていただこうとした。するとスタッフの方が「日本にお持ちください」とおっしゃる。「万が一航空機事故に遭遇したら、資料は永遠に失われますよ」と言うと、松崎氏が「所蔵していても、火事になれば燃えてしまいます」と笑いながら応じて下さった。結局七冊の合本は、日本まで旅をして、半年後にパリに戻ることになったのである。コレージュ・ド・フランスは入学も卒業もない大学である。ただ研究と聴講だけが存在する。私はこのときにコレージュ・ド・フランスの、「知」の世界と向き合う姿勢を垣間見たような気がした。復刻と論集に関わってくださった多くの方々に、深く感謝している。

（和田博文）

の短歌　André Suarès（アンドレ・シュアレス）／Le Séjour en France du Premier Ambassadeur Japonais à la Cour du Pape Paul V　ローマ教皇パウロ五世のもとに派遣された最初の日本大使のフランス滞在　Alfred Thein（アルフレッド・タン）／Nouvelles des Lettres　文学ニュース　無署名／Zola au Japon　日本におけるゾラ　無署名／M. Sakamoto Directeur de “France-Japon” rentre à Tokio　『フランス・ジャポン』編集長坂本直道氏東京に帰る　Pascal Laut（パスカル・ロー）／Un Vieux Parisien se penche sur la Guerre　老いたパリジャン、戦争について思う　Léon-Paul Fargue（レオン＝ポール・ファルグ）／Une Exposition Médicale Française au Japon　日本におけるフランス医学展　Noyer（ノワイエ）／L’Allocution de son Excellence Renzo Sawada　沢田廉三大使の挨拶　無署名／Le Daim　「愚者」　N. Matsudaira（松平斉光）／Nouvelles des Lettres　文学ニュース　無署名／Deux Siècles de Littérature Française　フランス文学の２世紀　Henri Calet（アンリ・カレ）／La Symphonie Pastorale : Présentation du Film Japonais d’après l’Oeuvre de André Gide　「田園交響楽」―アンドレ・ジッドの作品をもとにした日本映画の紹介　Kyo Komatz（小松清）／Où va Ouang Ching Oueï?　汪精衛は何処へ行くのか〔L’Avenir des Relations Sino-Japonaises　日中関係の将来　N. Sato（佐藤尚武）, K. Tcho et N. Matsudaira（K. チョウ、松平斉光）訳／Les Données d’une Collaboration　協力のデータ　Chou-Min-Yi（褚 民誼）／Pourquoi un Gouvernement Central en Chine?　なぜ中国に中央政府か　Tcheou-Fou-Hai（周仏海）, H. et N. Nakao et N. Matsudaira（H. & N. 松尾、松平斉光）訳／Le Reglement de l’Incident Sino-Japonais　日中紛争の解決　Hugh Byas（ヒュー・バイアス）〕／Nouvelles des Lettres　文学ニュース　無署名／Concours International sur la Culture Japonaise　日本文化に関する国際コンクール　無署名／L’Abrogation du Traité Nippo-Américain　日米通商航海条約の撤廃　T. W.〔I.―Le Point de Vue Japonais　日本側の視点　Nobutaro Kawashima（川島信太郎）／II.―Le Point de Vue Américain　アメリカ側の視点　Clarence H. Mason（クラランス・H・メイスン）〕／Visite à Françoise Rosay　フランソワーズ・ロゼイ訪問　無署名／Le Japon et l’Asie Nouvelle　日本と新しいアジア　Jean Jacoby（ジャン・ジャコビー）／Nouvelles des Lettres　文学ニュース　無署名／Activité de l’Athénée Français de Tokio　東京アテネ・フランセの活動　無署名／Chronique du Mois　今月の通信欄　無署名

(Condoléances)（画家出島春光の死）　無署名／Maya de Simon Gantillon au Japon　日本におけるシモン・ガンチョンのマヤ　Sei Ito（伊藤整）／Nouvelles des Lettres　文学ニュース　無署名／Les Deux Novices　谷崎潤一郎『二人の稚児』　Junichiro Tanizaki（谷崎潤一郎）, N. Matsudaira（松平斉光）訳 Guen Inokuma（猪熊弦一郎）挿絵／Nouvelles des Lettres　文学ニュース　無署名／Les Conditions Économiques au Japon en 1939　1939年日本の経済状況　無署名

第48号（1940年３月）

Dans nos Prochains Numéros　次号のお知らせ　無署名／La Littérature et l'Héroïsme　文学とヒロイズム　Jean Cassou（ジャン・カスー）／Un Précurseur de l'Amitié Franco-Japonaise : Léon Roches　日仏友好の先駆者―レオン・ロッシュ　Itsuo Tsuda（津田逸夫）／Nouvelles des Lettres　文学ニュース　無署名／Exotisme à Rebours : Grands Danseurs Japonais　逆行するエキゾチスム―日本の偉大な舞踏家たち　André Fraigneau（アンドレ・フレノー）／Les Auteurs Français au Japon depuis la Restauration de Meiji : L'Influence de Zola　明治維新以降の日本におけるフランス人作家たち―ゾラの影響　Kuni Matsuo（松尾邦之助）／La Signification du Sinanthrope pour l'Extrême-Orient et pour l'Humanité　北京原人の極東および人類にとっての意義　George Montandon（ジョルジュ・モンタンドン）／L'Allemagne et le Rôle du Japon : Rencontre avec Otto Strasser　ドイツと日本の役割―オットー・シュトラッサーとの会見　André de Reka（アンドレ・ド・ルカ）／Sessue Hayakawa nous parle de Macao, L'Enfer du Jeu　早川雪洲、「賭博地獄マカオ」を語る　E. R.／Le President Daladier a dit...　ダラディエ首相は言った　無署名／Les Musiciens Japonais d'Aujourd'hui　今日の日本の音楽家たち　René Leibowitz（ルネ・ルボヴィッツ）／Nouvelles des Lettres　文学ニュース　無署名／Aperçu à Vol d'Oiseau des Tendances de la Littérature Japonaise pendant ces Dernières Années　過去数年の日本文学の傾向に関する鳥瞰図　Tetsuzo Tanikawa（谷川徹三）／Nouvelles des Lettres　文学ニュース　無署名／Particularités du Développement de l'Économie Japonaise　日本経済発展の特色　Takao Tsoutchiya（土屋喬雄）, N. Matsudaïra（松平斉光）訳／Nouvelles des Arts　芸術ニュース　無署名／Le Conflit Sino-Japonais　日中紛争　Hisaakira Kano（加納久朗）／Incidences de la Guerre Actuelle　現今の戦争の影響　G. Brissaud-Desmaillet（G. ブリソ＝デマイエ）／Mme Françoise Rosay　フランソワーズ・ロゼイ　無署名／Mon Ami Déshima　私の友、出島春光　Nesto Jacometti（ネスト・ジャコメッティ）／Nouvelles des Arts　芸術ニュース　A. Th.（アルフレッド・タン）／(Publicité)（広告）

第49号（1940年４月）

Dans Nos Prochains Numéros　次号のお知らせ　無署名／Tankas d'Occident　西洋

第46号（1940年１月）

Dans nos Prochains Numéros　次号のお知らせ　無署名／Le Climat de la Courtoisie　礼儀の風土　René Jouglet（ルネ・ジュグレ）／Le Retour de Foujita　フジタの帰還　André Salmon（アンドレ・サルモン）／Tsugouharu Foujita　藤田嗣治　E. R.／Nouvelles des Lettres　文学ニュース　無署名／Le Nouvel Ordre en Asie : Une Entrevue avec S. E. Renzo Sawada Ambassadeur du Japon à Paris　アジアの新秩序―在パリ日本大使沢田廉三のインタビュー　N. Matsudaira（松平斉光）／Nouvelles des Lettres　文学ニュース　無署名／Les Auteurs Français au Japon depuis la Restauration de Meiji　明治維新以降の日本におけるフランス人作家たち　Kuni Matsuo（松尾邦之助）／Drieu la Rochelle : Les Français et le Voyage　ドリュ・ラ・ロシェル―フランス人と旅行　Drieu la Rochelle（ドリュ・ラ・ロシェル）／Nouvelles des Lettres　文学ニュース　無署名／La Presse Française et le Japon　フランスの新聞雑誌記事と日本　無署名／Les Intercesseurs de l'Amitié Franco-Japonaise　日仏友好の仲介者たち　Emmanuel Berl（エマニュエル・ベルル）／Mes Premières Rencontres avec André Gide　アンドレ・ジッドとの初めての出会い　Kyo Komatz（小松清）, Kyo Komatz et Itsuo Tsuda（小松清、津田逸夫）訳／Nouvelles des Lettres　文学ニュース　無署名／Sur Racine　ラシーヌについて　René Laporte（ルネ・ラポルト）／Un Appel de Claude Farrère pour l'Amitié Franco-Japonaise　クロード・ファレルの日仏友好の呼びかけ　Claude Farrère（クロード・ファレル）／La Pensée Chinoise et le Japon　中国の思想と日本　Sokichi Tsuda（津田左右吉）, Claude Lunain（クロード・ルナン）訳／Esquisse Historique du Développement des Chemins de Fer Mandchouriens　満洲鉄道発展小史　K. Akiyoshi（秋吉勝広）／Nouvelles des Lettres　文学ニュース　無署名／Shunkan　菊池寛『俊寛』　Kikuchi Kan（菊池寛）, Chiyo Machii（町井千代）訳

第47号（1940年２月）

Dans nos Prochains Numéros　次号のお知らせ　無署名／Ashura-O.（Gardien de Bouddha）　阿修羅王（仏陀の守護神）（写真）　無署名／Le Japon et Nous　日本と我々　Abel Bonnard（アベル・ボナール）／Les Quatre-Vingt Dix Ans du Prince Saïonji　西園寺公の90年　Alfred Thein（アルフレッド・タン）／Les Jardins du Japon　日本庭園　A. Hauchecorne（A. オシュコルヌ）／Les Auteurs Français au Japon depuis la Restauration de Meiji　明治維新以降の日本におけるフランス人作家たち　Kuni Matsuo（松尾邦之助）／Les Femmes Japonaises　日本女性　Nyozekan Hasegawa（長谷川如是閑）／Lorsqu'un Français lit "Kokoro"　フランス人が『こころ』を読むと　Pascal Laut（パスカル・ロー）／Nouvelles des Lettres　文学ニュース　無署名／La Politique du Japon en Chine et les Grandes Puissances　日本の中国における政策と列強　T. Watanabé（渡辺耐三）／La Mort d'Albert Maybon　アルベール・メボンの死　K. M.（松尾邦之助）／

formations Littéraires et Artistiques du Japon　日本の文学芸術関係ニュース　無署名／Revue de Presse　新聞雑誌記事より〔Un Article de M. André Tardieu　アンドレ・タルデュー氏についての記事　無署名／Les Apports Étrangers dans la Langue Japonaise　日本語における外国語の寄与　H. N.／Poésie Japonaise　日本の詩歌　無署名／La Littérature Japonaise et la Vie Littéraire　日本の文学と文学的生活　Y. W.／Sur l'Âme Japonaise　日本人の魂について　F. W.〕／Les Livres　新刊図書　A. S., Ed. Clavery（エドゥアール・クラヴリー）, K. M., A. Th.／Nos Collaborateurs　執筆協力者　無署名／（Publicité）（広告）

第45号（年月不記載）
Orient et Occident　東洋と西洋　Tetsuzo Tanigawa（谷川徹三）, Kyo Komatz（小松清）訳／Poèmes Classiques　和歌（万葉集より）　無署名／Les Réactions de la Conclusion du Pacte de Non-Agression Germano-Soviétique sur l'Opinion Publique au Japon　日本の世論に見る独ソ不可侵条約締結への反応　N. Matsudaira（松平斉光）／Un Ami de la France : Renzo Sawada Nouvel Ambassadeur du Japon à Paris　フランスの友―沢田廉三　新しい在パリ日本大使　無署名／Arrivée de l'Attache Militaire　大使館陸軍武官の到着　無署名／Départ de M. K. Miyazaki, Charge d'Affaires de l'Ambassade du Japon à Paris　宮崎在パリ日本代理大使の離仏　無署名／Composition du Ministère Japonais Actuel　日本の現内閣メンバー　無署名／Trois Poèmes Japonais et une Lettre de Paul Claudel　ポール・クローデルの三首の短歌と一枚の手紙　無署名／La Grâce Claudelienne　クローデルの恩恵　Pierre Baranger（ピエール・バランジェ）／Madame Kikou Yamata au Japon　日本のキク・ヤマタ　無署名／Introduction à l'Orient et à Paul Claudel　東洋ならびにポール・クローデルへの導き　Elie Richard（エリ・リシャール）／Une Introduction à la Poésie Française　フランス詩の紹介　Jacques Madaule（ジャック・マドール）／Nouvelles Littéraires　文学ニュース　無署名／Les Portraits dans l'Art Japonais　日本美術の中の肖像画　無署名／Un Groupe Attachant de Statues　野上弥生子「日記より」　Y. Nogami（野上弥生子）, N. Matsudaira（松平斉光）訳／La Boue et les Soldats　火野葦平『土と兵隊』　A. Hino（火野葦平）, N. Matsudaïra（松平斉光）訳／Échos et Nouvelles　うわさとニュース〔Le Prêtre Bouddhiste Ta-tchu et Tchang Kai-Chek　山本実彦『渦まく支那』より　S. Yamamoto（山本実彦）／Politique Intérieure et Extérieure du Japon d'après le Général Abé　阿部首相による日本の国内および対外政策　無署名／Le Peuple exige des Hommes Politiques le Sentiment de la Responsabilité　国民は政治家に責任感を求める　無署名／Nouvelles Littéraires　文学ニュース　無署名／Le Cinéma Français à Tokio　東京のフランス映画　無署名〕

çaise de Collaboration Intellectuelle au Japon　日仏知的協力の結実　Léon Mazeaud（レオン・マゾー）／Au Souvenir de Lafcadio Hearn, à l'Ame Franco-Japonaise　日仏の魂を持つラフカディオ・ハーンの思い出　Richard de Grandmaison（リシャール・ド・グランメゾン）／L'Amour et la Vie　野口米次郎「愛と人生」　Yone Noguchi（野口米次郎）, Adrienne, Gabriel Mourey（アドリエンヌ, ガブリエル・ムーレー）訳／Hommage à M. Yotaro Sugimura : Ambassadeur du Japon en France　駐仏日本大使杉村陽太郎を偲んで　J. Paul-Boncour（J. ポール＝ボンクール）／Hommage à M. Yotaro Sugimura : Ambassadeur du Japon en France　駐仏日本大使杉村陽太郎を偲んで　Etienne Fougère（エティエンヌ・フジェール）／Hommage à M. Yotaro Sugimura : Ambassadeur du Japon en France　駐仏日本大使杉村陽太郎を偲んで　Louis Josserand（ルイ・ジョスラン）／Un Grand Ambassadeur n'est Plus!　偉大なる大使、今はなく　A. Kammerer（A. カムレ）／Laques Japonaises Modernes　現代日本漆画　無署名／Les Laques de Hamanaka　浜中勝の漆画　Kikou Yamata et Conrad Meili（キク・ヤマタ、コンラッド・メイリ）／Conte d'Été　永井荷風『榎物語』　Kafou Nagai（永井荷風）, Roger Brylinski（ロジャー・ブリリンスキー）訳／Le Musée d'Art Dramatique Tsoubo-Outchi　坪内逍遥演劇博物館　J. T.／Foujita à Paris　パリのフジタ　A. S.／Un Traité de Peinture au XVIIIe Siècle : Les Règles de la Peinture de Soukénobou　18世紀絵画論─西川祐信の画風　Itsuji Yoshikawa（吉川逸治）／Poètes Japonais d'Aujourd'hui : Impressions et Réflexions　今日の日本詩人─印象と考察　E. Steinilber-Oberlin（エミール・スタイニルベル＝オーベルラン）／Une Danseuse Franco-Japonaise　日仏で人気のダンサー（ポーリン・ティエック）　Pierre Depeyre（ピエール・ドペア）／Haï-Kaï　俳句　Madeleine Champion（マドレーヌ・シャンピオン）／Notes d'Espagne　スペイン小景　Kuni Matsuo（松尾邦之助）／La Musique Européenne au Japon d'après un Ténor Japonais　日本人テノール歌手の眼から見た日本のヨーロッパ音楽　P. N.／Le Théâtre Contemporain　現代の舞台芸術　Yoshizoumi Hiratsouka（平塚義角）／Deux Jeunes Japonaises, parmi les Boursiers Invités par le Gouvernement Français　二人の若い日本女性、フランス政府の奨学金を得る　無署名／La Durée Moyenne de la Vie chez les Hirondelles　つばめの平均寿命　無署名／Le Mouvement Antilépreux et la Campagne Antituberculeuse au Japon　日本のらい病（ハンセン病）撲滅運動と結核予防キャンペーン　無署名／Un Bâtiment à la Mémoire du Dr. Hidéo Noguchi　野口英世博士記念館　無署名／Économie　経済〔La Production de la Rayonne　レーヨンの製造　J. A.／Le Développement de la Production Japonaise de la Fibre　日本の繊維製造の発展　J. A.〕／Informations Économiques　経済ニュース　無署名／Le Commerce Extérieur du Japon en Mai 1939　1939年5月日本の輸出入　B. C. A. J.／Le Développement de l'Aviation Commerciale Japonaise　日本の商業航空の発展　J. A.／Impressions du Japon　日本の印象　Joseph Hillesum（ジョゼフ・イルズム）／In-

（弔辞） Katsutaro Miyazaki（宮崎勝太郎）／（Condoléances） （弔辞） Fernand Pila（フェルナン・ピラ）／Yotaro Sugimura 杉村陽太郎 Jean Ray（ジャン・レイ）／Mes Regrets de la Mort de S. Exc. M. Y. Sugimura 杉村陽太郎大使の死を悼んで Naotaké Sato（佐藤尚武）／Sur la Mort de S. Exc. M. Yotaro Sugimura 杉村陽太郎大使の死に際して Skekouni Soga（曾我祐邦）／La Culture Française au Japon : L’Institut Franco-Japonais de Kioto 日本のフランス文化施設―京都日仏学館 Louis Ohl（ルイ・オール）／Au Temple de Horyuji, à Nara 奈良の法隆寺にて Otto Fischer（オットー・フィッシャー）／La Douleur Éternelle 野口米次郎「永遠の悲哀」 Yone Noguchi（野口米次郎）, Adrienne, Gabriel Mourey（アドリエンヌ, ガブリエル・ムーレー）訳／Poètes Japonais d’Aujourd’hui : Impressions et Réflexions 今日の日本詩人―印象と考察 E. Steinilber-Oberlin（エミール・スタイニルベル＝オーベルラン）／Sur la Nouvelle en Corée 朝鮮の小説について Ri Chai Uk（リ・チャイ・ウク）／Résumé du Gounsho Rouijou 塙保己一 編『群書類従』概要 N. Matsudaira（松平斉光）／Blaireaux et Renards Associés dans les Vieux Contes de Magie 『本朝故事因縁集』におけるタヌキとキツネ Opal Street（オパール・ストリート）／Le Mois de Juin Floral 日本の花暦―6月 T. Makino et Genjiro Oka（牧野富太郎，岡現次郎）／Les Expositions 展覧会〔Une Exposition du Maître Laqueur Katsu Hamanaka 漆の巨匠、浜中勝 A. S.／Katsu Hamanaka 浜中勝 Vanderpyl（ヴァンデルピル）／L’Exposition des Oeuvres Récentes de Lou Albert-Lasard ルー・アルベール＝ラサールの近作展 無署名／Scène de Danse 踊りの場面（挿絵） Yeisen（渓斎英泉）／L’Exposition de la “Danse Japonaise à Travers les Âges” aux Archives Internationales de la Danse 国際ダンスアーカイヴの「時代と日本の舞踏」展 無署名〕／Le Centenaire de la Naissance de Bizet au Japon 日本におけるビゼー生誕百周年記念祭 Yoshié Foujiwara（藤原義江）／Une Cérémonie Religieuse pour les Poupées Brisées 壊れた人形の供養 無署名／Informations Littéraires et Artistiques du Japon 日本の文学芸術関係ニュース 無署名／Notes Techniques 技術ノート〔Un Nouveau Poste Portatif de Télévision 新しいテレビ受信器 無署名／Construction d’un Nouveau Sismographe Pouvant Amplifier des Secousses jusqu’à 1.500 Fois 振動を1500倍に増幅できる新しい地震計の作製〕／Le Commerce Extérieur du Japon en Avril 1939 1939年４月日本の輸出入 B. C. A. J.／Informations Économique 経済ニュース 無署名／Revue de Presse 新聞雑誌記事より〔La Littérature Japonaise et la Vie Littéraire 日本の文学と文学生活 無署名〕／Quelques Adresses Utiles au Japon 日本で役立つ住所録 無署名／（Publicité）（広告）

第43－44号（1939年７－８月）

Impressions de France フランスの印象 Naotake Sato（佐藤尚武）／L’Œuvre Fran-

sur la Technique de la Danse Classique Japonaise　日本の古典舞踏の技法に関する研究　Xénia Zarina（セニア・ザリナ）／Les Caractéristiques du Théâtre de Marionnettes Japonais　人形浄瑠璃の特徴　Youkitchi Kodera（小寺融吉）／La Danse au Japon suivant la Seule Interprète Étrangère de Danse Classique　海外唯一の日本古典舞踏研究家の見た日本の舞踏　J. T.／Les Danses Folkloriques au Japon　日本の郷土舞踏　Youkitchi Kodera（小寺融吉）／La Danse Magique de la Fête Hivernale au Japon : La Danse de la Tranquillisation　日本の冬祭りにおける魔術的な鎮魂の踊り　N. Matsudaira（松平斉光）／La Danse des Cerisiers à Kioto　京都の桜の舞—都おどり　Zenji Katsouki／La Contribution de la Danse Occidentale à la Formation de la Danse Moderne au Japon　西洋舞踏が日本の現代舞踏の形成になした貢献　D. M.／Impressions sur le Japon　日本の印象　Manuela del Rio（マニュエラ・デル・リオ）／(Notes)（サハロフ夫妻の言葉）　Alexandre et Clotilde Sakharoff（アレクサンドル＆クロティルド・サハロフ）／Les Sakharoff au Japon　日本のサハロフ夫妻　P. N.／Revues de Girls et Revues Comiques　ガールズ・レヴューとコミック・レヴュー　Jumpei Kawashima（川島順平）／Girls du Music-Hall Japon　日本のミュージック・ホールの女の子たち　無署名／La Scène et les Girls Japonaises suivant la Seule Femme Metteur en Scène du Japon　日本唯一の女性演出家による日本のガールズ・レヴュー　J. T.／Bibliographie Sommaire sur la Danse Japonaise　日本の舞踏に関する参考文献概要　無署名／Nos Collaborateurs　執筆協力者　無署名／(Publicité)（広告）

第42号（1939年6月）

Hommage à M. Yotaro Sugimura : Ambassadeur du Japon en France　駐仏日本大使杉村陽太郎を偲んで　A. S.／La Mort de M. Sugimura　杉村氏の死　Georges Bonnet（ジョルジュ・ボネ）／(Hommage)（弔辞）　le Provost de Launay（ル・プロヴォスト・ド・ロネ）／Discours Prononcé par M. Hachiro Arita, Ministre des Affaires Étrangères, aux Obsèques de S. E. M. Yotaro Sugimura, au Temple Bouddhiste de Honganji Tsukiji, Tokio.　東京築地本願寺にて外務大臣有田八郎、杉村陽太郎の死を悼む　Hachiro Arita（有田八郎）／Ambassade de la République Française au Japon　駐日フランス大使の弔辞　Ch. Arsène-Henry（シャルル・アーセンヌ＝アンリ）／Les Obsèques de S. E. M. Sugimura　杉村大使葬儀　無署名／M. Yotaro Sugimura tel que je l'ai connu de 1906 à 1939　1906年から1939年まで知遇を得た杉村陽太郎　A. Amieux（A. アミュ）／Le Dernier Départ　最後の別れ　Charles de Chambrun（シャルル・ド・シャンブリュン）／Un Ambassadeur Japonais　日本の大使　Claude Farrère（クロード・ファレル）／Sur la Mort de S. Exc. M. Yotaro Sugimura　杉村陽太郎大使の死去に際して　Kikoujiro Ishii（石井菊次郎）／Mon Regret de la Mort de l'Ambassadeur Sugimura　杉村大使の死を悼んで　Keishirô Matsui（松井慶四郎）／(Condoléances)

フランス・ジャポン次号のお知らせ　無署名／Informations Économiques　経済ニュース　無署名／Harbin, Ville du Mandchoukouo　満洲国の都市、ハルビン　無署名／Revue de Presse　新聞雑誌記事より〔La Mort de S.E.M. Yotaro Sugimura, Ambassadeur du Japon en France　駐仏日本大使杉村陽太郎氏の死去　無署名／L'Enfant Nippon　日本の子ども　Ch. Bolard-Talbere（シャルル・ボラール・タルベール）／A propos du Cinéma Japonais　日本の映画について　J. L.／Notes d'Extrême-Orient　極東ノート　無署名／Kido Okamoto, L'Auteur qui a porté au Théâtre la Vie Moderne du Japon　岡本綺堂、演劇に日本の現代生活を持ち込んだ作家　無署名／Mademoiselle Butterfly aux Armées　武装した蝶々さん　無署名〕／Sommaires de Quelques Revues Japonaises　日本の雑誌目次より　無署名／Informations Littéraires et Artistiques du Japon　日本の文学芸術関係ニュース　無署名／Les Livres　新刊図書　A. S., G. D., S.／Nécrologie　死亡欄―岡本かの子　無署名／Nos Collaborateurs　執筆協力者　無署名／Quelques Adresses Utiles au Japon　日本で役立つ住所録　無署名

第41号（1939年５月）

Moronobou. − Scéne de Danse.　菱川師宣―踊りの場面／Danse et Théâtre Japonais　踊りと日本の舞台　A. S.／L'Exposition de la Danse Japonaise aux Archives Internationales de la Danse　国際ダンスアーカイヴにおける日本舞踊博覧会　Rolf de Maré（ロルフ・ド・マレ）／A propos d'une Exposition de Danse Japonaise　日本舞踊博覧会について　Gaston Poulain（ガストン・プーラン）／Promenade à travers l'Exposition de la Danse Japonaise　日本舞踊博覧会をめぐって　Yvone Moustiers（イヴォン・ムスティエ）／L'Esprit de la Danse Japonaise　日本舞踊の精神　Toshinobou Ashihara（蘆原敏信）／Au Temple Kassouga à Nara　奈良の春日大社にて　無署名／La Danse Japonaise d'après un Japonais Européanisé　西洋化した日本人が見た日本舞踊　Jiro Touji（辻二郎）／Notes sur la Danse au Japon　日本の舞踊について　Gisèle d'Assailly（ジゼル・ダサイィ）／Essai Historique et Critique sur le Théâtre Japonais et principalement sur le Kabuki　日本の舞台芸術、特に歌舞伎についての歴史小観と批評　J. C. Balet（ジャン＝シプリアン・バレ）挿絵 N. Matsudaira（松平斉光）, Toyokuni（歌川豊国）／Le Nô　能　Marie-Claire Lagathu（マリ＝クレール・ラガトゥ）／Scène de Danse　踊りの場面（挿絵）　Foujita（藤田嗣治）／Masques de Nô　能面　無署名／Le Symbolisme et l'Impressionnisme dans le Kabouki　歌舞伎における象徴主義と印象主義　Shutaro Miyaké（三宅周太郎）／Les Principales Pièces de Kabouki　歌舞伎の主要演目　S. M.（三宅周太郎）／La Machinerie Particulière à la Scène de Kabouki　歌舞伎の特殊舞台装置　S. M.（三宅周太郎）／La Danse Japonaise : Catalogue des Objets Exposés aux Archives Internationales de la Danse　日本の舞踏―国際ダンスアーカイヴで展示された日本出品物カタログ　Yukichi Kodera（小寺融吉）／Quelques Notes

短波を計測する新機器　無署名〕／Questions Aéronautiques : Le Vol à Voile au Japon　航空技術の問題―日本における滑走　J. B.／Revue de Presse　新聞雑誌記事より〔A propos de la Transcription Latine des Caractères Japonais　日本語文字のラテン語訳について　G. M.／Les Puissances Occidentales et la Paix en Extrême-Orient　西洋の列強と極東の平和　無署名／Le Dieu de l’Agriculture　農業の神　無署名／La Bibliothèque du Gouvernement Général de la Corée　朝鮮総督図書館　無署名〕／Sommaires de Quelques Revues Japonaises　日本の雑誌目次より　無署名／Informations Littéraires et Artistiques du Japon　日本の文学芸術関係ニュース　Tokouji Saisho（税所篤二）／Nécrologie　死亡欄―カール・フローレンツ　無署名／Poids, Mesures et Monnaies du Japon　日本の計量計測単位と通貨　無署名／Les Livres　新刊図書　A. S., J. T. M.／Nos Collaborateurs　執筆協力者　無署名／（Publicité）（広告）

第40号（1939年４月15日）

Les Intellectuels Japonais devant le Conflit d’Extrême-Orient　極東問題に直面した日本の知識人たち　Tatsuo Morito（森戸辰男）, Kyo Komatz（小松清）訳／Après Soixante-Deux Annés Passées au Japon　日本で62年すごして　John Batchelor（ジョン・バチェラー）／Le Gouvernement Français désirerait racheter au Japon une Toile du Greco　フランス政府、日本からグレコの油絵を買い戻す意向　V. M.／La Multiplicité des Prix Littéraires au Japon　日本における文学賞の多種性　N. D.／Quelques Minutes avec Jorge Tulio Royo “japonisant latino-américain”　ホルヘ・トゥーリオ・ロヨとの会談―ラテンアメリカの日本通　Oliver Brachfeld（オリヴァー・ブラハフェルト）／Confidences à Ma Charrue　柴田義勝「鍬に語る」　Shibata（柴田義勝）, Rogham（ロガム）訳／Lueurs d’Orient　オリエントの光　Chiyo Machii（町井千代）／Habitations Modernes au Japon　日本の現代的住居　P. R.／Architecture Moderniste au Japon　日本の現代建築　無署名／Le Mois d’Avril Floral au Japon　日本の花暦―４月　T. Makino et Genjiro Oka（牧野富太郎、岡現次郎）／Résumés du Gounsho Rouijou ou “Textes Classifiés des Livres Nombreux”　塙保己一 編『群書類従』概要　N. Matsudaira（松平斉光）／Création d’un Institut d’Étude Aéronautique　航空学研究所の創設　無署名／Inauguration d’un Institut pour l’Étude des Cataclysmes　地震研究所の発足　無署名／Identification d’un Mammifère d’une Espèce Disparue　不明の哺乳動物の確定　無署名／Des Graines Mystérieuses Trouvées dans une très Vieille Tombe semblent ne pas avoir perdu Leur Vitalité　古代の墓で発見された神秘の種子に未だ生命力　無署名／Dans les Ecoles Japonaises Créées au Mandchoukouo pour Les Mandchous　満洲人のために設立された満洲国の日本学校　無署名／La Production de l’Or au Japon　日本における金の産出　F. P.／Le Commerce Extérieur du Japon en Mars 1939　1939年３月日本の輸出入　B. C. A. J.／Le Prochain Numéro de France-Japon

France　満洲国の調査：フランスの関心　無署名／L'Éclosion d'une Capitale　新首都の誕生　無署名／Les Relations Anglo-Nippones　英日関係　無署名／Un Rituel Shintoiste : la Marche sur le Feu　神道の儀式：火渡り　無署名／Colons Japonais au Mandchoukouo　満洲国における日本人の植民者　無署名／La Tranquillité du Japon Actuel　現在の日本の静けさ　無署名〕／Sommaires de Quelques Revues Japonaises　日本の雑誌目次より　無署名／Un Film Injurieux pour la France Censuré au Japon et au Mandchoukouo　反仏映画が日本と満洲国で検閲される　無署名／Une Présentation de Films Japonais　日本映画の上映　無署名／Auditions : Conférences sur la Musique Japonaise　ラジオ番組―日本音楽の会　無署名／Informations Littéraires et Artistiques du Japon　日本の文学芸術関係ニュース　Tokouji Saisho（税所篤二）／Les Livres　新刊図書　A. S., A. Th.／La Population du Japon　日本の人口　無署名／Nécrologie　死亡欄―ジャン・カーヴィル夫人　無署名／Quelques Adresses Utiles au Japon　日本で役立つ住所録　無署名／Nos Collaborateurs　執筆協力者　無署名／（Publicité）（広告）

第39号（1939年３月15日）

L'Idée du Souverain en Extrême-Orient　極東における君主の概念　Léon de Hoyer（レオン・ド・オワイエ）／Contribution à l'Étude du Droit Divin dans l'Ancien Japon　古代日本における神権の研究　N. Matsudaira（松平斉光）／Une Conférence de M. Claude Farrère　クロード・ファレルの講演　無署名／A propos du Romancier Sôseki Natsumé　小説家夏目漱石について　Tetsuzô Tanikawa（谷川徹三）／Confidences à Ma Charrue　柴田義勝「鍬に語る」　Shibata（柴田義勝）, Rogham（ロガム）訳／Le Fouji　富士　Louis Fages（ルイ・ファージュ）／Lueurs d'Orient　オリエントの光　Chiyo Machii（町井千代）／Les Expositions　マドレーヌ・ルカ展　A. S.／Le Mois de Mars Floral du Japon　日本の花暦―３月　T. Makino et Genjiro Ōka（牧野富太郎、岡現次郎）／Les Perles de Culture　養殖真珠　Shintaro Wada／Nouvelles Archéologiques : Une Précieuse Découverte au Temple de Kashiwara　考古学ニュース―橿原神宮での貴重な発掘品　無署名／Les Bibliothèques et les Musées du Mandchoukouo　満洲国の図書館と美術館　Bå Larsson（ボー・ラーソン）／Dans les Palais Impériaux du Jehol　熱河省の離宮にて（写真）　無署名／Au Mandchoukouo　満洲国にて　M.／Informations Économiques　経済ニュース　無署名／Pékin, Capitale de la Chine du Nord, est Maintenant Paisible　中国北部の首都北京は今は平穏だ（写真）　無署名／Notes Techniques　技術関係ノート〔La Fabrication de l'Alcool à partir de la Patate　芋焼酎の製造　Yoshinori Tomoda（友田宣孝）／Utilisation de la Pomme de Terre dans la Production de Carburant pour Moteur d'Avion　航空機の発動機燃料製造にじゃがいもを使用　無署名／Un Nouvel Appareil de Mesure des Ondes Courtes

Médicales : Expériences sur un Nouveau Traitement　医学ノート—新治療法の治験 J. A.／Informations Littéraires et Artistiques du Japon　日本の文学芸術関係ニュース　Tokouji Saisho（税所篤二）／Fausses Nouvelles ou Humour?　虚報かユーモアか A. S.／Revue de Presse　新聞雑誌記事より〔Le Japon en Temps de Guerre　戦時下の日本　無署名／Sur la Destruction des Villes lors de la Retraite des Troupes Chinoises　中国軍退却時の町の破壊について　無署名／L'Exposition des Artistes Japonais à Paris パリでの日本人芸術家の展示　無署名／La Jeunesse Japonaise　若い日本人女性　無署名〕／Sommaires de Quelques Revues Japonaises　日本の雑誌目次より　無署名／Quelques Livres sur l'Asie　アジア関係図書　A. S.／Un Annuaire sur le Japon　日本年鑑　Ed. Clavery（エドゥアール・クラヴリー）／(Quelques Livres sur le Japon)（日本関係図書）A. T.／Nos Collaborateurs　執筆協力者　無署名／(Publicité)（広告）

第38号（1939年２月15日）

Les Aspects Financiers du Japon en 1938 et les Perspectives pour 1939　1938年日本の財政状況と1939年の見通し　Seima Tomita（富田清萬）／Au Kouantoung　広東にて M. Moncharville（M. モンシャーヴィル）／Le Tabac et le Soldat　火野葦平『煙草と兵隊』Ashihei Hino（火野葦平）, K. T. 訳／Sur le Haïkaï Français　フランス俳諧について Julien Vocance（ジュリアン・ヴォカンス）／La Neige dans la Poésie Populaire Japonaise　日本の俗謡の中の雪　Hélène Lavaysse（エレーヌ・ラヴェス）／Poèmes Japonisants　日本風の詩　Georges Galinier（ジョルジュ・ガリニエ）／Soirée Japonaise ou Évocation de Daigaku Horiguchi　日本の夕べまたは堀口大学の思い出　Gilberte Hla-Dorge（ジルベルト・ラ＝ドルジュ）／La Littérature Contemporaine Mandchoue 現代満洲文学　Bå Larsson（ボー・ラーソン）／Notes sur un Voyage au Japon　日本への旅　Rolf de Maré（ロルフ・ド・マレ）／Sai Shoki, Danseuse de Corée　朝鮮の舞踏家　崔承喜　P. N.／Le Mois de Février Floral au Japon　日本の花暦—２月　T. Makino et Genjiro Oka（牧野富太郎、岡現次郎）／Un Raid Hsinking-New York Sans Escale?　新京ニューヨーク間無着陸飛行？　A. A.／Les Émissions d'Outre-Mer de la Fédération Japonaise de Radiodiffusion　日本ラジオ放送連盟の海外放送　無署名／L'Émigration Japonaise au Mandchoukouo　満洲国への日本人移民　無署名／L'Industrie de la Pulpe au Mandchoukouo　満洲国におけるパルプ産業　M. E. R／Informations Économiques du Japon, du Mandchoukouo et de la Chine　日本満洲国中国の経済関係ニュース　無署名／Notes Techniques　技術関係ノート〔Un Tunnel entre le Japon et le Continent Asiatique　日本とアジア大陸を結ぶトンネル　無署名／Les Fondations à Grande Profondeur sont Appelées à Révolutionner les Méthodes de Construction　深地基礎工事が建設方法に革命をもたらす　J. T. M〕／Revue de Presse　新聞雑誌記事より〔La Reconnaissance du Mandchoukouo : Intérêt de la

芸術関係ニュース　Tokouji Saisho（税所篤二）／Notes Archéologiques　考古学関係ノート　無署名／Revue de Presse　新聞雑誌記事より　〔A propos des Transports d'Armes à la Frontière Indochinoise　インドシナ前線への陸軍の移動について　無署名／La Cérémonie de Déification des Âmes des Soldats Morts　死んだ兵士の魂を神格化する儀式　無署名／Le Marquis Okuma　大隈侯爵　無署名／Les Soieries Japonaises　日本の絹織物　無署名／L'Islam et le Japon　イスラムと日本　無署名〕／Sommaires de Quelques Revues Japonaises　日本の雑誌目次より　無署名／Quelques Adresses Utiles au Japon　日本で役立つ住所録　無署名／Nos Collaborateurs　執筆協力者　無署名／（Publicité）（広告）

第37号（1939年 1 月15日）

Jeux d'Enfants Coréens en Hiver　朝鮮の子供たちの冬のあそび　Unsoung Pai（ウンスン・ペ）／Le Japon “Incomparable”「比類なき」日本　Jean Fontenoy（ジャン・フォントノイ）／Il n'y a qu'un Seul Japon　日本はひとつ　Kuni Matsuo（松尾邦之助）／La Colonisation Japonaise dans la Péninsule Indochinoise il y a Trois Cents Ans　300年前のインドシナ半島の日本村　Albert Maybon（アルベール・メボン）／Les Fêtes de la Nouvelle Année au Japon　日本のお正月（写真）　無署名／Le Nouvel An　新年　N. Matsudaira（松平斉光）／Le Départ de S. E. M. Sugimura　杉村大使の帰国　A. S.／Un Hommage Japonais à André Gide　アンドレ・ジッドへ日本からのオマージュ　無署名／Don de Livres du Gouvernement Français à l'Institut Franco-Japonais de Kioto　フランス政府より京都日仏学館へ図書の寄贈　無署名／Okakura Kakuzo et le Japonisme en France　岡倉覚三とフランスのジャポニスム　Gabriel Mourey（ガブリエル・ムーレー）／Le Japon Vu par les Écrivains d'Europe　ヨーロッパの作家から見た日本　Gisèle d'Asailly（ジゼル・ダサイィ）／Haï-Kaï　俳句　L.-M. Savières（L.-M. サヴィエール）／Une Anthologie des Poètes Japonais Contemporains　現代日本詩人全集　無署名／Le Hors-Texte de France-Japon　フランス・ジャポンの挿絵　無署名／Lueurs d'Orient　オリエントの光　Chiyo Machii（町井千代）／La Musique Moderne Japonaise　日本の現代音楽　Henri Gil＝Marchex（アンリ・ジル＝マルシェ）／Le Japon au Musée de l'Homme　人類博物館の中の日本　E. Belin de Ballu（E. ブラン・ド・バリュ）, Photos Hugo P. Herdeg/L'Armure Japonaise et le Samouraï　日本の甲冑と侍　Moriji Shiki（志岐守治）／Les Expositions d'Art Japonais de l'Automne 1938 à Tokio　日本美術展—1938年秋　東京にて　Ryuko Kawaji（川路柳虹）／Récitals de Danse　踊りのリサイタル　無署名／Ports du Mandchoukouo　満洲国の港（写真）　無署名／Batissant la Mandchourie　満洲の建設　Alfred Smoular（アルフレッド・スムラー）／Au Mandchoukouo　満洲国にて　無署名／Informations Économiques du Japon, du Mandchoukouo et de la Chine　日本満洲中国の経済関係ニュース　無署名／Notes

の文学芸術関係ニュース　Tokouji Saisho（税所篤二）／Une Matinée Japonaise à Marseille　マルセイユにおける日本の集い　無署名／Revue de Presse　新聞雑誌記事より〔La Guerre Sino-Japonaise et les Commentateurs　日中戦争とコメンテーター　Georges Moresthe（ジョルジュ・モレスト）／Influence de la Littérature Française sur la Littérature Japonaise　日本文学に対するフランス文学の影響　無署名／La Presse Japonaise　日本の刊行物　François Chevallier（フランソワ・シュヴァリエ）〕／Sommaires de Quelques Revues Japonaises　日本の雑誌目次より　無署名／Le Japon et l'Université　日本と大学　無署名／Notes Techniques : Un Nouveau Compas Radiophonique pour les Aviateurs　技術関係ノート―飛行士たちに新型無線羅針盤　無署名／Les Livres　新刊図書　Albert Maybon（アルベール・メボン), A. S.／Nécrologie　死亡欄―新渡戸稲造夫人／Nos Collaborateurs　執筆協力者／(Publicité)（広告）

第36号（1938年12月15日）

France et Japon　フランスと日本　René La Bruyère（ルネ・ラ・ブリュイエール）／Coup d'Oeil sur l'Université Impériale de Tokio　東京帝国大学瞥見　M. Moncharville（M. モンシャーヴィル）／L'Institut Pasteur　パスツール研究所　G. Ramon（G. ラモン）／Quelques Minutes avec le Général Shioden　陸軍将校四天王延孝との会談　A. S.／Le Bouddhisme Japonais　日本仏教　Daisetz Teitaro Suzuki（鈴木大拙), A. S. 訳／La Danse Japonaise　日本舞踊　Xenia Zarina（セニア・ザリナ）／L'Art des Bouquets Japonais à Paris　パリにおける生け花　Kikou Yamata（キク・ヤマタ）／Une Exposition des Artistes Japonais à Paris　パリの日本美術家展　K. M.（松尾邦之助）／Paris Vu par les Japonais　日本人の見たパリ　Tsuguji Foujita（藤田嗣治), Katsutaro Takeuchi（竹内勝太郎), Tokusaburo Masamune（正宗得三郎), Kioské Naga（名賀京助）, Idemi Ima（今日出海）／Quelques Mots sur le Dodoitsu　どどいつ一考　J. C. Balet（ジャン＝シプリアン・バレ）／L'Usage du Tabac au Japon　日本のたばこ喫煙　T. Katakura（T. 片倉）／Les Clefs et les Japonais　鍵と日本人　Suyehiko Shiono（塩野季彦）／En Chine du Nord　中国北部にて（写真）　無署名／Au Mandchoukouo　満洲国にて　Jean Douyau（ジャン・ドゥヨー）／Recueil de Légendes Mandchoues　満洲伝説集　T. Shimizu／La Culture du Coton au Mandchoukouo　満洲国の綿花栽培　無署名／Les Usages de la Magnésite Mandchoue　満洲産マグネサイトの利用法　無署名／La Magnésite au Mandchoukouo　満洲国のマグネサイト（写真）　無署名／Le Commerce Extérieur du Japon et sa Situation en face du Conflit Sino-Japonais　日本の対外通商と日中紛争に直面したその状況　Nobutaro Kawashima（川島信太郎）／Nouvelles Économiques du Japon　日本の経済関係ニュース　無署名／Notes Techniques : Le Microscope Photographique de la Compagnie Yoshima　技術関係ノート―八洲社の写真顕微鏡　無署名／Informations Littéraires et Artistiques du Japon　日本の文学

C. A. J.／Informations Économiques du Japon du Mandchoukouo et de la Chine du Nord　日本、満洲国、中国北部の経済関係ニュース　無署名／Revue de Presse　新聞雑誌記事より〔Les Jeunes Filles Japonaises et le Mariage　日本の若い娘たちと結婚　無署名／Ascensions Japonaises dans l'Himalaya　日本人のヒマラヤ登山　無署名／Jeux de Cartes　かるた遊び　L. Chassereau（J. L. シャスロー）／Pour l'Amitié Franco-Japonaise　フランスと日本の友好のために　無署名／Les Installations de la Mine de Foushoun　撫順炭鉱の設置　V. C.〕／Sommaires de Quelques Revues Japonaises　日本の雑誌目次より　無署名／Informations Littéraires et Artistiques du Japon　日本の文学芸術関係ニュース　Tokouji Saisho（税所篤二）／Une Séance de Cinéma Japonais　日本映画の上映　無署名／L'Activité du Cinéma Japonais　日本映画の上演状況　無署名／Nos Collaborateurs　執筆協力者　無署名／（Publicité）（広告）

第35号（1938年11月15日）
Toyotaro Yuki : Le Banquier « no1 » du Japon　結城豊太郎—日本第一の銀行家　Hitoshi Ashida（芦田均）／Le Grand Drame de l'Asie　アジアの大事変　Albert de Pouvourville（アルベール・ド・プヴルヴィル）／Les Français au Japon　日本のフランス人　Bernard Barbery（ベルナール・バーブリ）／Fantômes　幽霊　N. Matsudaira（松平斉光）／Le Bouddhisme Japonais　日本仏教　Teitaro Daisetz Suzuki（鈴木大拙）, A. S. 訳／（Les Colonnes）（コラム—コンラッド・メイリ展）　無署名／Sports Anciens, Sports Modernes au Japon　日本のスポーツ　伝統的・現代的（写真）　無署名／Quelques Chansons Populaires Japonaises　日本の俗謡　Kuni Matsuo（松尾邦之助）／Francis Jammes　フランシス・ジャム　P. N.／Chansons de Tokio　東京の歌　無署名／Jeux de Printemps　春のあそび　Amélie Murat（アメリ・ミュラ）／Au Salon d'Automne　サロン・ドートンヌにて　無署名／Le 25e Anniversaire de la Fondation de l'Athénée Française à Tokio　東京アテネ・フランセ25周年記念会　無署名／Au Mandchoukouo　満洲国にて　Jean Douyau（ジャン・ドゥヨー）／L'Église Catholique au Mandchoukouo : Un Centenaire　満洲国におけるカトリック教会—100年の歴史　無署名／Le Train "Culture" du Mandchoukouo　満洲国の「文化列車」　無署名／Recueil de Légendes Mandchoues　満洲伝説集　T. Shimizu／Les Opérations Militaires en Chine Centrale　中国中央部の軍事演習　無署名／Le Commerce Extérieur du Japon durant Septembre 1938　1938年9月日本の輸出入　B. C. A. J.／L'Économie et les Finances du Japon dans le Conflit avec le Chine　日中紛争時の日本の経済と財政　無署名／Le Commerce Extérieur du Japon et sa Situation en face du Conflit Sino-Japonais　日本の対外通商と日中紛争に直面したその状況　Nobutaro Kawashima（川島信太郎）／Informations Économiques du Japon du Mandchoukouo et de la Chine　日本満洲中国の経済関係ニュース　無署名／Nouvelles Littéraires et Artistiques du Japon　日本

Daïgakou Horigoutchi（堀口大学）, Louise et Lucien Vincendon（ルイーズ＆リュシアン・ヴァンサンドン）訳／Les Forces Économiques dans le Conflit Sino-Japonais　日中紛争における経済の力　Alfred Thein（アルフレッド・タン）／En Marche vers une Terre Nouvelle　新しい地への行進　無署名／Le Règlement de l'Incident Russo-Japonais　日ソ紛争の解決　S. Y.／Économie　経済〔Le Commerce Extérieur du Japon durant Juin 1938　1938年6月日本の輸出入　無署名／Le Japon absorbera facilement le Nouvel Emprunt d'État　日本は簡単に新国債を使い果たすだろう　無署名／La Nouvelle Politique Commerciale du Japon　日本の新しい商業政策　A. P. S.／L'Entrée en Vigueur de l'Accord Commercial Nippo-Mandchou-Italien　日満伊通商協定の発効　無署名〕／L'Institut Franco-Japonais de Kyoto　京都日仏学館　H. D.／A là Mémoire du Professeur Henri Capitant　アンリ・カピタン教授を偲んで　G. H. D.／Il était une Fois... : Souvenirs de la « Revue franco-nippone《ママ》 »　あの頃…『ルヴュ・フランコ・ニッポンヌ』の思い出　Marie-Louise Vignon（マリ＝ルイーズ・ヴィニョン）／“Les Amis du Japon”「日本の友」　無署名／Informations Littéraires et Artistiques du Japon　日本の文学芸術関係ニュース　Tokouji Saisho（税所篤二）／Les Livres　新刊図書　Albert Maybon（アルベール・メボン）, Ed. Clavery（エドゥアール・クラヴリー）, G. H. D.／Nos Collaborateurs　執筆協力者　無署名／Quelques Adresses Utiles au Japon　日本で役立つ住所録　無署名／(Publicité)（広告）

第34号（1938年10月15日）

Retour du Japon　日本から帰って　Claude Farrère（クロード・ファレル）／Le Kimono　キモノ　Gisèle D'Assailly（ジゼル・ダサイィ）／Femmes Japonaises Modernes Héritières des Traditions Ancestrales　古来の伝統を受け継ぐ現代日本女性　Gilberte Hla-Dorge（ジルベルト・ラ＝ドルジュ）／Le Bouddhisme Japonais　日本仏教　Daisetz Teitaro Suzuki（鈴木大拙）, A. S. 訳／Lueurs d'Orient　オリエントの光　Chiyo Machii（町井千代）／Haï-Kaï　俳句　Albert Poncin（アルベール・ポンサン）, Madeleine Julien-Vocance（マドレーヌ・ジュリアン＝ヴォカンス）, Julien Vocance（ジュリアン・ヴォカンス）／Souvenirs Japonais de Paris : Yoshinori Matsuyama　パリの日本人、松山芳野里の思い出　Annette Pari（アネット・パリ）／Le Mois d'Octobre Floral au Japon　日本の花暦―10月　T. Makino et Genjirô Oka（牧野富太郎、岡現次郎）／Scènes de la Vie des Orotchons　オロチョンの生活風景　無署名／Au Mandchoukouo　満洲国にて　Jean Douyau（ジャン・ドゥヨー）／Le Travail du Sel...　塩田での仕事（写真）　無署名／Le Sel au Mandchoukouo et en Chine du Nord　満洲国と中国北部の塩　S.／Le Commerce Extérieur du Japon et sa Situation en Face du Conflit Sino-Japonais　日本の対外通商と日中紛争に直面したその状況　Nobutaro Kawashima（川島信太郎）／Le Commerce Extérieur du Japon durant Août 1938　1938年8月日本の輸出入　B.

Interview de M. Bernard Valéry　日本人の心について思うこと—ベルナール・ヴァレ
リーのインタビュー　S.／Le Culte de Gengis-Khan　ジンギスカン信仰　Joseph
Castagné（ジョゼフ・カスターニェ）／Fêtes Mandchoues　満洲の祝日　Saburo Haya-
shi（林三郎）／L'Amour Paysan au Japon　日本における農民の恋愛　N. Matsudaira（松
平斉光）／Haïkaï　俳句　Renée Marais（ルネ・マレ）／Le Mois d'Août Floral au Japon
日本の花暦—８月　T. Makino et Genjirô Oka（牧野富太郎、岡現次郎）／Un Jardin
Japonais à Paris　パリの日本庭園　A. Th.（アルフレッド・タン）／Poésie Franco-Ja-
ponaise　日仏の詩　Kikou Yamata（キク・ヤマタ）／L'Etang sous la Neige　雪の下の池
K. Y.（キク・ヤマタ）／Cour du Dragon　龍の庭　Hélène Lavaysse（エレーヌ・ラヴェス）
／Économie : L'Activité de la Compagnie du Chemin de Fer Sud-Mandchourien
経済—満鉄の活動　無署名／La pomme de terre, matière première pour la production
de l'alcool　じゃがいもを原材料にアルコールの生産　無署名／Informations Littérai-
res et Artistiques du Japon　日本の文学芸術関係ニュース　Tokouji Saisho（税所篤二）
／Nécrologie　死亡欄—浜中勝夫人　無署名／Revue de Presse　新聞雑誌記事より
〔Deux princes japonais à la cour du Pape au ⅩⅥ e siècle　十六世紀に教皇庁に至った
二人の日本人少年使節　無署名／Architectures　建築　無署名〕／Quelques Adresses
Utiles au Japon　日本で役立つ住所録　無署名／（Publicité）（広告）

第33号（1938年９月15日）

Les Japonais...Ces Latins d'Asie　日本人—アジアのラテン民族　Marcel Denis（マル
セル・ドニ）／Le Médecin dans les Relations Internationales　国際関係の中の医学
Charles Achard（シャルル・アシャール）／En Souvenir d'un Vrai Japonisant Français
本当に日本通だったあるフランス人の思い出　Kuni Matsuo（松尾邦之助）／（Les Col-
onnes）（コラム—杉村陽太郎のレセプション）　無署名／（Les Colonnes）（コラム—
ピエール・ロチ邸）　K. M.（松尾邦之助）／Soirée de Bal　芥川龍之介『舞踏会』　Ryu-
nosuké Akutagawa（芥川龍之介）, Kuni Matsuo et Gilberte Hla-Dorge（松尾邦之助, ジ
ルベルト・ラ＝ドルジュ）訳／A la Manière de Sei-Shonagon : Nouvelles Notes de
l'Oreiller（1）　清少納言風に—新枕草子　Hélène Lavaysse（エレーヌ・ラヴェス）／Poé-
tesses Contemporaines　現代女流詩人　〔Crépuscule Provençal（Marie-Louise Vi-
gnon）　マリ＝ルイーズ・ヴィニョン「プロヴァンスのたそがれ」　Marie-Louise Vi-
gnon（マリ＝ルイーズ・ヴィニョン）／Berceuse/Chant d'Aurore（Soumako Foukao）
深尾須磨子「子守唄」「夜明けの歌」　Soumako Foukao（深尾須磨子）, Kuni Matsuo（松
尾邦之助）訳〕／A Propos d'une Lettre Adressée à M. Claude Farrère（de Claude Far-
rère à Tatsuko-Tatsuké）　クロード・ファレルへの公開書簡（ファレルより田付辰子へ
の返信再録）　Claude Farrère（クロード・ファレル）／A Mme Kikou Yamata　キク・
ヤマタへ　Julien Vocance（ジュリアン・ヴォカンス）／L'arc-en-ciel　堀口大学「虹」

第31号（1938年7月15日）

Un Médecin Français au Japon　日本におけるフランス医学　Georges A. Patey（ジョルジュ・A・パテ）／Hygiène et Santé Publique au Mandchoukouo　満洲国における公衆衛生と公的健康施設　T. H.／Quelques Minutes avec le Professeur Michio Ishimoto　石本巳四雄教授にインタビュー　S.／Le Bouddhisme Japonais　日本仏教　Daisetz Teitaro Suzuki（鈴木大拙）, A. S. 訳／La Connaissance de la Langue Japonaise　日本語の知識　P. Desderi（P. デスデーリ）／L'Activité de la Société des Amis de Paris à Tokio　東京巴里会の活動　K. M.（松尾邦之助）／Portes et Portails au Mandchoukouo　満洲国の門と大門　無署名／Jardins Japonais par M. Tsuyoshi Tamura　田村剛著『日本庭園』　A. H.／Cinq Poésies Japonaises　５篇の日本風の詩　Georges Galinier（ジョルジュ・ガリニエ）／Public Français et Drame Asiatique　フランス大衆とアジアの事変　Ludovic Barthélémy（リュドヴィック・バルテレミー）／Pronostics et Réalités dans la Guerre d'Extrême-Orient　極東戦争の予測と現実　Alfred Thein（アルフレッド・タン）／Échos : le Japon sur la Côte d'Azur　うわさ―コートダジュールの日本大会　Adry Girits（アドリ・ジリ）, A. A.／Figures du Japon d'Aujourd'hui : Biographie de Quelques Personnalités Japonaises　今日の日本の顔―日本の主要人物略歴　無署名／Notes Techniques : L'Avion de Raid Japonais "Les Ailes du Siècle" Qui a Battu le Record de Distance en Circuit Fermé　技術関係ノート―日本の飛行機「世紀の翼」飛行距離世界最長新記録を樹立　H. Naka／Économie : Le Commerce Extérieur du Japon en Mai 1938　経済―1938年５月日本の輸出入　B. C. A. J.／Informations Économiques du Japon, du Mandchoukouo et de la Chine du Nord　日本、満洲国、中国北部の経済ニュース　無署名／Les Pylones Métalliques les Plus Élevés du Monde　世界一高い金属の塔門　無署名／Sports : La Préparation des Jeux Olympiques de Tokio 1940　スポーツ―1940年東京オリンピックの準備　無署名／Informations Littéraires et Artistiques du Japon　日本の文学芸術関係ニュース　Tokouji Saisho（税所篤二）／Revue de Presse　新聞雑誌記事より〔La Peinture Moderne au Japon　日本の近代絵画　無署名／Le Cinéma au Mandchoukouo　満洲国の映画　無署名／Le Cinéma au Japon　日本の映画　無署名／Une Lettre Ouverte à Claude Farrère　クロード・ファレル宛て公開書簡　Tatsuko Tatsuké（田付辰子）〕無署名／La Page des Lecteurs de "France-Japon"　読者欄　F. J., Louis Fages（ルイ・ファゲ）／（Publicité）（広告）

第32号（1938年8月15日）

Un Français à Tokio dans Les Studios Japonais　東京に来たフランス人が日本のスタジオで　Jean Douyau（ジャン・ドゥヨー）／Le Bouddhisme Japonais　日本仏教　Daisetz Teitaro Suzuki（鈴木大拙）, A. S. 訳／Quelques Notes sur l'Ame Japonaise : Une

財政―1938-39年の日本の予算見通し　T. G.／Informations Économiques du Japon du Mandchoukouo et de la Chine du Nord　日本、満洲国、中国北部の経済関係ニュース　無署名／Le Soja Mandchou　満洲の大豆　Minorou Tagoutchi（田口稔）／L’Éducation au Mandchoukouo　満洲国の教育　Saburo Hayashi（林三郎）／Sports : Il n’y aura probablement pas de Ski aux Jeux Olympiques de Sapporo! Et voici Pourquoi...　スポーツ―サッポロ・オリンピックではスキーはないかもしれない。何故かというと…　Constantin Brive（コンスタンタン・ブリヴ）／Les Sports et les Aveugles au Japon　日本におけるスポーツと視覚障害者　K. F.／Revue de Presse　新聞雑誌記事より〔La Pianiste Japonaise Chieko Hara　日本人ピアニスト原智恵子　Hedwig Rohde（ヘドウィグ・ロード）／Les Activités Scientifiques du Japon en Extrême-Orient pendant ces Dernières Années　最近数年間の極東における日本の科学活動　無署名／Une Lettre de Foujita Adressée à Picasso　フジタよりピカソ宛ての書簡〕／Informations Littéraires et Artistiques du Japon　日本の文学芸術関係ニュース　Tokouji Saisho（税所篤二）／Les Livres　新刊図書　A. S., S., P. K., A. T.／Nécrologie　死亡欄―加納治五郎、鄭孝胥　D. V.／(Publicité)（広告）

第30号（1938年6月15日）

Les Contradictions de L’Âme Japonaise　日本人の精神性の矛盾　L. de Hoyer（レオン・ド・オワイエ）／Quelques Aspects de la Musique Japonaise　日本の音楽の諸相　A. Hauchecorne（A. オシュコルヌ）／Le Passage à Paris du Ténor Foujiwara　テノール歌手、藤原義江のパリ訪問　P. N.／État du Cinéma Japonais　日本の映画事情　André Robert（アンドレ・ロベール）／Sur la Danse Coréenne　朝鮮舞踊について　Takugen Tcho（タクゲン・チョウ）／Une Exposition à Paris de M. Unsoung Paï　パリにてウンスン・ペ展　無署名／La Canne　杖　N. Matsudaira（松平斉光）／Haï-Kaï　俳句　Julien Vocance（ジュリアン・ヴォカンス）／Le Bouddhisme Zen et Son Influence　禅宗とその影響　Kuni Matsuo（松尾邦之助）／Médecine : Les Relations Scientifiques Franco-Japonaises　医学―日仏科学関係　Georges Patey（ジョルジュ・パテ）／La Croix-Rouge du Japon et le Mandchoukouo　日本赤十字と満洲国　無署名／Économie : Les Progrès de l’Assurance-Vie des Postes et Télégraphes au Japon　経済―日本における郵便局生命保険の躍進　T. G.／Un Succès de l’Aviation Japonaise　日本の航空術の成功　無署名／L’Exposition de 1940 au Japon　1940年万博は日本で　無署名／Informations Économiques du Japon, du Mandchoukouo et de la Chine du Nord　日本、満洲国、中国北部の経済ニュース　無署名／Informations Littéraires et Artistiques du Japon　日本の文学芸術関係ニュース　Tokouji Saisho（税所篤二）／Revue de Presse　新聞雑誌記事より〔Les Pharmaciens de Toyama　富山の薬売り　無署名〕／(Publicité)（広告）

et de la France　日本とフランスの知的協力体制　Junzo Sato（佐藤醇造）／Artistes Japonaises de Paris : Mademoiselle Kuzako Kusama　パリの日本人芸術家たち—草間加寿子　無署名／La Danse Japonaise　日本舞踊　P. N.／Musique　音楽　G. Morita（ジュヌヴィエーヴ・モリタ）／Un peu d'Histoire...à ne pas oublier　忘れてはならない歴史のひとこま　Robert Howard（ロバート・ハワード）／Une Interview de l'Amiral S. Yamamoto　海軍将官山本信次郎との会談　S.／Sports : Le Japon et les Jeux Olympiques　スポーツ—日本とオリンピック　Alfred Thein（アルフレッド・タン）／Les Jeux Olympiques de Tokio　東京オリンピック　Senjin Tsuruoka（鶴岡千仭）／Opium et Stupéfiants au Mandchoukouo　満洲国の阿片と麻薬　Kei Miyakawa／Informations Littéraires et Artistiques du Japon　日本の文学芸術関係ニュース　Tokouji Saisho（税所篤二）／Revue de Presse　新聞雑誌記事より〔Les Hommes d'État d'Europe et d'Amérique ont-ils oublié la Guerre des Boxers　欧米の政治家は義和団事件を忘れたのか？　無署名／La Faculté de Médecine de Fukuoka　福岡の薬品工場　無署名／Le Cinquantième Anniversaire de la Promulgation de la Constitution Impériale　帝国憲法公布五十周年　無署名／Un Entretien avec M. Ishimoto, le plus Grand Sismologue Japonais　日本の優れた地震学者石本氏との会談　無署名／La Décoration Florale Japonaise et son Utilisation en Occident　日本の生け花とその西洋における利用　無署名〕／Les Livres　新刊図書　A. S., A. T., L. P., S., B. R.／(Publicité)（広告）

第29号（1938年５月15日）

Oh! l'Averse soudaine! Chacun, au hasard, abrite sa Tête.　夕立や智恵さまざまのかぶりもの（中川乙由）（挿絵）　Tsuguji Foujita（藤田嗣治）／La Chine Réformiste, Élève du Japon　日本に学んだ中国の革命家　孫文　Albert Maybon（アルベール・メボン）／Claude Farrère au Japon　日本のクロード・ファレル　Louis Ohl（ルイ・オール）／Discours de M. Katsutaro Inabata　稲畑勝太郎の挨拶（クロード・ファレルを迎えて）　Katsutaro Inabata（稲畑勝太郎）／Poème Gravé sur le Fourreau d'un Ancien Couteau Coréen　古い朝鮮の小刀の鞘に刻まれた詩　Kikou Yamata（キク・ヤマタ）／Une Conférence de M. Claude Farrère, à Paris　パリで開催のクロード・ファレル講演会　R.／Le "Hanagarouta"　花歌留多　Gisèle d'Assailly（ジゼル・ダサイィ）／Une Enquête du Cuisinier de la Maison Impériale pour recueillir les Recette de l'Ancien Japon　皇室料理人、古代日本の料理法を研究　無署名／Cours d'Art Japonais à Toledo　トレド美術館にて日本美術コース　無署名／Les "Kokeshi"　こけし　Tomotaké Nishikawa（西川友武）／Quelques Minutes avec le Pianiste Gil＝Marchex de Retour du Japon　日本から戻ったピアニスト、ジル＝マルシェにインタビュー　P. N.／Les Japonaises et la Musique Occidentale　日本人と西洋音楽　Henri Gil＝Marchex（アンリ・ジル＝マルシェ）／Finances : Les Prévisions Budgétaire du Japon pour 1938-1939

第27号（1938年３月15日）

L'Histoire se Répète : Un Précédent Historique : L'Incident du "Sydney"　歴史は繰り返す―歴史の前例　シドニー号事件　Kikujiro Ishii（石井菊次郎）／Coiffures Japonaises　日本の髪型　Gisèle d'Assailly（ジゼル・ダサイィ）／Poèmes　短歌　Akiko Yosano（与謝野晶子）／L'Appel de l'Ouest　西方の呼び声　Albert Maybon（アルベール・メボン）／Han Ryner et les Intellectuels Japonais　アン・リネルと日本の知識人　Kuni Matsuo（松尾邦之助）／Les Religions du Mandchoukouo　満洲国の諸宗教　Saburo Hayashi（林三郎）／Judo et Jiu-Jitsu　柔道と柔術　Yotaro Sugimura（杉村陽太郎）／Le Jiu-Jitsu à Paris　パリの柔術　P. N.／Artistes Exotiques de Paris : Le Peintre Coréen Unsoung Paï　パリのエキゾチックな芸術家たち―朝鮮の画家ウンスン・ペ　A. S.／Échos　ニュース　無署名／A propos de Propagande　プロパガンダについて　Pierre Nohant（ピエール・ノアン）／A la Veille de mon Départ...　出発に際して　I. Uchiyama（内山岩太郎）／Le Baron Kihichiro Okura　大倉喜七郎男爵のパリ訪問　無署名／Aperçu Général sur les Conditions Économiques du Japon en 1937　1937年日本の経済概況　J. E. A. C.／Le Problème des Combustibles au Japon　日本の燃料問題　T. G.／Informations Économiques du Japon et du Mandchoukouo　日本と満洲国の経済関係ニュース　無署名／La Société des Amis de Paris à Tokio　東京巴里会　S. Muto（武藤叟）／Informations Littéraires et Artistiques du Japon　日本の文学芸術関係ニュース　Tokouji Saisho（税所篤二）／Nouvelles Archéologiques　考古学ニュース　無署名／Revue de Presse　新聞雑誌記事より〔Nationalisme Économique et Culturel　経済的および文化的ナショナリズム　Nyozekan Hasegawa（長谷川如是閑）／A propos de Boycottage　ボイコットについて　Scrutator（スクリュタトール）／Une Confèrence de M. Lucien Romier sur la Question du Pacifique　太平洋問題についてのリュシアン・ロミエ氏の講演　André Warnod（アンドレ・ワルノッド）／Les « Ema », Ex-votos Peints「絵馬」、彩色の奉献物　無署名／Sommaires de Quelques Revues Japonaises　日本の雑誌目次より　無署名〕／Documents : L'Abolition de l'Exterritorialité Japonaise au Mandchoukouo　文書―満洲国における日本の治外法権の撤廃　Chang Ching-Hui（張景恵）／Les Livres　新刊図書　A. S., S., A. T.／(Publicité)　（広告）

第28号（1938年４月15日）

Une Institution Caractéristique de l'Ancien Japon : La Corporation des Aveugles-Musiciens　古代日本の特徴的制度―盲目の音楽家たち（琵琶法師）　N. Matsudaira（松平斉光）／La Poésie Japonaise　日本の詩歌　J. C. Balet（ジャン・シプリアン・バレ）／Le Voyage de M. Claude Farrère au Japon　クロード・ファレルの日本旅行　無署名／Bibelots de Bambou　竹細工（写真）　無署名／Les Bibelots de Bambou au Japon　日本の竹細工　Kikou Yamata（キク・ヤマタ）／La Coopération Intellectuelle du Japon

Japonaise après la Guerre　戦後の日本商船　Georges Stromberg（ジョルジュ・シュトロンベルク）／Informations Économiques du Japon et du Mandchoukouo　日本と満洲国の経済関係ニュース／Le Soja Mandchou　満洲の大豆　無署名／Revue de Presse　新聞雑誌記事より〔Langage des Fleurs　花々の言語　Paul Morand（ポール・モラン）／L'Abolition de l'Exterritorialité Japonaise au Mandchoukouo　満洲国における日本の治外法権の撤廃　無署名／La Situation des Etrangers à Shanghaï 上海における外国人の状況　無署名／Sommaires de Revues Japonaises　日本の雑誌目次より　無署名〕／Nouvelles Littéraires et Artistiques du Japon　日本の文学芸術関係ニュース　Tokouji Saisho（税所篤二）／Les Livres　新刊図書　A. S., A. Th.／(Publicité)（広告）

第26号（1938年２月15日）

Rencontre de M. Retsou Kiyosawa　清沢洌との会見　Alfred Smoular（アルフレッド・スムラー）／Allocution Prononcée par M. Sugimura　杉村陽太郎大使の演説　Sugimura（杉村陽太郎）／Hommage à Henri Capitant　アンリ・カピタンを偲んで　Fernand Pila（フェルナン・ピラ）／Hommage à Henri Capitant　アンリ・カピタンを偲んで　Jean Ray（ジャン・レイ）／Souvenirs sur le Professeur Capitant　カピタン教授の思い出　N. Sugiyama（杉山直治郎）／Lettres à Monsieur Denis Diderot　ドゥニ・ディドロへの手紙　N. Matsudaira（松平斉光）／Le Christ de Nankin　芥川龍之介『南京の基督』　Ryunosuke Akutagawa（芥川龍之介）, Kuni Matsuo（松尾邦之助）訳／Mlle Yuki Murakami　村上ゆき　Yuki Murakami（村上ゆき）／L'Institut Franco-Japonais du Kansaï à Kioto　京都日仏学館　無署名／Cuisine Japonaise　日本料理　Arthémise Goertz（アルテミス・ゲーツ）／L'Accroissement de la Population du Japon　日本の人口増加　S. E. I. E.／Visions d'Architecture au Mandchoukouo　満洲国の建造物（写真）　無署名／Le Rôle des Forêts au Japon　日本の森林の役割　T. G.／Informations Économiques du Japon et du Mandchoukouo　日本と満洲国の経済関係ニュース　無署名／Revue de Presse　新聞雑誌記事より〔La Conservation des Richesses Archéologiques de la Chine et les Hostilités　中国の考古学的資源の保持と戦闘　無署名／Le Péril Jaune vient des Blancs　黄禍は白人に由来する　Lucien Romier（リュシアン・ロミエ）／Vacances Britanniques au Japon　イギリス人の日本での休暇　Briton（ブリトン）, Scottie（スコッティ）／Un Ornithologue Japonais　ある日本の鳥類学者　無署名／L'Homme qui ouvrit la Fenêtre du Japon sur l'Europe　ヨーロッパに対して日本の窓を開いた男　René Dufour（ルネ・デュフー）／Sommaires de Quelques Revues Japonaises　日本の雑誌目次より　無署名〕／Nouvelles Littéraires et Artistiques du Japon　日本の文学芸術関係ニュース　Tokouji Saisho（税所篤二）／Les Livres　新刊図書　A. S., A. Th., T.／(Publicité)（広告）

Aperçu Historique sur les Filatures Nippones en Chine　中国における日本の紡績業の歴史概観　Hiroshi Higuchi（樋口弘）／Informations Économiques du Japon et du Mandchoukouo　日本と満洲国の経済関係ニュース　無署名／Revue de Presse　新聞雑誌記事より　〔L'Œuvre Accomplie dans le Mandchoukouo　満洲国で成された仕事　Robert Leurquin（ロベール・ルルカン）／Sommaires de Revues Japonaises　日本の雑誌目次より　無署名〕／Nécrologie　死亡欄―エリ・フォール、ロベール・ショヴロ、フランシス・ド・クロワッセ　無署名／Documents : Notes du Gouvernement Impérial du Japon au Sujet de la Conférence de Bruxelles　文書―日本帝国政府のブリュッセル会議議案に関するノート　Hirota（広田弘毅）／Nouvelles Littéraires et Artistiques du Japon　日本の文学芸術関係ニュース　Tokouji Saisho（税所篤二）／Les Livres　新刊図書　A. S., A. Th.／（Publicité）（広告）

第25号（1938年１月15日）

Jeune Fille　若い娘（挿絵）　Madeleine Luka（マドレーヌ・ルカ）／Un Message de M. Claude Farrère　クロード・ファレルからのメッセージ　Claude Farrère（クロード・ファレル）／Hommage à Henri Capitant　アンリ・カピタンを偲んで　A. S.／Le Japon en Deuil　服喪の日本　Yotaro Sugimura（杉村陽太郎）／（Condoléances）（弔辞）Robert de Billy（ロベール・ド・ビイィ）／（Condoléances）（弔辞）　Ed. Claveryj（エドゥアール・クラヴェリ）／（Condoléances）（弔辞）　Charles Dumont（シャルル・デュモン）／（Condoléances）（弔辞）　Julliot de la Morandière（ジュリオ・ド・ラ・モランディエール）／（Condoléances）（弔辞）　Louis Le Fur（ルイ・ル・フュー）／（Condoléances）（弔辞）　M. Moncharville（M. モンシャーヴィル）／（Condoléances）（弔辞）Francis Ruellan（フランシス・リュラン）／Services, Titres et Travaux de M. Henri Capitant　アンリ・カピタン　経歴および業績一覧　無署名／Une Interview de M. Shiro Machida　町田梓楼との会談　Alfred Smoular（アルフレッド・スムラー）／Discours Prononcé par le Vicomte S. Soga　曾我子爵の演説　S. Soga（曾我祐邦）／Contribution à l'Etude des Croyances Religieuses et des Idées Politiques de l'Ancien Japon　古代日本における信仰と政治理念に関する研究　N. Matsudaira（松平斉光）／Madeleine Luka　マドレーヌ・ルカ　A. Sm.（アルフレッド・スムラー）／Un Mort Vite Expédié　菊池寛「簡単な死去」　Kikuchi Kan（菊池寛）, J. V. 訳／Haï-Kaï　俳句（川柳）　Murata Chiugo（村田周魚）／Artistes Japonais de Paris : Katsu Hamanaka　パリの日本人美術家―浜中勝　A. Sm.（アルフレッド・スムラー）／Le Pianiste Gil-Marchex au Japon　訪日したピアニスト、アンリ・ジル＝マルシェ　無署名／Au Japon　日本にて（写真）　無署名／Au Mandchoukouo　満洲国にて（写真）　無署名／L'Économie et les Finances du Japon　日本の経済および財政　l'Association des Hommes d'Affaires Japonais à Londres（ロンドン日本実業家協会）／La Marine Marchande

Mandchoukouo, Dernier Pays Neuf　満洲国、最後の手つかずの土地　無署名／Poèmes Japonais　日本の詩歌　無署名／Le Commerce Japonais　日本の商業　無署名／Haïkaï de Bashô et de ses Disciples　芭蕉とその弟子の俳諧　無署名〕／Nouvelles du Japon　日本関係ニュース　Tokouji Saisho（税所篤二）／Les Livres　新刊図書　J., Tokouji Saisho（税所篤二）／（Publicité）（広告）

第23号（1937年11月15日）

Le Japon d'Aujourd'hui　今日の日本　L. Robert（L. ロベール）／Le Rôle Joué au Japon par la France　日本においてフランスが演じる役割　Louis Ohl（ルイ・オール）／L'Éducation par le Film au Japon　日本における映画による教育　Takeru Yamakawa（山川健）／Une Médaille Japonaise　日本のメダル　Stig Rydén（スティグ・ライデン）／Sur Lafcadio Hearn　ラフカディオ・ハーンについて　F. Béghian（F. ベギアン）／Le Chat　有島生馬「猫」　Ikouma Arishima（有島生馬）, Akiko Arishima（有島暁子）訳／Un Aperçu Rapide de la Musique Japonaise　日本音楽の概論　Mitchiko Toyama（外山道子）／Peintres Japonais de Paris : Rihakou Harada　パリの日本人画家―原田梨白　A. S.／L'Art Floral du Japon　日本の華道　Issôtei Nishikawa（西川一草亭）／Hsinking　新京　D. F. O.／Le Soja Mandchou : Les Variétés du Tourteau de Fèves　満洲の大豆―搾りかすの利用法　無署名／Nouvelles du Japon　日本関係ニュース　Tokouji Saisho（税所篤二）／La Cuisine Française au Japon　日本のフランス料理　無署名／Les Livres　新刊図書　無署名／（Publicité）（広告）

第24号（1937年12月15日）

Possibilités d'Affaires Françaises en Extrême-Orient　極東におけるフランス情勢の可能性　André Duboscq（アンドレ・デュボスク）／Visites Japonaises en France　日本人のフランス訪問　P. N.／Le Japon et le Siam　日本とシャム（タイ）　Bernard Kirschner（ベルナール・キルシュネ）／L'Origine des Aïnou et le Continent Asiatique　アイヌの起源とアジア大陸　George Montandon（ジョルジュ・モンタンドン）／Le Déclin du Goût pour la Bonne Table　野口米次郎「口嗜の凋落」　Yone Noguchi（野口米次郎）, S. D. 訳／Un Aperçu de l'Histoire des Jardins Japonais　日本庭園の歴史概観　Matsunosuke Tatsui（龍居松之助）／Le Cinéma d'Amateur Japonais　日本のアマチュア映画　Raymond Bricon（レモン・ブリコン）／Une Visite chez Van Dongen　ヴァン・ドンゲン訪問記　S.／L'Hiver au Japon　日本の冬（写真）　無署名／L'Hiver au Mandchoukouo　満洲国の冬（写真）　無署名／Le Théâtre au Japon : Les Théâtres du Groupe Takarazuka　日本の劇場　宝塚劇場　Isao Satani（佐谷功）／La Célébration des Fêtes de Noël au Japon　日本のクリスマスの祝い　Pierre Nohant（ピエール・ノアン）／Les Communications Télégraphiques au Japon　日本における電信　T. G.／

giène « Health Centers » au Japon　医学ノート—日本における衛生局の創設について M. Tsurumi（鶴見三三）／Le Nouvel Attaché Militaire de France au Japon　新任駐日フランス大使館陸軍武官　無署名／Notes Techniques : La Résistance de la Laque　技術関係ノート—漆の耐性（清水氏の分析結果）　Katsu Hamanaka（浜中勝）／Nouvelles du Japon　日本関係ニュース　Tokouji Saisho（税所篤二）／Revue de Presse　新聞雑誌記事より　〔M. Gaston Doumergue et l'Esprit Japonais　ガストン・ドゥメルグ氏と日本精神　無署名／Les Iles du Pacifique sous Mandat Japonais (Mandat C)　日本委任下の太平洋の島々　無署名／La Communion du Thé　茶道の宗派　無署名／Les Ouvriers Japonais　日本の労働者　無署名〕／Les Livres　新刊図書　無署名／Adresses Utiles au Japon　日本で役立つ住所録／(Publicité)（広告）

第22号（1937年９月－10月）

Pourquoi la France est-elle pour moi une Seconde Patrie?　なぜフランスは私にとって第二の祖国なのか　Yotaro Sugimura（杉村陽太郎）／Le Comité Franco-Japonais de Tokio et France-Japon　東京日仏同志会とフランス・ジャポン　無署名／Les Relations Économiques Franco-Japonaises　日仏経済関係　Etienne Fougère（エティエンヌ・フジェール）／Le Développement des Finances du Japon　日本の財政の発展　T. G.／La Production des Conserves de Saumon au Japon　日本における鮭の缶詰の生産　Teizo Murai（村井貞三）／Nécrologie : M. Fernand Maurette　死亡欄—フェルナン・モレット　無署名／Changement d'Adresse　フランス・ジャポン住所変更のお知らせ／L'Influence Française au Japon　日本におけるフランスの影響　Suéo Gotô（後藤末雄）／La Mer　有島生馬「海」　Ikouma Arishima（有島生馬), Akiko Arishima（有島暁子）訳／Deux Conférences de M. Ikouma Arishima　有島生馬の二つの講演　無署名／Les Estampes dans le Cadre Historique du Japon　日本の歴史的枠組における浮世絵 Nobufumi Ito（伊藤述史）／Une Scène Pittoresque : L'Agent du Pouvoir Exécutif　泉鏡花『日本橋』　Izumi Kyoka（泉鏡花), J. V. 訳／Le Gué　浅瀬　Romain Coolus（ロマン・クーリュ）／Le Japon à l'Exposition 1937　1937年万博における日本　Shoji Suganami（菅波称事）／Dans le Pavillon Japonais　日本館にて　Hélène Lavaysse（エレーヌ・ラヴェス）／Le Pavillon Japonais　日本館　無署名／Les Arbres Nains　盆栽　無署名／La Section Scientifique du Pavillon Japonais　日本館の科学部門　無署名／Peintres Japonais de Paris : Taro Okamoto　パリの日本人画家—岡本太郎　A. S.／Les Films : La Terre Nouvelle　映画—「新しき土」　Alfred Thein（アルフレッド・タン）／Revue de Presse　新聞雑誌記事より　〔Le Mouvement Littéraire au Japon　日本の文学運動　無署名／La Production de l'Or et le Développement des Nouvelles Ressources Minérales du Mandchoukouo　満洲国の金の採掘と新たな鉱物資源の開発 無署名／Une Nouvelle Voie Ferrée au Mandchoukouo　満洲国の新鉄道　無署名／Le tiques　文学芸術関係ニュース　Tokouji Saisho（税所篤二）／Revue de Presse　新聞雑誌記事より　〔Le Japon à l'Exposition de 1878　1878年の万博における日本　無署名／Coiffures Masculines du Mandchoukouo　満洲国の男性の髪型　無署名／Le Trident au Japon 日本における熊手　無署名／Carnet de Route d'un Indo-Chinois au Japon　あるインドシナ人の日本への旅の記録　無署名〕／Le Tourisme au Japon　日本の旅行業　無署名／Mars est là-haut dans le Ciel　高村光太郎「火星が出てゐる」 Kotaro Takamura（高村光太郎）, Louise et Lucien Vincendon（ルイーズ＆リュシアン・ヴァンサンドン）訳／Les Livres　新刊図書　F. J., Magda Pusztaty（マグダ・ピュツタティ）／L'Escale au Bourget des Aviateurs K. Tsukakoshi et M. Iinuma　塚越・飯沼飛行士、ル・ブルジェに着陸　無署名／(photos)　(写真)／(Publicité)　(広告)

第21号（1937年7－8月）

Une Interview de M. Lucien Romier　リュシアン・ロミエとの対談　Kuni Matsuo（松尾邦之助）／Une Visite en France de la Marine Japonaise　日本海軍のフランス訪問　無署名／La Science Japonaise et les Problèms de l'Asie Centrale　日本の史学 と中央アジアの問題　René Grousset（ルネ・グルセ）／Les Classes Intellectuelles Japonaises et la Littérature　日本の知識階級と文学　Ryuko Kawaji（川路柳虹）／Les Publications en Français au Japon　日本におけるフランス語出版物　Kikou Yamata（キク・ヤマタ）／Le Ruisseau Trouble　樋口一葉『にごりえ』　Ichiyo Higouchi（樋口一葉）, Kuni Matsuo et Andrée Ito（松尾邦之助、アンドレ・イトウ）訳／Haï-kaï　俳句　René Maublanc, Albert Flory（ルネ・モーブラン、アルベール・フロリー）／L'Art Floral du Japon　日本の華道　Issôtei Nishikawa（西川一草亭）／Ombre et Lumière　北原白秋「陰影」　Hakushu Kitahara（北原白秋）／Une Fête Franco-Japonaise à Tokio　東京日仏祭　Vicomte Soga（曾我祐邦）, Naotake Sato（佐藤尚武）, Charles Arsène-Henry（シャルル・アーセンヌ＝アンリ）／La Transformation du Consulat du Japon à Lyon　在リヨン日本領事館の改編に際して　J. Tomoda（友田二郎）／Femme de mes Souvenirs　堀口大学「記憶の女」　Daigakou Horigoutchi（堀口大学）, Louise et Lucien Vincendon（ルイーズ＆リュシアン・ヴァンサンドン）訳／Bouddhisme　仏教〔Réponse à M. Henri Bergson à propos du Bouddhisme Japonais　日本仏教に関してアンリ・ベルグソンに答える　E. Steinilber-Oberlin（エミール・スタイニルベル＝オーベルラン）／Pour le Groupement des Sociétés Bouddhiques　仏教の宗派について　Paul Masson-Oursel（ポール・マッソン＝ウルセル）／Le Deuxième Congrès International Bouddhiste à Paris　第二回国際仏教大会パリで開催〕／L'Art Japonais　日本美術　Yukio Yashiro（矢代幸雄）／Au Mandchoukouo : La Nouvelle Organisation du Gouvernement Mandchou　満洲国にて—満洲政府の新体制　無署名／Les Différentes Utilisations du Soja　大豆の様々な利用法　無署名／Notes Médicales : Sur la Création de Centres d'Hy-

名／Le Concours d'Affiches Touristiques sur le Mandchoukouo　満洲国旅行ポスターコンクール　F. J.／Revue de Presse　新聞雑誌記事より　〔Explication de Texte　テクスト解釈　E. Vidal（E. ヴィダル）／Sommaires de Revues Japonaises　日本の雑誌目次より　無署名〕／Informations du Japon　日本関係ニュース　Tokouji Saïsho（税所篤二）／（Photos et Poèmes）（写真と詩）　Tateki Owada（小和田建樹）, Shuka Nakamura（中村柊花）／Les Livres　新刊図書　A. Sm.／Annuaires de Missions　満洲カトリック教団年鑑　J. Vi.／（Publicité）（広告）

第20号（1937年５－６月）

Félicitations Japonaises pour l'Exposition Internationale de Paris 1937　1937年パリ万博　日本からの祝賀　無署名／Une Visite chez M. Paul Reynaud　ポール・レノー訪問記　Kuni Matsuo（松尾邦之助）／Le Japon et la Société des Nations　日本と国際連盟　M. Yokoyama（横山正幸）／Évocations Coréennes　朝鮮の思い出　M. Moncharville（M. モンシャーヴィル）／L'Aviation Japonaise et la France　日本の航空技術とフランス　J. Vernisse（J. ヴェルニス）／Poupées Japonaises　日本の人形　Pierre Courthion（ピエール・クルティオン）／（Message）（メッセージ）　Mitchiko Toyama（外山道子）／L'Art Floral du Japon　日本の華道　Issôtei Nishikawa（西川一草亭）／Réception de M. le Dr Mitsuzo Tsurumi à l'Académie des Sciences Coloniales le 20 Mai 1937 1937年５月20日植民地学協会会員に選出された鶴見三三博士の挨拶　Mitsuzo Tsurumi（鶴見三三）／Les Promenades de Fukurokujin　福禄神の散歩　A. et K. Seligman（A. & K. セリグマン）／Note sur la Colonie Japonaise de Paris　パリ日本村について　K. N.／Le Japon à l'Exposition de 1900　1900年万博における日本　G. de Wailly（G. ド・ヴァイィ）／Haïkaïs　俳句　Hélène Lavaysse（エレーヌ・ラヴェス）／Haïkaïs　俳句　Paul Claudel（ポール・クローデル）／Le Haikou（Haïkaï）Japonais　日本の俳句　Kyoshi Takahama（高浜虚子）／Croisière en Grèce　ギリシャへの巡航記　Albert Poncin（アルベール・ポンサン）／La Poétesse Kaga No Tchiyo-Jo　女流俳人加賀千代女　G. Hla-Dorge（ジルベルト・ラ＝ドルジュ）／Notes sur "le livre des Haï-kaï" de Julien Vocance　ジュリアン・ヴォカンス著『俳諧の本』について　René Maublanc（ルネ・モーブラン）／Un Diner en l'Honneur du Haïkaï　俳諧の夕べ　J. B.／Le Ruisseau Trouble　樋口一葉『にごりえ』　Ichiyo Higouchi（樋口一葉）, Kuni Matsuo et Andrée Ito（松尾邦之助、アンドレ・イトウ）訳／Distribution Géographique des Restes Mégalithiques au Mandchoukouo　満洲国における巨大石遺跡の地理的分布　Minorou Tagoutchi（田口稔）／La Production Minière du Mandchoukouo　満洲国の鉱石産出　S. Yamamoto／Le Consulat Général d'Italie à Moukden　奉天のイタリア総領事館　無署名／Informations Économiques : le Commerce Extérieur du Mandchoukouo en 1936　経済関係ニュース―1936年満洲国の輸出入　無署名／Informations Littéraires et Artis-

仏日本大使の離仏　Naotaké Sato（佐藤尚武）／Okakura Kakuzo　岡倉覚三　Gabriel Mourey（ガブリエル・ムーレー）／Le Bushidô : Fleur de la Chevalerie　武士道—騎士道の華　Gonnosuké Komaï（駒井権之助）／Une Exposition à Lyon d'Estampes Japonaises　リヨン日本の版画展　無署名／L'Art Floral du Japon　日本の華道　Issôtei Nishikawa（西川一草亭）／Chansons Populaires　俗謡　無署名／Témoignage　敬意をこめて　Paul Colin（ポール・コラン）／Retour à Paris　パリに帰還　S. Hayakawa（早川雪洲）／Mademoiselle Mitchiko Tanaka　田中路子　無署名／Scène de la Rue　鶴見祐輔『母』　Yosuke Tsurumi（鶴見祐輔）, J. Vi 訳／Artistes Japonais de Paris　パリの日本人画家　Jean Némont（ジャン・ネモン）／Inauguration de l'Institut Franco-Japonais de Kyoto　京都日仏学館新学舎落成式　I. K.／Informations Économiques : Le Commerce Extérieur du Japon en 1936　経済関係ニュース—1936年日本の輸出入　C. C. J. E. (Londres)／Au Mandchoukouo　満洲国にて　A. S.／Revue de Presse　新聞雑誌記事より〔Rêves de la Nouvelle Année　初夢　無署名／La Situation de la Presse au Japon　日本の出版状況　無署名／A propos des Importations Japonaises　日本の輸入について　無署名／Une Cité Universitaire à Tokio 東京の大学都市　無署名／Sur le Nô　能について　無署名〕／La Pose de la Première Pierre du Pavillion du Japon　万博日本館の定礎式　無署名／Informations du Japon　日本関係ニュース　Tokouji Saisho（税所篤二）／Livres sur l'Extrême-Orient　極東関係新刊図書　無署名／(Publicité)（広告）

第19号（1937年３－４月）

J'irai au Japon　いつの日か日本へ　André Albert（アンドレ・アルベール）／La France en Extrême-Orient et dans le Pacifique　極東におけるフランス　太平洋におけるフランス　Roger Lévy（ロジャー・レヴィ）／L'Étude de l'Art et de l'Archéologie au Japon　日本における美術および考古学の研究　Joseph Castagné（ジョゼフ・カスターニェ）／Le Voyageur au Crépuscule　日夏耿之介「薄暮の旅人」　Konosuké Hinatsu（日夏耿之介）, Louise et Lucien Vincendon（ルイーズ＆リュシアン・ヴァンサンドン）訳／Lire...　樋口一葉を読む　K. M. et A. I.（松尾邦之助、アンドレ・イトウ）／Le Ruisseau Trouble　樋口一葉『にごりえ』　Ichiyo Higouchi（樋口一葉）, Kuni Matsuo et Andrée Ito（松尾邦之助、アンドレ・イトウ）訳／D'une Fenêtre de la Maison sur la Colline　三木露風「丘の家の窓より」　Rofu Miki（三木露風）, Louise et Lucien Vincendon（ルイーズ＆リュシアン・ヴァンサンドン）訳／L'Art Floral du Japon　日本の華道　Issôtei Nishikawa（西川一草亭）／La Population du Mandchoukou　満洲国の人口　Saburo Hayashi（林三郎）, M. R. 訳／Valeur Totale des Exportations et des Importations établie par Région Douanière pour 1936　関税部によって作成された1936年の輸出入総額／Le Cinquième Anniversaire de l'État Mandchou　満洲建国五周年記念式典（写真）　無署

Taikan Yokoyama（横山大観）, Keisen Tomita（富田渓仙）／La Laque Japonaise　日本漆　Katsu Hamanaka（浜中勝）／Mariage d'Amour　菊池寛『恋愛結婚』　Kan Kikuchi（菊池寛）, J. V. 訳／Nouvelles du Mandchoukouo　満洲国ニュース　無署名／Informations Littéraires Artistiques et Scientifiques　文学芸術科学関係ニュース　Tokouji Saisho（税所篤二）／Deux Cristallisations de l'Amitié Franco-Japonaise　日仏友好の二つの結晶　K. N.／L'Art Japonais　日本美術　Yukio Yashiro（矢代幸雄）, S. S. 訳／Le Modernisme Bouddhique Japonais　日本仏教の近代性　E. Steinilber-Oberlin（エミール・スタイニルベル＝オーベルラン）／Les Livres　新刊図書　A. S., S. S.／Résumés de la Manchurian Economic Review, Harbin　『マンチュリアン・エコノミック・レヴュー』（ハルビン）記事概要　無署名／（Publicité）（広告）

第17号（1936年12月）

（Message）（メッセージ）　Wateau（ヴァトー）／Paris－Tokio　パリ―東京間　無署名／Naissance d'un Japonisme Français　フランスジャポニスムの誕生　E. H. Barbier（E. H. バルビエ）／Impression du Japon　日本の印象　A. Roubé-Jansky（A. ルーベ・ジャンスキー）／Le Nô : Drame Classique du Japon　能―日本の古典演劇　Albert Maybon（アルベール・メボン）／Les Souvenirs　三木露風「思い出」　Rofu Miki（三木露風）／Histoire Innocente　高村光太郎「あどけない話」　Kotaro Takamura（高村光太郎）／Artistes Japonisants de Paris　パリの日本人画家　Julien Vocance（ジュリアン・ヴォカンス）／L'Hiver Vient...　川端康成『冬近し』　Yasunari Kawabata（川端康成）, Kuni Matsuo（松尾邦之助）訳／L'Art Japonais　日本美術　Yukio Yashiro（矢代幸雄）／（Poème）（詩―西條八十）　Yaso Saïjo（西條八十）／France－Japon en Avion　フランス―日本間の飛行　Maryse Hilsz（マリーズ・ヒルツ）／Informations Littéraires Artistiques et Scientifiques　文学芸術科学関係ニュース　Tokouji Saisho（税所篤二）／Une Exposition de Photographies d'Art Exécutées au Mandchoukouo　満洲国芸術写真展　無署名／Informations Économiques　経済関係ニュース　〔La Production de la Pérille au Mandchoukouo　満洲国におけるシソ栽培　Y. T.／他２篇〕／Au Mandchoukouo　満洲国にて　B. R.／Le "Soroban" : Appareil à Calculer du Japon　そろばん―日本の計算器　Raiji Kato（加藤蕾二）／Notes Médicales : Enquête sur la Vaccination Antidiphtérique au Japon　医学ノート―日本におけるジフテリアワクチン予防接種に関する質疑応答　Mitsuzo Tsurumi（鶴見三三）／L'État Actuel des Études des Hormones Sexuelles　性ホルモン研究の現状　Masao Itoh（伊藤正雄）, Miura 訳／ Livres sur l'Extrême-Orient　極東関係図書　無署名／（Publicité）（広告）

第18号（1937年１－２月）

Le Départ de S. E. M. Naotaké Sato Ambassadeur du Japon en France　佐藤尚武駐

Japon et en France　日本とフランスにおける絹の問題　Georges Stromberg（ジョルジュ・シュトロンベルク）／M. Tadakatsu Suzuki　鈴木九万　無署名／Plan d'un Jardin Japonais　日本庭園の設計　A. Okazaki（岡崎文彬）／Souvenirs　思い出　Paul Joubin（ポール・ジュバン）／Les Mères Japonaises　鶴見祐輔「日本の母」 Y. Tsurumi（鶴見祐輔）, J. V. 訳／Le Navigateur Lapérouse dans les Mers du Japon　日本の海にも来た航海者ラペルーズ　Joseph Castagné（ジョセフ・カスターニュ）／Nécrologie　死亡欄（曾我祐準）　無署名／Déclaration de l'Amiral Nagano　永野海軍大将の言葉　O. Nagano（永野修身）／Symbole de la Civilisation　窪川鶴次郎「文明の象徴」 Tsurujiro Kubokawa（窪川鶴次郎）／Dialogue avec M. Francis de Croisset sur le Théâtre Japonais　フランシス・ド・クロワッセと日本の演劇について語る　Yvone Moustiers（イヴォン・ムスティエ）／Informations Littéraires Artistiques et Scientifiques　文学芸術科学関係ニュース　Tokouji Saisho（税所篤二）／Une Cérémonie à la Mémoire de Sylvain-Lévi　シルヴァン・レヴィ法要　無署名／Nouvelles du Mandchoukouo　満洲国ニュース　無署名／Documents : Communiqué sur la Rupture de la Conférence de Manchouli par le Ministre des Affaires Étrangères　文書―外務省による満洲里会議決裂に関する声明　無署名／L'Art Japonais　日本美術　Yukio Yashiro（矢代幸雄）, S. S. 訳／Notes Médicales : L'Épidémie de Peste du Mandchoukouo en 1934　医学ノート―1934年満洲国におけるペストの流行　無署名／Revue de Presse　新聞雑誌記事より　〔La Littérature Japonaise Contemporaine　現代日本の文学　無署名／La Population Actuelle du Japon　日本の現在の人口　無署名〕／Correspondance　読者より　Polonius（ポロニウス）／Les Livres　新刊図書　A. S.／Le Soja Mandchou　満洲の大豆　Kanematsu Matsuzaki（松崎兼松）／Au Japon　日本にて（写真）　無署名／（Publicité）（広告）

第16号（1936年３－４月）

La Fleur du Lotus　野口米次郎「蓮の花」 Yone Noguchi（野口米次郎）, A. S. 訳／L'Industrie Japonaise de l'Automobile jusqu'en 1935　日本の自動車産業―1935年まで　Saburo Suzuki（鈴木三郎）／Quelques Poèmes　詩数篇―与謝野晶子、室生犀星、深尾須磨子、北原白秋、川路柳虹　Akiko Yosano（与謝野晶子）, Saisei Muro（室生犀星）, Sumako Fucao（深尾須磨子）, Hakushu Kitahara（北原白秋）, Ryuko Kawaji（川路柳虹）, Louise et Lucien Vincendon（ルイーズ＆リュシアン・ヴァンサンドン）訳／Le Grenier des Goncourt　ゴンクール兄弟の屋根裏サロン　E. H. Barbier（E. H. バルビエ）／Aperçu Sommaire des Budgets Nationaux du Mandchoukouo depuis la Fondation de l'État　建国以来の満洲国の国家予算概略　無署名／Shidzue Natsukawa　夏川静江　無署名／Informations Littéraires Artistiques et Scientifiques　文学芸術科学関係ニュース　Tokouji Saisho（税所篤二）／（Un Déjeuner）（昼食会）　無署名／（Une Exposition）（展覧会）　無署名／Peinture Japonaise　日本画　Suiyun Komuro（小室翠雲）,

／(A l'Occasion de la Publication du Numéro Spécial)（特別号に寄せて） Andrée Viollis（アンドレ・ヴィオリ）／Les Chemins de Fer du Mandchoukouo　満洲国の鉄道（地図）　無署名／L'Activité Générale de la Compagnie du Chemin de Fer Sud-Mandchourien　南満洲鉄道株式会社の活動概要　無署名／Notes Techniques　技術関係ノート　無署名／S. M. l'Empereur du Mandchoukouo passe sa Flotte en Revue　満洲国皇帝、海軍閲兵　無署名／Informations Littéraires et Artistiques　文学芸術関係ニュース　Tokouji Saisho（税所篤二）／Errata　訂正事項　無署名／(Publicité)（広告）

第14号（1935年11－12月）

Le Japon et l'Exposition Internationale de 1937　日本と1937年パリ万博　Edmond Labbé（エドモン・ラベ）／Questions de Danse　舞踏の問題　Yoshio Aoyama（青山圭男）／L'Etat Actuel des Bibliothèques au Japon　日本における図書館の現状　Junzo Sato（佐藤醇造）／Saisons au Japon　日本の四季　Andrée Ito（アンドレ・イトウ）／Documents : Loi Minière du Mandchoukouo　文書―満洲国の鉱業法　無署名／Opinions　意見欄　Emmanuel Fougerat（エマニュエル・フジェラ）／Communications Scientifiques : Études sur le Virus du Lymphogranulome Inguinal de Nicolas, Favre et Durand par le Professeur Y. Miyagawa et ses Collaborateurs　科学的発表―ニコラ、ファヴル、デュランによる鼠径部リンパ肉芽腫ウイルスの研究（宮川教授グループ） M. Tsurumi（鶴見三三）／Informations Littéraires Artistiques et Scientifiques　文学芸術科学関係ニュース　Tokouji Saisho（税所篤二）／Sylvain Lévi　シルヴァン・レヴィ（死亡通知） A. S.／Informations du Mandchoukouo　満洲国ニュース　無署名／Le Secret de l'Expansion Commerciale du Japon　日貨進出の秘鑰《ひやく》　Isoshi Asahi（朝日五十四）／Rapport Préliminaire sur Une Mission au Japon　日本視察予備報告　M. F. Maurette（M. F. モレット）／Peintures Japonaises sur Soie　日本の絹絵　無署名／Un Déjeuner du Comité Médical Franco-Japonais　日仏医学委員会の昼食会　無署名／Revue de Presse　新聞雑誌記事より〔Chez le Comte Makino　牧野伯爵家にて　André Duboscq（アンドレ・デュボスク）／Oú va le Japon?　日本はどこへ向かうのか？　無署名／Le Japon et l'Indochine　日本とインドシナ　Albert Maybon（アルベール・メボン）〕／Les Livres　新刊図書　Louise et Lucien Vincendon（ルイーズ＆リュシアン・ヴァンサンドン）, S. S.／La Visite au Japon du Vice-Amiral Esteva　エステヴァ海軍副提督の日本訪問（写真）　無署名／Au Mandchoukouo　満洲国にて（写真）　無署名／L'Hiver au Mandchoukouo　満洲国の冬（写真）　無署名／Manœuvres Militaires au Mandchoukouo　満洲国の軍事演習（写真）　無署名／(Publicité)（広告）

第15号（1936年１－２月）

Cuisine Japonaise　日本料理　P. L. Rehm（P. L. レム）／Le Problème de la Soie au

(A l'Occasion de la Publication du Numéro Spécial)（特別号に寄せて） Luc Durtain（リュック・デュルタン）／(A l'Occasion de la Publication du Numéro Spécial)（特別号に寄せて） Claude Farrère（クロード・ファレル）／(A l'Occasion de la Publication du Numéro Spécial)（特別号に寄せて） Souéo Goto（後藤末雄）／Les Relations Médicales Franco-Japonaises　日仏医学関係　Henri Hartmann（アンリ・アルトマン）／France-Japon　フランス・ジャポン　Édouard Herriot（エドゥアール・エリオ）／(A l'Occasion de la Publication du Numéro Spécial)（特別号に寄せて） G. Huisman（G. ユイスマン）／(A l'Occasion de la Publication du Numéro Spécial)（特別号に寄せて） Ryuko Kawaji（川路柳虹）／(A l'Occasion de la Publication du Numéro Spécial)（特別号に寄せて） Stéphane Lauzanne（ステファヌ・ローザンヌ）／(A l'Occasion de la Publication du Numéro Spécial)（特別号に寄せて） Marius-Ary Leblond（マリウス＝アリ・ルブロン）／(A l'Occasion de la Publication du Numéro Spécial)（特別号に寄せて） L. Le Fur（ルイ・ル・フュー）／Ce Qu'il Faut Savoir du Rôle Social et Politique du Japon sur l'Échiquier Mondial　世界の角逐場における日本の社会的政治的役割を知る必要性　A. Legendre（A. ルジャンドル）／Vieux Souvenirs　古い思い出　Sylvain Lévi（シルヴァン・レヴィ）／L'Amitié du Cœur　心の絆　M. Matsuda（松田道一）／(A l'Occasion de la Publication du Numéro Spécial)（特別号に寄せて） K. Matsui（松井慶四郎）／(A l'Occasion de la Publication du Numéro Spécial)（特別号に寄せて） Fernand Maurette（フェルナン・モレット）／(A l'Occasion de la Publication du Numéro Spécial)（特別号に寄せて） André Maurois（アンドレ・モーロワ）／(A l'Occasion de la Publication du Numéro Spécial)（特別号に寄せて） Georges Migot（ジョルジュ・ミゴ）／Pour Une Collaboration Franco-Japonaise　日仏協力のために　Louis Ohl（ルイ・オール）／La Collaboration Franco-Japonaise　日仏協力　Ernest Outrey（エルネスト・ウトレ）／L'Amitié Franco-Japonaise　日仏友好　Charles Péchin（シャルル・ペシャン）／(A l'Occasion de la Publication du Numéro Spécial)（特別号に寄せて） Fernand Pila（フェルナン・ピラ）／(A l'Occasion de la Publication du Numéro Spécial)（特別号に寄せて） Michel Revon（ミシェル・ルヴォン）／(A l'Occasion de la Publication du Numéro Spécial)（特別号に寄せて） Shiki（志岐守治）／Terre　土　Toson Shimazaki（島崎藤村）／(A l'Occasion de la Publication du Numéro Spécial)（特別号に寄せて） E. Steinilber-Oberlin（エミール・スタイニルベル＝オーベルラン）／(A l'Occasion de la Publication du Numéro Spécial)（特別号に寄せて） Naojiro Suguiyama（杉山直治郎）／(A l'Occasion de la Publication du Numéro Spécial)（特別号に寄せて） A. Tanakadaté（田中舘愛橘）／(A l'Occasion de la Publication du Numéro Spécial)（特別号に寄せて） Titaÿna（ティタイナ）／(A l'Occasion de la Publication du Numéro Spécial)（特別号に寄せて） Takéjiro Tokonami（床次竹二郎）／Japon et France　日本とフランス　Mitsuzo Tsurumi（鶴見三三）

le du Japon　日貨進出の秘鑰《ひやく》　Isoshi Asahi（朝日五十四）／Les Livres　新刊図書　S. S., A. C.／(Photo)　（写真）　無署名／Mandchoukouo　満洲国（写真）　無署名／Japon　日本（写真）　無署名／Architecture Mandchoue dans le Jehol　熱河省の満洲建築（写真）　無署名／Sur la Sungari et la Nonni　スンガリ河とノンニ河で（写真）　無署名／(Publicité)　（広告）

第11号（1935年９月15日）

L'Armée et la Politique au Japon　日本の軍事と政治　André Duboscq（アンドレ・デュボスク）／Les Finances du Mandchoukouo : Le Budget de la Deuxième Année Fiscale de Kangtê　満洲の財政：康徳第二財政年度の予算　R. K.／Notes Humoristiques　ユーモラスな記事　無署名／Un Peintre Français au Japon : Georges Bigot　日本のフランス人画家ジョルジュ・ビゴー　Jeanne Ronsay（ジャンヌ・ロンセイ）／Les Relations Médicales Franco-Japonaises　日仏医学関係　Julliot de la Morandière（ジュリオ・ド・ラ・モランディエール）／La Cité Universitaire　パリ国際大学都市　J. Satsuma（薩摩治郎八）／La Première Exposition du Mandchoukouo　はじめての満洲国博覧会　無署名／Inauguration d'un Buste de Léon Deubel　レオン・ドゥーベルの胸像除幕式　無署名／Une Exposition d'Art Publicitaire Japonais　日本の広告美術展　無署名／Des Savants Japonais au Congrès International d'Astronomie　国際天文学会における日本の知識人たち　無署名／Informations Littéraires et Artistiques　文学芸術関係ニュース　Tokouji Saisho（税所篤二）／Le Secret de l'Expansion Commerciale du Japon　日貨進出の秘鑰《ひやく》　Isoshi Asahi（朝日五十四）／Revue de Presse　新聞雑誌記事より〔Victor Hugo au Japon　日本におけるヴィクトル・ユゴー　無署名／La Mission Britannique au Mandchoukouo　満洲国におけるイギリスの使命　無署名／Le Japon et Conflit Italo-Ethiopien　日本と第二次エチオピア戦争　無署名／Les Puissances reconnaitront-elles le Mandchoukouo?　列強は満洲国を承認するか？　無署名〕／Les Livres　新刊図書　M. Matsuzaki（M. 松崎）, S. S., K. M.／(Photo)　（写真）　無署名／Au Mandchoukouo　満洲国にて（写真）　無署名／ (Publicité)　（広告）

第12－13号（1935年10月15日）

(A l'Occasion de la Publication du Numéro Spécial)　（特別号に寄せて）　S. Soga（曾我祐邦）／Les Relations Médicales Franco-Nippones　日仏医学関係　Ch. Achard（シャルル・アシャール）／(A l'Occasion de la Publication du Numéro Spécial)　（特別号に寄せて）　Masaharu Anesaki（姉崎正治）／Point de Vue　視点　Ludovic Barthélémy（リュドヴィック・バルテレミー）／(A l'Occasion de la Publication du Numéro Spécial)　（特別号に寄せて）　Abel Bonnard（アベル・ボナール）／(A l'Occasion de la Publication du Numéro Spécial)　（特別号に寄せて）　S. Charléty（S. シャルレティ）／

ji Saisho（税所篤二）／Bibliographie　参考文献　Kuni Matsuo（松尾邦之助）／(Photos)（写真）／(Publicité)（広告）
［付録］ Résumé du Rapport de la Mission Économique Envoyée au Japon et au Mandchoukouo par la Fédération des Industries Britanniques Août-Novembre 1934　日本と満洲国への英国産業連盟経済視察団報告概要（1934年８月－11月） Membres de la Mission

第９号（1935年６月15日）

Le Bouddhisme Japonais de Sir Charles Eliot　チャールズ・エリオット卿著『日本の仏教』 L. de Hoyer（レオン・ド・オワイエ）／Les Négociations pour la Vente du Chemin de Fer Nord-Mandchou　北満鉄路譲渡の交渉　N. S.／(Message)（メッセージ） A. Roubé-Jansky（A. ルーベ・ジャンスキー）／Le Mandchoukouo à l'Exposition de Bruxelles　ブリュッセル博覧会の満洲国　Raiji Kato（加藤蕾二）／Un Terrible Séisme à Taiwan (Formose)　台湾の大地震　無署名／Informations Économiques　経済関係ニュース　無署名／Informations Littéraires et Artistiques　文学芸術関係ニュース　Tokouji Saisho（税所篤二）／Une Cérémonie à Paris à La Mémoire de Louis-Émile Bertin　ルイ・エミール・ベルタン追悼式典パリで開催　無署名／Le Secret de l'Expansion Commerciale du Japon　日貨進出の秘《ひ》鑰《やく》　Isoshi Asahi（朝日五十四）／Revue de Presse　新聞雑誌記事より〔Le Rôle du Mandchoukouo en Extrême-Orient　極東における満洲国の役割　無署名〕／Les Livres　新刊図書　Alfred Smoular（アルフレッド・スムラー）, Kuni Matsuo（松尾邦之助）, A. C.／La Visite de S. M. l'Empereur Kang-Teh au Japon　康徳帝の来日（写真） 無署名／Au Mandchoukouo　満洲国にて（写真） 無署名／Scènes Mongoles　モンゴル情景（写真） 無署名／(Publicité)（広告）

第10号（1935年７月15日）

Kessa et Morito　芥川龍之介『袈裟と盛遠』 R. Akutagawa（芥川龍之介）作, K. Matsuo（松尾邦之助）, Steinilber-Oberlin（スタイニルベル＝オーベルラン）訳／(Message)（メッセージ） Ghislaine Bru（ギスレーヌ・ブリュ）／Peintres Japonais de Paris : Rihakou Harada, Kiyoshi Hasegawa, Miçao Kono, Takanori Oguiss, Taro Okamoto　パリの日本人画家―原田梨白、長谷川潔、高野三三男、荻須高徳、岡本太郎　F. J.／Informations Littéraires et Artistiques　文学芸術関係ニュース　Tokouji Saisho（税所篤二）／Revue de Presse　新聞雑誌記事より〔Au Mandchoukouo.　満洲国にて　無署名／Les Relations Sino-Japonaises.　日中関係　無署名〕／A la Mémoire du Prince Kitashirakawa　北白川宮記念碑　無署名／Une Liaison Radiotéléphonique Régulière entre Paris et Tokio　パリ東京間定期無線電話の開設　無署名／Une Exposition des Arts Décoratifs Japonais　日本装飾美術展　無署名／Le Secret de l'Expansion Commercia-

の発展と日本　Junzo Sato（佐藤醇造）／Poètes Japonais Contemporains　現代日本詩人―野口米次郎、与謝野晶子、北原白秋、川路柳虹、萩原朔太郎、三木露風、室生犀星、西條八十、堀口大学、佐藤春夫、尾崎喜八、百田宗次、深尾須磨子、小木敦夫　Yone Noguchi（野口米次郎）, Akiko Yosano（与謝野晶子）, Hakushu Kitahara（北原白秋）, Ryuko Kawaji（川路柳虹）, Sakutaro Haghiwara（萩原朔太郎）, Rofu Miki（三木露風）, Saisei Muro（室生犀星）, Yaso Saijo（西條八十）, Daigaku Horiguchi（堀口大学）, Haruo Sato（佐藤春夫）, Kihachi Ozaki（尾崎喜八）, Soji Momota（百田宗次）, Sumako Fucao（深尾須磨子）, Atsuo Oghi（小木敦夫）, Lionello Fiumi, Kuni Matsuo（リオネロ・フィウミ、松尾邦之助）訳／Informations Artistiques　芸術関係ニュース　無署名／Un Grand Japonologue : Basil Hall Chamberlain　偉大な日本学者　バジル・ホール・チェンバレン　Ch. Bolard-Talbère（シャルル・ボラール＝タルベール）／Les Relations Nippo-Afghanes　日本アフガニスタン関係　Joseph Castagné（ジョゼフ・カスターニェ）／Visions de Mandchourie : Les Trois Cités – III　Hsinking　満洲の実像―三都　Ⅲ　新京　Kinnosuke Adachi（安達金之助）／Informations Littéraires　文学関係ニュース　無署名／Revue de Presse　新聞雑誌記事より　〔L'Amitié Internationale Vue de Japon　日本からみた国際親善　J. Kobayashi（小林順一郎）／La Luttecontre les Stupéfiants au Mandchoukouo　満洲国における麻薬との闘い　無署名／Le Problème du Pacifique et les Questions Connexes　太平洋問題とそれにまつわる問い　無署名／Le Japon, Trait d'Union entre l'Orient et l'Occident　東洋と西洋の仲介役としての日本　Takeshi Yanagisawa（柳沢健）／L'Effort Sanitaire au Japon　日本における衛生上の努力　無署名〕／Bibliographie　参考文献／（Photos）（写真）／（Publicité）（広告）

第８号（1935年５月15日）

Une Déclaration de M. Paul Claudel　ポール・クローデル挨拶　Paul Claudel（ポール・クローデル）／Les Négociations pour la vente du Chemin de Fer Nord-Mandchou　北満鉄路譲渡の交渉　N. S.／Jouet de Bambou　竹細工　R. Hackin（R. アッカン）／Péril Jaune ou Espoir Jaune?　黄禍か黄福か　Alfred Doeblin（アルフレッド・ドブラン）／Une Conférence sur le Japon　日本関係会議　無署名／Principaux Articles Importés de France au Japon pendant l'Année 1934　1934年日本のフランスからの主な輸入品　無署名／Revue de Presse　新聞雑誌記事より　〔Le Rapprochement Médical Franco-Japonais　フランスと日本の医療比較　無署名／Une Grande Cité : Tokio　大都市、東京　無署名／Une Chaire de Culture Française au Mandchoukouo?　満洲国におけるフランス文化講座？　無署名／La Politique de l'Indo-Chine et l'Extême-Orient　インドシナと極東の政治　無署名〕／Informations Économiques　経済関係ニュース　無署名／Le Secret de l'Expansion Commerciale du Japon　日貨進出の秘《ひ》鑰《やく》　Isoshi Asahi（朝日五十四）／Informations Littéraires et Artistiques　文学芸術関係ニュース　Tokou-

おける宗教の再生　無署名／L'Architecture Française au Mandchoukouo　満洲国のフランス風建築　無署名／Bibliographie　参考文献　無署名〕／Le Secret de l'Expansion Commerciale du Japon　日貨進出の秘鑰(ひやく)　Isoshi Asahi（朝日五十四）／Le Nickel au Japon　日本におけるニッケル　無署名／Enregistrement des Marques de Fabrique au Mandchoukouo　満洲国における商標登記　無署名／Visions de Mandchourie : Les Trois Cités – I Dairen　満洲の実像―三都　I　大連　Kinnosuke Adachi（安達金之助）, A. S. 訳／Les Livres　新刊図書　A. S., K. M., A. C., S. S.／Le Mandchoukouo 満洲国（写真）　無署名／(Publicité)　（広告）

第6号（1935年3月15日）
La Naissance et l'Organisation de l'Etat du Mandchoukouo　満洲国の誕生と組織化　N. S.／Le Miracle du Développement Nippon au cours du Dernier Demi-Siècle　この半世紀における日本発展の奇蹟　Polonius（ポロニウス）／Le Transfert du Chemin-de-Fer Nord-Mandchou　北満鉄路の譲渡　X. X. X.／Informations Littéraires et Artistiques　文学芸術関係ニュース　無署名／L'Aspect de "l'Asia" le Super-Express Profilé　特急あじあ号の横顔　N. Sakamoto（坂本直道）／« Notre exploitation ferroviaire du Mandchoukouo se double d'une œuvre de civilisation... » nous dit M. Sakamoto 「満洲国における我々の鉄道開発事業は文化事業と重なるものである」と坂本氏は我々に語る　J. K.／Informations Littéraires　文学関係ニュース　無署名／Le Théâtre de Marionnettes Japonais　文楽　Kuni Matsuo（松尾邦之助）／Informations Artistiques　芸術関係ニュース　Tokuji Saisho（税所篤二）／La Musique au Japon　日本の音楽　Gil-Marchex（ジル＝マルシェ）／Nouvelles Universitaires　大学関係ニュース　無署名／Visions de Mandchourie : Les Trois Cités – II Moukden　満洲の実像―三都　II　奉天　Kinnosuke Adachi（安達金之助）, S. S. 訳／Le Secret de l'Expansion Commerciale du Japon　日貨進出の秘鑰(ひやく)　Isoshi Asahi（朝日五十四）, S. S. 訳／Les Livres　新刊図書　A. S., S. S., A. C.／Bibliographie　参考文献　無署名／Premier Anniversaire de l'Avènement au Trône de S. M. Kang-Teh Empereur du Mandchoukouo　満洲国康徳帝戴冠一周年記念　無署名／La Première Grande Revue Militaire à Hsinking　新京における第一回観兵式（写真）　無署名／(Publicité)　（広告）

第7号（1935年4月15日）
Le Japon représente en Extrême-Orient La Civilisation Occidentale　極東における西洋文明の体現者日本　Charles Péchin（シャルル・ペシャン）／Le Japon d'Aujourd'hui 今日の日本　Naotaké Sato（佐藤尚武）／Préface pour une Histoire de la Littérature Japonaise　野口米次郎「日本文学史序文」　Yone Noguchi（野口米次郎）, A. S. 訳／Le Développement des Relations Culturelles Internationales et le Japon　国際文化関係

Oberlin（スタイニルベル＝オーベルラン）／Université de Paris　パリ大学　無署名／Les Livres　新刊図書　A. S., S. S／Bibliographie　参考文献　無署名／(Publicité)（広告）

第４号（1935年１月15日）

Avis aux Lecteurs　読者の皆様へ　無署名／Déclaration de S. E. Monsieur Sato, Ambassadeur du Japon à Paris　佐藤駐仏日本大使の声明　Naotake Sato（佐藤尚武）／Le Japon en 1934　1934年の日本　無署名／Le Bouddhisme Japonais et l'Occident　日本仏教と西洋　E. Steinilber-Oberlin（エミール・スタイニルベル＝オーベルラン）／Mort de M. Adatci　安達（峰一郎）の死　無署名／Impressions de Paris　パリの印象　Shiro Otsuji（大辻司郎）, K. M.（松尾邦之助）訳／La Commémoration de Firdousi　フェルドウスィーを記念して　Joseph Castagné（ジョゼフ・カスターニェ）／Une Anthologie de la Poésie Japonaise en Italien　日本詞華集イタリア語訳　無署名／Au Comite d'Étude des problèmes du Pacifique　太平洋問題研究委員会　無署名／他４篇　無署名／Le Secret de l'Expansion Commerciale du Japon　日貨進出の秘《ひ》鑰《やく》　Isoshi Asahi（朝日五十四）／Revue de Presse　新聞雑誌記事より　〔La Peinture et la Sculpture au Japon　日本の絵画と彫刻　無署名／L'Industrie Japonaise et son Pouvoir de Concurrence　日本の産業とその競争力　無署名／Les Travaux en Mandchourie　満洲における普請　無署名〕／Traduction de la Déclaration faite le 29 Décembre 1934 par le Porte-Parole du Ministère des Affaires Étrangères du Japon à l'Occasion de la Dénonciation du Traité de Washington　ワシントン条約破棄に関する1934年12月29日付外務省公式スポークスマンによる宣言の翻訳　無署名／Les Livres　新刊図書　K. M., A. S.／Conférence de la Maison Franco-Japonaise　日仏会館研究会報告　無署名／Le Japon　日本（写真）　無署名／La Mandchourie　満洲（写真）　無署名／La Corée　朝鮮（写真）　無署名／(Publicité)（広告）

第５号（1935年２月15日）

Avis aux Lecteurs　読者の皆様へ　無署名／Le Rôle du Japon en Extrême-Orient　極東における日本の役割　Charles Péchin（シャルル・ペシャン）／Orient et Occident　東洋と西洋　Anesaki（姉崎正治）, S. S. 訳／Haïkaï　俳句　Julien Vocance（ジュリアン・ヴォカンス）／La Croix-Rouge Internationale à Tokio　国際赤十字東京大会　S. Yamanouchi／L'Athénée Français de Tokio　東京アテネ・フランセ　無署名／Le Miracle du Développement Nippon au cours du Dernier Demi-Siècle　この半世紀における日本発展の奇蹟　Polonius（ポロニウス）／L'Institut d'Études Japonaises de l'Université de Paris　パリ大学日本学研究所　無署名／Revue de Presse 新聞雑誌記事より　〔Le Problème Japonais　日本の問題　無署名／Les Mots Etrangers dans la Langue Japonaise　日本語における外来語　無署名／Le Renouveau Religieux au Japon　日本に

『フランス・ジャポン』総目次

第１号（1934年10月15日）

Avis aux Lecteurs　読者の皆様へ　無署名／Comité Médical Franco-Japonais　日仏医学委員会　無署名／Discours du Dr. Tsurumi　鶴見（三三）博士挨拶／Informations Littéraires et Artistiques　文学芸術関係ニュース　無署名／Fondation de la Société Internationale Bouddhiste　国際仏教協会の創立　無署名／(Publicité)（広告）

第２号（1934年11月15日）

Avis aux Lecteurs　読者の皆様へ　無署名／Revue de Presse　新聞雑誌記事より〔La Mandchourie　満洲　無署名／Des Placements de Capitaux Français en Mandchourie et la Collaboration Franco-Japonaise　フランス資本の満洲での運用と日仏協力　無署名／Bibliographie　参考文献　無署名〕／Introduction à la Littérature Japonaise　日本文学入門　Alfred Smoular（アルフレッド・スムラー）／Informations Littéraires et Artistiques　文学芸術関係ニュース　無署名／Nouvelles Médicales　医学界ニュース　無署名／Une Cérémonie à la Mémoire du Professeur Appert　アペール教授の追悼式　無署名／Le Congrès de la Croix Rouge　赤十字大会　無署名／Le Vente du Chemin de Fer de l'Est-Chinois　中国東部の鉄道の売却　無署名／Informations Économiques　経済関係ニュース　無署名／Les Amis Franco-Japonais de Léon Deubel　レオン・ドゥーベル日仏友の会　無署名／(Publicité)（広告）／Aspects de la Mandchourie　満洲の諸相（写真）　無署名

第３号（1934年12月15日）

Avis aux Lecteurs　読者の皆様へ　無署名／Une Déclaration de M. A. de Monzie　アナトール・ド・モンジーの言葉　無署名／La Valeur Morale de L'Effort Japonais　日本の努力の道徳的価値　René Marchand（ルネ・マルシャン）／Revue de Presse　新聞雑誌記事より〔La Mandchourie　満洲　無署名／L'Aménagement du Manchoukouo　満洲国の開発　H. C.〕／La Presse Japonaise Jadis et Aujourd'hui　日本の新聞業界今昔　Kuni Matsuo（松尾邦之助）／Informations Littéraires et Artistiques　文学芸術関係ニュース　無署名／Quelques Visages du Japon Moderne　現代日本の横顔　無署名／Un Discours du Ministre des Affaires Étrangères（広田）外務大臣の演説　無署名／Informations Économiques　経済関係ニュース　無署名／Nouvelles Médicales　医学界ニュース　無署名／L'Association Internationale Bouddhiste Fondée à Tokio par M. Tomomatsu　国際仏教協会、友松（円諦）により東京に設立さる　Steinilber-

外国人名索引　456

168
トマ，アルベール（Thomas, Albert）290
トルストイ，レフ　ニコライヴィッチ（Tolstoj, Lev Nikolajevich）　41
トゥールーズ＝ロートレック，アンリ・ド（Toulouse-Lautrec, Henri de）58
ド・トレッサン，ジョルジュ（Tressan, Georges de）　268, 305
トロツキー，レオン（Trotsky, Léon）199

V

ヴァレリー，ポール（Valéry, Ambroise Paul Toussaint Jules）　218, 250
ヴェルレーヌ，ポール（Verlaine, Paul）218
ヴィルドラック，シャルル（Vildrac, Charles）　218
ヴァイニング，エリザベス・ジャネット・グレイ（Vining, Elizabeth Janet Gray）83
ヴォカンス，ジュリアン（スガン，ジョゼフ）（Vocance, Julien/Seguin, Joseph）177, 212, 243, 253, 315
ヴォージェル，リュシアン（Vogel, Lucien）　293

W

ウェイリー，アーサー（Waley, Arthur）217, 308
ワロン，アンリ（Wallon, Henri）　220
ウェベール，ヴィクトール＝フレデリック（Weber, Victor-Frédéric）　310

Z

ゾラ，エミール（Zola, Émile）　297

ピショワ，クロード（Pichois, Claude）　72，181
ポアンカレ，レイモン（Poincaré, Raymond）　185
ポロニウス（Polonius）　109
ポンサン，アルベール（Poncin, Albert）　177，245
ポプラン，クロード（Popcren, Claude）　199
プヴルヴィル，アルベール・ド（Pouvourville, Albert de）　168
プルナン，リュシー（Prenant, Lucie）　220
プリュニエ，モーリス（Prunier, Maurice Ernest Leroux）　308

R

ラゲ，エミール（Raguet, Émile）　304
レー，ジョージ・ブロンソン（Rea, George Bronson）　139
レガメー，フェリックス（Régamey, Félix）　268，320
ルカ，アンドレ・ド（Reka, André de）　172
ルナール，ジュール（Renard, Jules）　56
ルノンドー，ガストン（Renondeau, Gaston）　309
ルヴォン，ミシェル（Revon, Michel）　175，226，306
リシャール，エリ（Richard, Élie）　73，185
リヴェ，ポール（Rivet, Paul）　239
ロックフェラー（Rockefeller）　228
ロダン，オーギュスト（Rodin, François-Auguste-René）　211
ロラン，ロマン（Rolland, Romain）　29，184，216，218，265
ロマン，ジュール（Romains, Jules）　214
ロミエ，リュシアン（Romier, Jean Lucien）　110，167
ルーズベルト，セオドア（Roosevelt, Theodore）　123
ロニ，レオン・ド（Rosny, Louis Léon Prunol de）　211，304
ルー・ド・ラ・マズリエール，アントワーヌ（Rous de la Mazelière, Antoine）　302
ルソー，ジャン＝ジャック（Rousseau, Jean-Jeacques）　248
リネル，アン（ネル，アンリ）（Ryner, Han/Ner, Jacques Élle Henri Ambroise）　219

S

サビロン，ジョルジュ（Sabiron, Georges）　254
サハロフ（Sakharov, Valadmir Vasilevich）　51
サマン，アルベール（Samain, Albert）　314
サモイロフ，N・A（Samoylov, N・A）　51
サルトル，ジャン＝ポール（Sartre, Jean-Paul）　29，166，180
シュワルツ，W＝L（Schwarz, W.-L.）　246
スガン，マルク（Seguin, Marc）　213
スナール，エミール（Senart, Émile）　280
セルヴァン＝シュレベール，エミール（Servan-Schreiber, Émile）　296
シーボルト，フィリップ（Siebold, Philipp Franz Balthasar von）　319
シモン，シャルル（Simond, Charles）　307
スムラー，アルフレッド（Smoular, Alfred）　23，95，152，165，216，258，315
スピノザ，バルフ・デ（Spinoza, Baruch De）　244
スターリン，ヨシフ（Staline, Joseph）　39
スタイニルベル＝オーベルラン，エミール（Steinilber-Oberlin, Émile）　23，154，168，176，215，221，264，309，410
シュトラッサー，グレゴール（Strasser, Gregor）　172
シュトラッサー，オットー（Strasser, Otto）　172
シュアレス，アンドレ（Suarez, André）　177

T

タルデュー，アンドレ（Tardieu, André）　5，95，167
テマン，ミシェル（Temman, Michel）　181
タン，アルフレッド（Thein, Alfred）

外国人名索引　458

ローザンヌ，ステファヌ（Lauzanne, Stéphane）　102
ラヴェス，エレーヌ（Lavaysse, Hélène）　177
ルフェーヴル，アンリ（Lefebvre, Henri）　254
リース＝ロス（Leith-Ross, Frederick）　138
ルロワ＝グーラン，アンドレ（Leroi-Gourhan, André）　238
レヴィ，シルヴァン（Lévi, Sylvain）　224, 226, 308, 309
ロジェ，マルク（Logé, Marc）　217
ロチ，ピエール（Loti, Pierre）　106, 174, 306
ロシェール，ルイ（Loucheur, Louis）　4, 21
ルカ，ベルナール（Lucas, Bernard）　238
リュシー＝フォサリユー，ピエール・ド（Lucy-Fossarieu, Pierre Henri Richard de）　322

M

マッカーサー，ダグラス（MacArthur, Douglas）　83
メートル，クロード・ウジェーヌ（Maitre, Claude Eugène）　244, 267, 274, 305
マラルメ，ステファヌ（Mallarmé, Stéphane）　252
マルロー，アンドレ（Malraux, André）　117, 146, 181
マルロー，クララ（Malraux, Clara）　73
マレ，ロルフ・ド（Maré, Rolf de）　99
マリエット，オギュスト（Mariette, Auguste-Ferdinande-François）　270
マラン，ルイ（Marin, Louis）　9, 95
マティス，アンリ（Matisse, Henri Émile Benoît）　62
モーブラン，ルネ（Maublanc, René）　214, 218, 220, 254, 255
モレット，フェルナン（Maurette, Fernand）　97
モーロワ，アンドレ（Maurois, André）　218
モース，マルセル（Mauss, Marcel）　149

メボン，アルベール（Maybon, Albert）　174, 224, 307
メッケル（Meckel, Klemens Wilhelm Jacob）　109
メイリ，コンラッド（Meili, Conrad）　147, 159, 258
メーヌ，エドゥアール（Mène, Édouard）　302, 322
ミジオン，ガストン（Migeon, Gaston）　303, 320
ミルエ，レオン・ド（Milloué, Léon de）　304
モリタ，ジュヌヴィエーヴ（Morita, Geneviève）　313
ムーレー，ガブリエル（Mourey, Gabriel）　177
ムッソリーニ，ベニート（Mussolini, Benito Amilcare Andrea）　148, 185

N

グエン・アイ・クォック（ホー・チ・ミン）（Nguyễn Ái Quốc/Hồ Chí Minh）　181

O

オール，ルイ（Ohl, Louis）　21, 103
ウトレ，エルネスト（Outrey, Ernest）　21

P

パニョル，マルセル（Pagnol, Marcel）　218
パピノ，エドモン（Papinot, Edmond）　304
ポール＝ボンクール，ジョゼフ（Paul-Boncour, Joseph）　6
ポーラン，ジャン（Paulhan, Jean）　214, 253, 254
ペシャン，シャルル（Péchin, Charles）　5, 95, 96, 109, 144, 167
ペリオ，ポール（Pelliot, Paul）　227, 238, 275
ペリ，ノエル（Peri, Noël）　177, 269, 276, 302, 308
ペリアン，シャルロット（Perriand, Charlotte）　312
ペタン，フィリップ（Pétain, Henri Philippe Bénoni Omer）　97, 110, 167
ピカソ，パブロ（Picasso, Pablo Ruiz）　159, 218

外国人名索引

322
ジッド, アンドレ (Gide, André Paul Guillaume) 15, 117, 146, 171, 184, 199, 219
ジロー, シャルル (Gillot, Charles) 303
ジル＝マルシェ, アンリ (Gil-Marchex, Henri) 177
ゴバン, モーリス (Gobin, Maurice) 254
ゲーテ, ヨハン・ヴォルフガング・フォン (Goethe, Johan Wolfgang von) 165
ゴッホ, ヴィンセント・ヴァン (Gogh, Vincent van) 60
ゴルベフ, ヴィクトール (Goloubew, Victor) 277
ゴンクール兄弟 (Goncourt, Edmond et Jules de) 175, 211
グランメゾン, リシャール・ド (Grandmaison, Richard de) 177
グラネ, マルセル (Granet, Marcel) 149
グレグ, フェルナン (Gregh, Fernand) 211, 246, 257
ギュイヨ, モーリス (Guyot, Maurice) 227
ギヨ, イヴ (Guyot, Yves) 322
ギメ, エミール (Guimet, Émile) 211, 267, 268, 270, 303, 320
ギメ, ジャン＝バティスト (Guimet, Jean-Baptiste) 270
グメニューク, イワン (Gumenyuk, Ivan) 51
ギゾー, フランソワ (Guizot, François) 169

H

アッカン, ジョセフ (Hackin, Joseph) 226, 269
アッカン, マリー (Hackin, Marie) 269
アグノエル, シャルル (Haguenauer, Charles) 226, 235, 311
アルマン, ジュール (Harmand, Jules) 4
ハリマン, エドワード・ヘンリー (Harriman, Edward Henry) 125
アザール, ポール (Hazard, Paul) 30

ハーン, ラフカディオ (Hearn, Patrick Lafcadio) 106, 177, 252, 306
エルツォッグ, ジャンヌ (Herzog, Jeanne) 237
ヒトラー, アドルフ (Hitler Adolf) 112, 137, 171
ラ＝ドルジュ, ジルベルト (Hla-Dorge, Gilberte) 177, 256, 315
オノラ, アンドレ (Honnorat, André) 14, 226
ド・オワイエ, レオン・ヴィクトロヴィッチ (Hoyer, Léon Viktorovich de) 114, 179
ユイスマン, ジョルジュ (Huisman, Georges) 22
アンベルクロード, ピエール＝ジョゼフ (Humbertclaude, Pierre-Joseph) 315

I

イベール, ジャック (Ibert, Jacques François Antoine) 160
イザック, アルフォンス (Isaac, Prosper-Alphonse) 322
イトー, アンドレ (Ito, Andrée) 160

J

ジャコブ, シャルル (Jacob, Charles) 309
ジョリオ＝キュリー, イレーヌ (Joliot-Curie, Irène) 235
ジョリオ, フレデリック (Joliot-Curie, Jean Frédéric) 235
ジュリオ・ド・ラ・モランディエール, レオン (Julliot de La Morandière, Léon) 227

K

カーン, アルベール (Kahn, Albert) 275
ケクラン, レイモン (Kœchlin, Raymond) 322

L

ラ・ブリュイエール, ルネ (La Bruyère, René) 111, 167
ラガトゥ, マリー＝クレール (Lagathu, Marie-Claire) 177
ロー, パスカル (Laut, Pascal) 120, 156

155, 158, 174, 177, 218, 255, 306, 308
クラヴリー, エドゥアール (Clavery, Edouard)　313
クレマンソー, ジョルジュ (Clemenceau, Georges)　322
コクトー, ジャン (Cocteau, Jean)　218
コラン, ポール (Colin, Paul)　98
コティ, フランソワ (Coty, François)　74, 143
クーシュー, マリアンヌ (Couchoud, Mariannne)　262
クーシュー, ポール＝ルイ (Couchoud, Paul-Louis)　155, 211, 243, 269, 281, 305
クルティオン, ピエール (Courthion, Pierre)　158
クレミユー, バンジャマン (Crémieux, Benjamin)　254
キュリー, マリー (Curie, Marie)　235

D

ダラディエ, エドゥアール (Daladier, Édouard)　167
ダニエル・ロップス (Daniel-Rops/Petiot, Henri)　102
ドーデ, アルフォンス (Daudet, Alphonse)　53
ドートルメール, ジャック (Dautremer, Jacques)　322
ドートルメール, ジョゼフ (Dautremer, Joseph)　304
ドニ, マルセル (Denis, Marcel)　113, 168, 172
デエ, エミール (Deshayes, Émile)　268, 320, 322
デスノス, ロベール (Desnos, Robert)　166
ドゥーチュ・ド・ラ・ムルト, アンリ (Deutsch de la Meurthe, Henri)　228
ドミニック, ピエール (Dominique, Pierre)　199
ドリュ・ラ・ロシェル, ピエール (Drieu La Rochelle, Pierre)　171
ドラモンド, ジェームズ・エリック (Drummond, James Eric)　148
デュボスク, アンドレ (Duboscq, André)　9, 168

デュフィ, ラウル (Dufy, Raoul)　62
デュリー, レオン (Dury, Léon)　271

E

エレンブルグ, イリヤ (Ehrenburg, Ilya)　184
エリオット, チャールズ (Eliot, Charles Norton Edgecumbe)　179
エリセーエフ, セルゲイ (セルジュ) (Elisseeff, Serge)　269, 311
エリュアール, ポール (Éluard, Paul)　214, 253

F

ファルグ, レオン＝ポール (Fargue, Léon-Paul)　171
ファレル, クロード (Farrère, Claude)　22, 25, 72, 112, 149, 174, 296, 306
フォール, アンドレ (Faure, André)　245
フォール, フェリックス (Faure, Félix)　320
フェノロサ, アーネスト (Fenollosa, Ernest)　303
フェルナンデス, ラモン (Fernandez, Ramon)　183, 193
フェリー, ジュール (Ferry, Jules)　268
フヴレ, モーリス (Fevret, Maurice)　412
フィウミ, リオネロ (Fiumi, Lionello)　154
フォション, アンリ (Focillon, Henri)　235, 310
フォントノワ, ジャン (Fontenoy, Jean)　177
フーリエ, シャルル (Fourier, Charles)　220
フランス, アナトール (France, Anatole)　56, 249
フランク, ベルナール (Frank, Bernard)　276, 410

G

ド・ゴール, シャルル (Gaulle, Charles de)　120, 269
ジェミエ, フィルマン (Gémier, Firmin)　218
ジェラール, エドモン (Gérard, Edmond)

外国人名索引

A

アシャール，シャルル（Achard, Charles）　175

アルベール=ビロー，ピエール（Albert-Birot, Pierre）　254

アーカンボー，エドモン（Archambault, Edmond）　322

アルラン，マルセル（Arland, Marcel）　30

アルプ，ハンス（Arp, Hans）　218

ダサイィ，ジゼル（Assailly, Gisèle d'）　177

アストン，ウィリアム・ジョージ（Aston, William George）　211

B

バレ，ジャン・シプリアン（Balet, Jean Cyprien）　177，304

バルビエ，アンリ（Barbier, Émile Henri）　175

バルブトー，ピエール（Barboutau, Pierre）　303

バルビュス，アンリ（Barbusse, Henri）　181

バルテレミー，リュドヴィック（Barthélémy, Ludovic）　97，167

バシェ，ジャン（Baschet, Jean）　294

バシェ，ルイ（Baschet, Louis）　294

バシェ，ルネ（Baschet, René）　294

バスティッド，ルイ（Bastide, Louis）　237

バチェラー，ジョン（Batchelor, John）　177

ボジャール，アンドレ（Beaujard, André）　315

ベルグソン，アンリ（Bergson, Henri-Louis）　179，223

ベルル，エマニュエル（Berl, Emmanuel）　167

ベルタン，ルイ=エミール（Bertin, Louis-Émile）　109，321

ビング，サミュエル（Bing, Samuel）　303，319

ビスマルク（Bismarck-Schönhausen, Otto Eduard Leopold Fürst von）　268

ブラランゲム，ルイ（Blaringhem, Louis）　226，232

ブロック，ジャン=リシャール（Bloch, Jean-Richard）　218，254

ブルム，レオン（Blum, Léon）　112，167

ボアソナード，ギュスターヴ（Boissonade de Fontarabie, Gustave Émile）　306，322

ボンマルシャン（Bonmarchand）　149

ボナール，アベル（Bonnard, Abel）　72，112，177，218

ボノー，ジョルジュ（Bonneau, Georges）　156，308，314

ブルドン，ジョルジュ（Bourdon, Georges）　290

ブルトン，ジャン（Breton, Jean）　254

ブリソ=デマイエ（Brissaud-Desmaillet, Georges）　167

ビュルト，フランソワ（Burlthe, François）　229

リットン（Bulwer-Lytton, Victor Alexander George Robert）　133

C

カミュ，アルベール（Camus, Albert）　29

カピタン，アンリ（Capitant, Henri）　148，226

カスー，ジャン（Cassou, Jean）　175

カスターニェ，ジョゼフ（Castagné, Joseph）　175

セザンヌ，ポール（Cézanne, Paul）　158

シャドゥルヌ，マルク（Chadourne, Marc）　189

シャガール，マルク（Chagall, Marc）　61

シャレイ，フェリシアン（Challaye, Félicien）　305

チェンバレン，バジル・ホール（Chamberlain, Basil Hall）　211，252，281

シャルレティ，セバスチャン・カミーユ・ギュスターヴ（Charléty, Sébastien Camille Gustave）　226

シャシロン，シャルル・ド（Chassiron, Charles Gustave Martin de）　211

クローデル，ポール（Claudel, Paul）

矢代幸雄　　　160
柳沢健　　　　13, 23, 89, 151
柳宗悦　　　　312
山川健　　　　161
山崎宗鑑　　　247
山下奉文　　　80
山田忠澄　　　272
山内四郎　　　227

ゆ

湯浅年子　　　233
結城素明　　　313
結城豊太郎　　8, 144

よ

横光利一　　　197
横山大観　　　144, 159
横山又次郎　　148
与謝野晶子　　53, 63, 154, 175, 315
与謝野鉄幹（寛）　53, 63, 254
与謝蕪村　　　246, 306
吉川逸治　　　160, 235
吉田茂　　　　75
吉田善吾　　　79
吉田辰秋　　　42
吉田好克　　　165
好富正臣　　　307
米重文樹　　　76

り

李完用　　　　124

わ

若月馥次郎　　307
和田桂子　　　224
渡辺耐三　　　25, 152
和田博文　　　219, 285

成瀬正一 232

に

新居格 195，219
西川一草亭 161
西川友武 159
西沢笛畝 313
西村将洋 75

の

野上弥生子 72，156
野口米次郎 154，310

は

芳賀徹 256
萩原朔太郎 115，154，175，315
長谷川潔 158，217，262
長谷川如是閑 152
鳩山一郎 81，82
浜口陽三 159
浜中勝 159
早川雪洲 101，160
林久治郎 129
林三郎 153
林銑十郎 108
林俊 72，181
林忠正 211，303，319
林博太郎 7，71
林芙美子 220
原敬 126
原田梨白 158
春山行夫 199

ひ

東久邇宮稔彦 79，83
樋口一葉 29，115，156
樋口弘 161
土方与志 44
日夏耿之介 154，308
火野葦平 115，156
平塚義角 160
平塚らいてう 307
広田弘毅 5

ふ

深尾須磨子 154，220，315
溥儀 131
福島繁太郎 157
藤懸静也 238
藤田嗣治 15，72，149，151，157，176，217，264，310
藤原義江 160
舟橋聖一 26，195

ほ

細田源吉 307
堀口大学 154，308
堀宣雄 93

ま

牧野富太郎 161
牧野伸顕 80
槇村正直 271
町井千代 160
町田梓楼 144
松井慶四郎 8，145
松岡洋右 5，7，12，68，70，105，133，142
松尾邦之助 9，10，15，23，72，90，107，142，164，209，233，255，299，309，412
松尾芭蕉 247，311
松崎碩子 221
松下竜一 72
松平斉光 25，101，146，160
松田道一 21，145
松村正義 223

み

三木露風 115，154
三谷隆信 226
三井高棟 229
三宅周太郎 160
宮地佐一郎 68
宮森麻太郎 309

む

向井去来 247
陸奥宗光 4
武藤叟 75，149
村上紀史郎 149
村上ゆき 160
室生犀星 115，154

も

百田宗治 154，315
森戸辰男 152

や

矢島翠 147

鈴木貫太郎　81
鈴木三郎　161
鈴木大拙　72，161，176，179

せ

世阿弥　302
清少納言　216
雪舟　238
芹沢光治良　195

そ

宋子文　129
曾我祐邦　4，17，21，106，144

た

高木翔之助　131
高楠順次郎　308
鷹野つぎ　307
高浜虚子　72，155，217，220，256
高松順蔵　66
高松太郎　67
高村光太郎　154
宝井基角　215，247
滝口武士　61
田口稔　154
竹内繁夫　69
竹内綱　75
武内義雄　232
武林無想庵　220
竹本忠雄　165
田島隆純　233
龍居松之助　160
田中耕太郎　232
田中舘愛橘　145，232
田辺平学　45
田辺茂一　195
谷川徹三　72，104，156
谷崎潤一郎　156，175，311
田村剛　160
田山花袋　52
団琢磨　229
淡徳三郎　27

ち

近松門左衛門　309
張学良　127，135
張景恵　131
張作霖　126，131，135
張良弘　165
褚民誼　173

つ

辻潤　145，219
辻二郎　160
津田逸夫　16，117，149
津田左右吉　152
土橋勇逸　133
土屋忍　210
土屋喬雄　161
鶴岡千仭　148
鶴見三三　8，21，145
鶴見祐輔　156

て

寺内正毅　124

と

戸板潤　26
土居晴夫　68
東郷克美　189
東条英機　79
東宮鉄男　128
徳川家達　7，106，144
床次竹二郎　145
戸田海笛　220
富井政章　144，272
冨田清萬　161
冨田渓山　159
富田充　53
友田宣孝　161
友松円諦　309
土門拳　18
外山道子　160
豊田三郎　197

な

永井荷風　115，156，269，311
中岡慎太郎　66
長岡春一　71
中川乙由　157
中河与一　195
長塚隆二　165
中西功　28
中野重治　26
中村不折　60
長与善郎　308
夏目漱石　60，156，269，311
名取洋之助　89，313
鍋山貞親　192
楢橋渡　9，79，84

日本人名索引

川路柳虹　　97, 145, 154, 160, 165,
　　　　　　175, 216, 309
川端康成　　115, 315
神田喜一郎　237

き

菊池寛　　　115, 156, 175, 307
キク・ヤマタ（山田菊）　146, 159,
　　　　　　220, 224, 258, 307
岸田国士　　56
北川冬彦　　53
北川桃雄　　238
北原白秋　　115, 154
城所英一　　53
木村伊兵衛　18
清岡巳九思　50
清岡卓行　　50
清沢洌　　　26, 75, 81, 152, 171

く

九鬼隆一　　271
瞿鴻禨　　　123
国木田独歩　307
窪川鶴次郎　195
倉田百三　　29, 216
黒田鵬心　　149

け

慶親王　　　123

こ

小池喜孝　　80
小磯国昭　　81
幸徳秋水　　273
高野三三男　158
河本大作　　126
小寺融吉　　160
後藤新平　　125
後藤末雄　　7, 22, 145, 308
近衛文麿　　79, 89
小林一茶　　247
小林九郎　　52
小林茂　　　149
小林順一郎　17, 106, 144
小林多喜二　192
小林秀雄　　198
駒井権之助　161
小松清　　　15, 25, 72, 76, 90, 104,
　　　　　　117, 146, 171, 181
小松近江　　183

小村壽太郎　123
小室翠雲　　159

さ

西條八十　　115, 154
税所篤二　　161
斎藤清衛　　38
阪田由美子　189
坂本権平　　66
坂本寿美子　66
坂本千鶴　　66
坂本留　　　68
坂本直　　　68
坂本直衛　　68
坂本直寛　　66
坂本直道　　7, 17, 23, 27, 66, 90,
　　　　　　105, 141, 142, 153, 164, 224
坂本龍馬　　66, 105
佐々木孝丸　183
佐谷功　　　160
薩摩治郎八　14, 149, 157, 226
薩摩千代　　149
佐藤醇造　　18, 100, 150
佐藤尚武　　5, 108, 147
佐藤春夫　　154, 315
里見宗次　　157
佐野学　　　192
沢田廉三　　5, 95, 102, 148

し

志賀直哉　　311
志岐守二　　145
重光葵　　　129
幣原喜重郎　129
柴田依子　　214
島崎藤村　　145
嶋野三郎　　76
清水盛明　　93, 100
下河辺元春　82
蒋介石　　　93, 126, 135
正力松太郎　85
白山眞理　　93
進藤栄一　　82

す

末松謙澄　　306
菅波称事　　151
菅原精造　　159
杉村陽太郎　148, 157
杉山直治郎　7, 21, 145, 224, 278

日本人名索引

あ

鮎川義介　132
青野季吉　195
秋山光和　238
秋吉勝広　25，154
芥川龍之介　29，115，156，285，311
朝日五十四　161
芦田均　17，82，106，144
蘆原英了　160
安達金之助　153
熱田見子　103
姉崎正治　144，150，232，312
阿部知二　195
天野博之　70
荒木田守武　247
有島暁子　154，315
有島生馬　154，232，315
有島武郎　307
有栖川宮威仁　320
安西冬衛　54
安重根　124

い

池田まり子　82
池野成一郎　296
石井菊次郎　144，148
石黒敬七　220
石橋正二郎　82
石原莞爾　128
泉鏡花　156
板垣征四郎　129
伊藤整　72，160
伊藤友恵　51
伊藤野枝　71
伊藤述史　160
伊藤博文　39，124
伊藤正雄　161
稲垣守克　91
稲畑勝太郎　8，149
井上匡四郎　144
今泉雄作　272
今橋映子　293
岩村英武　310

う

上島鬼貫　247，282
歌川広重　280
内田康哉　71，95，123
内山岩太郎　148

え

江口修　176
袁世凱　123，135

お

汪兆銘（精衛）　147
大木惇夫　154
大久保利通　80
大倉喜七郎　144，159
大倉喜八郎　144
大杉栄　71
大杉魔子（真子）　71
大辻司郎　160
大橋省三　33
大宅壮一　195
岡倉天心（岡倉覚三）　177，252
岡現次郎　161
岡崎文彬　160
岡田八千代　311
岡本一平　158
岡本かの子　158
岡本綺堂　216
岡本太郎　158
荻須高徳　158
尾崎喜八　154
尾崎士郎　195
尾崎浩　165
尾崎秀実　28
小野藤太　304

か

加賀千代女　247，282
鹿島茂　219
片岡健吉　67
片山潜（セン・カタヤマ）　44，273
桂太郎　125
加藤完治　128
加藤玄智　308
加藤蕾二　157
加納久朗　151
神近市子　307
川島順平　161
川島信太郎　151

究院博士号取得。相模女子大学教授。『永井荷風のニューヨーク・パリ・東京 造景の言葉』（2007年、翰林書房）、『荷風と明治の都市景観』（三省堂、2009年）、『ル・コルビュジエは生きている』（王国社、2011年）。『20世紀の日本美術』（翻訳、ミカエル・リュケン著、三好企画、2007年）。論文« Un précurseur de l'histoire de l'art japonais en France : Georges de Tressan（1877-1914）»（*Arts Asiatiques　t.65-2010*）など。

フリドマン日出子（フリドマン・ひでこ）

1970年京都大学教育学部博士課程中退。1980年パリ第7大学極東学部極東学博士号取得。国立高等研究院元客員助手。国際交流基金パリ事務所勤務（1980年〜）。1997年よりパリ日本文化会館知的交流主任。「諸外国における外国人受入れ施策及び外国人に対する言語教育施策に関する調査研究」（フランス担当、文化庁、2003年）。「諸外国の文化行政担当組織と文化予算」（フランス担当、文化庁、2010年）。「諸外国のアーツカウンシルに関する調査研究」（フランス担当、文化庁、2012年）。

ゆまに書房、2007 年)。『文学者のフランス体験Ⅱ　1930 ～ 1945』(ライブラリー日本人のフランス体験　第 19 巻、柏書房、2011 年)。「横光利一「上海」のインターテクスチュアリティ―表象の論理―」(『東洋大学文学部紀要　文学論叢』第 86 号、2012 年)。「横光利一文学における女性表象」(『昭和文学研究』第 59 集、2009 年)。

金子美都子(かねこ・みつこ)

1943 年、東京都生まれ。東京大学大学院比較文学比較文化博士課程修了。フランス政府給費留学生としてパリ大学 III(比較文学) 留学。INALCO にて研究。聖心女子大学名誉教授。『明治日本の詩と戦争―アジアの賢人と詩人』(共訳、P.-L. クーシュー著、みすず書房、1999 年)。『女流音楽家の誕生』(共訳、E. ピエイエ著、春秋社、1995 年)。「ジュリアン・ヴォカンス　絶え間なく続く命の讃歌」(『比較文学研究』83 号、85 号、東大比較文学会、2004 年 3 月、2005 年 3 月)。「フランスにおける『詩』概念の変革と日本古典詩歌受容」(『越境する言の葉―世界と出会う日本文学』日本比較文学会編、彩流社、2011 年)など。

柴田依子(しばた・よりこ)

1938 年、神奈川県生まれ。信州大学人文学部大学院人文科学研究科修了、比較文学を南原実教授に学ぶ。P.- L. クーシューと西欧の俳句受容実証研究のためフランス国立東洋言語文化研究所留学、J.- J. オリガス教授に研究指導を受ける。『俳句のジャポニスム　クーシューと日仏文化交流 』(角川学芸出版、2010 年)で第 31 回ジャポニスム会賞受賞。『明治日本の詩と戦争―アジアの賢人と詩人』(共訳、P.-L. クーシュー著、みすず書房、1999 年)。「俳句と和歌発見の旅－ポール＝ルイ・クーシューの自筆書簡をめぐって」(『比較文学研究』第 76 号、東大比較文学会、2000 年 8 月)、「俳諧と音楽」(『國文學』、2002 年 7 月号)、「クーシュー来日百年―フランスへの俳句紹介者の軌跡」(『俳句文学館紀要』第 13 号、俳人協会、2004 年)、「詩歌のジャポニスムの開花: クーシューと『N.R.F.』(1920)「ハイカイ」アンソロジー掲載の経緯」［全ハイカイ作品(82)添付］(『日本研究』第 29 集、国際日本文化研究センター紀要、角川書店、2004 年)。

長谷川＝ Sockeel 正子(はせがわ・ソケール・まさこ)

1954 年、名古屋市生まれ。南山大学文学部仏語学仏文学科首席卒業。フランス国立社会科学高等研究院日本学研究所図書室勤務を経て、現ギメ東洋美術館図書館司書。Les Acteurs de Kabuki dans les livres xylographiques, *KABUKI : Costumes du theatre japonais,* Editions Artlys, Paris, 2012.

中村 督(なかむら・ただし)

1981 年、京都府生まれ。東京大学大学院総合文化研究科博士課程単位取得退学。フランス国立社会科学高等研究院歴史学博士。南山大学講師。『越境する 1960 年代―米国・日本・西欧の国際比較』(彩流社、共著、2012 年)、『ポスト全体主義時代の民主主義』(ジャン＝ピエール・ルゴフ著、共訳、青灯社、2011 年)。

南 明日香(みなみ・あすか)

1961 年生。早稲田大学大学院文学研究科博士後期課程単位取得、フランス国立東洋文化言語研

渋谷 豊（しぶや・ゆたか）

1968年、千葉県生まれ。パリ第4大学文学博士。信州大学人文学部准教授。*La Réception de Rimbaud au Japon 1907-1956*, Atelier national de reproduction des thèses.「『日佛評論』について――アミラル・ムーシェ街二十二番地――」（松尾邦之助『巴里物語【2010復刻版】』所収、社会評論社、2010年）。『のけ者』（翻訳、エマニュエル・ボーヴ著、白水社、2010年）。『鶏のプラム煮』（翻訳、マルジャン・サトラピ著、小学館集英社プロダクション、2012年）など。

畑 浩一郎（はた・こういちろう）

1970年、京都府生まれ。パリ第4大学文学博士。聖心女子大学文学部専任講師。*Voyageurs romantiques en Orient – l'étude sur la perception de l'autre*, l'Harmattan, 2008。『フランス文化　55のキーワード』（共著、ミネルヴァ書房　2011年）。「『サラゴサ草稿』研究序説」（『仏語仏文学研究』東京大学仏語仏文学研究会、第41号、2011年）、「ヨーロッパとアジアの狭間にて―テオフィル・ゴーチエ『コンスタンチノープル』（1853）」（『仏語仏文学研究会』東京大学仏語仏文学研究会、第42号、2011年）。

杉田千里（すぎた・ちさと）

1970年、北海道生まれ。京都外国語大学外国語学部卒業。フランス国立情報科学図書館高等学院にて情報科学・司書職上級課程，文献情報科学における高等専門研究課程を修了。パリ日本文化会館図書館首席司書。

田口亜紀（たぐち・あき）

東京都生まれ。パリ第4大学文学博士、東京大学大学院人文社会系研究科博士課程満期退学。共立女子大学文芸学部文芸学科フランス語フランス文学コース専任講師。*Nerval. Recherche de l’ autre et conquête de soi　—　Contribution au suivi d'une genèse dans le Voyage en Orient*, Bern, Peter Lang, coll. «Publications universitaires européennes», 2010.　Nicolas Bouvier, ou le besoin littéraire, in *Nicolas Bouvier, Espace et Écriture*, textes réunis et présentés par Hervé Guyader, Genève, Éditions Zoé, 2010.

朝比奈美知子（あさひな・みちこ）

東京大学大学院人文科学研究科博士課程満期退学。東洋大学文学部教授。フランス文学・日仏比較文学。『ネルヴァル全集』全6巻（筑摩書房、共訳、1997～2003年）、『はじめて学ぶフランス文学史』（ミネルヴァ書房、共編著、2002年）。『フランス文化55のキーワード』（共編著、ミネルヴァ書房､2011年）。『フランスから見た幕末維新』（東信堂､編訳､2004年）､ジュール･ヴェルヌ『海底二万里』上・下（翻訳、岩波文庫、2007年）。*«Clartés d'Orient» Nerval ailleurs*, Laurence Teper,（共著）, 2004.　*Gérard de Nerval et l'esthétique de la modernité*, Hermann,（共著）, 2010.『森三千代――フランスへの視線，アジアへの視線』（ライブラリー日本人のフランス体験　第20巻、編著、柏書房、2011年）。

石田仁志（いしだ・ひとし）

1959年、東京都生まれ。東京都立大学大学院中退。東洋大学文学部教授。日本のモダニズム文学（横光利一ほか）専攻。『未来主義と立体主義』（コレクション・モダン都市文化第27巻

[執筆者紹介]

和田桂子（わだ・けいこ）

1954年、兵庫県生まれ。神戸大学大学院文化学研究科博士課程単位取得退学。清泉女子大学教授。比較文学専攻。『二〇世紀のイリュージョン—「ユリシーズ」を求めて』（白地社、1992年）、『言語都市・上海』（共著、藤原書店、1999年）、『言語都市・パリ』（共著、藤原書店、2002年）、『言語都市・ベルリン』（共著、藤原書店、2006年）、『言語都市・ロンドン』（共著、藤原書店、2009年）、復刻版『France-Japon』（監修、ゆまに書房、2011年）。

松崎碩子（まつざき・せきこ）

東京都生まれ。パリ・ソルボンヌ大学博士課程前期修了。コレージュ・ド・フランス日本学高等研究所前所長。『フランス士官が見た近代日本のあけぼの』（共編、IRD企画、2005年）、*Études japonaises, textes et contextes*（Collège de France, 2011）. «Un Français découvre le Japon de Meiji : La collection Louis Kreitmann»（*Comptes rendus des séances de l' année 2008 avril-juin*, l' Académie des inscriptions & belles-lettres, 2008）.

和田博文（わだ・ひろふみ）

1954年、横浜市生まれ。神戸大学大学院文化学研究科博士課程中退。東洋大学教授。文化学・日本近代文学専攻。『資生堂という文化装置 1872-1945』（岩波書店、2011年）、『飛行の夢 1783-1945』（藤原書店、2005年）、『テクストのモダン都市』（風媒社、1999年）、『戦後詩のポエティクス 1935～1959』（編著、世界思想社、2009年）、『言語都市・ロンドン 1861-1945』（共著、藤原書店、2009年）、『言語都市・ベルリン 1861-1945』（共著、藤原書店、2006年）など。監修に『ライブラリー・日本人のフランス体験』全21巻（柏書房、2009年～2011年）、『コレクション・モダン都市文化』全80巻（ゆまに書房、2004年～）など。

小泉京美（こいずみ・きょうみ）

1981年、千葉県生まれ。東洋大学大学院文学研究科国文学専攻博士後期課程単位取得退学。日本学術振興会特別研究員（PD）・東洋大学非常勤講師。『コレクション・都市モダニズム詩誌　18　詩と美術Ⅰ』((編著、ゆまに書房、2012年)『コレクション・都市モダニズム詩誌　第1巻　短詩運動』（編著、2009年、ゆまに書房）、「「満洲」の白系ロシア人表象—「桃色」のエミグラントから「満洲の文学」まで—」（『昭和文学研究』、2012年）、「滝口武士『亜』から『蝸牛』への行程—変容する「外地」の風景—」（『日本近代文学』、2010年）、「『亜』の風景—安西冬衛と滝口武士の短詩—」（『日本文学』、2010年）など。

植村 隆（うえむら・たかし）

1958年、高知県生まれ、早稲田大学政経学部卒業、1982年朝日新聞社入社、大阪本社社会部記者、テヘラン支局長、ソウル特派員、外報部デスク、北京特派員などを経て、現在北海道支社報道センター記者。朝日新聞入社後、韓国・延世大学語学堂に留学。『ソウルの風の中で』（社会思想社、1991年）、『マンガ韓国現代史』（共著、角川ソフィア文庫、2003年）、『新聞と戦争』（共著、朝日新聞出版、2008年）など。

満鉄と日仏文化交流誌『フランス・ジャポン』

2012年9月14日　印刷
2012年9月25日　第1版第1刷発行

[編集]　和田桂子・松崎碩子・和田博文
[発行者]　荒井秀夫
[発行所]　株式会社ゆまに書房
〒101-0047　千代田区内神田 2-7-6
tel. 03-5296-0491 / fax. 03-5296-0493
http://www.yumani.co.jp
[印刷・製本]　新灯印刷株式会社

落丁・乱丁本はお取り替えいたします。
Printed in Japan　© Keiko Wada, Sekiko Matsuzaki, Hirofumi Wada 2012
定価：本体 8,500円＋税　ISBN978-4-8433-3703-5 C3021

ゆまに書房

コレクション・都市モダニズム詩誌 全15巻

すべてのモダニズム文化の発火点が詩雑誌だった。
代表的な都市モダニズムの稀覯詩誌をテーマ別に集成。

●代表的な都市モダニズムの稀覯詩誌をテーマ別に復刻。●欠号が発見されていない雑誌については、現存しているものを可能な限り収録。●当時のモダニズム詩人は、文学のみならず写真・美術・映画などの西洋文化の紹介の中心的存在であり、これらの雑誌は、たんなる詩の雑誌ではなく、モダン都市文化の交通の網目の中心に存在するものとしてきわめて重要な役割を果たした。●各巻末にエッセイ・関連年表・解題・人名別作品一覧・主要参考文献を付す。

[監修] 和田博文　●揃定価：本体375,000円＋税　ISBN978-4-8433-2877-4 C3392　A5判／上製

●第1巻●	小泉京美[編]	短詩運動	定価：本体25,000円＋税	ISBN978-4-8433-2883-5
●第2巻●	竹内栄美子[編]	アナーキズム	定価：本体25,000円＋税	ISBN978-4-8433-2884-2
●第3巻●	鶴岡善久[編]	シュールレアリスム	定価：本体25,000円＋税	ISBN978-4-8433-2885-9
●第4巻●	佐藤健一[編]	ダダイズム	定価：本体25,000円＋税	ISBN978-4-8433-2886-6
●第5巻●	藤本寿彦[編]	新散文詩運動	定価：本体25,000円＋税	ISBN978-4-8433-2887-3
●第6巻●	和田博文[編]	新即物主義	定価：本体25,000円＋税	ISBN978-4-8433-2888-0
●第7巻●	大塚常樹[編]	主知的抒情詩の系譜Ⅰ	定価：本体25,000円＋税	ISBN978-4-8433-2889-7
●第8巻●	国生雅子[編]	主知的抒情詩の系譜Ⅱ　昭和の象徴主義Ⅰ	定価：本体25,000円＋税	ISBN978-4-8433-2890-3
●第9巻●	木股知史[編]	昭和の象徴主義Ⅱ	定価：本体25,000円＋税	ISBN978-4-8433-2891-0
●第10巻●	杉浦　静[編]	レスプリ・ヌーボーの展開	定価：本体25,000円＋税	ISBN978-4-8433-2892-7
●第11巻●	勝原晴希[編]	都市モダニズム詩の大河Ⅰ	定価：本体25,000円＋税	ISBN978-4-8433-2893-4
●第12巻●	阿毛久芳[編]	都市モダニズム詩の大河Ⅱ	定価：本体25,000円＋税	ISBN978-4-8433-2894-1
●第13巻●	宮崎真素美[編]	アルクイユクラブの構想	定価：本体25,000円＋税	ISBN978-4-8433-2895-8
●第14巻●	西村将洋[編]	VOUクラブの実験	定価：本体25,000円＋税	ISBN978-4-8433-2896-5
●第15巻●	澤　正宏[編]	VOUクラブと十五年戦争	定価：本体25,000円＋税	ISBN978-4-8433-2897-2

〒101-0047 東京都千代田区内神田2-7-6　TEL.03 (5296) 0491　FAX.03 (5296) 0493　http://www.yumani.co.jp/

ゆまに書房

コレクション・都市モダニズム詩誌 第Ⅱ期 全15巻

すべてのモダニズム文化の発火点が詩雑誌だった。
好評のシリーズ第2弾刊行開始!!

●代表的な都市モダニズムの稀覯詩誌をテーマ別に復刻。●代表的な都市モダニズムの稀覯詩誌をテーマ別に復刻。新たな調査を行い、現存しているものを可能な限り収録。●当時のモダニズム詩人は、文学のみならず写真・美術・映画などの西洋文化の紹介の中心的存在であり、これらの雑誌は、たんなる詩の雑誌ではなく、モダン都市文化の交通の網目の中心に存在するものとしてきわめて重要な役割を果たした。●各巻末にエッセイ・関連年表・解題・人名別作品一覧・主要参考文献を付す。

[監修] 和田博文　●揃定価：本体375,000円+税　ISBN978-4-8433-3760-8 C3392　A5判／上製

★第1回配本　全3巻　揃定価：本体75,000円+税　ISBN978-4-8433-3761-5　好評発売中
●第16巻●　早川芳枝[編]　映画と詩 Ⅰ　定価：本体25,000円+税　ISBN978-4-8433-3766-0
●第17巻●　水谷真紀[編]　映画と詩 Ⅱ　定価：本体25,000円+税　ISBN978-4-8433-3767-7
●第18巻●　小泉京美[編]　美術と詩 Ⅰ　定価：本体25,000円+税　ISBN978-4-8433-3768-4

★第2回配本　全2巻　揃定価：本体50,000円+税　ISBN978-4-8433-3762-2　好評発売中
●第19巻●　川勝麻里[編]　美術と詩 Ⅱ　定価：本体25,000円+税　ISBN978-4-8433-3769-1
●第20巻●　野呂芳信[編]　音楽と詩　定価：本体25,000円+税　ISBN978-4-8433-3770-7

★第3回配本　全3巻　揃定価：本体75,000円+税　ISBN978-4-8433-3763-9　2012年10月刊行予定
●第21巻●　和田桂子[編]　俳句・ハイクと詩 Ⅰ　定価：本体25,000円+税　ISBN978-4-8433-3771-4
●第22巻●　青木亮人[編]　俳句・ハイクと詩 Ⅱ　定価：本体25,000円+税　ISBN978-4-8433-3772-1
●第23巻●　井原あや[編]　名古屋のモダニズム　定価：本体25,000円+税　ISBN978-4-8433-3773-8

★第4回配本　全4巻　揃定価：本体10,000円+税　ISBN978-4-8433-3764-6　2013年4月刊行予定
●第24巻●　外村　彰[編]　京都のモダニズム Ⅰ　定価：本体25,000円+税　ISBN978-4-8433-3774-5
●第25巻●　熊谷昭宏[編]　京都のモダニズム Ⅱ　定価：本体25,000円+税　ISBN978-4-8433-3775-2
●第26巻●　名木橋忠大[編]　神戸のモダニズム Ⅰ　定価：本体25,000円+税　ISBN978-4-8433-3776-9
●第27巻●　季村敏夫[編]　神戸のモダニズム Ⅱ　定価：本体25,000円+税　ISBN978-4-8433-3777-6

★第5回配本　全3巻　揃定価：本体75,000円+税　ISBN978-4-8433-3765-3　2013年10月刊行予定
●第28巻●　和田博文[編]　モダニズム第二世代　定価：本体25,000円+税　ISBN978-4-8433-3778-3
●第29巻●　田口麻奈[編]　戦後詩への架橋 Ⅰ　定価：本体25,000円+税　ISBN978-4-8433-3779-0
●第30巻●　宮崎真素美[編]　戦後詩への架橋 Ⅱ　定価：本体25,000円+税　ISBN978-4-8433-3780-6

〒101-0047 東京都千代田区内神田2-7-6　TEL.03（5296）0491　FAX.03（5296）0493　http://www.yumani.co.jp/

FRANCE-JAPON　全7巻

■[監修・解題]和田桂子　パリで刊行された日仏文化交流を主眼としたフランス語月刊情報誌。両国著名人の文章などを中心に掲載。一九三四年十月創刊、一九四〇年四月終刊までの全四十九号を復刻。　●揃205,800円

満洲グラフ　全15巻

■[監修](財)満鉄会　一九三三年に南満洲鉄道株式会社が創刊したグラフPR誌を復刻。生活・風俗・産業・民族等々、極めて多彩な内容を斬新なレイアウトで構成。まさに写真で見る「満洲国」百科とも言うべき貴重資料。　●各23,100円

満洲映画　全8巻

■[監修]白井啓介　第一回・全4巻　昭和初期、満洲で刊行された唯一の映画雑誌。第1巻第1期(一九三七年十二月号)から第4巻第9期(一九四〇年九月号)までの日文版、満文版、日満合併版を収録。最終巻に「解説」「解題」を付す。　●各25,200円

東京満蒙開拓団

■ゆまに学芸選書ULULA5　[著]東京の満蒙開拓団を知る会

[解説]加藤聖文　忘れられた東京の満蒙開拓団。「なぜ一万余の人々が東京から満洲をめざしたか」を、多くの文献、報道、公文書に基づきながらその実態を追及。　●1,890円

新聞で見る戦時上海の文化総覧

──「大陸新報」文芸文化記事細目

■[編著]大橋毅彦ほか　書誌書目シリーズ99・全3巻　戦時上海の文化動向を鳥瞰すべく編纂。上海発行の日本語日刊新聞「大陸新報」の文芸文化記事細目。　●揃105,000円

植民地帝国人物叢書

日本の植民地経営の実態を人物から展望する新シリーズ。

■満洲編　[編]加藤聖文　既刊・全17巻●揃311,850円

■朝鮮編　[編]永島広紀　全20巻●揃380,100円

■台湾編　[編]谷ヶ城秀吉　全19巻●揃309,750円

近代中国都市案内集成　北京天津編

■[監修・解説]吉澤誠一郎　近代日本が抱いた中国都市文化のイメージ。上海編に続く第2弾。北京と天津を収録。第一回配本・全6巻＝『北京誌』『北京名所案内』『北京』『北京　名勝と風俗』『北京観光案内』『北京案内記』　●揃136,500円

近代中国都市案内集成　上海編 全12巻

■[監修・解説]孫安石　近代日本人の「上海イメージ」の探求のための基礎的文献集。第三(最終)回・全2巻　戦争と国際観光─「東洋観光会議」と上海ガイド・ブック＝『上海百話／上海風土記』『上海の文化』　全12巻●揃290,850円

ゆまに書房　〒101-0047 東京都千代田区内神田2-7-6 http://www.yumani.co.jp/
TEL.03(5296)0491　FAX.03(5296)0493　※税込・詳細内容見本呈